中國古代地理總志叢刊

輿地紀勝

五

〔宋〕王象之撰

中華書局

輿地紀勝卷第一百四十七　文選樓影宋鈔本

東陽王象之編　甘泉岑鎔淦臺校刊

成都府路

雅州　雅安　漢嘉　蒙山　嚴道　蔡蒙

州沿革

雅州上　盧山郡軍事九域志　禹貢梁州之域元和郡縣志　漢志東井輿鬼之分野鶉首之次秦之分也圖經云今以躔次考之則雅當屬參之分野　周屬雍州雅安志　秦滅蜀為嚴道縣元和郡縣志　漢為蜀郡屬縣西漢志蜀郡有嚴道莽日嚴治　後漢為蜀郡屬國東漢志蜀郡屬國有嚴道　靈帝時屬漢嘉郡晉志云蜀置漢嘉郡而漢嘉有嚴道　李

臏記曰自晉永嘉之後後李雄竊據此地蕪廢將二十紀夷獠居之元和郡縣志西魏廢帝始更招攜僑立蒙山郡屬邛州寰宇記在廢帝二年隋志云西魏置始陽郡及蒙山郡隋置蒙山縣并鎮元和郡縣志在開皇十三年後罷鎮改置雅州因州境雅安山以爲名元和郡縣志在隋仁壽四年而寰宇記在開皇十三年象之謹按隋志云隋開皇初蒙山郡廢十三年改始陽縣曰蒙山改蒙山曰名山尋置雅州而不言置雅州年月與寰宇記亦不類又考大中祥符時張旦遷州治記云自隋仁壽間卜雅安山以爲公宇則置雅州[illegible]在仁壽間觀張旦所謂卜雅安山則與元和志所謂因州境雅安山以爲名之語不相悖戾今從元和志及張旦遷州治記書在仁壽四年煬帝時廢雅州爲臨邛郡隋志大業置臨邛郡元和郡縣志廢州在大業三年唐復爲雅州舊唐書志云臨邛郡武德元年改爲雅州爲下都督府

舊唐書志在開元三年 後改爲盧山郡 天寶元年 復爲雅州 乾元元年 都督羈縻十九州 舊唐書志在乾元元年 又充本州經略使 見咸通二年龍興寺碑以刺史吳行魯充 唐末割邛蜀黎雅置永平軍治邛州 前蜀時廢 通鑑唐僖宗光啓元年以邛蜀黎雅置永平軍以王建爲永平軍節度使通鑑昭宗大興元年雅州刺史張承簡舉城降于王建二年廢永平軍則是置於光啓廢於大順 孟蜀置永平軍治雅州 通鑑後唐潞王清泰元年蜀置永平軍於雅州以孫漢韶爲節度使 皇朝平蜀仍爲雅州 乾德三年 提舉黎州兵甲 至和間雷簡夫爲守兼｜｜｜｜｜｜ 領縣五 寰宇記云名山有離崖崖音雅州以此名又張旦遷州治記云自隋仁壽開卜雅安以爲公宇則雅安之名又本諸此 治嚴道

縣沿革

嚴道縣　中

倚郭寰宇記云秦始皇二十五年滅楚徙嚴王之族以實其地故曰嚴道元和郡縣志云秦屬蜀郡漢遷淮南王長於蜀嚴道漢制縣有蠻夷曰道東漢志隸蜀郡屬國晉志屬漢嘉郡舊唐書志云晉末大亂夷獠據之西魏開生獠於此置蒙山郡領始陽蒙山二縣隋改始陽爲嚴道蒙山爲名山仁壽四年置雅州煬帝改爲嚴道新唐志云唐初以州境析置蒙陽長松靈關陽啓嘉良火利六縣武德六年皆省隋志云西魏於此置始陽縣及蒙山郡開皇初郡廢尋置雅州大業三年置臨邛郡改始陽曰嚴道縣

名山縣　中

在州東北四十里元和郡縣志云本嚴道縣地輿地廣記云漢徙彭越於青衣蓋在此有禹貢蒙山寰宇記云西魏置蒙山縣屬蒙山郡隋志云開皇十三年改始陽曰蒙山改蒙山曰名山寰宇記云舊屬邛州仁壽四年改屬雅州唐正元初改爲漢源縣今復爲名山縣

盧山縣 上

在州西北八十里元和郡縣志云本秦嚴道之地晉志曰姜維於此置城元和志又云隋仁壽元年於此置盧山鎮三年於鎮置｜｜｜因山爲名屬邛州圖經云唐隸本州寰宇記云有盧奴山故名通典云有盧山關關外即夷獠輿地廣記云唐初置靈關縣武德二年省入本縣唐志云儀鳳二年置大渡縣長安二年省

百丈縣 中

在州東北八十里元和郡縣志云本秦嚴道之地舊唐志云武德初置百丈鎮正觀八年置百丈縣城東有百丈穴故名舊唐書志云漢嚴道縣地在漢臨邛南百二十里有百丈山武德置百丈鎮正觀八年改鎮爲縣通典云有九折坂即漢王陽行部興嘆之所國朝會要云熙寧五年廢爲鎮元祐二年復舊

榮經縣 下

在州西南一百一十里輿地廣記云亦嚴道之地唐武德三年置以界內有丨丨二水在縣左右會於東門故名漢淮南厲王徙嚴道邛郵即此地有鄧通銅山舊唐志云武德三年置縣縣界有邛郲山九折坂銅山也新唐志云乾符二年於此置金湯軍並置靜冦軍

和川夏陽等羈縻州四十六

內和川川三十七州

羅巖州　當馬州　三井州　來鋒州　名配州
鉗恭州　斜恭州　畫重州　羅林州　籠羊州
林波州　林曉州　龍蓬州　索古州　敢川州
驚川州　蝸眉州　木燭州　百坡州　當品州
嚴城州　中川州　鉗矣州　昌磊州　鉗并州
百頗州　會野州　當仁州　推梅州　作重州
褊林州　諸祚州　金林州　平恭州　已上並管羅
布嵐州　欠馬州　羅蓬州　陽會野等路

內夏陽路九州

諭川州　讓川州　遠南州　卑盧州　夔龍州　燿川州　金川州　東嘉梁州　西嘉梁州　已上並管夏陽路

風俗形勝

其山蔡蒙其關邛崍崇寧改元孫漸昭應廟記蜀惟岷山蔡蒙列禹貢馮時行靈應廟記風俗同邛州寰宇記禹貢所稱蔡蒙二山雅獨兼有之李燾遊蔡山詩序蔡蒙相拒一舍政和二年李緯景賢堂記自隋仁壽卜雅安之形勝祥符中張旦新遷衙城記漢嘉之故地祥符中張旦新遷衙城記抵接沈黎控帶夷落在蜀最爲保障李嗣文雅安志序云當蠻出入之咽喉唐開府爲都督謝湜太守題名記云西通碉門南通沈黎北通盧山東出者與臨邛之蒲江嘉定之洪雅相接道路序州城左據蔡山右依蒙

頂峯巒秀峙氣象聯絡井星躔野坤位涸陰王大象邛峽關記自國初曹光實父子以忠義奮皇祐間始有登科者皇朝郡縣志襟帶邛筰羈縻諸番崇甯中孫漸清嘯樓記樂郊壽域南山擁抱如張弓偃月氣象郁郁簡石丨丨丨丨也鄭少微百丈院記黎風雅雨梁益記大小漏天在雅州西北山谷高深陰晦多雨黎州常多風故謂丨丨丨丨州以雅名郡國志詳見後離堆下地多嵐瘴州治舊在雅安山上大中祥符間國子博士何昌言爲守以丨丨丨丨闢于朝徙山之麓西蜀之襟帶南詔之咽喉祥符中張旦新遷衙城記雅以雷使君爲重雷以蘇氏父子重李艮臣賢範堂記古稱青衣漢嘉今雅之嚴道名山盧山三縣實當之李燾辨羊實道碑又云唐顏師古杜佑輩言地理皆誤以漢南安爲青衣漢嘉唐志貢茶之郡十

有六劍南惟雅一郡而已王庠蒙頂茶記公孫述據蜀靑衣不賓光武嘉之後因改靑衣曰漢嘉今州域多漢嘉故地李巽巖養士記此州人皆指周公山爲蔡山李燾遊蔡山序當西南夷孔道蘇洵雷太簡墓誌銘張方平奏乞用雷太簡知雅州以｜｜｜｜｜東西連接大山並無州縣巖巒阻絕不辨疆界寰宇記

景物上

盧關舊唐書志云盧山在縣西北六十里章盧山下有山硤口闊三丈長二百步俗呼爲盧關關外卽生獠也沫水雅安諸水惟在百丈發源入邛之夾門江而匯于邛之南津共自巖道名山滎經盧山發源者皆注于郡之平羌江歷洪雅夾江與沈黎之陽山江合流至淩雲而入于皂江所謂陽山江者卽古之所謂｜｜也黎崖黎堆｜｜｜｜自是兩處一在永康一在沈黎故在沈黎者爲離崖

史稱避沬水之害是也在永康者爲離堆今在永康皂江之側是也

離堆　郡國志漢縣有｜｜蜀守李冰所鑿離即古雅字故州以雅爲名寰宇記曰離崖離音雅

盧山　元和志云在縣北九里其山西連夷獠界正北即卭州火井縣界

蔡山　即禹貢所謂蔡蒙也葉少蘊書解云蔡在嚴道蒙在漢嘉漢嘉即嚴道也

蒙山　通典引書禹貢云蔡蒙旅平元和志云在嚴道縣南十里今歲貢茶爲蜀之最雅安志云屬名山縣山有五頂前一峯最高曰上清峯有甘露茶山上常有瑞相影現又有蒙泉范蜀公亦云常有瑞雲護其上

銅山　在百丈東二十五里舊經云即鄧通鑄錢之地元和志及輿地廣記並謂此山屬榮經縣又云後以山假與卓王孫取千疋其山今出銅鑛

銀山　在百丈西南二百二十里

金穴　在嚴道之金沙鎮俗傳其地產金但毒蛇不可近

鐘山　在百丈東北五十里形似鐘簴故名

翠峯　在郡治即舊漱玉軒

雷洞　在瓦屋山羅漢閣下不甚廣而深不可測投以瓦石應手雷震

天池　在蒙頂周公山上有龍穴禱旱必應

南巖　李嗣文建｜｜書院在推官廳之東

南樓在雅安山上後有亭曰文明面瞰州治規摹甚偉爲此邦之勝**壺天**在名山縣止觀院寺後平地一石盤高二丈餘架八菴其上名曰丨丨又有摩雲閣皆極登眺之要**名山**元和郡縣志在縣西北十里又有名山水在縣東百步**聖水**在盧山東十里連筒引之行一里許伏流近二三里復湧出分爲五故以丨丨名**靈關**在盧山縣北八十里蜀都賦云關丨丨以爲門蓋其鎮甚險一人守之可以禦百今盧山縣有丨丨鎮關外郎夷界註云關爲西南漢嘉郡界也**龍平**在盧山西十五里高峯上有泉舊傳有龍飛昇得名**鹿池**在榮經東四十里深山中其上峭壁隱起一龍旱禱必應**石城**在車嶺鎮四山峭拔前通一徑可上有石笋八峯後有金鵝池**竹溪**在郡西三十里郡士胥九鼎所居陶仙洞在焉有林泉之勝**漏閣**在嚴道宇文溥新路賦云惟天下之至險有嚴道之丨丨焉孤峯上絕於青天湍波下走於長川斷崖橫壁立之岸飛潘濺千尺之泉**刁斗**名山慈濟廟有二丨丨每水旱盜賊其斗自鳴鑄文隱隱如八陣圖**繩橋**在嚴道縣多功路舊名高橋以

繩架棧下瞰峽江亦險要之一也　石龍　在龍興寺藏下二丨丨蟠踞周匝圍繞開廣二丈止以一石斵成狀極雄偉上刻云造龍施主楊珣五代時人也　沙龍　在嚴道孝女里水下有白沙隱然而起長數十丈鱗介森列其狀婉龍大水漂蕩水落復聚其狀如初　石佛　在榮經縣大雲寺上有鐫字云隋仁壽二年置　鹽井　在盧山者凡□在車祿者凡十有八　禮鼠　惟瓦屋山有之每見人則合手如禮而拜跪之狀　魶魚　出嚴道榮經江四足大首長尾聲如嬰兒能緣木　長松　瓦屋山亦有之東坡澤州丨丨詩有云莫道長松淚得名能教覆額兩眉青　舞草　獨莖三葉人抵掌謳曲則其葉動舞或以爲虞美人草見段成式雜俎

景物下

賢範堂　在州治繪雷簡夫蘇氏父子像併刻薦三蘇書於壁間　靜勝堂　在州治　整暇堂　在雅安山教場上　清白堂　在盧山縣治有對花樓報豐浮春望霓亭　文明堂

在郡治雅安山上　不欺堂在榮經縣治又有籌邊樓　師友堂在郡治　仁智堂
在甘泉門外西林寺多園池花竹之勝有樂郊堂䠶珠軒野翁亭全菴皆勝處　著勳堂在名山羅
漢院卽雍國虞公祠也蓋公嘗爲茶官於此州　景賢堂在郡東北十五里政和間邑令李緯以地
有漢高孝廉碑易令碑　無絃亭在州學南長濱江側隱士王潛所居也潛好琴清獻公爲榜其
亭有軒曰濯纓文同書今存者琴臺而已　寅賓閣在郡圃　熙春臺在郡治　寒芳
閣在州城龍興寺山谷訪張問少卿親爲題其額寺有四經樓上有二蘇墨跡　翠微菴在甘
泉門外湧泉寺登覽極其勝　翠屏山在嚴道旗頭山俗號蠻歌頭其岡自盧山來環列如屏
碧照亭在郡西一名鳳凰亭歲十月平羌橋成太守燕客于此　雙鳳堂在設廳後爲二
蘇設也至和中老泉攜二子謁太守雷簡夫雷以書薦于張文定公又韓魏公歐陽文忠公其後太守樊
汝霖作堂以表其事　三變堂在僉判廳之左　千尺堂在百丈縣市之北近瞰千尺潭　萬

壄亭在雅安山上舊有四亭曰丨丨曰至喜曰高寒曰倚垣四面各爲一景並登覽之勝花藥欄在百丈西十五里勾龍氏所居也劉恕爲之記棣華堂在郡治爲太守呂由聖由誠繼典此邦作也雷簡夫書其額瑞芝堂在州治圖所得瑞芝於壁間采藻堂郡學之講堂也有宸奎閣以貯御書有明道堂拂雲堂稽古閣三堆山在州治南七縱橋在百丈縣落孟山下古傳孔明擒孟復之地又有七縱渡九折坂元和志在滎經縣西八十里圖經云即王陽回轡之所與賜鄧通銅山相連即邛郲之西臂也郡國志曰嚴道山有九折坂又寰宇記云在嚴道縣山有獸名貊似熊而斑能食銅鐵自九折之頂望蜀中泉山累累如平地常多風雨雲霧少有晴明首夏猶冰初秋即雪本自邛筰而來故曰邛疏百丈山去本縣一十五里縣以此得名百丈鎮寰宇記云本嚴道縣地李膺記臨邛縣南百二十里至百丈即其地圖經有一穴口方圓一百丈深百丈即漢王陽爲益州刺史行部至此興歎回之棄官唐武德元年置百丈鎮萬勝崗在州龍觀山有龍觀

寺其趾曰｜｜｜自卬崍或起或伏聯絡至州環抱州治

漏天橋 在滎經縣始陽西七十里

山 在盧山縣東七里本名蒙山唐天寶六年勑改爲｜｜｜

背日山 在盧山西即碉門道太陽所不照故名

壺天院 在名山縣北十里曰｜｜｜有閣曰摩雲尤極高眺之要

偃月坎 在始陽護國寺前濱江一坎曰｜｜有水脈日三十六泉

水月院 在盧山縣東領鎮政和間火諸像皆焚獨觀音像於赤焰中巍然獨存

湧泉院 在甘泉門外半里許隱然林麓中面谿爲堂跨溪爲橋登覽皆極其勝

雷泉山 在姜城東五里舊名朱買臣山其峯常有雲氣若雷震即湫泉出其下

平羌江 元和郡縣志在嚴道東北城下寰宇記云在名山縣上源曰卬崍水又名平鄉水西北自嚴道縣流入至眉州洪雅縣界下又名青衣水圖經云平羌水自盧山發源至嚴道之多功峽合碉門滎經三江抵郡城下自此而東即與陽山江合流匯于淩雲九頂之前故嘉州亦號｜｜｜李白有峩眉山月半輪秋影入平羌江水流之句

大渡水 寰宇記云從生羌大界來流入浮圖水

雲寺在盧山縣北一里之大雲山石上鐫鑿千佛其所刻年號則開元間造 南禪院在名山縣南耆老傳三藏法師曾寓此 西禪院在名山縣有慈雲閣普慈閣萬同菴 西林寺在甘泉門外多圃池竹木有仁智堂樂郊堂跳珠軒野翁亭全菴皆勝處也李巽岩記三寺記 落孟山在榮經縣東十里前大江日七縱渡孔明擒孟復之地也 落魄山在百丈東南相傳有張落魄修道于此今名延禧山 自由山寰宇記在榮經縣東十里傍亘黎州歷長道縣界 叱馭橋在榮經縣後更名忠孝橋取二王忠孝之義也 禦侮城在榮經縣唐李德裕所築 育德泉在郡學後 報恩寺在郡西坡上有大悲像高聳六丈 廣福院在盧山縣市舊號觀院蓋兼釋老奉之 智炬院在名山之蒙頂山甘露大師聖迹今石身在夜多聖燈變現 靈關山寰宇記在盧山縣北十里有山峽口濶三丈長二百步俗呼爲重關通蠻貊之鄉入白狼夷之界 靈關路寰宇記在盧山縣界去蕃界八日程從界去野蕃城三日程其險也以繩爲橋其外

不知里數**靈關鎮**在盧山縣北八十二里四向險峻控帶蕃蠻一夫守之可以禦百蜀都賦云廓靈關而為門註云關為西南漢嘉郡界也**靈關寨**去盧山縣北八十里**碉門水**發源有二其一自馬鞍山其一自小魚溪東至始陽與榮經水合流于多功峽與盧山水同注于平羌江**碉門寨**皇朝郡縣志云榮經縣之和川鎮即今之|||也自雅州西通蕃之路有三曰靈關曰碉門曰始陽而靈關去吐蕃路險而遠始陽則所可防者不過榮經之苦蒿𡶶一路惟碉門最為要害兩山壁立一水中貫設禁門以限華夷自靈關之外則與威茂州諸蕃接自苦蒿平外則與黎州五部落及諸羌接夷漢相錯不可不嚴其守焉**屏風山**在名山西南四十里以山形似故名**香爐山**在名山東十五里四面峭拔以狀名**浮圖山**在盧山西三里元和郡縣志有浮圖水一名車盧水經盧山縣西南五里**浮圖水**寰宇記云在盧山縣北五里從生羌界來水中有孤崖狀如浮圖出貢金**銅**

鼓山在百丈南五里或傳以為漢唐開戍守之地**砲石山**在百丈西三十里其上坦平多

圓石舊傳武侯城守之地**琉璃城**在盧山火井道**米倉山**在百丈縣禦侮城相對俗傳李德裕積糧此山以給諸軍故名**瓦屋山**在榮經縣東一百二十里形如瓦屋唐文宗時有蒲公者見峯頂見普賢光相今峯頂有南北巖其岡自西域來三峯尖起曰試劍山其巖朝現辟支午現普賢夜有神燈有菩薩溪及果茶石皆以菩薩名號辟支道場或門禪惠大師瓦屋何故却以木皮蓋師曰錦府豈從機上織劍門甯自匣中關**石門戍**元和郡縣志在榮經縣西南三十里**崖鉢山**寰宇記在盧山縣西三百里其山上聳雲漢莫測其高**羅帶水**元和郡縣志在盧山縣**羅繩山**寰宇記在名山縣西十五里從蒙山西入盧山縣又北接邛州火井縣**金沙團**去嚴道東四十里今爲丨丨鎮**金沙鎮**相傳章憲明肅劉皇后生於此**金船山**在盧山大峽中山形如船有聖母廟俗謂之丨丨丨**金倉門**在嚴道縣西上有洞門隱然古老傳云丨丨丨**金馬峽**自嚴道思經里入深箐中與洪雅縣相接兩山壁立飛泉下注垂數十丈瀦而爲泉**金雞山**

在嚴道北三十五里俗傳古有金雞鳴于此

金鵝池在盧山北三十里江心湧一巨石有穴深廣如井舊傳有金鵝浴其中故名

白虎洞在盧山縣北清源道狀如虎

白馬潭在名山西北四十里水一日三潮潮時洞穴中鳴聲如雷有食頃吸回溪流復涸取湫器中潮湧與潭相應舊有龍馬出入故名

化龍泉在嚴道天王院每遇齋祭有赤蛇出自崖中尾欲盡處泉即迸出

鳳凰山在嚴道縣東二里相傳舊有鳳飛翔于此

騎鯨亭由學宮東望有山橫前如長鯨之狀

麒麟渡在嚴道周公山下舊傳有｜｜嘗過此五代時王承肇母所夢五色獸是也

旄牛山在盧山北最高四時積雪兩漢晉志皆以｜｜名

猪母泉在盧山縣東二十里有朱買臣廟歲旱而禱其神或現恍惚如猪狀人號為｜｜｜恐因此訛為朱買臣縣令姚藩有望霓亭記辨其事其泉一日三潮

龍潤潭九域志云潭深水濁遇旱禱之必應

龍頭山在盧山前後峽綿亘四十里天矯如龍山頂極平日走馬平地接蕃部實為要害

雞棟山寰宇記云在名山西南一

十七里地理志云蜀有雞鳴山俗傳云金雞鳴而天下太平卽古之名山也因爲名山成唐垂拱中以成爲縣

鴉飛山在盧山縣十里地連前後峽

獐懶坡在百丈四十里迂迴迢遞雖獐行亦懶故名

鹿池龍潭在榮經縣東四十里深山中其上峭壁間隱起一龍

念佛鳥出瓦屋佛現則呼名曰辟支迦佛來若但云菩薩現則少頃普賢果現或云佛不現且下去亦無少差

丙穴魚州城南地名丙穴出嘉魚味鹹而美左太沖賦嘉魚出於丙穴杜詩魚知丙穴由來美然丙穴興州雅州亦有之

娑羅花生瓦屋山移之他處則槁有五色之異色如爛錦照映山谷念佛鳥聚其上

蒙頂茶寰宇記云蒙山在名山縣西七十里北連羅繩山南接嚴道縣九州記云蒙山者沐也言雨露嘗蒙因以爲名山頂受全陽氣其茶香芳茶譜云山有五頂頂有茶園中頂日上清峯所謂蒙頂茶也又白樂天琴茶行云李丞相德裕入蜀得蒙餅以沃于湯餅之上移時盡化以驗其眞

隴咸院在盧山隴咸里深山中紹興七年大雷雨院下有聲如轉磨地裂山摧僧皆跳出院基陷五六

丈院皆摧毀獨釋迦羅漢閣自遷數十丈器無偏側院有聖僧羅漢會出化茶

邛崍關寰宇記在榮經縣西南七十里隋大業十年置依山據險當雲南大路以扼番夷之要害

邛崍山在百丈西南九十里阻峻如羊腸即漢書所謂邛崍九折坂也山巖峭峻竹高節中實堪爲杖又云｜｜｜亦名邛筰山元和郡縣志在榮經縣不同又云亦名邛筰山故筰人之界也山海經云崍山江水出焉多晴少雨華陽國志邛崍山本名邛筰

古戍城在名山縣治圖經云蜀姜維所築

古大渡在盧山東北迫近靈關唐儀鳳二年置長安二年省今屬化外

雅安山州治舊在其上以有瘴皇祐景德間徙治山下

榮經水寰宇記云在榮經縣一里出巖道縣青山下入縣界

巖道山寰宇記在縣南五里本名鹿角山唐天寶六年勅改爲｜｜｜

和川路寰宇記在巖道縣界西去吐蕃大路河界五日程從大渡河至吐蕃松城四日程

和川水寰宇記在榮經縣九十里從羅城崖古蠻州東流來

老君溪自盧山多功峽而上兩江合流一從和川一從盧山不三里許即｜｜｜

觀音泉 在嚴道湧泉寺

佛子崖 在金沙鎮東因山琢石爲佛數十俗號|||每秋時山有光相大現一名儒童山

佛子龕 在大雲山下刻云開元二十六年造

天王院 在榮經南去縣一百五十里昔唐時雲南寇成都吳行魯禱於天王現身於成都蠻寇驚遁今榮經之|||乃行魯所建

鐵錢監 開寶元年始令雅州百丈縣置監鑄鐵錢禁銅錢入川從曹光實請長編

古迹

始陽鎮 在盧山縣西四十里路通西羌輿地廣記云今周公山|||本漢徙縣屬蜀郡晉日徙陽屬漢嘉郡西魏日始陽唐以爲鎮

大渡縣 在盧山縣東北迫近靈關唐儀鳳二年置長安二年省

羌城 在盧山縣寰宇記引晉志云姜維於此置城

開明王城 在盧山縣西七里上有王廟舊經云開明王所築

鄧通城 在榮經東三十里文帝嘗賜通嚴道銅山鑄錢又有餓死坑亦通餓死之地也李石詩曰多少金錢滿天下不知更有|||

王陽宅 在百丈安賢故里本

縣圖經云王陽爲益州守行部不過此興歎因之棄官**唐開元鐘**銅鐘今在州之龍興寺鑄云唐開元十七年鐘上隱起一銀鋌其迹宛然**陳平洞**在名山四十里**孝女鄉**在嚴道縣紹興間民程林有女孫魚姑初生時父母欲棄之祖母王氏力護得免八歲祖母亡日夜涕泣不食負土成墳哀動隣里太守上其事有旨改爲｜｜｜孝女里**周公山**郎蔡山也寰宇記云上有龍穴常多陰雨相傳諸葛亮於此夢見周公因立祠廟爲文憲王廟自是有周｜｜｜之名**周公祠**在州城東南隅按圖經諸葛亮南征夢周公助以陰兵後因立廟祠之**武安廟**在碉門寨東門郎白起也乾道間廟焚神像宛然番夷甚畏之**順應廟**在州城裏即漢邛穀王任貴也按史新莽盜漢祚起越巂殺莽所建太守自立爲王保全一方及光武中興任彭伐蜀神即千里迎降納貢與河西竇融事一體同**先主廟**在盧山縣北二十里**姜維廟**在盧山縣治後縣城乃侯所築**慈濟廟**在名山縣廟有二刁斗每水旱盜賊其斗自鳴上所鑄隱隱如八陣圖**砲石神**在碉門寨之禁

門不詳姓氏每犬戎犯禁即有亂石從空而下最爲邊民所敬號｜｜將軍

馬謖祠 在碉門寨

三王冢 在盧山縣隴咸院後二十里三冢纍然舊有碑今不存通鑑唐昭宗乾寧四年載黎雅間有淺蠻曰劉王郝王楊王各有部落歲賜繒帛三千匹使覘南詔其後王王宗播擊南詔三王漏泄軍事召而斬之

三神廟 在百丈縣永軍里國初曹光實光遠光紹兄弟三人有平靖南之功光實五子曰克遜克恭克己克廣克用光紹二子曰克仁克忠光遠三子曰克利克明克勤十人皆從其父兄建功忠烈稟稟里人列三祠以事之以十將配享朝廷賜號｜｜｜

白子華墓 在盧山之白塔院有石刻云得年一百八歲大唐咸通九年歲次戊子葬于此

高孝廉墓 皇朝郡縣志云在嚴道縣十五里石碑石馬石闕猶存漢人也

清溪關入南詔路 自清溪關南經大定城百一十里至達任城西南經菁口百二十里至永安城城當滇笮要衝又南經水口西南度木瓜嶺二百二十里至登臺城又九十里至蘇祁縣又南八十里至嶲州又經沙野二百六十里至羌浪驛又經陽蓬嶺百餘

里至俄準添館陽蓬嶺北嶲州境其南詔境又經菁口會川四百三十里至河子鎮城又三十里渡瀘水又五百里至姚州又南九十里至外診蕩館又百里至佉龍驛與戎州往羊苴咩城路合正元十四年內侍劉希昂使南詔由此事見唐志嶲州下

陳伯玉諫開雅路 陳伯玉集諫雅州討生羌書云國家欲開蜀山自雅州道入討生羌因以襲擊吐蕃遂發梁鳳巴延兵以狥之臣以爲西北之禍自此結矣且蜀昔時不通中國秦惠王欲帝天下而并諸侯以爲不兼賨不敢取蜀勢未可舉乃用張儀計飾美女譎金牛因閒以啖蜀侯蜀侯果貪其利使五丁力士鑿山通谷棧褒斜置道於秦自是險阻不關山谷不閉張儀躡踵承便縱火大破之蜀侯誅賨邑滅至亡爲中州是貪利而亡

官吏

雷簡夫 至和初儂智高走入雲南蜀人相驚以智高且至知益州張方平乞用簡夫知雅州既至而蜀人遂安老蘇攜二子來謁簡夫力薦之蘇氏父子名滿天下

呂由聖 守郡八年去之日郡

人擁馬留戀合翔賢範堂繪三蘇父子雷簡
城舉酒相餞　**李良臣**　夫亦居其中何耕清潔廉名
傳播嘗爲名山監茶今北廳在消溪橋左有
夷微　**虞允文**　梅及槐柳皆虞雍公手植壁間有公遺
墨尚　圖經嘗爲監酒又繫年錄云紹興中符行
存　**李燾**　燾嘗欲增簡州鹽筴以其事屬雅州軍事
推官李燾之力拒之　**宋南强**　父宋汝爲字師禹東海
張浚謂其有臺諫風　豐邑人也呂頤浩爲相
使之致書劉豫面陳朝廷密意遇兀朮兵見兀朮不相
屈乃送之京師見豫勉以忠義豫不從乃謀刼豫俱
歸陰遣蠟彈事泄逃歸通判州處後敵人講和知蠟
彈始於師禹遂以姓名來求師禹乃變姓爲趙復字
逸老入青城山其後金敵叛盟朝廷始求師禹已死
葬青城乃官其子南强朱熹爲其遺事見永康軍
青城集其後南强知雅州建懷忠堂李嗣文爲之記
云師禹入蜀詭姓名多往來於犍爲盧山二郡時巽
巖先生李公燾爲盧山郡從事公以黃冠野
服交遊其間後四十年其子南强來守是邦

人物

高頔字貫方弟君實字貫光而文玉乃其子後漢時一門三舉孝廉貫光歷任至益州刺史見所存

丂闕

王承肇五代時魏王宗侃之子也生於雅州其母崔氏夢周公山神牽五色獸迫其裙因生承肇後有僧自雅安至城都見承肇曰老僧所居周公山佳氣減半乃孕靈於此子耶

曹光實

曹克明光實爲國破賊爲親報讐我太祖稱爲眞奇士按光實百丈縣人爲銀夏都巡檢使擒李繼遷之母以獻後爲李繼遷所害克明乃光實從子李順之亂攻復雅州後平諸溪洞賊賜推誠保順功臣

景自芳破賊有功嘗於二月十二日作寒食至今二百年里人皆依其日預作寒食其日必大風雨號景村寒食

何大受以元祐黨安置襄陽見皇朝郡縣志

仙釋

陶道人本黎州卒也紹聖間入山採薪有所遇來遊雅安陶後尸解於陶壩有行旅西來曰此陶丨丨也在數里前適相値酒肆索酒共飲

回道人西林寺僧號全菴有道人訪之不遇而去僧歸

見壁間題云｜｜｜｜日行二千五百里來謁全菴上人不遇而去

尒朱眞人 修煉于金雞關後昇仙

落魄仙 姓張修行於延禧山後現於東方青雲之際

黃觀福 民女也乃上淸仙人

甘露大師 西漢時有僧從嶺表來以茶實植蒙山忽隱池中乃一石像今蒙頂茶擅名師所植也至今呼其石像爲｜｜｜

應夢尊者 史欽夢一僧斷右臂來謁後從羌水得一尊像如所夢號｜｜｜｜

曬經僧 榮經縣東十五里有曬經山古老相傳云唐三藏迎經西天回至此地經沉水募人取之有曬經山

禪惠大師 名山人屢貢不第元符間郡守呂由誠以僧勅戲之師即削髮明日以住天甯舊老叩以佛法不許乘馬師即答曰文殊駕獅子普賢跨象王新來一箇佛騎馬也何妨其機敏不一有禪惠語錄行於世

聖羅漢 親出化茶

採茶僧 雅安志云按毛文錫茶譜載有僧病久遇一老父曰仙家有雷鳴茶在蒙山上服之可去宿疾僧如其言疾果差年八十餘不知所終採茶者往往見一僧獨行疑此僧云

碑記

漢蜀郡太守治道記其碑在榮經縣西三十里建武中元二年立　羊竇道碑在嚴道縣東三十里漢永和六年碑也　漢故檢校巴郡太守樊府君碑建安十年三月上旬造　高孝廉墓碑在嚴道縣東二十里按其碑年月乃漢建安十四年高君兄弟皆孝廉有二大闕其一曰故益州太守武陰令上計吏舉孝廉諸部從事高頤字貫方其一曰漢故益州太守陰平都尉武陽令北府丞舉孝廉高君實字貫光又一大碑其首云故益州太守高君之碑　卭崍關開路記天寶六年章仇兼瓊記　龍興寺碑在州城外有唐咸通四年再建||||吳行魯建又有二蘇先生墨跡亦在本寺　平羌江繩橋碑在嚴道縣平羌橋有唐咸通十年上官樸所撰碑字亦隸體今在江瀆廟　兩面碑在盧山縣南五里與府君碑甚近碑面與背皆有篆文歲久訛闕不可識或辨其文曰盧山縣碑　尊健閣記建武

中元二年其碑在榮經縣西三十里景峪懸崖間巽峁李燾有跋以辯正年譜且言按後漢紀建武二十三年夏四月改爲中元無建武字又按祭祀志改建武二十三年爲建武中元元年以此知記與志合而紀失之矣

神水閣記 在榮經縣東三十里銅山峽中碑字久磨滅今已不復可考古老相傳其體大率如尊健閣字云

李白月下帖 在郡治

楊疑式詩帖 在郡治

曾直木蘭歌帖 在郡治

曾直梁甫吟帖 在郡治

雅安志 李嗣文序

詩

琴裏知聞維綠水茶中故舊是蒙山 白樂天琴茶詩

舊譜最稱蒙頂味露芽雲液勝醍醐 文彥博謝惠蒙頂茶

陸羽舊茶經一意重蒙頂 梅聖俞詩

蜀道之峭壁兮如快刀一削平無痕其間春雷驚龍走竹根 梅聖俞謝惠蒙山紫竹鞭

蜀土茶稱盛

蒙山味獨珍靈根托高頂勝地發先春文同蒙頂茶詩我聞蒙山之巔多秀嶺煙巖抱合五峯頂岷峩氣象壓西垂惡草不生生菽茗吳中復謝惠茶甘露靈根不老尒朱丹竈空存三十六蒙好處倚欄役破詩魂姚孳金雞關六言迴來着帩懶如許一問當年握髮翁邵太史詠周公山巖巒最高頂雲氣時鬱會仿彿羣仙宅宮闕曜珠貝李燾游蔡山鵝潭開性鑑龍洞隔凡塵豐稷金雞關瓦屋如案平金僊閟光景李燾詠瓦屋山長松巖前霞綺紅如散林外茶槍綠未齊孫亞夫金雞關巖前雨過仙臺逈洞口雲歸藥竈開宋燦同上江聲捲出風雷去山色攜將圖畫來李艾野航侯家榮經

山水縣勝致絕出西南州李艮臣送徐仁翁瓦屋寒堆春雪後東坡雅州詩多少金錢滿天下不知更有鄧通城李石鄧通城詩九折先驅叱馭行此心豈是不思親忠臣孝子元同道可是王陽獨愛身朱紱邛徠關地勢雖重險人心自太平豐稷金雞關詩

四六

通蠻貊之邦入狠夷之界寰宇記靈關下邛笮兩關壁峙蔡蒙四面屏開姚孳金雞關六言郡貫平羌江帶邛峽元微之袁重光雅州刺史誥詞云盧山｜｜｜｜｜｜｜｜｜關西南蠻經畧之地也

輿地紀勝卷第一百四十七終

輿地紀勝卷第一百四十八　文選樓影宋鈔本

東陽王象之編　　甘泉岑鎔銓長生校刊

成都府路

威州　唐維州　姜維故城

州沿革

威州　下　維川郡軍事十道志　秦地東井輿鬼之分野圖經　本徼外冉駹之別種元和郡縣志　漢武帝開之屬汶山郡寰宇記輿地廣記同　蜀劉禪時姜維馬忠等討汶山叛羌此其地也此據元和郡縣志及輿地廣記　自晉已後羌夷或降或叛隋討叛羌以其地置薛城戍屬會州開皇四年圖經載置薛城戍在劉禪平羌

時不同通典云隋置薛城戍當從通典後又沒賊並據元和郡縣志又寰宇記在大業十三年圖經云大業末又沒於羌唐初白苟羌首領鄧賢佐內附於姜維故城置維州以統之元和郡縣志在武德四年圖經及寰宇記輿地廣記新舊唐志並載在武德七年不同象之謹按通鑑武德七年十二月丙申以白狗等羌地置維恭二州當從通鑑領金川定廉二縣舊唐書志太宗時羌叛州縣俱罷舊唐志在正觀元年復立維州移治於姜維城東舊唐志云正觀二年生羌首領董屈占等請吏云云領縣三曰薛城定廉監溪始以羈縻州屬茂州後爲正州麟德二年尋以羌叛降爲羈縻州舊唐志無年月復爲正州舊唐志在垂拱三年改維川郡天寶元年領縣二曰薛城曰小封復爲維州寰宇記在乾元元年代宗時陷于吐蕃元和郡縣志乾元元年沒于西戎乾元乃肅宗

年號是肅宗時維州已没矣而寰宇記云乾元元年復爲維州又按輿地廣記及唐志皆云廣德元年没吐蕃是代宗時始没于吐蕃也又舊唐志云肅宗上元之後河西隴右州縣皆陷吐蕃贊普更欲圖蜀川累急攻維州不下乃以婦人嫁維州門子者二十年中生二子及吐蕃兵攻城二子内應城遂陷吐蕃得之號無憂城則是吐蕃經營於肅宗上元之時至代宗廣德年間始得維州之城也而通鑑於代宗廣德二年書曰吐蕃陷松維保州今當以通鑑年月爲正茂州圖經云廣德二年吐蕃取隴右西川節度高適出兵西山牽制無功遂亡松維二州亦載於廣德二年

韋臯在蜀二十年收復不遂其後守將悉怛謀以州歸唐李德裕受之而爲牛僧孺所沮復棄其地唐文宗太和五年及杜琮鎮蜀吐蕃亂離首領内附乃復隷西川此據舊唐志通鑑大中三年西川節度使杜琮奏取維州又茂州志云宣宗大中二年杜琮節度西川復得維州五代復陷于蕃

五代王氏

孟氏繼有其地圖經徙就中州城即今治也又改築城爲保寧縣圖經皇朝平蜀乾德三年後以京遞發維州誤至維州因改曰威州謂唐置此州以威制西羌故也此據輿地廣記又國朝會要景祐三年因屯田員外郎郭輔之奏今領縣二治保寧

縣沿革

保寧縣

倚郭漢已前爲徼外冉駹之地蜀姜維馬忠討叛羌於此隋開皇四年討叛羌於其地置薛城戍大業末年沒於羌賊唐武德七年於姜維故城置維州正觀二年自姜維故城徙州治此及置薛城縣而薛城在州治西南二百步僞蜀永平元年改爲保寧縣

通化縣

在州東一百三十里晏公類要云本漢柔遠縣地隋開皇初置金川縣仁壽初改曰通化屬汶山郡後廢焉唐咸亨二年刺史董弁招慰生羌戶置小封縣輿地廣記云後復改曰通化屬茂州大中三年割屬維州本朝天聖元年改通化縣爲金川縣景祐復舊治平三年即縣地置通化軍使在保霸二州之間

風俗形勝

據高山絕頂三面臨江在戎瀘平川之衝是漢地入邊之路李文饒集南界江城岷山連嶺而西不知其極北望高山積雪如玉東望城都若井底一面孤峯三面臨江是西蜀控吐蕃之要衝李宗諤圖經本漢徼外羌冉駹之地九域志其地甚險固元和郡縣志於姜維故城置維州以統之

唐置此州以威制羌戎晏公類要吐蕃號無憂城□寰宇記

云地本氐羌人尤勁悍性多質直工習射獵隋書地里志衣褐羊皮鞈韈婦人多戴金花串以琴瑟穿懸珠以爲飾郡國志地接蕃部通畧仁宗明道二年韓億知益州以維茂二州｜｜｜蕃部歲至永康官場鬻馬因熟道路險易億慮其覘兩川遂奏徙黎州境上有乾溪白望暗桶赤鼓溪石梯達節鵶口質臺駱宅九守捉城西山南路有通耳瓜平乾溪侏儒箭上谷口六守捉城又有符堅城有甯塞姜維二鎮新唐書志

景物上

雪山圖經云在保甯縣西南連乳川白苟嶺九域志云山有九峯上有積雪春夏不消乳川與雪山相連鹽溪寰宇記出定廉山沱水輿地廣記云自羈縻悉州流水東經保甯至汶

州與大江合濁水在保甯縣東入羉縻保州界赤水在保甯縣合于大江龍湫在保甯縣西蒲溪在保甯縣子城在高碉山下三面懸崖城高十丈東西六十五步南北一百二十步唐大中二年刺史高宰築中城在州西南西門接州衙高碉山上臨大江東門至西門六十二步蕃戎疊石所置

景物下

白苟嶺與雪山相連牛犂山在保甯縣北有丨丨丨水合大江駱駝山在保甯縣西雄斗山在保甯縣西鑐繩橋在保甯縣東一十五里辮竹爲繩其上施木板長三十丈通蕃漢路花崖山在保甯縣北有水合于大江蒲溪橋在保甯縣東平谷水在保甯縣北溪谷水在保甯縣後谷水在保甯縣北合于大江高碉山今州縣並治此山鹽溪村類要云唐正觀中置鹽溪縣尋廢此村有鹽溪民得採滷定

廉山在故定廉縣東十里寰宇記云定廉水鹽溪皆出其陽無憂城李德裕天寶

寺在州南

古迹

故薛城舊唐書志云本漢已前徼外羌冉駹之地蜀劉禪時蜀將姜維馬忠等討汶山叛羌卽此地也今州城卽姜維故壘也隋初蜀帥討叛羌於其地置薛城戍大業末又沒於羌武德七年白苟羌酋鄧賢佐內附乃於姜維城置維州領金川定廉二縣正觀元年賢佐叛罷郡縣三年左上封生羌酋董屈占等舉族內附後置維州及二縣薛城在州西南二百步廢小封縣城在州南六十里定廉縣元和郡縣志云本隋開皇四年置定廉戍於此蜀會州武德七年改爲縣與州同置因廉水爲名圖經在州南四十里姜維山元和郡縣志在舊薛城縣西一里晏公類要云姜維昔屯軍於此姜維城自州南一十里止有一門唐武德七年置州之所也州故城在姜維城東一十里高

碉山上壘石爲之唐正觀三年州所治也

符堅城 新唐書志

伏波廟 在州南

姜維墓

馬忠墓 並在姜維城外按蜀二將皆討叛羌於此然恐非本墓

官吏

唐

王重章 司空表聖集云重章少稱豪爽深究韜鈐從擊匈奴著勞盟府歷終衛將軍終維州刺史

人物

桂堂 字公明彭山人登熙甯六年進士第居官清介有聲威州夷有警諸司薦堂守威覊縻保覇兩州隸威管內覇處東必假道於保乃得至威保據西必假道於覇乃得至永康兩州交惡道阻不通堂謂二州不和罪在太守乃自攜牛酒馳至通化軍會二州酋長諭以禍福守乃降見眉州志

碑記

鼓角樓記唐維州軍事判官高測文乾符五年十月十五日維州刺史李光置 天寶寺碑唐咸通六年建軍事判官陶師文 伏波廟碑唐咸通八年左武衞兵曹參軍崔遂文

詩

窗含西嶺千秋雪門泊東吳萬里船杜甫

四六

闕

輿地紀勝卷第一百四十八

輿地紀勝卷第一百四十九　文選樓影宋鈔本

東陽王象之編　甘泉岑鎔淦長生校刊

成都府路

茂州　冉駹　通化　汶山　茂州　繩州　梁南會　唐汶川　鐵豹

州沿革

茂州上　通化郡九域志治汶山禹貢梁州之域西漢志曰秦地井鬼之分野蜀郡入井三度茂州志云同石泉軍古氐羌地周武興師羌髳八國始從征伐圖經至秦漢時君長十數冉駹最大漢書西南夷傳漢武誅且蘭君冉駹恐請臣置吏遂以冉駹爲汶山郡西漢帝紀在元鼎六年應劭註曰汶山今蜀郡岷山本冉

駹是也西南夷傳不載年月華陽國志以爲在元封四年月　宣帝罷汶山郡　西漢本紀在地節三年圖經在六年沈約宋志亦云地節三年合蜀郡當在三年　置北部冉駹都尉屬蜀郡　華陽國志云宣帝地節元年武都白馬羌反使駱武平定之因慰勞汶山吏及百姓詣武自訟一歲再度更賦至重邊人貧苦無以供給求省郡郡建以來四十五年矣武以狀上遂省汶山郡復置都尉元和郡縣志云今州即漢蜀郡汶江縣是也　東漢爲汶江道　東漢志屬蜀郡　安帝時復置汶山郡　東漢志蜀郡汶山道下引華陽國志曰濊水駹水出焉多冰寒盛夏凝凍不釋孝安延光三年復立之以爲郡晉志以爲靈帝時置汶山郡不同當從漢志　蜀後主平汶山夷　通鑑正始十年汶山夷反姜維討平之宋志云汶山郡劉氏又立恐陷于夷至是夷平又立耳　晉廢越巂郡以其地隸汶陽郡統縣八　晉志汶陽郡縣八汶山領焉　宋齊皆因之　宋齊志有汶山郡　梁置繩州　寰宇記云取桃關之

路以繩爲橋因作州稱隋志汶山縣下註云舊曰廣陽爲北部都尉置繩州北部郡後周改曰文州開皇初郡廢仁壽元年改名焉後周武帝改繩州曰汶州元和郡縣志云周武保定四年立汶州隋改汶州爲蜀州寰宇記在開寶五年又改蜀州爲會州寰宇記在開皇六年而元和郡縣志則以爲開皇五年改汶州爲會州郡不言改汶州爲蜀州一節而輿地廣記通典及隋志皆云隋立蜀州後改會州當從隋志煬帝罷會州爲汶山郡元和郡縣志在大業三年唐改置會州置總管府舊唐志在武德三年又改南會州舊唐志及唐會要並在武德四年太宗改爲茂州以茂濕山爲名舊唐志在正觀八年改通化郡天寶元年復爲茂州乾元元年五代前後蜀及國朝因之初茂州在唐爲下都督府國朝爲上州國朝會要在乾德三年神宗時始創石泉縣屬緜州

政和中升石泉縣爲軍又治汶川縣置威戎軍使國朝會要在熙寧九年

今領縣二治汶山

縣沿革

汶山縣

倚郭舊唐書志云本漢汶山縣地屬蜀郡故城在今縣北二里舊冉駹地晉汶山郡宋廣陽縣輿地廣記云本漢汶江湔氏二縣地汶山郡治焉元和郡縣志云晉改爲廣陽縣屬汶山郡輿地廣記云宋曰廣陽縣隋仁壽元年改曰汶山縣舊唐志云宋廣陽縣周爲汶州置汶山縣隋初改爲蜀州又改爲會州正觀八年改爲茂州元和郡縣志云隋開皇十八年改爲汶山縣屬會州唐屬茂州隋志云唐曰廣陽梁改爲北部都尉置繩州北部郡後周改曰汶州隋仁壽元年改名汶山

汶川縣

在州南一百里。舊唐志云：本漢緜虒縣地，屬蜀郡。輿地廣記云：本漢緜虒、廣柔二縣地。寰宇記云：晉置汶川州於此。考之晉志，有汶陽郡而無汶川州，今不取。元和志云：梁於此置汶川縣，縣西汶水，因以爲名。仍於縣置汶山郡。隋開皇三年罷郡，以縣屬汶州。汶州即茂州汶川縣理是也。圖經云：大業復置汶山郡，縣仍隸焉。唐武德屬茂州。國朝會要云：熙甯九年即縣置威戎軍使。圖經云：威戎軍威、茂兩江合流，其下自此分爲南北西路。

風俗形勝

岷山之勢，巉絕崛立，實捍阻羌戎，全蜀倚之，猶巨屏。圖經

禹貢岷山在汶山縣西北。輿地廣記云：||||||||||俗謂之鐵豹嶺。

汶山即岷山。元和郡縣志云：南去青城山百里，天色晴明，望見成都山嶺停雪，常深百丈，夏月融泮，江水爲之洪溢，即隴之南首。

山嶺停雪，常深百丈。同上

岷山

導江發跡於此寰宇記禹本汶山廣柔人元和郡縣志禹所
生處元和郡縣志又圖經序云大禹生於石紐瀆山神生於汶川岷山之精上爲
井絡河圖括地象曰｜｜｜｜｜｜｜｜帝以會昌神以建福故泉流深遠爲四瀆之首隴山
之南首故稱隴蜀寰宇記冉駹汶山之表圖經云｜｜｜｜｜｜古氏羌
地岷山崑崙之仲王羲之與謝安書曰蜀中山川如岷山夏含霜雹校之所聞崑
崙之仲也夏含霜雹同上東接蜀郡南接漢嘉西接梁州酒
泉北接陰平華陽國志汶山郡下冉駹有六夷七羌九氐各有
部落其王侯頗知書而法制嚴重後漢志盛夏凝凍不
釋華陽國志汶山郡云｜｜｜｜｜｜｜｜故夷人冬則避寒入蜀傭賃自食夏則反茂避暑歲以爲常寰
宇記云蜀人謂之笮氏西近邛笮西漢志曰｜｜｜｜笮馬旄牛西山八國氈

鞹交錯參養於庭茂州重建設廳記自古至今並無兩稅寰宇記

威茂兩州卽灌口之障蔽淳熙五年胡元質奏曰唐之季年吐蕃入寇必入抉文南詔入寇必入沈黎吐蕃南詔合入寇必出灌口其文黎兩州去成都尚千里關隘險阻足以限隔唯灌口一路去成都止百里又皆平陸朝發夕至威茂兩州卽灌口之障蔽大率沿邊諸州城資堡寨以爲蔽堡寨賴州城以爲援唯此兩州不然堡寨參錯於中州城孤立於外而熟蕃部落周分環據二三百里之間官路僅留一線以達于兩州若邊事不甯孤城坐見隔絕

以勇悍相高詩書之訓闕如也寰宇記風俗門云此州本羌戎之人好弓馬云云

漸漬聲教耕作者多舊經云其俗｜｜｜｜｜｜｜矣

成都西陬道出離堆連高交深帶引威茂介乎二郡之間曰威戎軍其側有安遠故城元豐五年威戎軍安遠城記

土堆高潤產多諸珍岷淹

之源東注于海雖節候攸敘咸若京華而冉駹之俗號爲難理唐迴車院記夷俗其人耐飢寒夷居其村皆疊石爲礫以居如浮圖數重下級開門內以梯上下貨藏于上人居其中畜圂于下高二三丈者謂之邛籠十餘丈者謂之碉亦有板屋土屋者自汶川以東皆有屋宇不立碉礫豹嶺以西皆織毛毯蓋屋如穹廬

唐號西山中北路唐蓋巨源撰迴車院記唐都督府督十州今羈麋州寰宇記唐武德七年改總管府爲都督府督南會向翼維塗冉穹炎徹笮十州正觀十年改爲茂州控制吐蕃捍蔽內郡圖經序羈麋州將各佩唐印圖經序維彼通化地當西極宣和七年汶川縣西嶽神加封敕云云金天之分域也地接蕃部事見威州威戎軍屬茂州汶山縣安戎城唐初嘗募兵於西南築之以斷吐蕃趨蠻之路茂州志熙甯

中王中正奏乞將石泉縣割隸緜州其茂州路更不得開修茂州志玉壘之西何羶裘之猱雜也見王咨防邊五事近年曾有蕃僧自熙河來至鐵豹嶺下立旗市馬創建佛宇云自此平地行二十程可至熙州同上茂故汶山郡限蜀西郡鄭薇列岫堂記九頂列於南屏風臺盤列於西巨人橐馳列於東名之曰列岫同上

景物上

江源唐通典載江發源在當州故當州號江源郡至茂州北八十里合江鎮列鵝甘松所出江流東南經茂州城下至汶川縣與威州洮江合元和郡縣志云岷江北自翼州南流徑汶山縣二里

汶江西漢地理志云湔水出徼外南至安東入江元和郡縣志云大江水一曰丨丨至汶山故郡乃廣二百餘

步濕坂

元和郡縣志云在汶川縣南百三十七里嶺上樹木森沈常有水滴未嘗暫燥故日丨丨

風穴

詳見後桃關之下

繩橋

元和郡縣志云在汶山縣西北三里架大江水篾笮四條以葛藤緯絡布其上雖風搖動而牢固有餘夷人驅牛馬去來無懼今按其橋以竹爲索濶六尺長十步

繩州

梁置以繩爲橋故名

綿虒

漢書地理志蜀郡有丨丨縣元和郡縣志云汶川本漢丨丨縣

桃關

元和郡縣志云在汶川縣南八十二里遠通西域公私經過唯此一路關北當風穴其一二里中畫夜起風飛沙揚石

岷山

張南宮西嶽碑云岷山之祠見于秦其禮與五嶽侔其山在茂州之列鵑村其附曰羊膊則江水所出也寰宇記云王義之與謝安書日周益州書述蜀中山川如岷山夏含霜雪校之所闓崑崙之仲也華陽國志丨丨一曰汶焦山安鄉山直上六里岷嶺之最高者遇大雪開泮望見成都丨丨一名鴻蒙郎隴山之南首也故稱隴蜀元和郡縣志云汶山即岷山也去青城石山百里天色晴明望見成都山嶺停雪常深百丈夏月融泮江水爲之洪溢

蜀山

元和郡縣志云在通化縣北六

里齊山在汝山縣二里山頭平長石室寰宇記云冉駹夷人所造者十餘丈山巖之間往往
有之龍湫在巨人山自昔父老相傳號黑湫龍王其湫四山環遶池面周圍廣濶可二十里四季淵
澄不曾乾涸亦無泛溢龍洞在牛溪鎮相近洞內蝙蝠無數大如鶺泊於石壁間以此土人又呼
爲蝙蝠洞入洞數步向南石壁有穴可通人所履疊石可丈許來無石級共掌洞道人附巨竹一枝於穴
內令遊人攀竹履石而上出穴頂即飛仙閣閣上有三清眞武塑像白閣傍山有小徑極險過小徑有一
小石龕僅可容人潤石東界十里外地名玉笏閣其下有丨丨或青或白雜色成文近類玉性近
年採石者多解以爲器用

景物下

妙算堂在州治雪峯堂在州治雪照堂在倅廳遥雲堂横
玉樓列岫堂並在州治汝江城元和郡縣志在汝山縣北三里玉輪坂

見下

玉輪江 寰宇記云汶川縣北三里有玉輪山又有｜｜｜其下汶水所經蜀謂之｜｜｜

玉壘山 元和郡縣志云在汶川縣東四里華陽國志云出壁玉漢書地理志云｜｜｜湔水所出東南至江陽入江

石鏡山 寰宇記在汶山縣

石窗溪 元和郡縣志在汶山縣東十九里

石紐村 寰宇記云在汶川縣一百四十里郡國志云禹生於石紐村古石紐在茂州今石紐在石泉軍

練光亭 王咨題｜｜｜云大江自徼外東遶汶山郡城西北出極目可百里許每日出未下朝靄橫空夜色歛昏素月流天一望水光杳靄無際江流其間若萬丈長虹背疏天矯其上而吐吞之也舊有亭曰觀瀾據城之隅不與景會因取少陵賦岷山絕江圖有山虹飲練光之句因以練光亭題其顏

慈母山 在汶川縣南一百五十里舊經云昔有婦入攜子於此山採樵子爲虎食母乃奔虎而死因爲名

巨人山 在汶山縣南三十里山頭有石如人立面南元宗幸蜀時以石背立敕令鞭之一百

相公嶺 州之主山自鎮羌寨來方稍平夷至｜｜｜愈更開展

君子堂 在倅

廳

鎮羌寨九域志云熙甯九年置圖經在州南四十里圖經又云雞宗關丨丨丨扼羌人出入之路

平戎城圖經云安戎城唐初築之以斷吐蕃趨蠻之路其後吐蕃取之開元中章仇兼瓊得之改曰丨丨丨

禦蕃鎮圖經云去茂州百二十里

鷹門山寰宇記云在汶山縣北二十里山多栖鷹故名

雞宗關九域志云在州南四十二里熙甯九年置

龍泉山寰宇記云在汶山縣南四十八里郡國志云下有湫水名清池一名龍池水旱禱有應若放牧馬於其側多生駿駒

龍溪水圖經云引丨丨丨入城內至光孝寺以兩池瀦之居民常汲飲

牛溪寨九域志在汶川縣圖經云牛溪鎮滋茂池自山下至山頂約十餘里池面周四十餘里爲神龍所宅

栖雞村國經云去茂州東北一百七十里有三路一通茂州一通龍州一通綿州皆吐蕃險要之地今隸石泉軍

列鵝村圖經云岷山在茂州羌之丨丨丨其附卩羊膊則江水所出也孔穎達以爲岷山在蜀郡渝湔氏道不同

湔氏道西漢地理志丨丨丨禹貢岷山在西徼外江水所出東南至江都入海

滋

茂池在牛溪鎮池面周四十里四時無竭溢神龍所居**汶焦山**華陽國志云岷山一曰｜｜｜安鄉山直上六十里岷嶺之最高者遇大雪開泮望見成都岷山一名鴻蒙**襄陽山**州郡志云汶山郡有｜｜｜見寰宇記**三溪水**圖經云自三溪口引水入城由州治至設廳下貯以兩井號五福泉居民汲飲**五福泉**在州治廳下**五味山**寰宇記在汶山縣山出五味子故名**七盤山**寰宇記在汶川縣九里有七盤路**七星閣**政和中御筆添置｜｜｜堡

九龍池寰宇記云汶山縣巨人山下有九池俗傳是｜｜｜**護都山**在汶山縣北五里**石朋山**在汶山縣南八十里**隴東山**在汶山縣東北十八里**神湫山**在汶川縣北三十里有神湫**濕凍嶺**在汶川縣北四十里大路甚峻嶺上常有泥塗因以名之**治平寺**舊在城外緣叛羌董阿丹焚毀元豐初移入城東**鐵豹嶺**輿地廣記云禹貢岷山在西北俗謂之｜｜｜禹之導江發跡於此皇朝郡縣志云熙甯九年因茂州築城靜州將楊文緒導蕃董阿丹

作亂茂州南有雞宗關路通永康北有隴東路通綿州皆爲蠻據聲援俱絶至書木牌投於江水以告急朝廷遣内侍王中正將陝西兵千人救之中正既至乘諸羌約和不戒戒旁出雞宗山擊奪其險又由間道渡索橋歷流沙飛石之危會于雞宗去茂四十里楊文緒等伏誅十月從中正所請割石泉屬綿州舊路與茂通者斷塞之政和六年蕃衆作亂圍遶州城道路阻絶告急朝廷遣盧紋黙及秦鳳路兵至賊始遁散居其一村於是打誓乞降明年詔石泉爲軍專一控制自後蕃部始知畏服不敢妄動

古迹

廣柔故縣 漢書地理志蜀郡有廣柔縣元和郡縣志在汶川縣西七十二里禹本汶山廣柔人有石紐邑禹所生處今其地名刳兒畔

茂州舊領羈縻九州 皇朝類苑云羈縻九州皆蠻族也蠻自推一人爲州將治其衆州將常在茂州受處分茂州居羣蠻之中地不過數十里舊無城惟植鹿角蠻人屢以昏夜入茂州剽掠民家六畜及人茂州輙取貨於民家遣州將往贖之與之講和

而誓習以爲常茂州民甚苦之熙甯八年屯田員外郎李琪知茂州民投牒請築城琪爲奏之乞城茂州朝廷以王中正節制其事而蠻人反叛剽掠不絶

熙甯中王中正築本州城　湅水記聞載茂州舊無城隍因范柏常築城侵地致羌叛丨丨丨丨丨丨丨丨丨丨鄧嘉猷西南備邊志所載亦同

江瀆神　圖經云神姜姓生於汶川禹導江岷山神佐之是爲昭靈孚應威烈廣源王山海經云岷山神馬首龍身祠用雄雞瘞用黍則風雨可致焉

大禹廟　在州東門內

西嶽廟　在東界鎮金天順聖帝廟加封敕云眷彼通化地當西極金天之分域也而汶川界其南

官吏人物

廖立　華陽國志云丨丨在汶山聞諸葛亮卒聖位曰吾終爲在衽矣

張道古　蜀檮杌云道古臨淄人也少有文辭慕朱雲梅福之節景福中爲右拾遺時播遷之後方鎮阻兵道古上疏言五危二亂七事疏奏謫授施州司戶王建奏爲節度判官又上建詩敘五危二亂事剛介忤時爲同寮所疾送茂州

安置召還復貶茂川卒於路

趙清獻公三朝言行錄云茂州蕃部鹿明王等蠭聚剽掠｜｜｜｜｜遣兵討之夷人乞降願殺婢以盟公使喻之曰人不可用三牲可用也使至繫婢引弓將射聞公命讙呼以聽事訖不殺一人

家定國眉州人爲永康軍師法韓絳帥蜀欲治西山道定國謂蜀近夷恃險以安昔唐中衰吐蕃三入寇一出汶川今鑿平塹爲坦塗將貽蜀憂韓然其言爲之罷役事見眉州志

孫敏行眉山人書樓之後也徽宗即位通判簡州州時知茂州張持請招降木昔園通互市木昔園者西南生蕃小族距茂州千餘里歷熟蕃八族然後至八族常以轉販取贏敏行曰熟戶爲吾藩籬日久若生蕃來則八族失業利在千里之外而起變肘腋非國之利也具可狀聞從之事見眉州志

仙釋

婆竭羅龍圖經載張商英記云｜｜｜｜因洪備禪師毫光所指自郫縣金山寺湫移往茂州牛溪鎮滋茂池

碑記

唐迴車院碑唐刺史蓋巨源撰大中十三年立　唐刺史題樑黃唐樑記有寶歷元年刺史竇季餘大中三年刺史劉成師咸通三年刺史蓋巨源題　張延賞修城記技董守愚兩路記載唐大歷十四年吐蕃大下火焚了郊館興元元年張延賞重修其後別駕大夫修建城宇堡壁雉堞　茂州治平寺碑寺舊在外緣叛羌董阿丹焚元豐初移入城　滋茂池善應廟碑張商英無盡居士文其神或傳姓吳或傳姓郭頗有異同　西山記紹聖中茂守曾坦作　更生閣記政和丁酉倅貳跨鼇先生李新目擊靜州之變記載其事甚詳　圖經郡守史志序

詩

雪嶺方秋急繩橋戰勝遲杜甫對雨　玉壘雖傳檄松州會

解圍（杜甫警急）夷界荒山頂蠻州積雪邊築城依白帝轉粟上青天（杜甫西山詩）遠煙鹽井上斜景雪峯西（杜甫）雪山斥堠無兵馬錦里逢迎有主人（杜甫途中寄嚴鄭詩）昨夜秋風入漢關朔雲邊雪滿西山更催飛將追驕敵莫遣沙場匹馬還（杜甫軍城早秋詩）雪嶺獨看西日落劍門猶阻北人來不辭萬里長爲客懷抱何時得好開（杜甫秋盡詩）雪嶺界天白錦城曛日黃（杜甫懷錦水上居止）辛苦三城戍長防萬里秋煙塵侵火井雨雪閉松州（杜甫西山詩）子弟猶深入關城未解圍蠶崖鐵馬瘦灌口米船稀（同上）聞道君牙帳防秋近赤霄下臨千雪嶺却背五繩橋（杜甫寄董嘉榮）

秋風嫋嫋動高旌玉帳分弓射敵營已收滴博雲間戍更奪蓬婆雪外城杜甫經心石鏡月到面雪山風杜甫春日江村窗含西嶺千秋雪杜甫暮倚高樓對雪峯僧來不語自鳴鐘孤城返照紅將歛近市浮煙翠且濃杜甫暮登四安寺鐘樓東郭滄江合西山白雪高杜甫歲暮遠浮名邊隅還用兵煙塵犯雪嶺鼓角動江城杜甫九峯自積千年雪八國猶遺六詔蠻李新還戍在昔帳戟神龍文而馬首李新雲迷夏禹從前宅雪壓姜維最後城李新靜坐詩註云禹生石紐在郡之西水西屏風山有姜維後城山外浮雲雲外城江邊羌角水中聲李新登城江邊水出吐蕃分黑白地窮蜀地隔幽陰

李新西軒詩　誰道圖書府不通氈罽鄉雪齋詩

四六

越岷峨深入於不毛古松檜强名之曰郡刻石紐大禹之所宅本冉駹西漢而後通貢賦無三品之金罽縻近十州之獠李元應茂州到任謝宰執啟

輿地紀勝卷第一百四十六

輿地紀勝卷第一百五十　文選樓影宋鈔本

東陽王象之編　甘泉岑鎔 詮 長生 校刊

成都府路

隆州 南隆 仙井 陵井

州沿革

隆州 下 仁壽郡軍事 十道志 禹貢梁州之域 元和郡縣志 秦地天官東井輿鬼之分野鶉首之次 圖經 秦爲蜀郡地 元和郡縣志 漢武置犍爲郡割蜀郡地以益犍爲故又爲犍爲蜀二郡地 通典云二漢屬犍爲蜀二郡之地元和郡縣志云漢屬犍爲郡武陽縣之東境是通典以爲隆州跨犍爲蜀二郡之境而元和志爲隆州專屬蜀郡之武陽縣二者不同象之謹按

元和志陵州領縣五而仁壽籍縣建始井研四邑皆以爲武陽縣地而貴平一縣則以爲廣都縣地漢志武陽縣屬犍爲而廣都屬蜀郡則是隆州五邑分據犍爲蜀二郡之地明矣華陽國志云分巴割蜀以成犍廣則犍爲之置乃漢武割蜀郡地以益犍爲而隆州五邑又在漢武割置犍爲蜀二郡之交則當屬犍爲蜀二郡今從通典及華陽國志

後漢三國因之後漢志犍爲郡亦有武陽縣蜀郡有廣都縣

晉仍屬犍爲及蜀郡晉志犍爲郡仍有武陽縣蜀郡仍有廣都縣

東晉益州刺史毛璩益西城戍以防鹽井周地圖云晉孝武太元中益州刺史毛璩置西城戍以防鹽井又元和郡縣志云陵井者本沛國張道陵所開故以陵爲號晉太元中刺史毛璩乃於東西兩山築城置主簿防衞之後廢陵井更開狼毒井今之煮井是也居人承舊名猶曰陵井其實非也

宋分屬犍爲甯蜀二郡此據通典又沈約宋志甯蜀郡下有廣都縣

齊因之齊志甯蜀郡下有廣都縣

梁置懷仁郡隋志仁壽縣下註云梁置

懷仁郡開皇初郡廢圖經云梁普通中置懷仁郡西魏置隆山郡隋志於隆山縣下注云舊曰犍爲置江州西魏改縣曰隆山省江州置隆山郡開皇初郡廢及隆州以鼎鼻山地形隆起故名皇朝郡縣志又置陵州隋地理志及通典云西魏置陵州而寰宇記及輿地廣記皆云後周閔帝置陵州不同象之謹按後周書陸騰傳魏恭帝三年隆州木籠獠反詔騰討之是魏恭帝時已有隆州非置於後周也今從隋志及後周書因張道陵井爲名元和郡縣志及通典云陵井者本沛國張道陵所開故以陵爲名隋初郡廢而州存煬帝時州廢爲隆山郡寰宇記在大業三年唐爲陵州舊唐志陵州本隋隆山郡武德元年改爲陵州領仁壽貴平井研始建隆山五縣改爲仁壽郡新唐志云本隆山郡天寶元年更名復爲陵州舊唐志在乾元元年五代王氏孟氏有其地國朝平蜀寰宇記在乾德元年陞爲團練圖經云舊爲軍事淳

化三年七月以守臣張旦禦賊有功陞爲團練國朝會要云唐陵州至道二年陞團練廢爲陵井監國朝會要云熙甯五年廢爲陵井監改爲仙井監國朝會要云宣和四年|||||||寰宇記云大觀四年詔以陵爲高士之名當隱其稱乃改爲仙井監輿地廣記在政和三年不同當從會要自唐屬梓州路元和郡縣志國初尚屬梓州路寰宇記後屬成都路九域志中興以來陞爲隆州國朝會要云隆興元年改爲隆州今領縣四曰仁壽井研貴平籍縣治仁壽

縣沿革

仁壽縣 中

倚郭元和郡縣志云本漢犍爲郡武陽縣之東境晉置西城戍以爲鹽井之防梁置懷仁郡西魏改西城戍置普甯縣隋志云梁於此置懷仁郡西魏定蜀改縣曰普甯又西魏置蒲縣大業初置隆山郡蒲縣併

入焉元和郡縣志又云隋開皇三年罷郡以縣屬陵州隋志開皇十八年改普寧爲仁壽縣大業三年屬隆山郡唐正觀仍屬陵州國朝因之

井研縣

在州西南一百里元和郡縣志云本漢犍爲郡之武陽縣地舊唐志云東晉置西陽郡魏置滿亭縣隋改爲井研元和志又云隋大業元年因井研鎮立縣取鎮爲名屬隆州隆山志云後周宣政元年置井研縣屬陵州年月不同又云以縣界有鹽井研淨因名隋因之寰宇記云唐武德四年自擁思茫水移治今所輿地廣記云始建鎮隋開皇十一年置縣隸隆山郡唐屬陵州皇朝咸平四年省入井研

貴平縣 中

在州東北六十七里元和郡縣志及舊唐志並云本漢蜀郡廣都縣之東南地通典云西魏置仁和郡兼立貴平縣隋志云後周又廢可曇平井二縣入焉開皇初郡廢大業又併籍縣入焉寰宇記云後魏恭帝

二年於此置和仁郡仍立平井貴平可曇三縣縣舊治和仁城開皇十四年移治禄川仍隸陵州國朝會要云熙甯五年改州爲監縣廢爲鎮附井研縣至乾道六年復爲縣隸隆州

籍縣 上

在州西北一百里元和郡縣志云本漢武陽縣地周閔帝於此置籍縣因蜀先主籍田地以爲名寰宇記云先主牧馬於此江中大業二年省新唐志云永徽四年分貴平置籍縣通典云梁籍郡也寰宇記又云梁天監中於此立席郡隋廢郡爲縣始曰席後語訛爲籍不同國朝會要云熙甯五年改州爲監縣廢爲鎮隸廣都縣乾道六年復爲縣隸隆州

風俗形勝

家有鹽泉之井 蜀都賦注曰巴西充國縣有鹽井 前距漢嘉後距廣都分棟牛鞞在其東鼎鼻崌崍在其西 隆山志封域門 熬波

出素利及全蜀張商英治平末司文是邦閱其山川岡阜起伏磅礴謂此英靈秀粹之氣必生異人而｜｜｜｜｜｜非所稱也

郡治居三嵎之中兩山左右環合有自然之勢圖經州城門

三嵎青陵陽榮三嵎翠陵陽貴古民謠紹興中郡守赤城何公鑿石於東山之下作青榮臺以表之

東嵎西嵎南嵎山相對故號三嵎益州記

有大小龍淵皆出山腹流海沙色如金張無盡書見隆山志州城下

龍淵之水歷資之東津而入于東江龍溪之水歷眉之魚蛇而入于西江隆山志水門

隆山風俗與漢中不別而頗慕文學隋志

地瘠而力耕家貧而好學此風俗之古也何丞相㮚仁壽縣學記

陵州在高山上東坡玉堂硯銘曰文與可將赴陵州孫洙巨源以玉堂大硯贈之與可屬子贍爲之

銘又曰硯大如四甎許兩丨丨丨丨丨丨難得水故以戲之 側耕危穫文同復州二井記 城北二面懸岸斗絕四面顯敞南臨鹽井元和郡縣志 俗愿愨而好靜公議而無私有古淳質之風皇朝郡縣志 其土瘠故無萬鍾之家其地左故無千金之賈其俗朴不樂轉徙韓駒進士題名記 左簡右眉嘉僻在山中樊汝霖觀風亭記 州以跨鼇名者三嵎山之槊也李石超覺寺記 郡之鹽利冒于兩蜀員興宗改建郡樓驛路記 州治之西北隅山之北百里為籍縣南嵎山之南百里為井研東隅山之東七十里為貴平圖經縣治門

景物上

天池在仁壽縣南八里號曰譚子池靖康元年何丞相㮚奏改名天池何丞相功德院在焉

聖泉寰宇記在仁壽縣南七里其水郡邑患瘡痍者飲之立愈投銀即成金色俗呼｜｜

佛現在籍縣觀音寺秋霧日薄則瑞光五色現嶌中有佛如水墨畫者良久乃已

陵井元和郡縣志云在仁壽縣縱廣三十丈深八十丈益部鹽井甚多此井最大以大牛皮囊盛水引出之役作甚苦以刑徒充役又云｜｜者本沛國張道陵所開後廢陵井更開狼毒井今之賁井是也寰宇記云｜｜本狼毒井今名陵井按郡國志云昔張道陵於此得一鹽井後人因祀玉女於井內初玉女無夫後每年取一少年擲置井中若不送水即竭又蜀郡西山有大蟒蛇吸人上有祠號曰西山神每歲士人莊嚴一女置祠傍以爲神妻蛇輒吸將去周氏平蜀宇文貴爲益州總管乃擇日設樂送玉女像以配西山神自爾之後無復此害

平井益州記云官有兩竈二十八鑊一日一夜收鹽四碩白如霜雪寰宇記又有營井蒲井在籍縣研井陵井稜井律井並在井研縣

研井元和郡縣志云在井研縣南七里鎮及縣皆取名焉又有

思陵井鑊井隆山圖經云武陽之境有鼎鼻山地形隆起故名｜｜鐵山在井硯縣東北六十里周地圖云縣界首有｜｜諸葛亮取為刀器周封宇文度為｜｜侯元和郡縣志在始建縣南七十坒諸葛亮取為兵器其鐵剛利堪充貢焉麟山在井研縣治相對龜山在井硯縣南對峙其形如龜鳳山在井研縣南與學宮相對鹿水在籍縣舊經云昔有白鹿浮焉故名祿水元和郡縣志在貴平縣南五十步龍門在仁壽鄉｜｜淵中間歲魚一大會巨細鱗次環列洞門前凡數日復散或云有龍在故魚朝焉三山仁壽令張紹祖山扉記曰有岡北來莫窮所自不亟不徐勢趨東南欲薄城下岐而為三行且五里虎踞盤薄不復去此陵陽之所謂三山也赤水在籍縣有寶溪院其魚皆赤鱗相傳下有龍穴蜀志所謂黃龍見赤水即此地也寺有古石鑴佛一尊長三丈二尺息壤在籍縣南一里有地畝餘踏之軟動靖康二年提刑邵公大書｜｜二字鑴之於石籍田圖經稱蜀先主於此耕｜｜而志不載所謂籍川者在今貴平縣四里有地畝餘民不忍犯地

卑而水聚踏之歎動

西河 皇朝郡縣志云在籍縣南三十五里王觀山合衆溪水會黃龍市門導江之水以入眉州

石姥 跨鼇巨石也在山頂歲旱里人轉徙之天即黫驟雨四注文同嘗賦之云上譽岑之飛泉兮拔薈蔚之榛莽妥有石之跂跂兮旁無他而相伍其遠睨之若人兮迫猶疑其蹲虎里俗神而甚恭兮號相尊其曰姥

雨盤 沈括筆談云陵州鹽井陰氣襲人入者輒死候雨入井則隨雨施工後人以木盤滿中貯水盤底鑿小竅𥲤水如雨黙設于井謂之丨丨終日不絕井幹於是一新

景物下

思賢堂 在郡治畫杜工部蘇東坡文學士三賢像

樂道園 在州東鳳門外城中遊賞惟此獨盛文與可有詩

海棠園 在熙春門城下州之海棠惟此最古

蓬萊閣 在州城至道觀艷陽洞之前

素節軒 在紫微廳之掕取東坡贈文學士知陵州詩素節凜凜歎秋霜之句

觀音寺 在籍縣北十里刻巖石爲佛像而大悲尤勝間出光相門有石觀音本縣未廢時縣令張元弼

夢有感應爲重閣以覆之正月八日士女遊觀歳爲故事

州印山在州東隅跨鼇山之坳捫膝先生喻公故居之上

唱車山元和郡縣志在貴平縣南九里寰宇記有唱車廟在舊縣南九里漢宋辰爲巴郡守有惠於人吏人送辰到蜀迴至此爲辰立廟以其山近鹹井聞推車唱歌之聲爲名今鹽井推轆轤皆唱爲號令

執笏山在井研縣南五里一峰突出其下有青陽氏登科不絶

磨刀溪在仁壽縣南十五里食芝山之下舊傳漢天師磨刀於此故名

磨玉山在井研縣西南三十里據嘉眉榮隆之四境

竺子山在侯鼻山之側其狀如四角竺左右皆山獨此山塞谿流之衡每雨則先出雲

鼎鼻山晏公類要在仁壽縣南一里郡國志云在仁壽縣界周之九鼎淪一於此故後人往下見鼎耳因名

井鑊山寰宇記在井研縣北二里其山俯臨井鑊因以爲名唐僖宗幸蜀此山神見因立廟圖經又以爲明皇幸蜀神迎見不同

聖燈山在籍縣暮夜嘗有燈往來其上故名

天池山距城西八里

天師井廣記因天師治井晏公類要云本狠毒井按郡

住此山側因名元和郡縣志云有婆支水出婆支山去縣四十五里**呂公洞**在井研縣相傳呂洞賓修煉之所洞巖上隱隱有數十大字地號呂村皆姓呂**佛巖山**在仁壽縣東二十五里其巖有石佛像紹興中嘗現毫光圓相**佛龕山**在衙山之北軍營中其上洞穴中多石佛今有佛字號古佛道場**禮佛山**即香雲山山脚有小坡三隴排伏如人禮佛之狀故號｜｜｜云**丹砂山**左思賦云丹砂出其坡元和郡縣志寰宇記並在籍縣又云本出赤土強以爲名**玉屏山**距城西二十里西山環聚玉屏爲之冠虞丞相功德院曰旌忠院在焉**玉淵池**在仁壽縣之東南十五里地名韋村太師虞祺嘗讀書於其池亭**寶溪院**在貴平縣西五里詳見赤水下**金華山**在仁壽縣仙牛山之左卓出爲高峰貴平縣北四十里亦有｜｜｜**金倉山**在仁壽縣石城山之右二里**鐵爐山**在籍縣北十里僞蜀時望氣者以有佳氣因斬其崗錮之以鐵**寶巖院**在仁壽縣之唐福鎮岩有石鐫兩龍隱其間卽御史何公讀書之所也**寶峰院**在貴

平縣西北四十里院內有**石城山**在仁壽縣一名石王羲之記王氏廬墓銘矩山其山有石壁似城因名絕頂望見峨寰宇記在仁壽縣東眉有平等寺西峨亭云**石臼泉**北二里石臼中其泉甘美下則鑿石為臼深九尺冬**日輪寺**在貴平縣佛溫夏冷衆泉皆涸此泉常湧殿題梁上識唐咸通十一年建**歲寒山**在貴平縣東北五十里隱士喻化成所居上有歲寒事翰林彭乘以詩遺之曰不見陵陽喻化成令人西望愈傷神近聞養素多栽藥耕破青山十里春**香雲山**在仁壽縣東北五十里上有□□□碑載唐末**瑞雲山**在仁時有異僧循虎於此山上號伏虎禪師壽縣東四十里丞相何公始生之**紫雲洞**在郡城西日夜半有紅霧亘天因名曰瑞雲南五里跨龕先生墓之側**豔陽洞**在州城至道觀之後昔天師既誓玉女於井因藏去其衣衣忿藏之未固徑取鑠之石室或謂之藏衣洞洞在重岩之下嶮岈幽窈晦明變化千態萬狀雖拒闔闢不數武而若與世相絕蓋直人修煉之所旁有石鼓扣之有**戒珠院**在仁聲地產何首烏最良東坡有服食之法

壽縣院依巖爲殿　靈泉院在籍縣院有古
岩有石佛千像　塑丈六金身佛　英谿山在仁
壽縣西之二十里道最斗絕郡侯文公與可
詩云英溪磽礅磴道險行客欹獻上酋崒　蘭溪水
在貫平縣北四十里　蟠谿水在飛泉山下丞相何公
唐末隱士張鴻所居　居其側號蟠溪先生
曹溪水在翳溪上之下旁有院曰南臺太
像閣在焉因取曹溪六祖之義　飛泉山寰宇
記云在仁壽縣東二里舊名東嵎山按舊經隋仁壽
元年獠亂城戍窄小百姓城於山頂避亂於其上山
本無水百姓致禱得飛泉湧出百姓感之於山頂立
二碑以紀其靈山有跨鼇亭每歲上元重九太守率
僚屬燕其上　高城山新唐志在　貴平山在貴平縣二
講故事焉　仁壽縣　十三里一名
舞鳳　擁思茫水在州南一　寰宇記在仁壽　慈
山　百五十里　仁壽水縣西北十里
孝村袁氏｜｜｜在籍縣唐長慶中袁自強父死廬
墓乾符中袁貫之母死亦廬墓及貫之死子宗
觀亦廬墓宗觀死子繼邵亦廬墓廣明中宗觀妻死
男繼嗣亦廬墓蜀主旌表門閭號袁氏｜｜｜云

榮祉山皇朝郡縣志云在井研縣東北按舊唐書聖曆二年始建縣治於此一名靈芝山宴嘉池在井研縣北一百六十步池分爲兩支郡人多遊宴於上三嵎山元和郡縣志在仁壽縣益州記云縣之東西南隅三山相對去鹽井一里共號三嵎山東飛泉南翳嘶西即州衙坐山也四望山在城之東隅跨鼇山之前六渡溪在仁壽縣西十里七折山距仁壽縣西三十里其山屈曲七回故名籍縣亦有丨丨丨百廉溪在高橋鎮大符山在貴平縣五里許有石如符刻舊傳天師嘗於此地行符水故名大雲寺在貴平縣北六十里小峩眉山每歲之秋有普賢菩薩化現大雲山在貴平縣北三里秋有佛現小峨眉在貴平縣北六十里上乃大雲寺秋晴間見佛現光東林寺在籍縣寺有土牆古傳係蜀先主所築比巖山在仁壽縣南十五里鑊山之側其上多古佛像又多神祠龍皐水在三溪鎮下一其間多竅石奇怪有湖石之狀前有深淵俗傳龍宅其中故名龍巖山去郡四十里有浮圖祠又籍縣亦有

龍巖寺

龍巖谿 在郡北四十里大山下瀦而爲淵中有巨石如至寶焉山勢蟠龍而下有取寶之意又名龍門水

馬鞍山 在仁壽縣西南四里以形類名虞太師墓在焉

鳳嘶山 在仁壽縣西八里道士費迪赴闕歸日修養此山又有冉道人者於此山得道

鳳凰臺 在州城南隅山下張眞人內傳眞人投符祓龍既而符化爲鳳凰棲石上今號爲｜｜｜

魚蛇水 寰宇記在籍縣南三十五里從縣界東歌鄉來入眉州青神縣界

狼毒井 元和郡縣志云漢張道陵初開陵井後廢陵井更開｜｜｜｜今之煑井是也居人承舊名猶曰陵井其實非也

龍馬槽 在仁壽縣東三十里昔僞蜀時民潘氏牧牝馬水側與龍遇因生神馬故名

嘶馬壠 在仁壽縣南二十里咸平中郡兵拒賊于此賊聞馬嘶而退

沐馬川 寰宇記在州北一百二十五里屬籍縣蜀先主於此置籍田牧馬於此江中因名｜｜｜

走龍山 在貴平縣其上有日輪寺

來鳳山 在井研縣北郭外前有鳳山其上有亭邑上之登科第者題名于此

臥龍山 在仁壽縣金華山之左

賴

龍池在仁壽縣東七十里舊經見龍從水中出故名仙牛山在仁壽縣西二里仙鼠洞在井研縣東百餘里昔蜀人避亂居於此中有蝙蝠大如烏鐵龍山在仁壽縣東北十五里其狀如龍亦名龍首山金牛山在井研北郭二里有李氏讀書堂石羊山在郡之北門其上多石狀如羊故名石馬鎮在仁壽縣西南六十五里茆香山在井研縣東南三十里巖有唐佛像其上多茆香甘棠山在仁壽縣東二十五里上有東嶽祠食芝山在仁壽縣南十里舊傳漢天師食芝于此木津水元和郡縣志在籍縣木梓山寰宇記在籍縣北六十里出梓木景德院在貴平縣殿梁間識唐大順三年建至道觀在州城仁壽縣東漢張道陵至南岡前曰此地川岳相朝可建福庭也後人因廟祀之又立留侯祠蓋眞人之祖也又有天師像超覺寺在郡城之東隅每春時郡人遊賞駢集號曰僧市麗甘山寰宇記在仁壽縣東二十里舊經云昔有十二玉女於此川服鹹泉玉女美麗鹽亦甘好因名今井竈猶存聶

甘井 寰宇記古鹽井也傍有神廟今謂之聶社

古迹

陵井監 寰宇記云按圖經漢時有山神號十二玉女爲道人張道陵開鹽井因此名陵州今州上有玉女廟甚靈若以火墜井中即雷吼沸湧煙氣上衝濺泥漂石甚可畏也或云井泉傍通江海微有敗船木浮出其井煎水爲鹽歷代因之唐萬歲通天二年右補闕郭文簡奏賣水一日一夜得四十五函半百姓貪利失業長安二年停賣水依舊稅鹽先天二年加課利歲有三千六百二貫僞蜀井塞國朝乾德三年平蜀陵州通判賈璉重開舊井一晝一夜汲水七十五函每函煎鹽四十斤日獲三千斤至雍熙元年春冬日收三千八百一十七斤秋夏日收三千四百四十七斤蓋水源之有長短也又寰宇記載貴平縣十井日收鹽四千三百斤

廢隆山縣 隋志云舊曰犍爲置江州西魏改縣曰隆山後周省州置隆山郡開皇初郡廢又併江陽縣入焉有治官有鼎鼻山

廢始建縣 元和郡縣志云本漢

武陽縣地。舊唐志云漢武置建始鎮五年改鎮爲始建縣舊治擁思水聖曆二年移治仁壽縣□□榮祉山籍梁席郡一名漢武戍永徽四年分貴平置建始縣咸平四年省入井研

先主城 在籍縣東林寺後有土牆古老傳先主城臺

仁壽故城 在縣東二里後魏廢帝元年置爲普寧縣隋開皇十八年改爲仁壽縣唐正觀十八九年移於子城西

漢陽城 在貴平縣東二里周回三百六十步高二丈隋大業三年築欲移貴平於此義寧元年廢今爲東林寺

武嬰城 皇朝郡縣志云在井研縣東下有潭舊傳有八房大鼎沉其下

井研故城 二一在井研縣南周迴二百步周宣政元年置隋大業十八年廢一在井研縣二里周回二百二十步隋大業十年移鎮於此唐武德四年廢

蒲亭城 在仁壽縣南十五里隋開皇七年置仁壽□年獠亂百姓走投高城此遂廢隋志云西魏置蒲城縣大業初置隆山縣蒲縣併入焉

浴丹井 在天慶觀內世傳爾朱於此浴丹

天師井 廣記因天師治井晏公類要云本狠毒井按郡國志云昔東漢張道陵所開有毒龍藏井中及鹽神

玉女十二爲祟天師以道力驅出毒龍禁玉女於井下然後人獲鹹泉之利

玉女祠 祀玉女於井內即鹽井也輿地廣記在仁壽縣今名靈貞夫人

朝女山 婁公類要云在仁壽縣南二里郡國志云在縣界昔有朝祖女於此山得道今肘脛足跡尚存因名

健兒廟 寰宇記云昔有人拒公孫述死吳漢爲立廟後人祠祭不絕

譚子池 唐詩紀事所載有云譚宜者陵州民叔皮子也年二十餘忽失所在大曆初年還家卽霞冠羽衣眞仙之流也言訖而去其家靈泉湧出禱必有應因名丨丨丨

漢陽堰 唐志云在籍縣東五里武德初引漢水溉田二百頃後廢文明元年令陳充復置後又廢

石夫子像 在仁壽縣學兖國公鄒國公十哲皆以石爲之有唐代歲月款識

宋相伯窟 在井研縣東一十里去陵井北一十步鑿石爲窟里人或云宋王生窟有石門石堂石室石牀石槽額篆宋相伯三字無所攷見

朱府君辰廟 去貴平縣六十里卽漢朱府君辰之祠也府君爲巴西郡守有功德於民解官泛岷江長幼隨之貴平唱車山遂隱於洞中民因立祠廟有古柏一

株自廢縣後枯槁乾道復縣枯木再生每歲春夏開花結子近似荔枝其異如此

騎嘶神廟 皇朝郡縣志云相傳爲巴郡太守嚴顏之神唐僖宗幸蜀及李順之亂皆有神兵之助今廟號孚貺

蔡順廟 圖經云縣人蔡順遇一虎俛首若有所求順以手探其口得鯁骨他日啣一鹿置門而去自是虎不入境

天師廟 輿地廣記在仁壽縣又有天師宅在郡治之下有唐元和十五年陵州刺史李正卿撰仙師廟碑

中女祠 元和郡縣志云丨丨丨蓋井神張道陵祠在仁壽縣西一百步陵開鑿鹽井人得其利故爲立祠陵即張魯之祖父學道鶴鳴山人從受道者出五斗米故時人號爲米賊亦曰五斗米道

兩女墳 在仁壽縣東南二里兩墳相去四丈餘舊經云昔有二女正潔死葬於此唐正觀中州人劉安尙其節於兩墳上各立一塔

豆盧墓 在州城東隅之趾後唐相豆盧革之墓也革斥陵州死故葬于此

牢固墳 寰宇記在仁壽縣南六十里十道志蒯參至孝葬母修墳牢固因名

官吏

鄭譯隋書載一一為隆州刺史召還賜燕醴泉宮復爵沛國公上柱國上令內史李德林立作詔書高頴戲謂譯曰筆乾譯曰出為方岳杖策言歸不得一錢何以潤筆上大笑 **路使君**乾元初知陵州杜子美有送行詩 **劉權**按悲心經碑跋云乾符四年再衔恩命却理陵陽 **賈璉**安國器冒朝之祖見賈令公眞堂碑時陵井堙塞公再闢之 **樂史**字正僞撫州人太平興國九年知陵州嘗著寰宇記 **孫明復**陵州通判 **燕雍**范陽人肅之子也嘉祐中為守始建郡學蓮花漏亦雍所定 **文同**字與可梓州人熙甯四年為守嘗奏鹽井為民害乞從買撲 **程堂**眉州人元祐中為守文章政事與文與可相頡頏 **蘇協**為陵州推官子易簡生今官寺中此圖經載於推官廨下而宅第門載蘇易簡父死不能歸左綿僑居于此受業於貢士費禹珪今宅尚存 **張商英**字無盡治平末司文是邪後為相 **趙次公**任隆州司法次公嘗注杜詩 **种温**紹興六年

知監事豹林明逸先生之後爲人恬退政事簡靜公餘賦詩所至留題

李中 眉州人紹興十五年知監事其子卽巽巖先生亦爲隆州監稅

李繁 字清叔崇慶府人爲僉判後爲司農卿四川總領爲漢中民免和糴黃裳作罷糴行以美云

人物

孫光憲 貴平人後掌荊南高季興書記傳及繼沖湖南將周文表首難建隆四年藝祖命慕容延釗等討之取道荊城繼沖大將李景威疑阻光憲叱之繼沖竟納欵軍門

牟承鉝 承鉝羣之五世孫也咸平中王均自廣都掠陵承鉝拒戰于走馬岡城全而承鉝乃戴其頭以歸猶攬轡馬上凜然如生及家　而後仆

皇朝范雍 皇朝郡縣志云范雍籍縣人張詠寇準所薦天聖間拜樞密使

黃千 黨籍黃公宅公諱千故宅在井研縣北千有氣節元符間以選人上書詆時政名係黨籍廢錮終身時人惜之

陳祜 皇朝郡縣志云｜｜徽宗時爲諫官後入黨籍廢錮

馮時 皇朝郡縣志云馮時

仁壽人靖康二年以少卿使金敵敵欲迫降之公曰一一甯以死魂歸國不敢以生身遺敵遂死弟昕仕至長安兵官敵兵至死之兄弟以忠義著

李新

皇朝郡縣志云李新仁壽人元符上書入黨籍爲邪士羈管終身不用

喻汝礪

皇朝郡縣志云一一一靖康初爲祠部員外郎不附割三鎭之議金賊立張邦昌汝礪掛衣冠去渡江自號捫膝先生

員興宗

字顯道仁壽人除著作佐郎會敵使不拜敵索歸正人公獨上書不可

何㮚

政和五年狀元及第後爲相不肯割三鎭死於國事與兄棠弟榘號爲三鳳又夷堅志載㮚在太學詣日者孫顒問命顒曰來年作狀元不出一紀爲宰相但有一事絕異君拜相後當死於異國尋常奉使絕域者何由有宰相入國者此爲不可曉耳後皆如其言

范世雄

母文氏籍縣人適范氏方娠而夫卒時年十八姑慮有他意文泣曰義無二適當躬勤以奉姑獨願早生男子以昌范氏亡何生世雄晝田夜紡以資世雄遊學世雄登第而歸文逕之途世雄趨拜已乃相持而泣見者悲之

虞允文

皇朝郡縣志云允文仁壽人事親篤孝嗜學好修鎖廳及第用

大臣薦立朝紹興三十一年冬元顏亮入寇以中書舍人督視府參謀督戰敗之於采石自此名聞一時歷兵部尚書四川宣撫荆襄制置還朝爲僉書樞密院參知政事知院宣撫四川召還拜相曰

韓駒 字子蒼政和間賜第文集行於世

仙釋

張天師 名道陵沛國人天師以後漢建武十年生於吳之天目山天師平西蜀妖鬼不復爲人害永壽中老君下降湧出玉局爲天師重演正一明威之旨過陽山見白氣屬天指其下有鹹泉因逐去毒龍而鹹泉始露誓玉女使不復出付以煮海之法輿地廣記云陵井張道陵所開有毒龍藏井中及鹽神玉女十二爲祟天師以道力驅出毒龍禁玉女於井中然後人獲鹹泉之利至國朝郡守文公同奏易州名以避眞人之諱

爾朱先生 蜀廣政中貨藥陵州後至涪之白石羽化爾朱事蜀圖經多載之

賴仙 籍縣舊有丨丨宅賴氏婦於池中得茯神烹而食之遂舉家仙去

譚宜 丨丨者陵

州民叔皮子也生而有異年二十忽失所在大歷初年還家卽霞冠羽衣眞仙之流也言訖而去其家靈泉湧出禱必有應因名譚子池見唐紀事詩

僧道榮 紹興初住報恩寺一日偏謁契舊就市之茶肆趺坐而化

文長老 偏住禪刹一日徧辭其鄉人僧臘九十餘矣趺坐而化鄉大夫陳厚往謁之開目仰視曰長孺來耶乃起整衣而出迎之復坐而逝

伏虎禪師 仁壽縣香雲山有碑載唐永有異僧伏虎於山上號||||

碑記

漢黃龍甘露之碑 在籍縣江口上銳下方其狀如鍾大書||||||文字餘不可讀其可識者羣臣將軍位號蓋爲龍紀也

豔陽洞石碑 在洞之顏書曰豔陽仙洞四字字體兼篆不知何代書旁有款識歲久磨滅東南貴人見此碑本寶而藏之以爲眞漢隸也

唐金剛經碑 在佛龕山磨崖唐正觀中卒更令歐陽詢書

道超和尚精德碑 在古

城山平等寺天寶四載薛兼金撰開國王碑在唱車山正元元年貴平令王覺記張天師靈廟碑元和十五年知陵州李正卿撰貴平縣令尚書墓記唐同光五年陳貴氏領州事文宣王廟碑在貴平縣縣學長慶五年刺史李正卿撰尹太階書龍興寺大藏經碑見在報恩寺開成四年吳商撰篆字心經碑在小大悲閣咸通七年仇溥撰併書修大悲堂碑在小大悲閣景福二年僧承徽記黃帝書陰符經在至道觀咸通十五年邱沖書古大悲堂碑在報恩寺乾符三年周宋莒撰超覺寺記廣明二年陵州刺史蕭銑記龍華院山門路記在籍縣天復七年立今爲觀音院唐節度使楊公墓碑在隆州井研縣道旁有石刻云唐銀青光祿大夫檢校御史中丞上柱國節度使楊公墓其旁多楊姓乃其子孫也靈泉院碑在本寺後唐同光三年立僧曉微碑在寶林院西蜀明德元年立又有顯教大師碑廣政四年立鐵騎

將軍碑在歸安鎮孟蜀廣政二年立　寶峯院記在貴平縣西北四十里院內有王羲之記王氏廬墓銘　飛泉山碑其碑有二並在仁壽縣東丨丨丨飛泉山院碑唐神龍元年立在超覺寺　玉堂硯銘文同與可將赴陵州孫沬巨源以玉堂大硯贈之與可屬蘇子瞻爲之銘陵州在高山上難得水　蔡君謨法帖　東坡多心經文與可書千字文並在州治

詩

幽燕通使者岳牧用詞人國待賢良急君當拔擢新杜少陵送陵州路史君詩　戰伐乾坤破瘡痍府庫貧衆寮宜潔白萬役但平均同上　陵陽郡事全稀少懶守長贏半日閑晚後須來上高閣就中無厭是雲山文與可平雲閣詩　江邊

亂山赤如赭陵陽正在千山頭東坡送文使君守陵州詩雲山高閣倚危墻晚意無窮在渺茫極望不知雲幾許滿空惟見鴈交相與誰把酒邀明月獨自吟詩到夕陽因念平臺有佳興鄒生枚叟奉梁王文與可登平雲閣詩山城物色正嚴冬梅放長梢露小紅文與可贈吳仲庶詩眼前光景急如水案上簿書紛若絲同上煙雲一川滿林麓三山會文與可朝陽亭詩　陵陽亂山中陰霧日夕發晴光尚稀見況復求夜月二年逢中秋曾不識皎潔煙雲爾何事常此作蓬勃文與可中秋不見月詩　前年請郡得隆時不謂其州陋如此蕭條官宇巖嶺上零落民家坑谷裏文與可送通判

喻郎中詩近日簿書全簡少吏人惟趁兩衙休歸來便只尋冠履遶徧林亭山上頭文與可近日詩可笑陵陽太守家閒無一事只栽花文與可詩可笑山州爲刺史寂寥都不似川城若無書籍兼圖畫便不教人白髮生同上幸逢九日稱佳節宜對三嵎賞素秋同上自喜吾懷已虚白三嵎山色更清暉趙清獻公抃詩四十五夜宿陵州州在蒼山山上頭嘉祐中太常博士陳充詩吾曹可憐愛薄宦甘此寂寞來山州酒肴有無更莫問逢遇相與清談休文同與可寒食感事三山高峭拔鼎峙各爭雄秀氣鍾英物衣冠盛蜀中趙善詔詩仁壽州如斗分符愧罔功趙善詔仁壽詩誰謂山城

僻掄魁此破荒趙善詔何狀元詩朝檻林巒晴漲海夜城燈火到觀星程公跨鼇詩國初吾鄉民萬戶一逢披蓋自咸平後俊髦始接迹員安輿詩

四六

雖封疆不足於千里而風俗自是於一川池瘠民貧鼓清談而自樂泉清氣秀推公議以無私何丞相謝狀元啟

望金華之翠嶺何日重登想玉蘭之清波幾時再泛王八行跋蓋金華玉蘭張氏所居山水也

輿地紀勝卷第一百五十

輿地紀勝卷第一百五十一　文選樓影宋鈔本

東陽王象之編　甘泉岑鎔淦長生校刊

成都府路

永康軍　乾德中名赤城西山灌州永安軍

軍沿革

永康軍同下州九域志禹貢梁州之域皇朝郡縣志秦地東井輿鬼之分野續永康志云永康分野正在蜀郡參星度之數秦隸蜀郡蜀郡太守李冰堰流以灌平陸因名灌口此據圖經及皇朝郡縣志又元和郡縣志云灌口山在導江縣西二十六里漢蜀守文翁穿湔江溉灌故以灌口名山不同當考漢屬蜀郡之郫綿虒江原三縣地元和郡縣志云導江本漢郫縣地青

城本江原縣地而東漢志蜀郡縣虒道下注引華陽國志云有玉壘山湔水所出則知今之永康軍爲江原郫縣緜虒三縣之地也**三國時蜀置都安縣屬汶陽郡**晉志汶陽郡下有都安縣宋志云都安侯相蜀立**晉徙都安縣於灌口屬汶山郡**永康圖經**宋齊因之**宋齊於汶山郡下並有都安縣**後魏置灌口鎮**元和郡縣志云後魏置灌口鎮在導江縣西二十六里**後周廢汶山郡以汶山縣屬益州**太康地志云後周天和三年廢汶山郡以都安縣併入益州之郫縣圖經云安都即今之導江縣治故元和郡縣志於導江縣下書曰本漢郫縣地武德於灌口置盤龍縣尋改灌甯縣二年又改爲導江縣太康地志與元和志所書郫縣地卻相應**隋屬蜀郡**隋志蜀郡有清城郫縣及江原縣**唐初改汶山縣爲盤龍縣**舊唐志在武德元年**尋改爲導江又割屬濛州**舊唐志在武德三年**太宗於灌口鎮地立爲鎮靜軍**寰宇

記在正觀十年唐末王氏孟氏據其地又易名灌州孟昶廣政觀五年國朝平蜀改爲永安軍治導江之灌口鎮輿地廣記在乾德四年割蜀州之青城彭州之導江二縣隸焉尋改爲永康軍國朝會要云唐於彭州導江縣灌口鎮建鎮靜軍開寶四年改永安軍以蜀州青城彭州導江二縣來隸太平興國三年改永康軍熙寧五年廢軍爲寨以蜀州青城縣彭州導江縣還舊隸七年廢寨九年復郡導江縣置永康軍使隸彭州以知軍兼渠堰事太平興國三年改爲永康軍涉彌知軍事以知軍兼渠堰事自涉彌始又廢爲灌口寨熙寧五年復卽導江縣置永康軍使以軍使兼知縣事隸彭州國朝會要在熙寧九年復專爲永康軍以青城縣來屬輿地廣記載在元祐元年象之謹按通義志云張商英爲臺官請廢軍爲寨下其議呂陶陳七不可之說後夷入寇列郡大震陶因

繳奏前議熙甯九年復置軍是爲寨之後復爲軍國朝會要置軍亦在熙甯之九年而云仍隸彭州及元祐元年始以導江縣來屬既有屬縣則是專爲永康軍而非以軍使隸彭州也如此則國朝會要與輿地廣記所書兩不相妨隸成都路今領縣二治導江

縣沿革

導江縣 望

倚郭輿地廣記云本漢郫縣虒二縣地屬蜀郡沈約宋志云蜀立都安縣屬汶山郡舊唐志云蜀置都安縣後周改爲汶山武德元年改爲盤龍元和郡縣志云武德元年於灌口鎮置縣唐會要云尋改爲灌甯縣武德二年改爲導江縣舊唐志又云武德三年割屬濛州州廢屬益州舊治灌口城武德元年移治導江垂拱二年來屬彭州寰宇記云安都縣唐改爲盤龍縣尋改爲灌甯縣二年又改爲導江縣初隸成都垂拱二年割入彭州國朝會要云乾德四年割隸永康軍熙甯五年軍廢爲寨縣復來隸九年廢寨復即

縣治置永康軍

青城縣 望

在軍南四十里元和郡縣志云本漢江原縣地李膺記云齊武帝永明四年分江原縣置齊基縣南齊志汶山郡領縣三齊基預焉通典云蕭齊置齊基郡後周改之不同舊唐志云後周改齊基縣爲清城縣有清城山在縣西北三十二里舊青字加水開元十八年去水爲青唐屬蜀州國朝會要云乾德四年屬永康軍熙寧五年軍廢還隸蜀州元祐元年復隸永康軍

風俗形勝

有玉壘山與文州相連輿地廣記玉壘作東別之標郭璞江賦包玉壘以爲宇左思賦白沙一百八景青城三十六峰河圖括地象云古魚鳬之國成都記云魚鳬治在導江縣則古魚鳬之國也魚鳬嘗獵湔山

得仙）有蠶崖關以扼西山之走集（輿地廣記）自灌口迄千頃山五百里間兩岸壁立如有瀑布飛流十里而九昔人以爲井陘之阨（元和郡縣志云灌口鎮在導江縣西二十六里後魏置自灌坂云云）兩石相對如闕故號天彭闕（寰宇記）有石日月像（道書青城山有石日月像）岷山之地上應井絡下奠坤維（河圖括地象云||||||||||||||今岷山寔在永康其星分上應東井明矣）城距玉壘而止（圖經）銅梁濆沫江治岷山之趾危簷飛檻負城四出觀覽之勝甲乎西南出金馬門過朝天寺登廣莫亭憑欄下覘一目千里（李壁廣莫亭記）指渠口以爲⿱山云門（左思蜀賦）荷鍤成雲決渠降雨（左思蜀賦）泉流深遠爲四瀆之首（河圖括地象又秦宓

曰淮濟四瀆江爲之首岷山連峰接岫千里不絕青城乃第一峰也此山前號青城峰後面大面山其實一耳杜光庭青城山記岷山夏含雪霜考之所聞實崑崙之仲也王羲之與謝安書曰周益州述蜀中山川云云青城乃神仙都會之府仙經圖籍所謂｜｜｜｜｜｜｜｜青城山有七十二小洞應七十二候有八大洞應八節杜光庭記永康外控夷詔內扞成都熙寧七年趙抃知成都日乞復永康軍奏狀又嘉定二年知軍虞剛簡五事曰本軍近接威茂并青城一帶山後不五七十里卽是夷界唐吐蕃入寇自此塗出又距成都甫百二十里而近其爲緊切尤甚於黎稚正控西山六州軍隘口郡縣志載熙寧九年復置永康軍御批

景物上

玉壘左思賦包玉宇以爲壘銅梁河圖括地象云云
今軍城外有玉壘關然寰宇記載｜｜
今在合州灌口秦蜀守李冰堰流岷江禹貢岷山導
石照縣灌平田因名｜｜江皇朝郡縣
志云岷山在茂州直西北裂鵝村水之上原曰羊膊
裂爲三派一入大渡河一入正南一入溢村至石紐
汶川則禹之所導江也江自汶川經導江縣界九十
里至青城界北派分爲二西流于鄲江達新津東至
于湔江入成都杜光庭青城山記云大皂江以其過
岷山因名｜｜江源記云江水又歷汶山道與汶水
合以其發源過岷山下因名｜汶山在導江縣西北
｜亦名汶江蓋岷汶聲訛故也三十里楊雄蜀
王本紀云汶山爲天彭門二湔水在導江縣出潮泉
峰相對如闕亦云天彭闕自玉壘山
元和郡縣志在青城山赤城有｜青城有｜青霄在
日三時灑落謂之｜｜｜閣｜山軍
治一郡勝槩歷歷在目取左繩橋淳化中梁楚知永
太沖于｜｜而秀出之句康軍於城南一里
以己意架繩爲橋人感索橋寰宇記導江縣犍尾堰
其德意｜｜｜卽索橋也有索橋李冰祠圖經云

本軍江流湍悍不通船筏每歲興工夏秋繩橋春冬造浮橋以通渡往來

花洲在軍城南百步有美功堂發川堂觀物亭濯清亭魏了翁爲之記王子俊爲之賦

離堆在軍南卽蜀守李冰鑿之以避沫水之害事見史記河渠書應劭風俗通云秦昭王使李冰爲蜀守氷鑿離崔開成都兩江漑田萬頃東坡詩云遠泝江水窮｜｜

龍門在青城縣香積山靈巖寺寺門有摩雲虎嘯二亭又有瀑布架亭其前榜曰｜｜

龍穴在常道觀東

龍宮在上清宮西南崖穴可容千人

猨澤圖經云在青城縣北一百三十里或曰諸葛亮遷羣獠于青城山下號爲｜｜或云老澤昔人避難家其中皆享年壽如秦人桃源之類世世壽考故云老澤又名老人村東坡云蜀青城山老人村有五世孫者道極嶮遠生不識鹽醯而溪中枸杞根如龍蛇飲其水故壽　近歲道稍通漸能致五味而壽亦益衰見漁隱叢話

仙館嵩山北有大穴晉時有叟嘗誤墮穴而行十許日有二仙對碁局告以飢渴碁者與之飲了不覺飢半年許乃出蜀青城山因得歸洛下問張華曰此｜｜所飲者玉漿所食者龍穴石髓子其得仙乎

尋洞再往不知所之蕒芝蜀中有一種木彼人呼爲||其樹常高丈餘不甚增長花小而白每一歲開花次年方結子次年方熟子如楮實有文如龜背味甘酸可食今青城山范仙觀邛州蒲江縣崇眞觀皆有之見雲谷雜記云或呼壞芝蓋語訛故臨邛記祗祚蕒

景物下

瑞芝堂在部治西瞻堂在城西門之南下臨江水西見青城雪山搖雪堂在軍治壓月堂在軍治面雪樓在倅廳愛山堂在軍治山雪樓在軍治忠嘉堂郎處州通守宋公師禹之祠乾道中詔書有忠義可嘉之褒故榜其堂曰忠嘉鎮靜堂在軍治空明閣在興化禪寺廣莫亭在軍北朝天守呂汲公建玉華樓在丈人觀玉壘堂在軍治赤城閣在長生觀後丹梯樓在南城門上萬象樓在馬鞍山乃登高山之故基天峰閣在青城山儲福宮天池山在岷

山赤名泉峰山山上有**天彭山**寰宇記在導江縣揚
池下臨懸壁人跡覓絕雄蜀記云李冰以秦
時爲蜀守謂汶山爲天彭闕號曰天彭門云云者悉
過其中鬼神精靈數見又李膺記云兩石對立如闕
號曰**天倉山**在延慶觀南連崖隱軫分爲三十六倉
天彭云神仙祕藏金石異寶米鹽雜貨於其
中福地記云天倉諸峰神仙**天倉洞**唐咸通中河東
以爲貯庫往往有得異物者薛逢爲緜州刺
史夢入洞府及出門有人謂之曰此｜｜｜也尋使
人訪焉入洞十許里仙迹宛然矚溪見山川居第然
不敢渡**地藏院**軍城登高山興福慧寂頌靈三院名
而止地藏三院興福爲上院慧寂爲中院
頌靈爲下院郡守**朝天寺**在北山軍城五里舊名龍
每歲講登高于此池寺其池魚五色唐正觀
十三年韋賞作觀魚記**捧日寺**在青城縣西南二
云與慈母池伏溜潛通百步唐開元中置**壓**
月山在青城縣西晉朝置上皇觀於其上上
有桂本名花靈芝仙草李阿常所遊焉**白雲谿**
在清都觀薛昌眞人飛昇之地杜光庭尸解于此文
谿公鎭蜀與張俞定交乃市此谿贈之號曰白雲隱

居**青城山**元和郡縣志云在青城縣北三十二里仙經云此是第五洞天上有流泉懸樹一日三時灑落謂之潮泉圖經云岷山之青城乃第一峰也玉匱經云此第五大洞寶仙九室之天黃帝所拜奉為五岳丈人黃帝刻石拜謁篆書猶存又有石日月像天師栗青城治其中**清溪祠**在軍城西玉女祠之旁按治水記云蜀守李冰命清溪玉壘之神齎符督黿之罪**赤城山**在長生觀後有赤城閣**赤崖山**在導江縣北二十里李膺記云汶山郡北有丨丨丨是也**皁江水**在導江縣二十餘里一名湔氐水**白沙水**在導江縣西三十餘里李膺記云玉女房西五里有白沙溪源出灌口俗後滋茂池後門又有白沙繩橋過崇德廟十里地名白沙歲以江闊水湍故造繩橋以濟居民及威茂二州往來者**水晶宮**在導江縣西僞蜀王衍時夏中自青城山至本院憩息見頗清涼因謂丨丨丨**玉壘關**軍城正西一隅距丨丨丨而止永康續志云軍城門曰丨丨丨係夷人往來之衝**玉壘山**寰宇記在導江縣西北二十九里漢地理志云丨丨丨湔水所出左思賦據玉

壘以爲宇郭璞江賦玉壘作東別之標

玉環池 在導江縣北觀音院院有丨丨丨四時泉脈清冷魚大小不可勝計俗謂此池爲慈母池水尾

玉眞洞 皇甫安青城山記云山之前號青城峰後號大面峰其下東北有太華玉眞高城朝紀九超三極開元靈元等洞上帝以五嶽僊衆劉景逈等主之

金華宮 去上皇觀不一里許唐金華玉眞二公主建前蜀王衍與徐太后同遊避暑宮遺趾存焉

金平山 在岷山諸山四面圍繞有水自北流穿井而過昔神仙仲子居止此山楚國姜元亦于此學道亦名栢平山

寶園山 在青城縣北三十里岷山之東洞在其下以其靈芝產玉神草繁金故以寶圓爲號

石日月 在延慶觀東北月在溪西崖中相向而立並徑五尺六寸半天師置之

石天地 在常道觀北天形有十二角地形正方闊六七尺昔漢天師置此與鬼爲誓與鬼誓

石峰山 在岷山今改爲看花山危橋相向若層門然亦名龍門山中峰有紅躑躅花陰覆數步因名看花山

石梯山 在岷山今名伏牛山上有異花芝草食之可以長生

弩機水 元和郡縣

志云在青城縣東南四十里水如弩箭

登高山在郡城之西北一峰卓立舊有登高亭

飛赴山詳見後昌聖院下

走金山寰宇記在導江縣東十餘里劉俊記云走金山與長樂山對李膺記云昔懷山襄陵之際西民奔此山而攫金故名

泊船山在岷山古昔蜀川大水之時泊船於此上

三師壇在六師巖下昔天師戒鬼之後蜀人立壇以奉三師三師者天師嗣師像師是也

三溪水在龍居溪下水激巨石穿竅爲潭龍族居之上有古天宮老君石像皆神仙遺跡

三石人蜀記云秦時蜀守李氷作三石人於白沙郵立水中以壓水災刻字爲約曰水竭不至足盛不至腰

第五洞青城山九仙寶室洞道家言下界諸仙凡三十六洞天此卽｜｜｜天也

六時水在天倉東南一峰當延慶觀之南又玉櫃經云六時灑水以代晷漏于陰時卽飄然而灑陽時必無天寶中道士蔡守沖刻石以爲明皇玉眞碑立于巖下

八大洞青城諸山青城山諸洞杜光庭記云青城山有七十二小洞應七十二候有｜｜｜應八節第一太一洞第二九仙寶室洞第三娑

羅洞第四高臺玉室洞第五麻姑洞第六寶園洞第七聖母亦名聖主洞第八都督洞亦應八卦以通八水其中五大洞上應五星之官瑤林寶樹金沙玉田水青而甘草靈而秀皇甫世安八洞與杜光庭所載二說不同

八景臺觀 李繁作丨丨丨丨

九株松 在延慶觀范蜀公詩云九松崢嶸姿一一大夫封

九龍山 九域志云屈曲九折因名之

高臺山 在岷山上有天池晉朝立天宮於上號曰上清宮夜燈火飛行滿空或謂草木之精所爲云

長平山 在味江之上昔杜宇與居人避水其上城壘居地往往尙在有大安寺寺門蓋花平老澤路也

大面山 在三溪之北前臨成都山衆峰攢秀高七十二里上有香栢靈竹竹根如龍首耳角眉目天然而成

大皂水 寰宇記在青城縣自灌口下縣北流入溫江縣界成都記云江水出羊膊山北連甘松至灌口

上皇觀 自山門而西沿三溪而上歷月山有觀曰上皇晉時置有桂樹名花神芝仙草仙人李阿常遊其上

上清宮 高臺山在丈人祠之西晉朝立宮于上卽丨丨丨也夜卽神燈徧空國朝仁宗踐祚之六年宮

庭木生異花曰太平瑞聖花。**清都觀**自延慶觀上二三里有觀曰洞天肇建自晉時宋大明中有逸士費元規讀書於此唐天寶七載有道士薛昌飲章陸酒得道有浴井泉與九仙寶室洞相接故以洞天名宣和間改曰｜｜｜有杜光庭墓又有五百靈官像。**建福宮**即丈人觀乃甯眞君道場也在青城縣北二十里上清宮記云昔甯封先生棲于此巖之上黃帝師焉乃築壇拜甯君爲五嶽丈人崇慶府圖經引杜光庭青城山記云古丈人觀自魏晉以來置在天國山中乃屬崇慶界去軍百里林谷夐遠至唐開元十八年刺史楊勵遷甯君像于今見城山下別立殿宇故基乃在今重慶府天國山中昭融寺崖前又唐徐大亨記云開元十八年青城山又置祠堂當年奉勑青城丈人廟準五嶽至僖宗時又封五嶽丈人爲希夷眞君元豐中封五嶽丈人爲希夷善應眞君淳熙中賜名會慶｜｜｜。**儲福觀**在天倉峰下有唐睿宗女玉眞公主及明皇像有天峰閣望三十六峰於後如列屏焉劍南詩藁云唐玉眞公主修眞之地詩曰路轉屏風疊雲藏帝子家。**延慶觀**自會慶宮西行一二里有觀曰

常道乃古黃帝祠青城山記云在黃庭授經壇下隋時建觀有張天師道陵遺迹及唐明皇御筆碑見在

長生觀 舊名碧落觀在青城縣北二十里有范寂字無爲劉先主時棲止青城山中以修煉爲事先主徵之不起就封爲逍遙公得長生久視之道劉禪易其宅爲｜｜｜有巨楠高數十尋圍三十尺世傳長生手植丹光時現其上有赤城閣臨眺甚遠

沖妙觀 舊名老君觀政和改今名有杜光庭重修觀記乃漢天師化蜀之日太上老君降聖之壚

廣福院 在大面山之左下臨皂江去郡十里實爲勝概

保福莊 在郡城北五里乃成都保福寺莊有蜀王建塑像

咸慧寺 在軍城有魚池魚絕小而繁動以萬計俗謂小魚池者是也

慈恩寺 在城東郭咸平中有詩僧眞德自咸都來創一庵居之與祠部代公淵郝永錫三人爲詩友

靈巖寺 在青城縣香積山寺前有瀑布有雞骨禪師塔

勝因院 在導江縣有文同與可記

昌聖院 在青城縣飛赴山乃唐左軍容使嚴君美捨宅有四望亭邑被公爲令時嘗賦詩其上

太平花 出青城山蜀人號瑞聖花程蘊

之知成都府日繪圖以奏更名日太平瑞聖花**牡丹平**自青城之長平山捫蘿而上由鳥道三十里許有平阜數十畝高樹蔽天春深先花後葉狀如芙蕖香類牡丹人號爲枯枝牡丹譙定天授李浩大素二先生隱其中云**元眞山**在丈人峰東南丈人觀前上有神草如稻苗得食者果仙**通靈山**寰宇記在導江縣周地圖云上有通靈寺因名**都安堰**寰宇記在導江縣一名湔堰李冰擁江堋蜀人謂堰爲堋**海晏寺**在青城縣西三里院有唐寶幢院記及故｜｜｜記**傍便山**在青城縣寰宇記云與青城山連接當吐蕃之界谿谷深邃夏積冰雪此山所以隔夷夏也**味江水**在青城縣寰宇記云源出青城西長樂山其水甘美因名又云昔蜀王征西番駐軍野次有野人挈壺酒以獻王不欲自飲傾于江使三軍飲之皆醉因名**都江水**在導江縣北二十里離堆之下寰宇記曰江水至灌口支流入都江江口灌五州十二縣即李冰所鑿離堆之下江也**沱江水**在導江縣西北二十里源出岷江**成都山**乃青城山之案山也前臨麻姑洞深不可測與諸洞相通

灌口山元和郡縣志云在導江縣西北二十六里漢時蜀文翁穿湔江溉灌故以灌口名山又灌口山西嶺有天彭闕亦名天彭門兩石相立如闕故名劉蜀後主以建興十四年至湔江登觀坂看汶江之流郎此也

犍尾堰元和郡縣志云在導江縣西二十五里李冰作之以防江決破竹爲籠圓徑三尺長十丈以石實中累而壅水漢成帝時決瓠子河王延塞之用此法也

金龜山在軍城西八里狀若龜形上有張氏故居總勝亭泛觀堂郎八景之一也

伏龍觀在離崖上按李注治水記載蜀守父子擒健黿囚於離崖之潭謂之伏龍潭後立觀于其上

盤龍山元和郡縣志云在導江縣北二十里李膺記云郡北有孤山其山蜿蜒故曰盤龍有盤龍三院上曰壽聖中曰寶壇下曰定惠

羊馬臺在赤石城崖上乃天師與鬼誓形如羊馬故謂之｜｜｜

羊麻江杜光庭水記云楊磨亦有神術能伏龍虎亦于大皂江側決水擁田與龍爲誓今有楊磨江或語訛謂之｜｜｜是也

龍居溪在成都山下衆谷之水皆注其中懸流九十尺下有龍洞

龍池寺在導江縣西二

十餘里梁大同年置殿宇倚巖**虎頭山**距軍城一里上有李冰祠**鹿飲泉**在青城縣青城山**牛心山**在岷山亦名端翠山獨立雲中諸峰不接上有石池云仙人藏劍之所**雞骨塔**在香積山門**魚子水**出青城山之西北谷中流入岷江云中有魚羽翼能飛舊傳得殞者長生**𧂐頭山**在青城縣北八十里下有平地百步諸山之鹿一月一聚其中名爲鹿市傍有瀑布流泉鹿飲泉已轍去**蠶崖關**寰宇記在導江縣西四十七里周武帝天和二年立**丈人觀**在青城山卽建福宮也**老人村**大面山之北有｜｜｜人家其中與外隔絕子孫繼世如秦人之桃源潛夫張不羣因入山採藥浹旬不還忽見一叟致敬而問之叟曰吾族本丞相范賢之裔也范公知李雄之祚不永挈吾輩居此爲終焉之計圖經又云卽老澤也**府君山**洽水記云丹景山之脊東南距灌口百里李冰立東嶽于上與丹景相表裏今曰｜｜｜**慈母山**在青城山東寶山圖經云以其滋茂萬物故云慈母有龍池洞穴池中有金銀銅鐵魚各從其色得食之者可以長生謂之肉

之此天眞皇人修道之所遵江人爲大量與八仙相遇入隱此山舉家得仙八仙各種一楠于其家作宿合抱龍池一在山上或有槁葉飛墮其上卽有鳧鷺銜而去之

鬼城山在丈人觀西北巨崖之間

三十六峯在青城山儲福觀天倉諸峯屹然三十有六天氣清明於儲福天峯閣望之一一可數其前有十八謂之陽峯後有十八謂之陰峯每峯各有一洞呂汲公大防詩云天倉三十六峯擁翠微宮趙瞻詩云天猶有倉廥三十六峯中

一百八景

彭祖峯　龍牙峯

石檻峯　野雲溪

藏雲塢　齊雲樹　垂雲亭　梢雲閣　觸石軒

臥雲庵　清溪　碧桃溪　芙蓉溪　躑躅溪

海棠溪　溪光亭　過溪橋　乳泉　滴珠泉

鑑泉　清風湖　鑑湖　荻花洲　蓼嶼

碧霞洞　斜川　曲水　紫霞洞　鑑橋

桑圃　紫微洞　酴醾洞　清陰橋　錄篠橋

玉徽亭　紅霞塢　爛柯亭　灌稻泉　翠光亭

茅堂　紫陽洞　桃源　暗香亭　金華堂

荊齋　蕙谷　黃梅嶺　煎茶溪　芹浦

鸚鵡林　葦[illegible]　野人澗　松坪　寶遂社

妙高峯　娑羅坪　木蘭巘　桂香亭　石寶
白蘋洲　藻壑　望岷峌　豹谷　百花潭
鹿關　瑞香嶺　芝畦　瑞荷塘　蒹葭渚
黃浦　菱灣　芭蕉谷　直鉤亭　秋芳隴
金根徑　橘徑　鑑雉泓　芙蕖島　歲寒洞
葦杭　棲眞洞　望仙坡　黃葵坡　鳳簫樓
跨鳳亭　牛闌　馭鶴峰　化城洞　望闕臺
疑碧溪　玉女潭　寶陀巖　蓴坡　藏春島
桂子谷　九曲池　華海　江梅島　水仙匯
薝蔔崗　丹臺　浴丹池　暴藥臺　芳草渡
采薇汀　金絲堤
菖蒲谷　種茶巖

古迹

漢加城 李膺記曰在青城縣南四十里有｜｜｜故汶山郡 元和郡縣志云在導江縣東南十五里

灌州 蜀廣政十五年易名｜｜｜即今永康軍也

黃帝壇 李膺益州記云在青城縣青城山九里至赤城有三師壇又有｜｜｜

甯先生洞 在龍宮山後石室中昔先生居

此洞黃帝詣而師之**軒皇臺**在天倉西南極峰之巔昔軒轅皇帝與甯先生登其上下有大龍橋上多娑婆樹有古臺基存焉**軒轅臺**在延慶觀後有石龕中有天尊像及移觀手詔碑并開元年玉真金仙二公主等像**誓鬼臺**在丈人峰下舊有龍穴出水暴害禾稼天師立石臺于其上以鎮之開元中刺史楊勵本刻一面爲元宗眞容一面爲佛一面爲天師像**天師池**在上清宮東北麓中昔天師居赤石城崖上于此化池以飲鳥獸又有天師栗乃天師手植十七株**落妃池**按樂史楊太眞外傳云貴妃小字玉環父元琰爲蜀州司戶貴妃生于蜀嘗誤墮池中後人呼爲｜｜｜池在導江縣前今爲唐氏居**花蘂夫人所生在青城**後山詩話云費氏蜀之青城人以才色入蜀宮後主嬖之劾王建作宮詞百首國亡入備後宮太祖聞之召使陳詩誦其國亡詩云君王城上竪降旗妾在深宮那得知十四萬人齊解甲甯無一箇是男兒**玉女房**華陽國志云都安縣有｜｜｜縣郎軍之舊治也又寰宇記在導江縣李膺記云其房鑿山爲穴深數十丈中有廊廡堂室似

若神功非人力矣

望帝祠元和郡縣志在灌口鎮城內

孚祐廟即紋川神也按紋川實神禹所生之地禹之導江由岷山以施功舊記所載神神馬首龍身佐禹治水有功宣和七年封嘉應公廟有石刻記神偉績是夏大水江漲千里神頹二山以障橫流反注夷中坤維亡憂

崇德廟李冰祠在導江縣西三十餘里輿地廣記謂之廣濟王廟

崇德廟灌口神夷堅壬志云元顏亮每一舉事必決于大仙紹興辛巳之舉挂巨筆其上令童男女各一人侍于傍以求詩詞得望江南一首曰竊舉意元象照離宮坎女離男金水火幾多鐵騎漫英雄最苦是雲中遼陽驚起老蒼龍四海九州沾惠澤狐煙影裏弄清風堪作主人公亮覽之不悅問鐵騎漫漫英雄謂誰邪乃書亮字亮大怒復問汝是誰又書清源眞君四字蓋灌口神王也

太史公祠在離堆上

金馬祠在導江縣劉光祖記云初益州有金馬碧雞之寶宣帝遣王褒求之道病卒按地理之諸書所載二物者葢在越嶲靑蛉縣王褒未嘗至其地也今成都以碧雞名坊而導江縣有□□□莫詳所始

光德寺大

鑊在青城縣光德寺有一大鑊重二千斤乃唐德宗正元十四年鑄 興福寺鐘有咸通十二年鎮靜軍兵馬使張咸鎮靜軍使吳行魯二人名 孫太古畫范長生像劍南詩藁云青城山中有孫太古書碧落侍中范長生舉手整貂蟬像特妙有詩云浮世升沈何足計丹成碧落珥貂蟬又題丈人觀道院云卻笑飛仙未忘俗金蟬猶著侍中冠 玉女墓在導江縣漢嘉鄉去縣二十五里黃帝聖容燒藥爐石事屬延慶觀 薛道衡墓或云薛會今有薛將軍祠在東街 杜光庭墓在青城山清都觀 宋別駕墓李興宗詩云倒海回山平日志斂歸囊笠正堂堂古來忠義多摧折月浸孤墳冷劍光

官吏

李冰漢河渠書云蜀守丨丨鑿離堆辟沫之水害穿二江成都之中此渠皆可行舟有餘則用溉浸百姓享其利輿地廣記云蜀丨丨作大堰以溉諸縣是以蜀人不知飢饉沃野千里世號陸海蜀人德之

立崇德廟祀之蜀人奉祠歲刲羊以數萬計

張道古 蜀檮杌云道古臨淄人也少有文詞慕朱雲梅福之節景福中爲右拾遺道古上疏言五危二亂七事責授施州司戶王建奏爲節度判官又王建詩敘五危二亂事送茂州安置圖經云逮建割據召爲武部郎中至玉壘關謂所親曰吾唐室諫臣終不能與雞犬同食死之日葬我于關東不毛之地題曰唐補闕｜｜｜之墓至蜀守節不屈復貶茂州卒于路今出玉壘關數里趙公山相對有張丞相墓意即道古所葬之地耶

唐球 長安人乾符中仕唐爲青城令未幾王建叛陷成都刺史李行簡納欵先生即棄官入山居于味江開寶中邑大夫宋璫論爲賢逸先生

劉隨 字仲豫開封人景德中爲永康軍判官永康有李冰祠歲輸官者數萬吏頗侵盜隨白守罷之後與轉運李士衡爭獄事奏罷之初西南夷市馬常爲吏所邀求隨一切按察之及去官蠻夷百人訴於轉運使曰吾父何在乃以事聞由是擢右正言時下詔西川選補優人隨以爲賤工不足辱詔書又言莊獻太后不宜數幸外家太后不悅補外隨在蜀日人以爲水晶燈籠

趙抃 事見容齋隨筆

孔氏野史下

呂大防

圖經云嘉祐辛丑宰青城三年至今邑人誦之不衰又云曾於朝天寺作廣莫軒又云汲公縣青城日有山民得一古鏡汲公以數鐶得之使人磨治則百里內外毫釐畢見一日臨鏡見青城山中一道人迤邐而來入邑回顧則道人在前因問所以道人云某爲鏡所照不可隱蔽不得不來然此鏡乃山中之寶而公獨得之者以公他日貴極人臣然不免于禍者以不合磨治照臨之也宜速以見還公乃遺之出門不知所在

人物

李堯夫

梓潼人蜀李昊戲之曰何名之背時耶堯夫厲色對曰甘作堯時夫不樂爲蜀相又題大盆池詩曰向外疑無地其中別丨丨嘗有天後遊青城山不知所終

孟蜀何昭翰

從仕于黔南見釣者謂翰曰我張涉也子官終于青城縣令我往青城山也後爲青城縣令釣者亦嘗來往一旦大軍到城草竊四起釣者與翰相攜入山後有人入山見翰與涉同行自此莫知所之

張俞

字少

思自晉徙蜀今爲成都之郫人應茂材異等科退居岷山之白雲谿號白雲隱居六辭召命爲詩曰前身應是陶洪景不用人間萬戶侯又云欲作外臣誰是友白雲孤鶴在岩扉田況贈詩曰丹鳳詔不起白雲藏更深呂汲公大防賦白雲詞以美之其妻蒲氏亦隱居玉清館自號隱夫人永康續志云白雲溪在清都觀前文潞公鎮蜀出俸金市此溪贈||號白雲隱居

譙定 字天授涪州人深于易早師郭載晚從伊川嘗游洛陽武夷胡憲劉勉夫往叩之其言汪洋宏肆莫可窺測劉勉夫見劉安世道天授太極之語安世謂不知天壤乃復有斯人伊川貶涪陵與天授相好語以敬學及中庸諸書乃以視聽言動意必固我寫八圖與寢對之靖康建炎召到淮陽紹與問有雷道人見天授隱于青城山之牡丹坪

青城何氏 何敏青城人寶園先生之季子初寶園有女已嫁而夫困于差役徙居恭南書問斷絕寶園念之敏請行至則姊之夫已亡姊與諸孤飢寒無以爲養敏迎生者取亡者之骨以歸寶園祝曰願汝子孫詩書不絕後敏諸孫七人登科而渙遂爲天下第一||||惟敏之後最盛

何渙 宣和中鄉貢禮

部廷試俱第一宣和閒廷對譏切王黼**何掄**宣和中上舍及第後中詞學兼茂科**劉謂**導江人元符上書入黨籍**張及**導江人爲臨邛令郡守欲引水泛舟遣吏于縣道堰水時農事方興公曰涸民田以事遊嬉可乎令可去水不可涸守歛容謝之崇[寧]初上書乞封司馬光官爵**謝發**青城人賓貢爲舉首鄉里從者百餘人以其學決科者四十人政和中調神泉尉五子固田因圓囦迭魁大學稱西州五鳳固登崇[寧]進士第**宋汝爲**字師禹東海豐邑人也呂頤浩爲相使之致書劉豫面陳朝廷密意遇兀朮軍師禹入敵壁見兀朮不屈乃送之京師見豫勉以忠義豫不從乃謀刼豫南歸陰遣蠟彈事泄逃歸後敵人講和知蠟彈始于師禹遂以姓名來求師禹時爲處州倅乃改姓名爲趙復而字逸老入青城山其後金敵叛盟朝廷始求師禹而師禹已死葬青城山乃官其子南强朱熹爲錄其遺事云**譙定姚平仲**劍南詩藁云青城大面山有二隱士一日譙先生定字子授建炎初召至揚州詔之講筵不可拜通直郎致仕今百三十餘歲巢嶮絶人不能到而先生數年輙一出至山前人有

見之者其一日姚太尉平仲字希晏靖康初在圍城
中夜將死士攻賊營不利騎駿騾逸去建炎初所在
揭榜以觀察使召之不出淳熙間乃或見之于丈人
觀道院亦年近九十紫髯長委地葢皆得道于山中
以詩寄之云有寄譙
夫子太尉關河傑

仙釋

甯先生 按杜光庭記云諱封隱居青城山北巖中在今龍宮山黃帝詣而師焉拜先生爲五嶽丈
人唐開元中明皇感夢召天台道士司馬承禎訪之
承禎奏青城丈人爲五嶽之長潛山九天司命主九
天生籍廬山九天使者執
三天之傳明皇各置廟焉

陰長生 神仙傳後漢安帝延光元年|||
於馬明生邊求仙法乃將長生於青城山中以太清
神丹經示之立壇唼血取大清神丹經授之乃別去
長生後於平都山白日升天

安期生 漢靈帝光和三年服丹昇天常往來于青城

張天師 青城山諸觀功德記云昔漢祚陵遲人鬼交雜上天師張道陵行明威之法拔鬼城鬼市刻石爲天

地日月羊馬臺三師壇以誓鬼神青崖中斷筆跡在焉

范寂 劉先主時棲止青城山中以修煉爲事得長生久視之道至李雄時命曰范賢後隱林谷不知所終政和中封感妙眞人今青城山有長生觀即寂祠也通鑑晉惠帝永興元年李雄以范長生有名德爲蜀人所重欲迎以爲君而臣之長生不可雄乃即尊位

王仙柯 唐儀鳳中富人丨丨丨遇道羅家山谷中鍊藥仙柯助其薪炭藥成分而遺之仙柯服丹昇天而去今昇天栢大且十圍見存皇甫世安山記云眞人羅公遠煉丹于此

唐玉眞公主 睿宗第八女也與金仙公主皆隸道入蜀居于天倉山其後羽化葬于山側明皇幸蜀開塚視之僅存冠履今儲福觀有銅鑄明皇公主二像

呂洞賓 飛雲山王氏道院去蒲村鎮五里昔有道人過之留題云攜筇來此步飛雲錢滿賓階綠蘚勻江上同歸共誰去不堪回首不逢人以逐句第三字合成丨丨丨來主人覺而異之已失道人所在矣又紹興癸丑道會有道人攜涼笠而至會散乃掛笠于壁無掛笠之物而不墜題詩云偶乘青帝出蓬萊劒戟崢嶸徧九垓我在目前人不識爲留一笠莫沉埋

羅眞君 名公遠嘗鑿井煉丹于青城山唐元宗欲於公遠學隱遁之術而所傳不盡元宗怒斬之其後有中使見公遠于黑水道且以蜀當歸爲寄其後元宗幸蜀乃悟當歸之寄今有羅仙觀在儲福宮之西

勾台符 青城人受業丈人觀爲道士與張俞爲詩友自號岷山逸老台符嘗自云右執范賢袂左拍薛昌肩舉頭傲白日長嘯揭青天囂囂者安知華夏之內有此逸樂乎不知岷山之逸老於我乎抑我之逸老於岷山乎

杜天師 名光庭僖宗時從幸興元術士陳休復與光庭遇于西縣道次於草中掘地取一瓢酒與光庭飲之不竭光庭後隱青城山中蜀王建時號廣成先生年八十五而卒人以爲尸解云

費孝先 至和中遊青城山訪一老人村壞其一竹牀孝先欲償之老人曰子且視其上字字云此牀某年某月爲孝仙所壞其數自爾孝先知異乃畱師事之老人因授以卦影之術名聞天下

道士古藏用 台州人咸平中隱居青城山一飲一碩殊無醉態大中祥符中召見丏歸青城御筆賜詩曰海霞照灼散青煙歷歷星榆在曉天松韻寒煙絕世態鶴翔高頂應鳴絃

麻姑

青城山中有｜｜洞焉上清道士寇子隆元祐間嘗遊洞及途見一女子謂之曰｜｜出矣顧女子遽失所在祠在上皇洞

馮大亮太平廣記云大亮導江人也家貧好道唯一牛拽磨以自給一旦牛死有慈母山道士過其家取皮攣綴如牛驅叱拽磨力倍于常又有樵叟八人來謀一醉袖中各出栴木一栽于庭中飲酒盡懽而去曰此植徑尺則家財百萬旬日樹已凌空殷富彌甚五年元宗幸蜀大亮貢錢三十萬貫以資國用

趙公元天水人棲止于岷山之都瘀山二百三十年自稱年七百八十能驅使草木以療疾賴之者衆後入大面山不知所之

雞骨禪師西魏時來青城山唯嗜食雞號｜｜｜｜及將示寂滅昔所食雞自其口飛鳴而去有一雞墮地缺股師知侍者竊食叱令吐以續之雞復全體飛躍今有塔在香積山後｜｜｜｜塔

澄遠蜀廣政間雲門法嗣有｜｜者入蜀開山住持覺空院謂之香林雲門世號古佛大隨皓布裩皆其裔也遠至成都忽以書拜諸公曰六月六日去至期端坐而化蜀中祖山惟此香林及大隨昭覺爲三名于天下

飛赴山僧｜｜｜青城縣

有丨失其名字應供長安時魚梵事畢偶忘淨巾聿歸而取頃刻復位唐僖宗幸蜀改爲飛赴寺乃唐左軍容使嚴遵美捐金大興是院

碑記

漢石刻治道記 距紫屏二里許道傍有漢石刻三皆治道記也其一日建平五年者孝哀時刻也其一日永平元年孝明時石刻也在范公平磨崖之西 **鬼界古碑** 在鬼城山下昔天師驅鬼于絕域有丨丨丨丨字畫磨滅不知年代矣 **天師戒鬼筆迹** 在大龍橋側深一十三丈濶三十丈 **晉塼** 在郡西鉢盂泉因鑿地得一塼上有晉太康年號 **隋薛道衡磨崖碑** 在玉女祠後有磨崖碑云刺史薛道衡撰或云薛會 **唐正觀十三年韋作觀魚記** 在軍城五里北山朝天寺 **唐崇德廟記** 唐李德裕鎮蜀時重建崇德廟命段全暐爲記 **唐元和十四年寶幢院記** 在青城海晏寺 **唐僖宗中和**

荒山頂蕃州積雪邊築城依白帝轉粟上青天杜甫西山
詩煙塵侵火井雨雪閉松州杜甫子弟猶深入關城未
解圍蠶崖鐵馬瘦灌口米船稀杜甫蜀西南山千萬重
仙經最說青城峰青城嶔岑倚空碧遠壓峨眉吞劒
壁錢起青城山歌自爲青城客不唾青城地爲愛丈人山丹
梯近幽意杜甫拔地山爭秀藏天谷受虛雲開西蜀後
木老避秦初劉涇青城山詩道高軒昊名猶晦禮絕嵩衡位
始尊甯瞻青城山詩春凍曉鸛露重夜寒幽枕雲生豈是與
山無素丈人著帽相迎李眞遊青城山偶逐青山無好句白
雲相伴過龍門唐籊因尋太上長生訣偶到青城大面

山張商英捲衣更上前巖去別有雲山千萬重唐子眞我本雲山窟裏人每憐雪嶺照人清范中立六月見雪山一百八景蟠繞三十六峯回環胡何剛六言詩古岷橫枕坤維首連標遠接崑崙右我歷江山欠此遊靑夢遠之艮已久李興宗我笑羊叔子峴首矜一身又怪謝阿客伐山覓崢嶸豈如銅梁守出門便赤城楊可弼遊靑城山萬里淸遊不暇慵雙旌換得一枝笻來從井絡直西路上到河源第一峯范成大短笻穿白雲直上孤峯頂下瞰六時崖前臨七折嶺鄭廷芬遊靑城仙人有宮號儲福藏在千山萬山曲翠微高下厭簷楹重疊堆峯三十六曰溉西邊

更擁上皇山大面六頂不可攀王灝前山尚自無人到更說後山山更高郭震先生贈青城道士李方外雪斑遠岫明蒼鬢春秀奇峰擁翠鬟王之望青城山中雲茫茫龍車問道來軒皇當時封爲五嶽長天地截作神仙鄉白遜遊青城先生遊山來盡領山中事惟有山中人能識山中意楊可弼青城山行寄叔才詩失其姓鹿隨採藥攜家去鶴恐飛仙佩箭歸白遜何時鎖鑰入吾手盡發天倉賑世窮謝僎天倉山倚天山作海濤傾看遍人間兩赤城陸游將之榮州取道青城詩青城山一名赤城而天台之赤城乃子舊遊

文人觀詩

宮徙瀆山方得地閣藏宸翰不知年胡叔豹輝赫唐封後尊嚴甯隱初何宗範丈人觀詩神仙遠來宅奧境五嶽跼蹐兒孫從范亦顏甯君始學道敢據五嶽尊及爲帝東在便與天長存師渾甫丈人祠丈人論行輩高出五嶽列陳伯强精氣騰井絡下臨羣嶽尊元眞戴天坐執印朝軒轅白雲張俞眞人自有龍蹻術可笑長生事戰爭白雲張俞

長生觀詩

更斸盤根藏大藥也令嘉樹得長生胡叔豹想像通恍惚大木涵天風范公鎮題長生碧落觀料得桓温登劒閣便拋李勢入岷山勾台符題范賢壘成家得將軍如越大夫蠡功

成拂衣法智囊未叩底李燾長生觀山中宰相晉遺民下視雄特何僕臣張季萬題長生觀

上清宮詩

老龍拏空欲輕舉山靈地祇挽之住張季萬巨楠詩寄宿翠微巔身疑入半天曉鐘鳴物外殘月落巖前勾台符宿上清宮上清宮殿與雲齊六六峰朝萬嶺低白遜神燈點點光可燭星斗熒熒低欲捫王之望仙雲春對客神燭夜流空何宗範憑欄儻恍忽自驚何得身居九天上晁公遡上清宮祈雨扶搖天一握培塿蜀千山楊安誠上清宮詩寒雪冥濛外山雲顯晦中趙汝愚遊上清宮十年重到上清宮石磴泉

梯屈曲通杜光庭臺殿壓平青嶂頂松杉插破白雲根

孫處士知微題上清宮攜月入上清一覽無餘山白祿雲霞揖神

仙煙火認城郭范公鎮題上清宮但覺星辰垂地上不知風

雨滿人間范成大上清宮詩連山橫截展一臂爲我障斷西

南夷蹇駒上清宮仰看宮殿浮天半想見笙簫在月中呂辨

青城山繞上清宮面面看成第一峰午夜林巒銜斗

柄半天樓觀鎖春容張震兒孫羅列衆山小君父尊巖

峻嶺重同上

延慶宮詩

巖暉萬古照泉漏六時飛呂汲公大防十六時水詩一簇樓臺地

嵯峨四面函路盤七折嶺坐對六時巖勾台符延慶觀詩前溪六時水上界數聲鐘楊大全八千里隔東西境十二時分晝夜泉京鏜題延慶觀絕壁高千丈淸泉應六時王濯

儲福宮詩

所憂目力盡未問兩足酸雲峰三十六一一皆奇觀劉知仁胚渾鑿開元精結三十六峰排巀嶭勾台符會須臘屐步丹梯要看奇峰三十六成延光天風夜半剪氷花三十六峰如玉立晁公遡三十六峰如不到靑山還似不曾遊趙雄三十六峰天與奇雲間只欠我題詩張孝芳三十六峰今入手若無公事且留連李壁六六峰從

雲外立三三人出洞中來（唐子眞）長松喬木倚空斜六六峰前帝子家（浦廣）眞人儲福廣無邊六六屏開在目前（楊燾）路轉屏風疊雲藏帝子家（陸游儲福觀）割盡齊封奉曾元更開沁水占名園何如帝子空山外落日騎驢芳草原（沈少南玉眞像詩）棄形如遺但養神何兒爛醉梨園春人百摑之耳不聞何物女子乃獨醒徑來窮山臥白雲不見漁陽胡馬塵（胡叔豹玉眞公主像）薄宦驅人太不情好懷誰是與山親胡爲又作折腰去三十六峰應笑人（楊摅靑城山）天峰三十六寒擁翠微宮泉落松蘿外雲生几案中

清都觀詩

清都視諸方事力亘不齊幽賞豈不勝門當白雲溪劒峰晢岡象丹井藏虹蜺師渾甫平日慣從山外看不禁煩惱著山圍宋別駕清都觀詩松門開碧嶂玉甃鎖清泉勾台符天上清都人莫到山閒仙觀久荒涼惟餘舊浴丹砂井一酌猶令齒頰香王濯詩

飛赴寺香積寺記

最勝西峰下林梢四望亭江山觀掌握梁益布丹青呂汲公飛赴山詩香山正在岷山麓一派流泉萬竿竹張楚民香積山詩雞骨埋靈塔龍門對佛龕張孝芳斷碑唐日寺遺

像晉時僧李壽香積寺詩

牡丹平老人村詩

十丈牡丹如錦蓋人間姚魏卻爭春范成大牡丹平詩牡丹樹高數十丈花頭盈尺非人間王溉無葉滋春色有花開晚紅勾台符花坪牡丹山前老澤經行路百歲翁翁猶健步非仙非佛非鬼神不識人間鹽與醋嗜慾既淺天機深窟宅宜與仙家鄰王溉樹向仙山老枝經漢火燔呂大防天師栗詩憔悴應憐范叔寒南北東西萬里謫朱顏荏苒變黧黑走遍天涯常是客宋別駕汝爲易名趙復碧玉環中藏世界白雲影裏見樓臺唐子眞

白雲菴詩

懶隨六詔上丹闕高臥一峰藏白雲（任宗易）六詔讒隨丹鳳急一溪聊與白雲閒（鮮于夏）當時若爲蒼生出安得雲溪不朽名（龐清孫）白雲寂寂水潺潺雲出無心水自閒雲水不知人換世自今依舊滿溪山（石安期）先生已何處依舊白雲飛（范鎮）先生只此在山中莫道雲深不知處（胡叔豹）聘命當年下益州戔戔束帛禮偏優山人著出隱居服使者賫還答詔牛（蔣堂贈白雲張少愚）離堆山外更西去應入白雲餐蕨薇（蔣堂）欲作外臣誰是友白雲孤鶴在巖扉（張俞）酷愛青城好山色終年不出白雲

門勾台符

致爽軒詩

夕陽塵土漲郊墟，六六峰頭夢覺餘。竹色喚人來下馬，亂蟬深處有圖書。范成大　黃塵赤日汗沾裾，竹裏煎茶喜有餘。堪笑放翁窮意巧，就君池館讀君書。陸游　團團竹色遶郊居，勾引清風百畝餘。憶昔敲門蘇內翰，而今下馬范中書。子焞　濃陰爽道水流渠，吹盡殘花不復餘。惟有范家千畝竹，青青依舊色侵書。趙汝愚　近山已作巖壑想，道邊名園堪稅鞅。誰家屋上無青山，惟有清心見山爽。劉永叔　亭臺水竹不多巧，偏與騷人作

詩藳盧國華　平生珍貨不肯市歲歲梅花伴幽獨買鄰不用一錢費風月逢原俱取足龐淞　西鄰東老總爲虛料想君家樂有餘白酒黃金都是幻爭如好客與收書杜子更　儵然一宅一編書舉世何人得似渠三十六峯峯下路清溪綠竹遶樓居楊王休　可人花木四時足隨意園池百畝餘正續岷山高士傳不談天上故人書孫應時

四六

方外神仙之府區中嶽鎮之會祥符中李畋青城山記　冠乾坤八柱之首處嶽瀆羣祠之上梁灝　洞府八節之推移泉

灑六時之漏晷張商英丈人觀記

輿地紀勝卷第一百五十一

輿地紀勝卷第一百五十二 文選樓影宋鈔本

東陽王象之編　甘泉岑鎔 淦 長生校刊

成都府路

石泉軍

軍沿革

石泉軍同下州輿地廣記禹貢岷山之域秦地井鬼之分野圖經云與茂州同蜀郡入井三度茂州志云同石泉軍古氐羌地圖經至秦漢時君長以十數冉駹最大漢書西南夷傳漢武誅且蘭君冉駹恐請臣置吏遂以冉駹爲汶山郡西漢帝紀在元鼎六年宣帝罷汶山置北部冉駹都尉屬蜀郡華陽國志云在

宣帝地節元年靈帝又以汶江蠶陵廣柔三縣立汶山郡晉志

廣柔卽今之石泉也圖經又東漢志廣柔縣下引帝王世紀云禹生石紐縣有石紐邑華陽國志云夷人營其地方百里不敢居牧有過逃其野中不敢追之畏禹神能藏三年為人所得則原之云禹神靈佑之後周屬汶州隋志云後周置汶州隋屬蜀州及會州寰宇記云隋改汶州為蜀州又改蜀州為會州唐改會州為南會州又改南會州為茂州並寰宇記太宗始析汶山地置石泉縣屬茂州元和郡縣志及新唐書并在正觀八年其後吐蕃內侵茂州以西被兵無[甯]歲皇朝神宗時靜州夷寇邊攻茂州窒隴東以孤石泉朝廷遣兵平之始割石泉隸綿州國朝會要云熙[甯]九年茂州石泉縣隸綿州塞隴東路不與茂通後夷人數侵軼

省地縣距緜遠待報稽緩常失事機飛塗靜等州結連夷獠以叛始犯茂州次石泉成都守孫羲叟經畫事宜以石泉爲邑介緜茂之間道里闊遠緩急不相應非扼其衝要不足捍外患於是詔改石泉縣爲軍以龍安神泉隸焉此據舊經在政和十年國朝會要云重和元年詔改石泉縣爲軍以永康龍安神泉隸焉知軍等官委知成都府孫羲叟辟置廢爲軍使國朝會要在宣和三年復爲軍國朝會要在宣和七年今領縣三治石泉

縣沿革

石泉縣

元和郡縣志云本漢汶江縣之地也唐正觀八年於此置石泉縣隸茂州輿地廣記及圖經皆云本漢廣

柔縣地隋爲汶山縣不同熙甯九年始隸緜州改治于雞心山之側政和八年置石泉軍以縣爲名倚郭後又徙南城

龍安縣

在軍東一百五十里元和郡縣志云本漢廣漢郡之涪縣地周武帝天和六年於此置金山縣隋大業三年廢縣唐武德三年於廢金山縣城置龍安縣因山以爲名隸緜州寰宇記以爲置於武德元年不同而新唐志亦在三年當從唐志國朝政和七年隸石泉軍圖經云宣和二年改曰安昌紹興元年改今名

神泉縣

元和郡縣志云本漢涪縣地晉孝武帝太元中於此僑置西充縣屬巴西郡寰宇記云梁武陵王改爲平州縣後魏帝紀移於今所元和郡縣志又云隋開皇三年罷郡縣屬潼州六年改爲神泉縣因縣西神泉以爲名隸金山郡輿地廣記云開皇十六年象之謹按隋志在開皇六年不同唐隸緜州國朝會要云政

和七年隸石泉軍宣和七年以知軍爲軍使

風俗形勝

地介夷壤宣和三年成都帥席貢議石泉存廢利害奏 國乎衆山之隈圖經

風俗門 東北接文茂西連汶山舊圖經 習俗靜約不萌侈心新圖經 以耕稼孳畜爲生舊圖經 在西南爲邊邑五穀六畜禽獸草木無不備有與內郡所産無異同上 控扼蕃路建炎三年知雅州宇文彬乞行省罷時張上行帥夔上章言今若廢更不丨丨丨丨萬一敵乘虛入川必誤國事成都帥盧法原亦主其議郡得不廢按石泉置郡雖始於政和然本職方舊地特由邑而升耳非若亨祺等州初納土內屬也概曰政和新邊則不察矣再議於宣和復存於建炎其知制勝之利也哉 習俗淳厚林巒叢菁謂之老木樵蘇恣取無禁

故不食地利而生計亦足皇朝郡縣志　介於綿茂間見軍沿革

景物上

東津在龍安縣　西山在龍安縣西二里　赤溪在神泉縣東北二里蓋天鏵山之尖衆水出焉色各不同故建築之始寨以｜｜名堡以青溪泉名鋪以黑水名　黑水在石泉縣北百餘里合大江水中皆石灘險不通舟　大金山元和郡縣志在龍安縣東五十步每夏雨奔注崩頹則金粟散出者如碁子　大金窟崇甯三年十月百姓趙疇告發坑冶司榷定十分爲率二分官課不支錢八分支錢收買大觀元年詔川路坑冶並許人承買自五月初一日立界以五百貫爲額　甘泉在城南泉湧地中入于江　神泉元和郡縣志云在縣西平地冬溫夏沸氣如附子能愈衆疾郡國志云縣西三十里有泉十四穴痼疾飲之即差故曰｜｜圖經云俗以上巳日酌飲可以愈疾又名五花泉　浮山在龍安縣南二十里突出平野有十二峯峭拔如屏梁楊孚眞人上昇于此　香溪在龍安縣

西二十里香水院門泉自土竅中流出分兩脈一清一濁濁者有硫黃氣[illegible]瘡疥立愈 **綿水** 輿地廣記云在神泉縣西南四十餘里水經云綿水出綿竹縣 **溫泉** 在龍安縣東十里水極溫 **蜀山** 寰宇記云黃帝子昌意娶｜｜氏女蓋此山也

景物下

九思堂 在軍治 **愛山堂** 在郡圃取杜甫爲愛丈人山之句 **金川鎮** 太平寰宇記云隋開皇六年以近白狗生羌于｜｜置金山縣 **金山穴** 在龍安縣南五十步李膺益州記云櫟梓坪田北一里山中有金穴約深數丈凡有數百所唐天寶六年改今名 **金繩橋** 在軍南五十步 **玉峯山** 在神泉縣北三十里亦名清涼山 **玉虛觀** 在龍安縣西南二十餘里浮山有太乙眞君楊尋柴鄉三仙遺跡山中人以人日爲蠶市楊眞人上昇之日也 **寶華寺** 在神泉縣西四十里龍安縣西四十里亦有｜｜｜ **銀線潭** 在神泉縣南山感業鄉相傳白龍常往來

玉女峽麻山之間水面舊有銀綫一道隱起上下貫通以物撓之輒不見波定如故**鐵丁山**在石泉縣山上有羅眞人宮**石門鎮**太平寰宇記云後周保定四年置｜｜｜於縣地**石泉壩**在軍北九十餘里**石紐山**寰宇記在汶川縣新唐志及輿地廣記在石泉縣志云石紐山禹之所生也華陽國志云夷人營其地方百里不敢居牧畏禹之所生也**石城山**元和郡縣志在石泉縣東南一里**石窟水**元和郡縣志在石泉縣南一里**石臺觀**在龍安縣西二十里**景星宮**在石泉縣北七十里石泉壩地名觀子溪**醴泉水**在龍安縣西南二十里源出香溪谷口澗下西流入茶川**溫泉觀**在龍安縣東十里有泉極溫**仙泉觀**在龍安縣西南二十餘里本名石盆石龕鑴張天師像前有石龕一可深數尺內湧泉三尺許清甘可愛有煉丹石臺可坐數十人傍有枯柏再生南有石洞傍通山穴深不知際洞前石上有人蹤馬迹南有授戒壇**神泉山**在龍泉縣北一里**青峯園**在龍安縣西北六里**青蓮寺**在龍安縣北三里本名蓮

池

朱溪水 在龍安縣南四十里源出平地輿神泉水合東合靈芝水

白崖園 在龍安縣北十里

白馬津 在龍安縣

白羊岡 在龍安縣北五里

白羊堡 在龍安縣北一里梁天監元年蜀兵起土人聚此為堡

附子山 寰宇記云自松嶺關山東摟連去龍安縣北四十里山出附子又有附子水出焉

附子水 在龍安縣北三十里源出附子山南合茶川水

芭蕉園 在龍安縣北五里

芙蓉壩 在白水鋪

瓜菜山 在神泉縣北二里樓眞人上昇于此梁天監元年土人嘗聚此為堡號白羊堡

茶川水 在龍安縣南六十五里括地志云西岸出茶因名

靈芝水 在龍安縣界朱溪南流李膺志云南國縣地名折腳水唐志云縣北二十里有折腳堰郎此

松嶺關 寰宇記云在龍安縣西北一百七十里又有松嶺山山上雖出茶不可食故毛文錫茶譜云綿州龍安縣生松嶺關者與荊州同其西昌昌明神泉等縣連西山生者並佳獨松嶺上者不堪採擷

松嶺山 在龍安縣四十里山出附子麥門冬

龍子山 在龍安縣西百餘里

寰宇記云自漢州綿竹縣迤邐入縣界**龍安山**元和郡縣志在龍安縣北十里有林泉隋開皇中蜀王秀立亭館以避暑**鳳凰山**在軍城北前水後水合流其下**雞心山**在軍宇**靈**

鷲山在龍安縣西南二十里俗號小無為**鴈門山**在石泉縣**猿門山**在龍安縣北十里李膺益州記鍾陽西二十里猿門戍是也**羊盤山**在靖安會同堡下**乳溪堰**在龍安縣東南十里**三箐山**在龍安縣東北二十里北接西昌雍觀山**三面山**在石泉縣北六十里三面內向因名上有龍湫徑不及四寸以小勺挹之十數僅獲一卮然千百人挹而不竭以此為異

五花水在神泉縣北十里有古院石為方池泉迸石縫中方纔涓涓出院數步匯為池又三步為溪又十步可運春磨矣**五頂山**在石泉縣北二百里山無草木平圓如頂因名**萬石堰**在龍安縣東南七里**火烽山**在龍安縣下有新洞入洞十數步嵌岩峭突又五丈深邃如巨屋雖隆冬亦溫燠**雪峯山**在軍城東今建廣慈道院**雲門堰**在龍安縣**連雲堡**在龍

安縣白沙寨相連**避暑基**在龍安縣北十餘里**積石水**在龍安縣西三十餘里自汶山界來爲堰又伏流十五里名乾江水復出括地志云乾江水出積石山**滴水巖**在石泉縣北二十五里兩崖欲合岩屋嵌嶔上有飛泉纚纚而下政和叛羌自石泉躡踰英田架有間道陟岩之意適岩石隕澗聲如震霆羌疑有伏遂遁去**小門山**在龍安縣北十里**長江水**在龍安縣北七十餘里**高何山**在龍安縣北十里**廣福寺**有南北寺並在軍城**保安市**在龍安縣北四十里**順通市**在龍安縣東二十餘里**通化山**在龍安縣西三十餘里本名積石括地志云精石山**子艮山**在龍安縣東南十里唐竇子艮隱于此**慈母池**在龍安縣北五十里池在山阿廣數十畝池面多怪木偃覆每請湫必候水瀾微湧卽登木挹取馳出雨已踵至稍緩則有風雷之駭**巴西山**在唐安縣東北十里括地志曰崖山唐天寶六年六月改今名寰宇記曰在彰明縣北一十里曰丨丨丨丨**北眞觀**在龍安縣之益昌鄉**杜家山**在石泉縣

西上有龍潭俗號雷洞過江二十里爲前洞洞門有潭無木葉墜潭中又行數里爲後洞篝火而入行二里許上有穴通天如杯又行三里有石船又二里石壁隱起白龍迹

古迹

廢通化縣 寰宇記在綿州西南一百六十里本漢汶江縣地屬蜀郡後周保定四年置石門鎮隋開皇六年以近白狗生羌于金川鎮置金山縣十八年改爲通化縣唐因之縣地累石爲城內實外險東北二面並累石南面在軍城南江外按秦宓西向臨岸去地百餘丈

禹廟 對夏侯纂曰禹生石紐汶山郡譙周蜀本紀曰禹生石紐廣柔縣酈道元註水經曰廣柔有石紐鄉禹所生也帝王世紀以爲鯀納有莘氏臆胸拆而生禹於石紐郡人以禹六月六日生是日熏修裸饗歲以爲常吳越春秋云禹生于西羌地名石紐石紐在蜀西西川也

三聖廟 在郡圃雜心山上四聖廟之側卽涇原三蜥蜴之神封忠烈靈應王

魏鄧艾祠 在龍安縣北昔鄧芝之出江油道或經此至綿竹

西昌鎮 本益

昌縣隋開皇四年省入金山唐永淳元年復置西昌縣屬綿州國朝會要云熙寧九年省爲鎮入龍安

官吏

張上行 字道從漢州德陽人登元豐第後會石泉夷人犯邊朝廷命孫義叟帥蜀召公問計公曰按唐王涯傳云吐蕃有兩道一由龍州清川縣抵松州一由綿州威蕃柵抵雞城皆敵險要之地今石泉三十里威蕃亭地名柵底即唐之威蕃柵宜先築堡寨以禦其來次升石泉爲軍以重其權然後調思黔義軍以制其暴則收功一時爲利後世不然蜀之憂未艾也義叟盡用其策且命公調軍馳部兵至境急擊大破之夷人自是服蜀以死事事載于廣漢志

魏僖 有祠在郡圃雞心山側僖守郡歷十有二載治狀顯最民思不忘春秋嘗奉之

靳興忠 有廟在石泉縣嘉平堡政和七年循檢丨丨丨與叛夷戰手胑數人單騎被圍乃自刎尸立不仆

人物

王仲華神泉人太平興國進士後遷中丞終於大諫以直諫聞於時

仙釋

羅眞人有宮在石泉縣景星宮相對鐵丁山上

楊眞人龍安縣東南四十里西昌鎮有遊眞觀梁普通五年楊眞人自浮山昇仙墜隻履于此化爲石

碑記詩並闕

四六

挈舟南下親逢咫尺之顏剖竹西歸出守荒涼之地雖爲小壘頗係要衝內當寬疲瘵以令民力之蘇外當嚴訓閱以使邊烽之息趙師必到任謝表

輿地紀勝卷第一百五十二

輿地紀勝卷第一百五十三 文選樓影宋鈔本

東陽王象之編　甘泉岑鎔淦垕校刊

潼川府路

瀘州 江陽 瀘川 瀘南

州沿革

瀘州 上 瀘川郡 九域志 瀘川軍節度 國朝會要云唐下都督府皇朝乾德元年爲上州宣和元年陞節度 禹貢梁州之域 元和郡縣志 天文東井輿鬼之分野 此據圖經引漢書志又晉志以爲觜參之分野唐志以爲東井輿鬼鶉首不同 春秋戰國爲巴子國秦屬巴郡 寰宇記 漢武帝分置犍爲郡而犍爲郡之江陽符縣即今之州域是也 元和郡縣志

東漢末劉璋立江陽爲郡以都尉廣漢成存爲太守華陽國志在建安十八年輿地廣記蜀章武元年立江陽郡寰宇記云晉於此立江陽郡不同又晉志江陽郡統縣三曰江陽符漢安注云蜀置郡而宋志云江陽郡劉璋分犍爲立則當作建安十八年益建安十九年趙雲已定江陽非劉璋所統則劉璋置郡當在十八年當從華陽國志及宋志蜀先主入益州諸葛亮分遣趙雲從外水定江陽犍爲通鑑在建安十九年晉穆帝時桓溫舟師伐李勢軍次江陽元和郡縣志後爲夷獠所沒元和郡縣志寄治武陽宋志江陽郡下宋志東江陽太守何志云晉安帝初流寓入蜀今新復舊土爲郡領縣二曰漢安曰綿水穆帝又置東江陽郡元和郡縣志云治瀘川宋齊因之此據寰宇記而齊志有江陽郡領江陽常安漢安綿水四縣又有東江陽郡所領亦畧同梁置瀘州元和郡縣志云梁大通初割江陽郡置瀘川郡

魏置瀘州而隋志及寰宇記輿地廣記皆云梁置瀘州李垕西山堂記云梁大同中徙治馬湖隋大業中復還於今地取瀘川以爲名仍移治馬湖江口圖經隋廢州爲瀘川郡大業二年還治于此唐復爲瀘州武德元年置瀘州都督府督十州曰溱珍二州曰晏納奉㴲鞏陰六州曰順州曰思峩州曰淯州曰能州並屬瀘州都督府事見寰宇記又范百祿平夷記曰唐自儀鳳以來闢硐招獠列置郡邑而隸瀘州都督府者十有四州五十四縣與寰宇記不同改瀘川郡天寶元年復爲瀘州乾元元年五代王氏通鑑云乾甯四年王建將王宗既拔瀘州孟氏通鑑長興二年孟知祥將張武取瀘州繼有其地皇朝平蜀地歸版圖乾德三年陞爲上州國朝會要在乾德三年乞弟犯順夔梓路兵馬鈐轄始移司於瀘又兼瀘南沿邊安撫專治軍政圖經在熙甯中又眉州志載神宗時

乞弟蠻叛經制韓存寶逗遛不進詔斬存寶于瀘州以林廣代之廣討乞弟至歸徠州受乞弟降以歸自是始兼沿邊安撫專治軍政部使者不得輒與見人物門任師中傳又通畧神宗元豐五年閒詔徙夔梓路幹轄司於瀘州仍兼沿邊安撫使陞爲節度賜名瀘川軍國朝會要云宣和元年詔瀘州西南要地控制一路邊閫之寄付畀非輕可陞爲節度仍賜名瀘川軍宣和二年詔瀘州守臣帶潼川府夔州路兵馬都鈐轄瀘南沿邊安撫使御筆帶梓夔路兵馬都鈐轄瀘南安撫使去沿邊字皇朝郡縣志在政和五年尋仍舊以沿邊安撫使入銜政和七年中興以來四路各建帥府分委邊防而夔路鈐轄猶兼於瀘南張魏公浚宣撫川防奏請各專其任而夔梓始分乃各陞本路安撫惟瀘州止帶沿邊安撫統隸不過三州其後王之奇以檢

詳建言乞以瀘南爲潼川府路安撫使俾得刺舉一道自是權任益重乾道六年瀘州爲一路安撫自梁介始乾道六年梁介以四川宣撫司參議官改知瀘州居歲餘民夷便之詔改瀘南兼安撫一路以旌其能｜｜｜｜｜｜｜｜｜｜｜｜｜事見成都志今領縣三治瀘川九域志云元領縣五乾德五年省綿水縣爲鎭入江安以富義縣隸富順監

縣沿革

瀘川縣 中

倚郭本漢江陽縣地屬犍爲郡東漢末爲江陽郡晉太康二年移郡治於支江汝江合流之際以縣爲治穆帝於此置東江陽郡領江陽縣隋志舊曰江陽并置江陽郡開皇初郡廢大業初置瀘川郡縣改名焉舊唐書志云梁置瀘州故以江陽爲｜｜｜州所治也本朝乾德五年併涇南縣入焉

江安縣 中

在州西南一百一十五里元和郡縣志云本漢江陽縣地漢末爲江陽郡晉中興書云穆帝永和二年漢安獠反攻郡縣舊唐志云晉時生獠攻郡破之又置漢安縣於此隋志云舊曰漢安開皇十八年改爲｜｜屬江陽郡圖經云唐屬瀘州舊縣城在汶江中洲水數爲害遷於南岸唐志云正觀元年以夷獠尹置思隸思逢施陽三縣尋俱省入江安

國朝會要云乾德五年省綿水縣入焉

合江縣 中

在州東一百二十三里本西漢志符縣地輿地廣記云漢武帝使唐蒙將萬人從巴符關入夜郎即此東漢志曰符縣屬犍爲郡晉志曰符屬江陽郡元和志云晉穆帝於此置安樂縣宋志南齊志並有安樂縣元和郡縣志又云梁改曰安樂戍周保定四年廢戍置安樂縣隋開皇十八年改縣曰合江以江在縣側合流爲名隋志以改合江在後周當從隋志唐元和十二年移治舊縣以便水陸貿遷之宜從東川節度

使李逢吉之請也皇
朝移治安樂故城

樂共縣

通畧神宗元豐十六年林廣記云自入夷界築樂共江門大州鎮溪梅嶺五城砦降生夷三萬人西達淯井東通納溪控制要害盡入封畧今有路分一員節制戍兵控扼蠻人

風俗形勝

東接巴郡南接牂柯西接犍爲北接廣漢華陽國志江陽之俗樸野少儒學華陽國志先有王延世著勳河平後有董鈞爲漢定禮華陽國志江陽郡下西連僰道東接巴渝南望夜郎牂柯鎮遠樓記瀘爲州肘江負山自西南來如人聳臂轉掌覆布五爪劉正字城西李氏園序氣候偏陽夏秋多炎燠冬無苦寒勾公權瀘

川縣廨記又云每夏秋蒸溽公餘偃仰如傍揖大爐韝瀘古巴子國淙流東北貫其隅墮山西南蟠其城任伋開福寺記地無桑麻每歲畬田刀耕火種寰宇記郡得名爲瀘李堊西山堂記曰——者蓋始因梁大同中嘗徙治馬湖江口置瀘州蓋馬湖即瀘水下流當時於此立州因遠取瀘水以爲名取瀘水以爲名寰宇記五月渡瀘諸葛武侯南征使李恢自建寧馬忠自牂柯而身自出越嶲——世未有原其說者方吳蜀之分五溪諸夷遙接益州四郡雖不能爲害然有事之際得之卽强故先主伐吳使馬良招五溪諸蠻授以官爵五溪之南卽益州牂柯郡界及先主敗於秭歸益州四郡皆叛應吳高定恣睢於越嶲雍闓跋扈於建寧朱褒反叛於牂柯闓又受吳之爵執蜀刺史張裔以與吳安然不忌此非獨以險遠爲心蓋益州四郡上可撼巴峽以爲奇下可通湘廣以備敗自漢以來益州四郡皆士大夫主之非獨蠻夷而已公之南伐蓋以杜塞四郡歸吳之心使四郡根據於吳遙結五溪

諸夷則巴峽非漢有也傳所謂因其酋豪擒縱孟獲使之不叛者特公之餘畧耳事見敘州圖經李嘉謀武侯祠堂記容齋隨筆云國朝淳化中李順亂蜀招安使雷有終遣嘉州士人辛怡顯使於南詔至姚州其節度使趙公美以書來迎云當境有瀘水昔武侯戒曰非征討貢獻不得輒渡此水若必欲濟須致祭然後登舟今遣本部將賫金龍二條金錢三十文併設酒脯請先祭享而後渡事見辛怡顯所作雲南錄象之又按唐書志姚州雲南郡下有瀘南縣則瀘水當在姚州與辛怡顯雲南錄相合土地雖迫山川特美有鹽井魚池一郡豐沃華陽國志漢安縣下據江洛會枕帶雙流輿地廣記瀘控西南諸夷遠逮爨蠻最爲邊隅重地元豐以來置守率用武臣其後始更置儒守政和六年孫義叟修城記又云自政和乙亥始更置儒守瀘自元豐間始建沿邊帥府乾道六禩升領劍東一道十五州權任益重

李堇西山堂記熙豐以後地望加重梓夔路兼都鈐轄置司在焉視成都之兼利益路每相抗衡乾道閒詔總潼川路帥鎮遠樓記江安隋舊邑也號爲舟車往來之衝其外即與西南夷接照菴記又云自唐閣羅鳳之帥出人於此而國朝元豐以來問罪之師亦由此啓行蜀偏西南地勢處坤炎劉拓開與夷爲門玉斧一畫畛畦乃分聖奐夫眞人出而爲吾蜀慮也史子震鎮遠樓賦最近蠻獠尤宜撫綏通畧太祖開寶八年上召新瀘州錢文敏見於講武殿謂之曰瀘州

景物上

瀘江　按郡國志｜｜中有大闕焉季春三月則黃龍堆沒闕即平黃龍堆者即尹吉甫子伯奇自投

江處詳見黃龍堆下

天池在江安縣西十二里方山上四圍皆十餘丈旱澇水無盈縮旱則禱焉

汶水出岷山順流而下東南過犍爲數縣境又曰汶江蘇代所謂蜀地之甲浮船于汶乘夏水而下者也圖經云東流入合江縣界

方山距州城三十五里舊志載唐天寶改爲回峯山其山八面望之面面相朝於羣山中最高山根傍江江上有魏武帝廟華陽國志云丨丨之下有丨丨神又圖經祠廟門云去瀘川縣八十里不同然江安神亦有丨丨上有天池下有神祠恐圖經指江安縣之丨丨也皇朝討乞弟陰雨踰月神宗皇帝封香禱焉有應遂賜廟號

海觀在州治南定樓之右即城東隅兩江合流處舊爲來風亭丞相趙公敞而大之易今名夏潦高漲兩江環合瀰漫浩渺眞丨丨也閤侍郎蒼舒詩云雲南之陰大江東二水犇騰如海衝誰能具此壯觀眼南定樓中今臥龍

綿水舊經云自長甯軍流至江安一百五十步與汶江合江安古有丨丨縣今爲丨丨鄉當時縣去丨丨必近也水經謂丨丨出梓潼縣資中至江陽入江即內江也與此不同姑兩存之

涇灘在江安縣南三十里灘上有山制天

瀑布飛下側有臥石父老傳爲武侯誓蠻之地**東巖**在汝江之東紹興中邦人開創大像依巖不足以庇風雨近歲有庵者祁氏親死廬墓棄俗奉香火於巖邦人信之不十年重樓複閣佛宮經藏甲於一境**西巖**在汝江西**南巖**在南山之隈**北巖**在州治水北與南定樓相對舊止小菴尚書楊公汝明鼎新創爲大刹又於寺北作北園建北定樓及五峯書院以爲士友會課之所月書季考若郡學焉**南樓**巽巖李燾建是爲瀘川軍許奕書額**錦堂**在州治舊爲正寢堂後遷寢所于亥繡王大過刻其家藏御書于堂之左右壁**寶山**在州城初名堡子山爲巡檢廨陳公損之移廨山西建堂其上袁公說友名其堂曰江山平遠易堡子爲丨丨皆大書揭之下瞰城郭萬瓦鱗集兩江合流諸山拱揖眞勝絕也又有西山堂相傳丨丨即古之盧峯李壆西山堂記以辨其非是下有木龍巖黃庭堅所名也**鴈塔**在郡學趙衞公郎講堂中庭植丨丨二以鐫進士姓名**龍祠**在城崇德廟瞰大江下有潭上有丨丨歲旱則州遣吏沈石匣金龍于潭輒應**三泉**在寶山之西鼎峙嵌岩間王大

過鑿山湆泉榜　雙井在州治中又郡城西偏有甘井
曰西山｜｜　紹興中斥壕塹得碑乃唐乾元
中蘇德充　鹽井南井鹽歲計四十一萬斤九域
所開也　陀曾井歲計二萬八千斤　石門志云
有二立石　石櫃在合江縣安樂山之趾　石船在合江
狀若門　乃劉眞人藏經之處　縣登天
廟漑水下每歲水　照菴在江安縣三里山石奇秀草
落隱隱見于廟漑　木茂異而菴居其間四山環
之而闕其北十二清流鏘然有聲若中金石有臥雲
菴靈源堂鳴琴室鍾秀軒修禊亭龔淵橋皆燕息遊
觀之　一名支江舊經云支江水在城外北自富
所也　內江順監界鴛鴦溪流下徑安夷鎮至州北一
百六十里入汶江其色赤今與江合流處有涇渭之
判焉酈道元所謂綿水西出綿竹縣東經資中即此
水　傳園在安夷門外去城二里　重園出城南十里重
也　傳氏闢以爲遊觀之所　氏之居在焉乃
觀堂劉公讀書之所曾殿丞郊餞　趙園園南田依山爲
詩云錦步斜開四十里即此地也　園趙衞公之
所憇　杜園自州城北沿江而下七八里有｜｜荔支
也　品格與他園爭勝又有母氏園距州城上

流三十里荔枝聯亘品格最多　曹亭　自關市門順流而下三里許有山曰峯門其上卽丨丨也南望城郭盡在目前後有二石洞東接落鬼菴下乃餘甘渡

景物下

三華山　自朝天門下一里許遠山聯絡朝郡治之後不知其所以名　四香亭　在州治舊在止水亭後淳熙趙公所建自題云永嘉何希深之言曰荼蘼香春芙蕖香夏木犀香秋梅香冬斯名以之李公後徙于花竹叢茂處愈得其所　恩威堂　在州設廳後　壯猷堂　在州治　籌邊堂　在州治當衙廳之後　雅歌堂　在州治又有浮香亭擁翠樓　衮繡堂　在州治舊名思政淳熙八年以趙衛公出鎮于此改今名　擁翠樓　在州治　鎭遠樓　在衮繡之對當郡治之中卽整暇堂舊趾四山環合氣象甚偉　整暇堂　在衮繡堂之對舊趾既建鎭遠樓乃徙此堂於郡治之東偏前拓中庭雜植花木爲郡圃之勝　得要亭　梁公介所創也在寶山　偶住

亭在江安縣之對建中初山谷自僰道還過邑宰石諒同遊此亭書琴操後改爲渡瀘亭有范百祿平蠻碑見石行正亭記

聽更堂在安夷門外傅氏園之後乃觀堂劉先生讀書處

瀘江亭在江皐賓儀之地也

淩虛亭在龍馬潭之後檻臨江流

吟風堂在倅廳

清穆堂郎尹吉甫祠堂取穆如清風之義

歸鴈亭在郡之西山王公大過建而名之

瑞鹿亭在光孝觀之後初道士尹希巖開山有白鹿往來因以瑞鹿名

東嶽廟在興化門外寶山峯之趾往者昌州永川有陳祈者以贖田事受欺於毛氏陳訴于廟事遂白有碑記其事而夷堅所記甚詳

西山堂在寶山三泉之上李亶有記

北定堂在北岩帥楊汝明建

南定樓在州治晁公建取諸葛出師表中語爲名李巽岩有｜｜｜賦陸游｜｜｜詩行遍梁州到益州今年又作渡瀘遊江山重複爭供眼風雨縱橫亂入樓

南壽山在樂共城西南三十五里名博望寨山高且秀晏夷平定守臣繪圖以進上意悅之賜名南壽又名御愛其林木有禁不採

安樂山元和郡縣志云

在合江縣東八十三里圖經云在合江西五里三峯淸秀山趾卽安樂溪上有延眞觀徑五里有石櫃爲仙人藏經之所岐而左有爛柯跡石碁局金線泉後有仙魚影隱隱石壁中岐而右歷楠木臺仙人室十二盤至剪刀峽循山有八洞通南岩有石曰許由瓢又有芙蓉城滴水崖白猿洞此三峯中景也寰宇記云有瀑布千尺飛流天寶六年改爲合江山皇朝郡縣志云始劉眞人珍卜居此山曰爇道平益氣歇而不清江安方山氣濁而不秀成山而又淸秀惟｜｜｜耳遂定居焉水源發甘虎豹服役見黃庭堅題行

安樂溪 鄧綰令此邑時其詩引云｜｜｜自合江縣西南山來源入于江源遠莫測其所從其深廣可容大舟其平如鋪其色紺碧如玉其勢回環宛轉若有所避不忍遽棄山而匯於江也溪上多壽木溪人莫得其名藤蘿柏竹禽鳥花卉四時無不可樂者故名之曰｜｜｜

沖虛觀 在龍馬潭上有龍馬祠在三淸殿之右乃落魄仙招易元子之處

延眞觀 在合江縣西五里隋賜三觀皇朝嘉祐中賜曰｜｜｜安樂溪在觀之右觀後距安樂山頂僅十里檜竹四圍歲有雙鶴來巢逮夏五月倏欻

唳空引雛而去至秋復來

思巽洞 距州二百里隸樂共城初入稍隘已乃漸闊石髓凝結千態萬狀前行數丈豁然宛若堂室周匝可五七丈又數十步深明高廣可容數百客俗傳遊人飲于此看核狠籍經夕晾之無見焉竟不可詰

滴乳泉 在西城眞如寺崖石中流出泉味甚甘山谷元符間渡瀘徜徉此寺喜其巖幽泉美大書爲｜｜｜

鏡子山 在江安縣南五里又名照山一峯中峙兩峯旁翼二溪交流大溪出中峯之脅小溪出中峯之腹葱蒨秀鬱菴廬梵室金碧交晃旁有二潭曰馬影曰靈施爲龍所居旱禱輙應山有眠雲石龔淵橋玎璫巖磨鐮溪清秀爲一邑勝遊之地

銅鼓山 在少遠寨側

酒甕灘 凡舟自大江而下者至此無所忌唯夏漲由納溪渡至石側乃爲白崖所衝舟入畏之及水低岸遠則巨石特立圓腹陿底危然一甕焉

瀘峯山 郡國志云瀘津關有瀘峯高三十丈地多瘴三四月渡之必死唯五月上旬渡之卽無害故諸葛亮以五月渡瀘相傳以爲卽今之寶山而李埴西山堂記云以常璩華陽國志及辛怡顯雲南錄考之乃在越巂之地明甚非瀘之寶山也

餘

甘渡餘甘碧實圓脆峯門渡口倚岸成林魯國先天生題瀘川縣樓所謂｜｜｜頭客艇是也　符葉初生安樂山一夕大風雨拔去不知所在後得於容子山俗以爲神所遷如荔枝葉而長上有文如蟲蝕或密或疏宛類符篆不知何木也或以爲劉眞人仙跡東坡詩云天師化去知何日玉印相傳世共珍故國子孫今尚在滿山秋葉豈能神潁濱詩云眞人已不死外慕墮空虛猶餘好名士滿葉寫天書　龍雲山在江安縣北六十里　龍馬潭在城東北二十里唐王昌遇落魄仙於此以龍馬一夕送歸潼川因號曰｜｜｜　小龜山距江安縣百里嘗即其地置樂共城方興築時因取石有小龜金紋俗因呼爲｜｜｜自其距登三絕頂又有二山名大連天小連天　木龍巖在城南寶山之趾古有榕木盤結夭矯如龍舊有菴山谷先生嘗徜徉其間始榜爲｜｜｜　龍蟠灘自州東去五十里水交漬亂石之下者曰｜｜｜舟人戒焉　黃龍堆在瀘川縣郎尹吉甫子伯奇投江之處　紫金堆在州津北過內江口大江之中耆舊云水落髣髴見之或謂不常出出則

戔豐

赤溪水從昌州昌元縣界流入至赤水鎮合支江

納溪水源出阿永蕃部至江門寨有橫石中流束水如門故謂之江門東入納溪寨以合於大江

中江水元和郡縣志云亦曰綿水經瀘川縣北三里出麩金

大善寺在州城女僧所居也舊有殿因女僧重造高閣徹舊殿題梁乃隋開皇開建按州以隋初自馬湖江口徙此則州治改卜之時卽有此殿矣因其改作遂廢古跡亦可惜也

大連天、小連天在江安縣百里外樂共城之側

丁公山在安樂溪之左高踰千仞舟行數百里隱隱煙雲閒上有蕭齊碑磨滅難考

觀音巖在東郭外二里詳見崇德廟記

古佛巖出城北四十里其溪山邃清松竹深秀榕木數十株大皆十圍巖廣十餘丈兩翼皆飛泉如谷簾依巖有小寺

龍女洞東去城二十五里溪源峻深高崖峭壁近百餘丈崖半二穴遠望幽邃人不能到俗傳爲｜｜｜淳熙中李巽巖來遊觀瀑布有畱題

古蹟

廢涇南縣寰宇記云唐正觀八年分瀘川縣置在涇水之南今廢入瀘川縣**廢綿水縣**寰宇記云在漢江陽縣地晉置綿水縣在綿水溪口汝江水中洲上皇朝乾德元年併入江安縣

史君巖在城南五里有嵓洞深六丈有奇廣半之嵓中有泉清洌圖經云陸史君名弼梁天監中為瀘州刺史死有神異葬白崖此巖為神遊宴之所號|||象之謹按夷堅志載本朝有英州刺史王獻可乃王雲之父知瀘州後亦為白巖神今|||若為陸史君遊宴之地則當有唐人題刻今其磨巖止有國朝宣政間留題則非陸史君遊宴之地乃王史君遊宴之地耳此不可以不辨

讀書巖在州六十里江之對有巖下深十許丈中有石如几案乃先汪神童讀書處也後人因以名李寅仲詩序洞不減三游下有清溪其上有水簾頗勝

煉丹井在城中社壇山前唐劉眞人喜泉之勝酌以煉丹因得名號為靜應泉有碑碣在其傍

江陽兒祠華陽國志云漢光武微時過江陽生一子望氣者言江陽有貴兒王莽求之縣人殺之後光武怒為子立祠謫江陽人不使冠帶

梁王廟

在超勝坊按碑記乃梁王彭越也越在漢高祖時雖云徙青衣然未嘗至蜀莫知其然也元祐閒張公克明爲守感夢更建廟于此既成神光照室觀者如堵近而視之無有也

諸葛武侯廟 在寶山之瀘峯觀每歲蠻人貢馬必相率往祠下炷香劉左史光祖詩云蜀人所至祠遺像蠻徼猶知問舊碑胡曾瀘水詩云五月驅兵入不毛月明瀘水瘴煙高晝將雄畧酬三顧豈憚征蠻七縱勞

呂光廟 義濟廟在安樂溪口郎登天王呂光祠也劉望之作記甚詳蓋秦符堅時定蜀蜀人李益反王以破敵將軍討定之王之祀於蜀豈肇於是時乎李賢良虛詩云西涼宮闕化灰燼一時壯觀今何許

官吏

漢成存 漢末治置郡以都尉成存爲太守

晉何隨 隨在晉時舉孝廉不就郎家拜江陽太守邦人言議平當者稱何

侯馥 字世明江陽人舉江陽常璩贊之曰江陽皎皎孝廉以忠義稱爲江陽太守後爲李雄將所獲不屈於李雄雄義而釋之

陸弼 咸陽人梁天監二年爲瀘州刺史以

疾卒舟回至射洪縣白崖山葬焉遂爲白崖神今有顯惠廟在史君巖詳見潼川白崖山

唐柳玭　通鑑昭宗景福二年以渝州刺史柳玭爲瀘州刺史柳氏自公綽以來世以孝悌禮法爲士大夫所宗玭爲御史大夫上欲以爲相宦官惡之故久謫於外玭常戒其子弟曰凡門地高可畏不可恃也立身行已一事有失則得罪重於他人死無以見先人於地下此其所以可畏也門高則驕心易生族盛則爲人所嫉懿行實才人未之信小有疵纇衆皆指之此其所以不可恃也故膏粱子弟學宜加勤行宜加勵僅得比他人矣

蘇德充　爲都督鑿地得甘泉民至今德之

本朝錢若水　以右贊善知本州太祖召見武德殿謂之曰瀘州最近蠻尤宜綏撫

何湛　南充人通判瀘州權郡事乙弟率衆逼城公登城以口伐之單騎造賊營開說利害乞弟亦單騎送公入城歡飲引賊遠遁公築江安城以蔽之

梁介　以本州爲一路安撫

鄧綰　爲江安令有安樂溪記

馮檝　王明清揮麈錄云紹興庚申敵人敗約秦檜相位頗危時檝爲貳卿檜告之云金人背盟我之去就未可卜君鄉衮未刻淵衷如何

公其爲我探之翌日檝求對啓上云金冠犯淮如㴱浚者當以戎機付之高宗正色曰甯至覆國不用此人檝退告秦云適觀天意檝必被逐願乞瀘川以爲書繡遂以符制帥瀘南十三年又中興繫年錄云紹興二□年詔海外四州軍與免經界時瀘南帥｜｜抗疏論其不便於朝於是瀘叙州長甯軍皆得免瀘民甚德之

人物

尹吉甫　江陽人相周宣王吉甫生子伯奇至孝後母譖之自投江中衣苔帶藻忽夢水仙賜之美樂揚聲悲歌船人學之吉甫聞其聲援琴作子安之操即瀘川縣之黃龍堆也此事水經亦附見於江陽又云韓文公履霜操亦援此事今有｜｜｜祠　先汪在城南又建清穆堂於報恩觀繪吉甫像焉

李行中　嘗舉八行史扶詩老號瀘南以孝行顯

唐庚　字子西登紹聖第始來自眉家于瀘安夷門外謝復官表有寓百口於江陽之句號魯國先生有文集行于世子文若

唐文若

字立夫登紹興八年進士第繼以文鳴有遯菴集今徙鄱陽

劉望之 字夷叔登紹興第號觀堂先生有文集行于世

仙釋

落魄仙 嘗賣鼠藥於梓州獄吏王昌遇者市藥以歸鼠食之皆翼而飛後昌遇至瀘又遇｜｜｜易出藥餌之遂名昌遇爲元子取馬令乘以歸馬乃龍也既歸梓州後以九月九日飛昇即其日爲藥市焉

王眞人 名法興吳郡人梁普通時隱鍾嶺晚居瀘之安樂山以煉氣絕粒爲事一日蟬蛻舉棺若空日暮有樵夫逢眞人於山頂其後劉眞人亦居此山

劉眞人 名珍廣漢之什方人開皇初居綿竹後居安樂山開皇十九年取所賣道經鍾磬封於石室中日後六十年當有聖君取之且曰吾功行已成四月之望吾當昇天自以火化是日眞人乃見隋文帝於別殿文帝遣使至山訪其事詔建三

觀上觀曰騰清中曰安樂下曰靖安唐高宗遣使取丹經鐘磬以進且有顯慶中詔書及杜光庭張濟所撰二傳始末甚詳而國朝李淑撰騰清三觀記云安樂山乃隋大業中劉珍先生登眞之地則與圖經所引開皇年月不同又云治平中賜觀額曰延眞

僧紹師姓楊氏誦法華遷化居龍馬潭號楊龍馬

碑記

蕭齊碑在丁公岩磨滅難考 **唐高宗安樂山取丹經詔碑**在安樂山 **唐高宗賜進經道士詔碑**在安樂山 **劉眞人藏經碑**在安樂山 **唐眞如寺碑**在州北眞如寺 **唐蘇公甘井碑**在州城南門上唐乾元中都督蘇元開井記 **黃太史書砥柱銘碑**在高寺 **大像記** **醉僧圖詩碑**黃太史三碑並在開福寺 **尹吉甫祠堂記**許沆爲之記曰父老相傳周尹吉甫實生

此地見於圖經舊矣陳帥損之作清穆堂以祠之嘗覩酈道元水經著江陽異聞與華陽國志頗類其載楊雄琴清英叙伯奇流放并子安之操附之江陽雄蜀人也其說必有據

吏隱閣記 治平四年鄧太師綰作邑于瀘川作吏隱閣日瀘之合江邑居之南轉清溪而上六七里日安樂山世傳隋開皇劉珍先生登眞之地杜光庭爲之傳李淑爲之記開皇所置三觀其一尚存乃命道士作劉眞人祠堂因名其閣日｜｜｜

鏡硯銘 黃太史銘日瀘川之桂林有石黟黑瀘川之人不能有而富義有之以爲硯則宜筆而受墨唐安任君從簡之硯面爲鏡而背三足形駭天下若山林不口而而不得訪諸禹也

瀘州平夷記 熙甯中范百祿撰今在江安縣之偶住亭

劉眞人傳 杜光庭撰

合江縣安樂山騰清三觀記 皇祐己丑李淑撰

江陽志 教授李濬序

江陽譜 永嘉曹叔遠編集

詩

憶過瀘戎摘荔枝青楓隱映石逶迤京中舊見君顏色紅顆酸甜只自知杜甫過瀘川詩　我拜師門更南去荔枝春熟向渝瀘鄭谷將之瀘郡旅次遇裴晤　烏度劒門靜巒歸瀘水空賈島　天師化去知何日玉印相傳世共珍東坡天江符葉

山有微逕深林煙雨埋東坡南井口　朔風吹烏裘隱隱沙上立穎濱目賦　苔逕傍岩斜林間是道家夜潭魚戲月春地鹿眠花魯殿丞遊安樂山　氣勢西吞夷光芒南定楚任公仮遊安樂山云安樂溪上峯萬木森翠羽孤撐切天心橫拓壓坤股云云雲泉出石竇淋漓灑玉宇煙蘿纏林稍搖拽垂翠組　地兼夷漢重江帶梓夔寒任殿丞題安樂山　疊壁千重出排青萬仞攢標奇傳蜀古設險鎮夷安李職方題安樂

山安樂青且秀琳宮跨巨鼇宇文之邵百斤黃魚膾玉萬戶赤酒流霞餘甘渡頭客艇荔枝林下人家唐子西瀘川六言瀘戎瘴癘窟閩粵山水鄉如何產此物爛然照炎荒劉望之荔枝詩萬仞青崖碧玉寒岩蘿相引徹仙壇魯殿丞遊安樂山碧玉纖纖百丈高仙家曾用醞香醪至今綠葉授成酒不使劉伶更藉糟前人百丈甘一條仙帔織青霓松雪岩前伴鶴棲前人贈安樂山江尊師碧峯橫倚白雲端隋代眞人化跡殘翠柏不凋龍質瘦石泉猶在鏡光寒先汗神帝題安樂山牛羊村落晚晴處煙火樓臺日暮時唐子西雲南老人行寄語江陽夷落道安排春織待新篇唐子西贈瀘倅自注

云清井夷人蠻布織梅聖俞詩歌唱竹枝終日楚笛吹梅弄數聲羌

同上皓月借成千里色好風分與四鄰香唐符制延葉春閣集句

邊空寄仙人篆雲際難邀處士星同上安樂溪深清徹

底安樂山高雲滿巔□□□□一巖冷落高宗雨滿洞清

涼吉甫風任貫題讀書巖

四六

全付東蜀以崇閫寄不欺堂記西南要地控制一路邊閫

之寄付畀非輕陞瀘川軍節度詔惟梓部之奧區以瀘川爲

重鎮地控雲南之六詔疆連井絡之三邊雖鳥言夷

面久被於文明然狼子野心每虞於猾夏王卿月瀘州到任謝

啓孔明心戰不專兵戰之勞德裕雄邊悉本籌邊之効同上維瀘川之大邦控三巴之百蠻置元帥以統臨總節制於侯藩十有六州溪洞之裔夷五十三縣羈縻之裘氊彭邁鎮遠樓賦地連戎僰境接巴黔作業多仰於苦茶務本不聞於秀麥遂給嘉種喻以深耕始令蠻貊之邦粗識囷倉之積唐李義山集請畱瀘州刺史狀

輿地紀勝卷第一百五十三終

輿地紀勝卷第一百五十四 文選樓影宋鈔本

東陽王象之編　甘泉岑鎔 銓 長生 校刊

潼川府路

潼川府

梓潼 潼涪 左蜀 射洪 昌城 新城 中江 涪水

府沿革

潼川府 梓州梓潼郡劍南東川節度九域志 東井輿鬼之分野潼川新志 禹貢梁州之域元和郡縣志 春秋戰國爲蜀地晏公類要及輿地廣記同 秦爲蜀郡地寰宇記 漢高帝分置廣漢郡郪縣預焉華陽國志云高帝六年分置廣漢郡宋志亦云在高帝六年郡有郪縣 後漢因之東漢志廣漢郡下亦有郪縣 蜀先主定蜀分廣漢置梓潼

郡以霍峻爲太守通鑑在建安十九年晉又分廣漢置新都郡晉志泰始二年置新都郡領雒什方綿竹新都廣漢郡所存惟廣漢德陽五城三縣此據潼川新志而隋志云郪縣舊曰五城宋志南齊志廣漢郡並領縣六日雒什邡郪新都陽泉五城既有五城又有郪縣與隋志所載不同梁武陵王蕭紀於郪縣置新州此據舊唐書志而無年月可攷皇朝郡縣志以爲天監中置新州象之按天監乃梁武帝初年元和郡縣志云梁武陵王蕭紀置新州使新州果置於梁武天監初年則武陵王紀紀尚未入蜀不應遙置州郡與皇朝郡縣志年月不類隋志云梁末置新州當從隋志西魏置昌城郡寰宇記隋初廢郡改新州爲梓州隋志在開皇末年因梓潼水爲名也舊唐書志云梓州所治以梓潼水爲名也煬帝廢州爲新城郡隋志有新城郡輿地廣記在大業初年又元和郡縣志云宋於此置新城郡而無年月至

皇朝郡縣志遂增益云宋元嘉九年割廣漢郡於此置新城郡象之謹按宋志無立新城郡之文而隋志新城郡亦不言因宋舊郡名是新城郡乃立於隋耳非立於宋也以其新城之名同故附見於此

唐改爲梓州舊唐書志在武德元年又改爲梓潼郡舊唐書志云隋新城郡天寶元年改梓潼郡復爲梓州舊唐書志在乾元元年肅宗時分蜀爲東西川而梓州爲東川節度治所舊唐書志云至德二年分爲劍南東川西川各置節度廣德元年嚴武爲成都尹復併東西川爲一節度自崔寧鎭蜀後分爲西川自後不改寰宇記云乾元以後梓州常爲東川節度使治所又趙清獻公成都記云肅宗上元元年分劍南爲二道以李奐爲東川節度使圖經謂至德二載明皇幸蜀始分劍南爲東西二川西川治益州東川治梓州代宗廣德二年合東西兩川爲一道其後雖或分合不一然自乾元已後定分爲東西川矣前蜀爲武德軍圖經在永平元年通鑑梁太祖乾化元年蜀改劍南東川曰武德軍國朝改靜戎

軍國朝會要在乾德四年又改安靜軍國朝會要在太平興國三年復爲東川節度國朝會要及九域志並在端拱二年圖經在元豐三年不同仍爲安靜軍節度圖經載大中祥符四年榮王元儼爲安靜武勝兩軍節度詔梓州復稱劒南東川圖經及國朝會要在元豐三年升爲潼川府國朝會要云重和元年劒南東川奏昔元豐中神宗皇帝正劒南東川之名而監司移文尙以梓州爲稱欲望睿斷依劒南西川例賜一府號詔梓州賜名潼川府以梓州路爲潼川府路國朝會要在重和元年守臣兼提潼瀘戎果渠州懷安廣安軍兵馬圖經自中興以來陞瀘南爲潼川府路安撫使俾舉刺一道瀘州志載乾道六年瀘州爲一路安撫自梁介始而潼川守臣止兼果渠懷安廣安五郡兵馬事今領縣十治郪縣

縣沿革

郪縣 望

倚郭常璩國志云漢高帝置廣漢郡郪縣預焉東漢志亦如之蜀志姜維等聞諸葛瞻破乃引軍由廣漢郪道以審虛實即此地晉志廣漢郡領縣三有五城縣而無郪郪縣宋志齊志廣漢郡領縣六既有五城又有郪縣隋志云郪縣舊曰五城又恐五城即郪縣然五城自屬中江非郪縣也寰宇記云西魏置新城縣於此恭帝三年改爲昌城縣潼川新志及皇朝郡縣志並於郪縣下云梁置新州後魏改新城縣西魏改昌城縣諸書並無後魏改新城之文象之切詳後魏惟中山王英伐蜀至漢中未嘗入蜀也謂之置於西魏則可而更添一後魏於西魏之上初何所據今不取隋志又云開皇三年罷郡縣屬新州十年又改新州爲梓州

縣屬不改

中江縣 望

在府西九十里元和郡縣志云本蜀先主所立五城縣也屬廣漢郡宋志云晉咸寧四年置五城縣不同舊唐書志云元武縣本漢底道縣屬蜀郡晉改爲元武象之謹按晉志無元武縣亦不同隋志蜀郡元武縣注云舊曰五城後周置元武郡開皇初郡廢改縣名焉仁壽初置凱州輿地廣記云大業初州廢屬蜀郡唐武德三年來屬國朝會要云大中祥符五年改爲中江避聖祖諱也

涪城縣　望

在府西北六十里輿地廣記云本漢涪縣屬廣漢郡寰宇記云後漢初吳漢伐蜀禆將臧宮拔涪城即此邑也舊唐書志云東晉立始平郡西魏改郡爲涪城及潼縣隋改潼爲涪城縣屬綿州元和郡縣志云大歷十三年割屬梓州是以舊唐書隸綿州新唐書隸梓州

通泉縣　上

在府東一百三十里元和郡縣志云本漢廣漢縣地蜀記云宋元嘉中置西宕渠郡元和志又云西魏恭

帝移於涌山改名涌泉郡隋開皇三年廢郡改縣曰通泉以同太子勇名也開皇十八年改屬梓州圖經云縣東五里定惠寺有泉出於崇山之頂經夏江漲其泉亦湧縣得名因於此也

射洪縣 緊

在府東南六十里本漢郪縣地隋志云西魏置射江縣後周改爲射洪益州記云婁灘東六里土人呼爲射江水語訛曰射洪元和郡縣志云蜀人謂水口曰洪因名射洪

鹽亭縣 緊

在府東九十五里元和郡縣志云本廣漢縣地梁於此置北宕渠郡及縣後魏恭帝改爲鹽亭縣隋志云西魏置鹽亭郡隋開皇廢郡輿地廣記云梁大同元年於此置鹽亭縣與隋志元和志不同然寰宇記載李膺志止云梁大同於此置鹽亭却無縣字隋志止云西魏置鹽亭郡有高渠縣併入焉亦無縣字當攷

飛烏縣 中

在府西南一百三十五里本漢郪縣地也寰宇記云舊城即郪五城也舊唐書志云隋初置飛烏鎮開皇十三年升爲縣取飛烏以爲名屬凱州大業十三年州廢縣屬梓州

銅山縣 中

在府西九十五里元和郡縣志云本郪縣地有銅山漢文帝賜鄧通蜀銅山鑄錢蓋其餘峯也歷代采銅皇朝郡縣志又云漢文帝賜鄧通嚴道銅山乃在今黎州非此地也正觀二十三年置監舊唐書志云調露元年分郪及飛烏縣地置寰宇記云本蜀道之銅冶

東關縣 中下

在府東南一百四十里本鹽亭縣雍江市蜀明德四年置招葺院國朝乾德四年以招葺院置東關縣

永泰縣 中下

在府東一百三十里元和郡縣志云本漢充國縣地唐武德四年分鹽亭縣及劒州普安縣閬州西水縣

地置國朝會要云熙寧五年省爲鎮入鹽亭縣十年復置建中靖國初以犯哲宗陵名改安泰圖經云紹興初復爲縣未幾復廢後紹興三十一年復置永泰縣

監司沿革

提刑司

在羅城內之東北隅按舊記元祐中提刑黄師是因舊址增葺則臺治之建久矣圖經載淳化二年置諸路提點刑獄四年罷景德四年復置而題名記自景德四年陳天麗始

提舉司

舊在提刑司之左丨丨丨有重建俞俞堂記曰提舉司舊治武信使者江公衍請梓之同提點刑獄廳爲新治紹聖四年建俞俞堂按圖經熙寧二年置提舉常平官元祐初廢隸提刑司後復置建炎元年罷復併於提刑司

風俗形勝

左帶涪水右挾中江居水陸之衝要舊唐書志與通典所載亦同土地肥美有江水沃野山林竹木蔬食果實之饒漢地理志有鹽井銅山之富十道志州城宋元嘉中築今州即漢廣漢郡郪廣漢二縣地也元和郡縣志俗好勝尚氣不恥貧賤士多通經學古罕爲異習舊圖經東漢以來人物可見者僅數人其間以禮自持不應辟命者始居其半岑象求趙巖記見圖經梓於西南爲大都通泉於梓爲名邑江山明潤土田平夷紹聖四年通泉縣連鰲閣記楊天惠撰郭元振調尉於神龍閒杜少陵客遊於天寶後同上自唐爲東

川節度名有十邑與西川等而壤地瘠薄民物之產曾不及西川一大縣（鄧良能南樓記）涪繞于郪迫城如蟠（唐孫樵開江記）唐以前凡稱梓潼者卽今之隆慶稱涪者卽今之綿州惟稱郪及廣漢縣乃潼川也（劉甲古今人物志序）濟梓潼之重江兮出大劍之複關駭天險之重阻兮峙連岡而外坤（孫樵出蜀賦）慧義居其北兜率當其南牛頭據而西觀音距其東（侯圭東山觀音寺記云梓州浮圖大小有十二云而上臨絕壁下瞰長江靑靄屬天纖塵莫及巉嵒嶮峭孤標勢勝諸寺遜焉）南控瀘敘西扼緜茂江山形勝水陸之衝爲劍外一都會與成都相對（國朝會要）

（乞陞潼川府奏狀）梓州出趙蕤之智術陳子昂之文章所謂

人傑地靈 趙蕤鹽亭人篤學不仕與李白善著書號長短經故黃庭堅云云

景物上

鵝溪 在鹽亭縣境其地產絹文與可詩云待將一段｜｜絹掃取寒梢萬尺長東坡詩云爲愛｜｜白繭光 麟溪 在永泰縣王蜀時麒麟見於此因名 龍峯 在東關縣 龍穴 在射洪縣梓潼江邊頗深闊復逼嵓峻舊傳下有｜｜ 鳳溪 有鎮屬涪城縣 東山 杜甫登｜｜｜詩云｜｜高聳羅珍羞下顧城郭銷我憂清江向日落欲盡復攜美人登綵舟 東津 在郪縣東四里渡涪江水 南津 在郪縣南三里渡中江水 南樓 在府南鄧良能詩云之｜｜｜見杜少陵詩 梓雲溪 在鹽亭縣杜甫詩｜｜｜花淡淡 雲壑 霜林 在倅廳 風穴 在覆船山上 節堂 趙雄川建 柏樓 在府治 燕堂 在府治 仙臺 在保和觀 紅樓 在子城上五代時董璋建 秀野 在倅廳 射江 九域志載酈道元水經注涪江水東南合射江故名 涪江 實宇

記云在郪縣北通遂州 **沉水** 元和志在通泉縣北自臨亭縣界流入公孫述令延岑盛兵於｜｜固守臧宮進兵縱擊破之斬首溺死者萬餘人即此 **中江** 在郪縣西闊六丈元和志云又名內江水 **靈江** 在郪縣東 **郪江** 在郪縣西南源出銅山縣赤岸溪寰宇記云源出中江縣不同 **郪道** 寰宇記漢｜｜縣城在今縣西 **名山** 在射洪縣負戴山後 **義木** 中江道中有古木五岐同一本而生里人名｜｜此方之兄弟雍睦因名其地曰｜｜ **楊溪** 在永泰縣東南源出果州 **莒溪** 在永泰縣下流入臨亭縣 **金山** 在永泰縣北 **金峯** 在東關縣其石如金 **銅梁** 在郪縣邑人遊樂之要路 **石筍** 在府治雍熙中王克正爲郡鄭文寶爲錄參皆銘之今在倅廳爲詩者二十四人多知名之士 **官閣** 在涪城縣香積寺老杜有詩 **野亭** 在通泉縣東山杜甫詩云亭影臨山水村煙對浦沙

景物下

迎賓亭在郪縣二里本名望京後唐天成中重修淳化重建
先春堂在憲司見提舉司俞俞堂記
觀風樓在府前
拏雲樓在府前
種德堂在憲司
名世堂在府治畫司馬相如王褒楊雄嚴君平屈原陳子昂李太白蘇子瞻八人
澄清堂在憲司
平反堂在憲司見俞俞堂記
鎮雅堂在府治
長嘯樓在子城上
燕祉堂在府治
慶瑞驛唐肅宗時建有樹連理
誠意堂在憲司提刑楊祖職有記
來衮堂在府治以趙丞相更名
風月堂在倅廳
清涼洞在城北護聖寺楊大惠詩云｜｜｜裏無蚊蚋
甘泉亭有文潞公留題絕句取其不及甘泉濟衆之語而榜之又云王欽若詩
棠陰館在郡圖畫歷任太守遺像七十七人孫汝聽爲記
梓潼水寰宇記云源出劍州陰平縣豆圖山經綿州鹽泉縣流入鹽亭縣
楊桃溪輿地廣記在東關縣
桃花水在射洪縣東北合涪江寰宇記在郪縣二十里南流入射洪縣
東武山在射洪縣東十里唐置道觀於此遺

圯猶存唐陳伯玉集後云陳方慶本潁川人好道墨子五行秘書白虎士變隱於郡｜｜｜東臺院存鹽亭縣郎中任伯傳於山上建亭讀書十年而兄弟子孫登科者十餘人其孫任源有記西郊亭至和中蒲公規有｜｜｜｜記曰蜀相高平公所建北巖院在飛烏縣北嘗有狂僧手植千松謂人曰此松踰嶺邑人當有擢第者今松已踰嶺果有邑人登第者東山寺東普惠寺在城東涪江之外去城三里寺有蘇公泉備物亭臨川閣致爽軒俱下瞰江山頂有東樓南山寺南山長壽寺在南山之陰寺有劉蛻文冢碑及蛻二詩刻之石有兜率閣下瞰平川一景最勝西山寺即延壽寺距府城三里在西山之下有磨崖碑有迴鑾洞見中和五年李途所撰石室記大灕江在射洪縣東源出劍州大雄山在中江有眞武祠水之石多有產出龜蛇形老杜有題元武尊師屋壁詩即此小灕江在射洪縣北小郪江寰宇記在飛烏縣長陽溪在中江縣南源出七里坂長平山在郪縣西北三里李膺記廣漢郡西北山崗長而平因名獨

坐山在射洪縣東三十里江中有陳拾遺墓唐詩紀事盧藏用云道喪五百年而得陳君子昂開寶中梓州刺史郭廷謂以詩哭之略曰魄逐東流水墳依｜｜｜三嵎山寰宇記云在眞武縣即今中江縣其山六屈三起出龍骨又傳云龍昇其山值天門閉龍昇不達死墜於此後履地中民遂掘其骨入藥五面山在永泰縣東二十里五峯秀出五角山在中江縣山有｜｜五城山在中江縣東二里三嵎山之東七里坂在中江縣十里蜀記云長三里一名羊腸坂屈曲壁立難昇九仙觀在通泉縣九域志云周寶定二年置舊經云縣民馮龎二家共有九女得道昇仙千佛院在射洪縣東四十里萬頃澤晏公類要云在通泉縣東北二十里澤方萬頃龍鼻津在涪城縣西北二十里渡涪江龍會井在永泰縣北四十里鹽井龍盤石在銅山縣西南八里昔有｜｜｜於此龍固山寰宇記在鹽亭縣西十里山峭峻可固守鶴鳴山在飛烏縣南十五里舊經云有靈｜｜此蠶絲山在永泰縣西二十里九域志云每上春日遠近

上女游此以祈蠶絲

羊腸坂在中江縣覆舟山

牛頭山在郪縣西南一里形似｜｜寰宇記云山四面孤絕俯臨州郭下有長樂寺樓閣爲一方勝槩圖經云羅漢洞在嵒之半永福寺據其頂眞化寺據其崗羅漢院據其麓山上無禽鳥棲集杜甫詩青山意不盡袞袞上｜｜無復能拘礙眞成浪去遊花濃春寺靜竹細野池幽李義山集祭｜｜神文節彼重巒奠余奥壤鷲嶺均異雞足侔奇旣壓重城仍標寶剎龍宮湧出鵝殿飛來露盤上槩於雲疰風磴下臨於沙界

獅子山在永泰縣南一里六石如｜｜形新圖經在東關縣

繫龍橋在郪縣方輿記云仙人翟君自峨眉山來｜｜於此

落馬崖在郪縣南十里唐大中時易元子歸自瀘州馬至此崖上忽躍入水中崖下有龍潭

飛龍泉在鹽亭縣負戴山

飛烏山在銅山縣東南十五里重巒峻峭絕澗橫流兩山相向形如飛烏

靈鷲山在通泉縣

鳳凰山在郪縣西易元子煉丹處有浴丹井鹽亭縣亦有｜｜｜

眞武山在中江縣東二里蜀記云周回三里六屈三起因名山出龍骨晏公類要云山如龜

蛇故立||縣**白鶴觀**在通泉縣東六十里**紫蓋山**去府三十里山有虞美人草以其曲歌之則動中音節移種他所則否有保福寺**黃滸溪**寰宇記云在通泉縣東五里合江通鑑義熙八年朱齡石曰劉敬宣往年出黃虎無功而退賊謂我從內水來必以重兵守涪城若向黃虎正墮其計乃自外水取成都今惟通泉縣有黃虎川恐即黃虎耳**白玉渡**在涪城縣**白崖山**元和志云在射洪縣南十五里圖經有||廟神姓陸諱弼梁天監中爲瀘州刺史卒於官歸葬過||||舟不進乃卜葬焉舟皆沉沒後爲立廟又云蜀有大神三廟于劒南分鎮蜀土是爲玉壘七曲||之祠相望各數百里而禮秩惟均國朝王觀文雲之父亦嘗爲廟神顯夢云又任子宣廟記云神欲歸葬長安不應爲梁臣象之謹按瀘州置於梁之大同而廟記云神以天監二年還舟至||||舟沉焉然天監乃梁武即位之初年去大同二十餘年是時尚未有瀘州也兼其官稱有左拾遺及賜緋魚袋皆隋唐之制當攷

赤崖廟在中江縣南十里有靈感廟昔蜀王建夢神長與天齊遂封天齊王紹興中楊民望兄弟

及叔五人同赴類省列拜祠下從神案上得錢五百足楊曰百錢足此過省陌也後四人同登第獨其叔得錢即用之遂不第

天霸山在中江縣西南四十里險峻冠絕衆峯號｜｜

天柱山在中江縣西南類要云重山孤秀如柱

鼓樓山在永泰縣東北上有三層高五十丈輿地廣記在東關縣

鏵刃山在中江縣西北高出衆峯形如｜｜

會軍山寰宇記在銅山縣東北舊經云漢昭烈入蜀遣諸葛亮張飛略地至此里人以牛酒犒師因名

富國監本郪縣｜｜鎮新井鹽場皇朝置監領其事去府九十里

甯國寺在中江縣寺壁畫仙官撫琴拍手則壁中有聲

宜君山在郪縣西南常璩志云山產麈尾

懸崖山寰宇記在射洪縣南遠望｜｜皎如積雪舊名崖山天寶賜名

可波水在射洪縣東合梓潼江有｜｜池在永泰縣

勾溪廟卽天齊王祠也在中江縣東坡送周正孺守梓州詩遙知｜｜路老稚相扶擁看畫古叢祠百怪朝幽拱卽此

通泉山寰宇記云在｜｜縣西北東流涪江絕壁二百餘丈水從山頂湧出下注涪江湧泉郡故城在

此
湧泉山元和志云在射洪縣山前石蝦蟆高八尺
鳴湍山在銅山縣東北江側常聞湍激之聲
流杯池在府治後圃形如琵琶兩股屈曲長三丈許上刻唐天復年造
覆舟山在中江縣西南三十里李膺蜀記禹治水泊舟覆焉圖經云山腹有風穴人往視則風從穴而起以至發屋木折
石谷溪寰宇記云在郪縣東南源出杜山下遶牛頭山南入中江
石洞津在郪縣
瓊漿水類要云鹽亭縣負戴山有飛泉漬下南流入梓潼江水色清冷甘美
玉腴泉在雍熙院皇祐中殿丞魯公有記
玉虛觀在涪城縣南道士鄧端陳虛寓形之所因立觀
玉京觀在射洪縣北金華山上昔陳勳學道山中東晉甯康□年白日仙去梁天監中建觀皇祐二年賜名有老君像唐明皇所鑄有陳拾遺讀書堂劉蛻詩及盧藏用祭文
金華山在射洪縣南有陳子昂讀書堂杜甫有詩咸平中有人刈草鎌化爲金
銅官山李膺蜀記云｜｜縣南五十八里有｜｜｜高出衆峯卽鄧通卓王孫冶鑄之所唐景龍二年採銅使奏屬眞武縣
鐵天尊在飛

為縣廣福觀天寶中節度使章仇兼瓊鑄靈應甚多

鹽亭水 寰宇記源出閬州西水縣南流鹽亭縣丨丨丨井故名丨丨丨去合梓潼江

涪城水 寰宇記在丨丨縣北從綿州巴西縣界流入丨丨縣界却入郪縣合中江東入射洪界通遂州

香積山 寰宇記在涪城縣東南枕涪江杜甫有詩

火烽山 在銅山縣東南諸葛亮於此置烽火

私鎔山 寰宇記在銅山縣西北舊經云山多產銅鑛人多私採鑄

女徒山 寰宇記在永泰縣東舊經云昔有丨丨千人配隸通泉縣康瞀井行當就役路遇賊於此頂置柵禦捍遂破其賊今山頂有祠

負戴山 寰宇記在鹽亭縣西自劒門南來龍盤虎踞四百餘里至此

可蒙山 寰宇記在銅山縣南產赤鑛

賴應山 類要在銅山縣出銅及空青

巾子山 在中江縣山下深淵有龍蟄焉曩時飛入金堂峽與一龍鬭而歸有大石擢裂之聲已而大山拆開直下至淵淵上成一小山狀若幞頭之巾因名

棲眞洞 在保和觀下又有泉乃易元子浴丹之地

靈隱洞 在牛頭山丨丨永福寺

兜率閣 在南山丨丨寺前瞰郡城

拱揖如畫杜甫詩云江山有巴蜀棟宇自齊梁**水陸院**在此岩有唐楊烱宦寮十八人贊李商隱李潮石刻**羅漢院**在城西牛頭山之麓**天甯寺**在府西通益門外據牛頭山之麓**永福寺**在牛頭山之中上屬于山之頂有盜欲取佛額珠者初見佛首嶄高不可拔簽卽祝曰佛慈悲可以救衆生雖捐身無所愛況此珠乎語已仰視佛若俯首遂探珠以亡故號低頭佛**廣化寺**在牛頭山之後**護聖寺**在城北三里許後周安昌公拓拔則所建舊管律院三十六紹興四年所存者一十八有竹林院相傳定光佛出家之所有鐘乃唐末節度使顧彥暉所鑄寺有清涼洞白龍塔王勃庾信碑尚存華嚴閣下瞰平川

古迹

宋西宕渠郡在鹽亭李膺蜀記云宋元嘉十九年丨置丨丨丨丨領縣四宕渠宜城漢初東關此宕渠是其一也天監中廢**高渠郡城**寰宇記在鹽亭縣西十六里**漢郪縣城**

在飛烏縣北三十里有郪王墓　**唐郪縣城**圖經云唐長興時郪縣城在今縣西　**唐涪城縣城**圖經云唐元和時涪城縣城在今縣東四百步　**通泉縣古城**今廢　**隋光漢縣城**圖經云隋開皇光漢縣城在通泉縣北三十里　**廣漢故城**十道志在鹽城縣東北十五里　**故五城縣**李膺蜀記云在元武縣三嵎山之下　**郭元振故宅**在通泉縣　**趙延義宅**在銅山即今壽聖院有趙陟所撰碑記　**陳拾遺書堂**在射洪縣金華山大[歷]中東川節度使李叔明為立旌德碑於金華山讀書堂今在玉京觀堂之後有唐劉蛻詩盧藏用祭文文同撰亭記碑石皆在　**陳拾遺宅**杜甫詩位下曷足傷所貴者聖賢公生楊馬後名與日月懸同遊英俊人多秉輔相權終古立忠義感遇有遺編　**洗筆池**在中江縣天霸山水色如墨昔唐道士文如海注莊子於此洗筆　**濯筆溪**在郪縣西古傳李太白訪趙徵君習書於此因名　**浴丹井**在郪縣鳳凰山昔易[元]子浴丹於井中　**老君山**在飛烏縣洞靈觀唐時有見一

丨乘白馬遊此山者今崖壁間髣髴有丨丨像

寶山觀 在涪城縣南仙人寶子明石宮周隋間入山學道開皇時駕鶴上昇文帝勅立宮大歷中鑄鐵像

董叔山 寰宇記在鹽亭縣孤峯絕島峭壁千仞隋開皇四年縣令董叔封遊宴於此人思其德政號丨丨丨

靈護廟 在府城唐節度顧彥朗顧彥暉之廟二兄弟相繼為節度使彥暉與王建相攻建圍梓州急彥暉不屈自刎宗族皆死今府倉卽舊治遂立廟

英顯廟 在射洪縣東南獨坐山唐陳子昂廟

張諫議祠 名雍德州人李順之亂城守却賊後人祠之

晉雲南太守段宗仲墓 在通泉縣北十里有太康二年德政碑碑陰題名四十六人

唐陳拾遺墓 詳見獨坐山下

唐楊炯墓 在長平山唐文人王楊盧駱楊卽炯也

嚴震墓 唐元宗朝為山南西路節度使移興元尹

嚴礪墓 礪震之弟元和中自山南西道移東川節度使已上二墓在負戴山下去鹽亭縣四里

官吏

唐郭元振 唐詩紀事元振神龍間尉通泉任俠使氣撥去小節武后知召欲詰旣與語奇之索所爲文章上寶劍篇后覽之嘉嘆杜甫過代公宅詩云豪傑初未遇其迹或脫略代公尉通泉放意何自若及夫登袞冕直氣森幃薄磊落見異人豈伊常情度元振封代國公 **蘇榮** 唐相味道之父爲梓州參軍致書鄉人曰頃注吏部州參子號縣帶郪名由來不涉老身併是婦兒官職時人賞之 **柳仲郢** 公綽子也字諭蒙爲東川節度使美績流聞又孫光憲北門瑣言曰西川人言梓州者我東門之草市也丨丨丨爲東川節度使聞之曰吾仕朝廷三十年淸華備歷今日始得與西川作市令耶 **高崇文** 唐元和元年爲東川節度使討劉闢 **嚴礪** 元和元年遷尚書左僕射三蜀旣平拜東川節度且以資陽安等六郡四十餘城隸焉 **盧坦** 唐元和八年爲東川節度 **李商隱** 唐大中時爲東川判官今護彌勒岩佛頌及南禪四證堂碑皆商隱之文 **鄭復** 唐開成五年孫樵作鄭復開新江記言開江之時築五堤捍涪 **李逢吉** 元和十二年爲東川節度 **李絳** 長慶中爲東川節度 **馮**

宿婺之東陽人唐太和末爲東川節度又徽州圖經云韓愈以論佛骨坐貶潮州刺史時宰疑宿爲愈草表宿亦坐貶歙州刺史

顧彥暉唐末爲東川節度王建來攻城陷舉族自殺後人即其州治立廟

本朝燕肅天聖六年知作蓮花漏

張雍德安府人淳化中知梓州值李順之亂公率衆捍禦八十餘日會官軍至賊遂潰去後人立祠於永福寺號張諫議祠

張士遜至道二年遷射洪令李順之亂士遜躪煩苛尙簡素弔死卹孤歌頌之聲溢於道路

趙尙寬熙寧四年知

呂陶紹聖二年知建中靖國二年再知

范百祿熙寧六年爲提刑會瀘夷反命熊本措置夷數千人請命諸將欲屠之百祿不可遂受其降

呂開熙寧七年爲提刑

寇瑊祥符六年爲轉運使是時轉運治梓州皇祐三年治遂州

人物

鄭純蜀郪縣人爲益州都尉秋毫不犯

王渙郪縣人爲洛陽令以平正居身寬猛得宜發姦

摘伏京師以爲神威帝毁淫祠惟詔在卓茂及丨丨祠

馮灝 鄭縣人爲成都令避梁冀隱居

李邈 鄭縣人劉備辟爲從事後遷犍爲守與弟二人俱有文學時號三龍

王堂 廣漢鄭縣人爲巴西郡守貴戚請託皆拒之陳蕃舉爲功曹

馮信 字季誠鄭人凡十舉孝廉十辟公府皆不就公孫述時托盲不出

王長文 鄭人辟徵不就著書四卷擬易曰通元經時人以比楊雄

陳元敬 卽子昂之父也瑰偉倜儻弱冠豪俠屬鄉人阻飢一朝散粟萬斛以賑貧者年二十二鄉貢明經擢第拜文林郎青龍末天后居攝遂山棲餌朮十八年見陳伯玉集趙儋頌

陳子昂 射洪人唐興文章徐庾餘風天下祖尙子昂始變雅正武后時上書言事爲右拾遺後爲縣令段簡所害王適稱子昂爲海內文宗韓退之薦士詩云國朝盛文章子昂始高蹈盧藏用云道喪五百載而得陳君子昂

李湛 父義府射洪人與張東之等同誅二張

嚴震 鹽亭人朱泚之亂德宗幸梁洋嚴爲山南西道節度奉迎德宗駐驛以圖恢復

嚴公弼 震之子建中中爲鳳州刺史治行爲山南第一

趙蕤 字太賓鹽

亭人今祠堂即其故宅李白有懷趙徵君詩即蕤也**蘇易簡**銅山人太平興國五年狀元**文德嵩**涪城人隱五城山太祖時錄用有詩曰九品朝中無勢援五層山下有耕桑**文同**字與可永泰人文潞公守成都奇之致書與可襟韻洒落如晴雲秋月塵埃不到司馬溫公蘇文忠公尤敬重有丹淵集**楊天惠**郪縣人以文章氣節知名知彰明縣元符上書隸黨籍

仙釋

呂陶建中靖國時知梓州有客至賓次蕭之甚恭或以問陶曰此呂洞賓也予自此棄人間事矣**田太眞**南陽人隱中江棲妙山修煉遇江漲往來水上如履平地廣德中於市南石橋輕舉而上因名橋爲昇仙**元黃子**號落魄仙僞蜀時爲杜光庭僕二十年光庭不識也一日欲爲光庭續詩光庭遂之隱去且約光庭於東川重陽相見復不遇乃遺光庭詩一軸而去**易元子王昌遇**郪縣人夫妻好道遇異人授丹訣曰汝宜稱易元子唐大中時登州院市傍碧梧仙去大觀間賜號

保和眞人後人建保和觀

保和眞人 夷堅志云潼川王藻爲獄吏日暮懷金與妻妻疑受賄嘗遣婢餽食有失藻訊婢引伏而逐之將出門妻言曰君爲推司日持錢歸我固疑爲鍛煉成獄姑以婢試安有是哉藻大悟取筆題壁曰枷栲推求只爲金轉增寃債幾何深從今不願顧刀筆放下歸來遊翠林辭役棄家學道飛昇今府西有觀奉事政和問賜名||||

張仙翁 中江人後居資中昇仙事見資中記

張士遜 爲射洪令遇異人於獄服其藥將薨之歲射洪道人復至取其藥盛服沐浴移時蛻去

牟惠展羅漢 受業木池惠寂院行適百里須臾而返一日有過師舉杖逐之展人積薪下移薪索之不得寺僚其像號隱形羅漢扣祈響應號牟羅漢院

富國鎭新羅僧 舊無鹽井唐時一新羅僧遊蜀至此指其地鑿之鹹泉湧出因置寺有塔奉其遺軀每歲暮春鸜鵒羣飛塔上至今猶然

僧吉祥 東川解魔寺||||魁梧多力受飯五鉢日夜誦經五函池中魚知其數以名召之皆出水面使去即沒見蜀普錄

碑記

晉雲南太守段宗仲德政碑宗仲有德政墓在通泉縣碑在墓下唐護聖寺鐘銘唐龍紀二年節度使顧彥暉鑄有銘甘泉寺誓犀碑李雍書李義府碑寰宇記在永泰縣北馬元直開元中誥圖經云元直在唐爲滁州刺史家有開元中誥陳拾遺與趙彥昭郭元振題壁圖經載杜甫題陳拾遺宅詩跋唐薛稷書慧普寺稷道衡之孫魏鄭公之甥也以書名天下慧普寺三寺方徑三尺筆畫雄健在通泉壽聖寺聚古堂梓州官僚磨崖贊唐武后時司法參軍楊炯作在北崖字十六七磨滅不可讀游仙觀老君碑田眞人殿記在中江縣集虛觀蜀廣政十六年碑王勃庾信護聖寺碑在城北護聖寺彌勒院記李商隱書甘泉亭碑李潮八分書在城北護聖寺水陸淨土岩北劉蛻

文塚碑在城南長壽寺兜率院之崖壁　精舍四證堂碑　道興觀碑　道士胡君新井碣銘並見李義山集　蓮花漏記天聖中燕公肅守梓州日置仍自爲之記　梓潼古今記淳熙閒郪令孫汝聰作　梓潼風俗譜元祐間教授石慶嗣作　舊圖經李宗諤序　新潼川志劉甲序

詩上

江水流城郭春風入鼓鞞杜甫春日登梓州城樓　金華山北涪水西仲冬風月始淒淒山連越巂蟠三蜀水散巴渝下五溪杜甫野望　射洪春酒寒仍綠極目傷心誰爲攜同上　野花隨處發官柳着行新杜甫郪城送李判官　青山意不盡袞袞上牛頭杜甫上牛頭寺　花濃春寺前竹細野池幽同上　路出

雙林外亭窺萬井中江城孤照日山谷遠含風杜甫登牛頭山亭作春日無人境虛空不住天鶯花隨世界樓閣寄山巔杜甫陪章梓州登惠義寺馬首見鹽亭高山擁縣青雲溪花淡淡春郭水泠泠杜甫行次鹽亭看花隨郭內倚杖即溪邊山縣早休市江橋春聚船杜甫倚杖詩公自注云在鹽亭時作屏開十里畫江渡兩岐風劉蛻春日遊南山全蜀多名士嚴家聚德星杜甫寺下春江深不流山腰官閣迴添愁含風翠壁孤雲細背日丹楓萬木稠小院迴廊春寂寂浴鳧飛鷺晚悠悠諸天合在藤蘿上昏黑應須到上頭杜甫治城縣香積寺官閣遇害陳公殞于今蜀道憐君行射洪縣爲我

一潸然杜甫送李使君貳條開勝地大隱叶沖規齋閣分危岫樓臺遶曲池盧照鄰宴梓州南亭策杖馳山驛逢人問梓州長江那日到行客替生愁唐詩紀事賈島赴長江道中三院四人簪白筆一門三鎮擁朱輪潼川舊記鮮于叔明功德碑載嚴氏詩萬壑樹參天鄉音聽杜鵑山中一半雨樹杪百重泉漢女輸橦布巴人訟芋田王維送李使君鳳凰城裏花時別元武沙邊月下逢客舍莫辭先買酒相門曾忝共登龍陳羽與温商夜別潼江水上楊花雪剛逐孤舟繚繞飛鄭谷東蜀春晚郤縠詩書將衛恩赴梓州遠身垂印綬護馬執戈矛劒閣知銘峭巴江帶字流姚合送楊尚書赴東川梓潼不見馬

相如更欲南行問酒壚行到巴西覓譙秀巴西唯是有寒蕪李商隱梓潼

詩下

一萬餘家留戀意二三十里管絃聲惠加潼水流難盡鞭指金門望轉清張士遜送柴大諫赴闕

接潼江口涪江上深僻還如樗杜村獨坐翠光噴釣艇萬家寒影落吟軒張士遜寄唐山人

一載涪江上轉添山野情手攜僧共出筆放吏歸耕張士遜官舍書事

官舍如僧舍翛然萬慮清等閑無客到容易有苔生同上

人家飛鳥外官舍翠屏中張士遜和友人

煙蘿梓郡東蓮梵白雲中魯交題普惠寺

遙觀一郡

色盡得二江聲楊諤題普惠寺魚鰕敢浣方池潔蚊蚋誰禁

勝地寒楊天惠護聖寺詩又云靈應泉無蝦淸涼洞無蚊蚋江聲聒破刺史眠

潼川旁江之民櫃水爲機江流爲堰所激則旁蝕民田水將齧城有言于上者爲春戶賄吏而止水乘高來與堰石爭其聲壯麗太常杜常詩云北郭雲山接巴閬東城雪水瀉

文龍楊天惠次呂給事安昌岩避暑懇乞魚書得梓潼曾司紫誥駿

斜封江山似解邀康樂傳瑞時來訪彥龍同上一城臥

如蛇二江流作字蕭贏臨川閣山遶一城藏幾寺江連二

水送孤舟李燾潼川遶郭多名寺都在少陵詩句中西

上飛亭更奇絕水光山色兩無窮李燾望川亭木圍三寺

影川合兩江波劉卞山圍梓蜀千秋景水接東吳萬里

天劉甲一同舊治居芸閣八使新銜忝柏臺父老出郊迎馬首人情似到故鄉來薛田景德四年爲中江令後爲益州轉運賦詩

四六

陳伯玉之故鄉風生諫草杜少陵之遺跡春到詩壇王元寵啓爰撫新州來光舊蜀唐王勃撰慧義寺碑潼川在梁及隋時俱名新州故也民所習熟公則優游陳伯玉之故山正可按詩書而尚友顧彥暉之陳迹或當表忠義以勸能趙温叔賀潼川張守地接二江鎮分三蜀李義山集爲河東公梓州謝上中書門下狀蜀川巨鎮郪道名邦接同禹之饒控巴蠻之路李義山爲崔從事福謝彭城公啓潼水千波巴山萬嶂接漏天之霧雨隔番冢

之煙霜同上射洪輿壤潼水名都俗擅繁華地多材雋指巴西則民皆譙秀訪臨邛則客有相如李義山獻河南公啓古有三巴今分二蜀縈紆九折崢嶸七曲李義山道士胡君新井碣銘

輿地紀勝卷第一百五十四

輿地紀勝卷第一百五十五　文選樓影宋鈔本

東陽王象之編　甘泉岑鎔 溶 長庚校刊

潼川府路

遂甯府

興西郡　遂州　蓬溪　青石　小溪　古遂

府沿革

都督遂甯府遂州遂甯郡武信軍節度九域志禹貢梁州之域元和郡縣志秦地天官東井輿鬼之分野漢志入鬼一度晉志春秋戰國爲蜀地輿地廣記秦爲蜀郡地元和郡縣志漢高帝分爲廣漢郡華陽國志及宋志並云漢高帝六年分置廣漢郡今州又爲廣漢郡之廣漢縣後又分廣漢縣爲德陽縣此據

元和郡縣志然西漢志廣漢郡下有廣漢縣而無德陽縣東漢志廣漢郡下始有廣漢德陽二縣建置之因不敢分前後漢之異第曰後置德陽縣庶不相牴梧耳宋志云德陽令前漢無後漢有亦無建置年月

西晉因之東晉桓溫平蜀通鑑在永和三年於德陽縣界東南置遂寧郡此據晉志而晉志又云隆安二年立晉熙遂寧晉寧三郡不同然晉志遂寧郡領德陽廣漢五城三縣通鑑永和三縣鄧定反據成都征敵將軍楊謙棄涪城退保德陽宋因之宋志遂寧郡領巴興德陽廣漢晉興四縣齊曰東遂寧郡梁因之寰宇記云宋泰始五年置東遂寧郡是東遂寧郡置於宋也隋志云齊梁於小溪縣置東遂寧郡通典云齊梁置東遂寧郡舊唐書志云齊梁於遂寧郡上加東字是東遂寧郡置於齊梁也以一郡之因革而有宋齊梁三朝之異使若果置於宋則沈約宋書何以不載使其果置於梁則不應更於梁字上更加齊字攷之齊志已省東遂寧郡今從齊志後周置遂州此據通典隋志亦云後周置遂州元和郡縣志云保定二

年立爲遂州舊唐書志後周改東遂甯郡爲遂州後後周又改郡曰石山此據隋志通典及寰宇記云後周置興西郡不同隋初郡廢而州存寰宇記又置總管府隋志在仁壽初年煬帝廢總管府隋志在大業初年又廢州爲遂甯郡隋志在大業初年唐改爲遂州舊唐書志云武德元年改爲遂州領方義長江青石三縣置總管遂梓資普四州舊唐書志在武德二年尋罷總管府舊唐書志在正觀中復置都督督遂果資普合四州舊唐書志在正觀十年又罷都督府舊唐書志在正觀十七年改遂甯郡大寶元年復爲遂州乾元元年舊唐志陞東川防禦觀察使靜戎軍使唐方鎮表大歷二年廢劒南東川節度置都防禦觀察使兼靜戎軍使治遂州尋復置節度使治梓州陞武信軍節度領遂昌合瀘渝五州圖經在乾甯四年通鑑唐昭宗光化元年

王宗滌言於王建以東川封疆五千里文移往還動踰數月請分遂合瀘渝昌五州別爲一鎮建表言之光化二年置武信軍於遂州以遂合等五州隸之前蜀後蜀通鑑後唐明宗長興二年孟知祥將李仁罕陷遂州因之皇朝仍爲武信軍節度提舉遂合等七州兵甲兼梓夔兩路兵馬鈐轄圖經其後移鈐轄司於瀘州止提舉遂合昌普資五州兵甲何騏都督府門記曰熙寗八年有旨令梓遂瀘三州分一路十四州兵甲盜賊事主之故梓之守臣提舉梓果渠懷安廣安軍而遂之守臣提舉遂合昌普資而瀘之守臣提舉榮戎瀘富順監祖宗以來遂之守臣獨兼梓夔兩路兵馬鈐轄至元豐間始移鈐轄於瀘州又張行千里樓記云祖宗以來置梓夔兩路兵馬鈐轄彈壓二蜀至元豐以瀘南蠻警移鈐轄於瀘州而遂州止提舉遂合七州兵甲徽廟潛邸元豐八年封遂寗郡王陞爲遂寗府依舊武信軍圖經政和間知州王恬申請依蘇潤州例改府

何騏都督府門記在政和五年阿朔會要並在政和五年陞爲大藩宣和五年何騏都督府門記乞依鎮江例丨丨丨丨今領縣五治小溪九域志云太平興國元年改方義縣爲小溪熙寧六年省青石縣入遂寧七年復置

縣沿革

小溪縣 望

倚郭輿地廣記云本漢廣漢縣地後分置德陽縣元和郡縣志云晉穆帝永和十一年置丨丨丨屬遂寧郡然晉志宋志並無丨丨丨則丨丨丨非置於宋也象之謹按宋志遂寧郡領縣四曰巴興曰廣漢曰晉興曰德陽至南齊志東遂寧郡亦領縣四三縣之名盡同惟廣漢之名更曰小漢意者卽小溪之漸耳南齊既加遂寧郡曰東遂寧郡故廣漢縣亦加爲小漢縣隋志云梁曰小溪寰宇記云魏恭帝二年改小溪曰方義九域志云皇朝太平興國元年避太宗諱復改曰小溪

蓬溪縣 望

在府東七十里寰宇記云本漢廣漢縣地梁屬小溪縣西魏屬方義縣元和郡縣志云永淳元年割方義縣北界於今縣南二十里蓬川置唐興縣長壽二年改爲武豐神龍元年復爲唐興新唐志云景龍二年析置唐安縣舊唐志云先天二年廢唐安縣於唐安廢縣置唐興縣天寶元年改唐興爲蓬溪

長江縣 緊

在府北三十里寰宇記云晉穆帝永和十一年置巴興縣隋志云本東晉之巴興縣也沈約宋志遂甯郡下有巴興縣寰宇記云魏恭帝改巴興爲｜｜｜隋志亦云晉曰巴興西魏改名舊唐書志云舊志靈鷲山上元二年移治白桃川寰宇記云上元元年移在明月山下鳳凰川圖經云即今治也

青石縣 緊

在府北五十里寰宇記云亦漢廣漢縣地東晉孝武於此立晉興縣宋志屬遂甯郡元和郡縣志云本晉

之晉興縣也本屬巴西郡旣置遂甯乃割屬焉西魏改爲始興縣隋開皇十八年改爲青石縣以界內有青石輿地廣記云本屬巴西郡東晉平蜀時置晉興縣西魏曰青石舊唐書志云西魏改晉興爲始興隋改始興爲青石九域志國朝會要並云本朝熙甯六年省青石入遂甯七年復置

遂甯縣 中

在府南九十里新唐書志云以故廣漢縣地置元和郡縣志云景龍二年割青石縣置輿地廣記云唐景龍元年以故廣漢縣地置舊唐書志云景龍二年分置年月不同寰宇記云縣取郡名以稱邑皇朝郡縣志云皇朝又割青石縣之三分以入焉

監司沿革

提舉學事 舊有衙在羅城之北崇甯六年置有大觀政和間題名宣和二年廢以轉運兼領

轉運使 咸平四年分川峽爲益梓利夔四路各置轉運使天聖間益梓路特置轉運判官遂甯舊

爲梓部臺治大中祥符中寇瑊置于梓州皇祐中田
況請復置司遂州中興以來分外銓于四蜀而選賢
養士之法皆屬焉其事體愈重矣成都志云都丨丨
丨建炎間所置以遂寧爲治所紹興八年又移利州
今總領財賦蓋其職也按圖經大觀二年除趙遹爲
都丨丨丨則大觀間已置司於遂非始於紹興也

風俗形勝

劒南大鎮曲阜行李延制云遂寧丨丨之丨丨德陽舊壘寰宇記云遂寧郡盖丨丨之丨丨也桓温始置郡成都志晉桓温平蜀始置遂寧郡錫號於政和之乙未陞大藩於宣和之癸卯指掌圖云重和元年升遂州爲遂寧府圖經在政和不同又修廳記云錫府號於政和之乙未陞大藩於宣和之癸卯山原肥沃有澤漁之利士女正孝望山樂水土地易爲生事華陽國志西北接涪縣東鄉之横山東極巴郡之青石與巴郡爲

界寰宇記有城如斗有壁如金唐節度使夏魯奇檄文見圖經四達之
區凼接成都東連巴蜀圖經始遊魚鼈今牧雞豚唐元和中
張九宗修堤記涪嶺維峭涪江維清峭清渾融介爲遂甯楊礪
卿賢堂記乃東川之會邑據涪水之上游人物富繁江山
灑落馬咸遂居蜀腹白樂天集李繁遂州刺史制武信號東蜀道院
張震東川道院賦序武信民醇厚有古風張震賦序山維東蜀如連
如伏此唐正觀之所以建督府而我宋之所以壯龍
邸也李石南樓賦水控內道或正或譎此劉裕之所以策
譙縱夏魯奇之所以抗閏孟也同上平原沃野貫以涪
江氣象寬舒爲東蜀都會劉儀鳳南樓記

景物上

雪樓在郡治　**風林**在郡治　**月窟**在郡治道院側　**火井**在長江縣客館鎮之北二里伏龍山下地窪若池以火引之則有聲隱隱然發於地中少頃熾炎夏月積雨停水則焰生水上水爲之沸而寒如故冬月水涸則土上有焰觀者至焚其衣裾　**道院**號東蜀｜｜在郡治晁子西爲之記張震爲之賦　**錦堂**在漕臺　**瑰溪**自通泉縣界西流至長江縣山如壁鬭水從高注下爲龍湫出峽合郪水　**義井**在長灘鎮　**靈溪**自通泉界下流合石鹽溪下合郪水　**靈泉**在府城[illegible]東十里資聖寺每歲人日士女遊觀於此　**廣山**在長江縣上有集虛觀　**廟山**寰宇記在長江縣南十里孤峯峻秀下臨江島有龍臺觀　**松石**在轉運衙後圃外猶松栢而中化爲石　**蓬溪**輿地廣記在｜｜縣　**涪江**水經云涪水出廣魏涪縣南至小廣魏與梓潼合南入于墊江上自涪城至潼川與元武江合過射洪與梓潼江合過長江縣與郪水合東南流至郡過青石遂甯二縣入合州與

嘉陵江合至重慶與外江合此晉書所謂内水也

郪水　自銅山飛烏縣合衆流歷長江合涪水

赤溪　自蓬溪縣利國鎮西流入小溪東合涪江

青石　在青石縣可爲鍾磬縣以此名

龍井　一在長江縣西三十里一在遂甯縣西三十里澤心院

龍池　類要云在小溪縣故老相傳云池側有柳樹大十圍周武天和初有龍自樹昇天士女共觀之自龍昇後樹枯涸

鄉校　客館鎮丨丨在鳳凰山之麓邑人李彦輔等建雲會鎮丨丨在鎮西北十五里土人文肅朔白水鎮鄉校在忠信山之下令狐古朔潤國鎮丨丨在鎮東南山之麓土人徐德任朔

糖霜　容齋五筆宣和初王黼朔應奉司遂甯常貢外歲別進數千斤是時所產益奇墻壁或方寸應奉司罷乃不再見當時因之大擾敗本業者過半久而未復遂甯王灼作丨丨譜七篇具載其說又馬成望江南云不待千年成琥珀直疑六月凍瓊漿

雙栢　在遂甯縣薦福院唐大中時僧所植數十圍後唐之亂山林一空此柏賴寺僧以二縑逭之賦詠甚多紹聖丙子令李常詩云當日雙縑直萬緡買留柯葉拂星辰上巢絕頂饒千鶴下甛憩清陰可百人

景物下

盡心堂在漕臺　靜治堂榜三大字乃孝宗御書慶元中以賜丁逢令在漕臺　澄清堂在漕臺前有池植蓮其中又有軒曰君子　餘清堂在郡前列海棠棠古栢宣和癸卯建　無盡藏在漕臺　報美堂在郡治　棲雲堂在郡治子城之上　明月山輿地廣記云在長江縣西南二里又賈島詩云長江微雨後明月衆星中即紀此也又有明月池在小溪縣北五里　朝爽亭在漕臺　清蔭亭在西漕衙多石刻　清虛堂在漕臺　敬義齋在漕臺　逸休亭在郡圃乃新創而梅杏桃李皆一時所移而蒼陰老榦如舊封植　安樂山在蓬溪縣東五里　崇甯寺在羅城外舊名安國寺崇甯中賜今名有僞蜀永平二年碑　銅鉢山在蓬溪縣南二十里　銅盤山輿地廣記云在小溪縣晏公類要云壁立四絶人莫能上故號丨丨丨丨　玉堂山在小溪縣北十里巖巒聳秀氣象雄峙　翠巖山在遂

甯縣西三十里見會昌三年石刻**金壁池**在府城東北隅跨池爲橋中爲與香亭傍城爲亭曰學湖曰西爽陳子昂詩云禺山金碧池此地饒英靈**石舍洞**在遂甯縣大像閣下如堂宇之狀洞前大江滙爲淵潭**石盤山**在小溪縣西二十五里崗阜盤鬱林木葱茂絕頂有石如盤故名**石筍山**在蓬溪縣**蓮花院**去長江縣百十里今名崇喜院隋袁史君别業蓮花莊是也**桃李村**張震集句有桃李村詩士八云丨丨丨三十里許彌望皆桃李春時盛開爛熳如錦綺郡守春日講出郊故事於此**梵宇山**在府城西舊名中隱唐天寶中改爲丨丨丨差官祭祀今隆教院據其上**書臺山**在府城西南以唐張九宗得名連寶臺與金魚山三峯秀峙今建學宮於其上**鼓樓山**在蓬溪縣北十里雙峯對峙高千餘似可見數百里王蜀時嘗置鼓樓烽火於其上故名**香爐山**元和郡縣志云在蓬溪縣西五里**青石山**在丨丨縣有祠甚嚴九州要記云此山天下青石無佳於此可爲鐘磬郡國志昔巴蜀爭界歷歲不決漢高帝八年一朝密霧山爲之自裂從

上至下闊數尺若引繩以分之於是始判其山高九丈遂爲二州之界蜀之民懼天譴罰乃息所爭因共立祠民將採石必先祀之**赤城山**在蓬溪縣東二里國清觀居其上**紫華山**有龍洞在遂寧縣山多古松嘗因雷有龍駕而上升焉**臥龍山**在府治梵宇山之西二里廣利寺之左有佛現嶺每雲霧蔽合光相現其中**伏虎山**在長江縣西三十里**鳴鶴山**寰宇記云在州東北二十里上有古觀松上常有皓鶴鳴嘹圖經以爲鶴鳴山不同**浮螺亭**去小溪一里長慶院有卞高五十六體篆字碑**龍馬山**在蓬溪縣西北十里昔有李章甫者牧馬後產一駒骨毛異常人以爲龍馬故名**鳳凰川**長江縣治居之寰宇記及輿地廣記所載一同**鳳凰山**在府城西鳳凰門外護國寺據其上**馬鞍山**在長江縣西三十里**龍頭山**寰宇記云在州東五十里有石勢如龍頭唐乾元二年奏置龍歸寺**東阜山**在小溪縣北二十里**北流溪**在小溪縣寰宇記云今名劉溪**二美堂**在小溪縣治績司馬天章及溫公像**雙楠軒**在漕臺

三聖院在長江縣唐中和中建初有光相不見而耕得三鐵佛因以劍院

三州山在遂甯縣南三十里

四方山在長江縣西五十五里

五龍山在長江縣長灘鎮之東五里其山分爲五支山脉盡處各涌一泉絕頂有院曰崇勝

七弟崖寰宇記云在蓬溪縣西十五里有崖七堵鱗次相接比之兄弟

九節溪元和郡縣志云出青石縣東二十九里｜｜嶺李膺記云嶺有九節因爲名九域志又有九節鎮

九蓮院去小溪縣七里爲往來迎送之所

柏子梨陳希夷與柏子鎭麗君厚善一日麗訪之於華山希夷餉以梨因攜本歸植之

千頭佛在長江縣南二十里江上唐正觀八年高士讚爲長江令書磨崖金剛經碑傍有石佛故名

千里樓在郡治宅堂之東元符末知州楊邵增高爲三層榜曰｜｜｜王庶詩云梯空萬木極遐觀欄楯徘徊星斗邊占斷江山貧壯麗披開雲霧見青天

賓王山寰宇記云在蓬溪縣西四十八里古名賴王山大曆十四年度支牒管內山川有賴字者並改易刺史盧竑年改爲｜｜｜

合掌石在遂甯縣大像

前左右向若指爪相合介於湍流中而舟行無礙鳴鍾山在小溪縣西三十里舊名鏡山避國
朝諱改今名尋香山類要在州東二十里本名血腥山刺史白子昉改今名思蓬溪
在蓬溪縣流合涪江覺苑寺在蓬溪縣唐元和時刺史張九宗撰鑄鍾記並書司馬城
｜｜｜山在蓬溪縣南一十里昔黎達守本州司馬民方避亂乃擇山之懸絕者築高城以爲限阻故號
｜｜｜零星池元和郡縣志云在小溪縣西南四里又益部耆舊傳云趙瑤爲閬中令時西州
遭旱瑤率椽史齋戒於｜｜｜歸督自責稽首流血應時大雨即此也梵雲山類要在州西南
二里三面懸絕東臨涪江水西枕零星池廣記以爲在遂寧縣誤矣慧雲院在青石縣一里有山
谷書觀音堂三大字風門山寰宇記在青山縣東三十里四面峻巖常有清風因號｜｜｜雲
靈山在小溪縣東二十里上有崇元觀滄唐江寰宇記在小溪縣今名大葉江蓬萊
山在蓬溪縣西三里瑶華井在北府太甯廟之左珠玉溪寰宇記在青石縣有珠玉

村因名圖經青石縣有珠玉驛**卜油溪**每至人日一城人多遊於此以清油置水中觀其色之淺深以占一年休咎**聖水井**在府西卧龍山廣利寺唐建中年間大旱井泉枯竭幽禪師指寺崖水泉湧出**靈泉山**在小溪縣東十里山頂有泉**廣利寺**在小溪縣西五里岩壑之勝甲於一方**顯教院**在長江縣唐咸通中建院有張金水畫十六羅漢像彩繪如新**報恩寺**在府城按白塔院記云乃淨光佛舍利一粒大如櫻桃隋煬帝二公主隨夫謫蜀置塔于此國朝改爲｜｜有飛輪藏極工**定明院**在青石縣三里唐咸通中建前依岩石大像高八十尺下臨江流僧德修爲閣五層以覆之**眞如院**在青石縣四十里唐咸通中建石壇上有大寶幢高二丈餘刻西方神咒又依山起屋鑴石爲像凡佛龕一百儀相三千**崇眞觀**在小溪縣東八里白鹿山岩狻有三柏乃周隋間葛仙翁煉丹之所時有白鹿出遊**集虛觀**在小溪縣去縣十里之廣山山極孤峭斗入江心浯江郪水會其下下有龍潭山常動搖有銅鑄明皇像殿柱上有葛璝題字削之愈明**招**

隱洞 在長江縣南二十里內有唐員半千題字 **資聖院** 在小溪縣靈泉山隋開皇中因大霧晦冥三日而解忽有釋迦石像立其所遂建寺號聖佛寺祥符賜今名孫謂題詩云四山藏一寺方丈壓諸峯回首坐禪處白雲深幾重 **護國寺** 去小溪縣西一里寺有五百羅漢及唐明皇畫像 **君子石** 在蓬溪縣東溪曲

古跡

張九宗書臺 在府城郎九宗肄業之所 **孝義臺** 在蓬溪縣西二十五里蜀廣政間里人程崇事親至孝方冬母病思筍崇號泣林中爲生數筍知縣程元佐詩云戢戢蒼芽爲母生淚痕落處兩三莖 **元祐閣** 在府城安居門外隆化院院有萬斤銅鐘至和間程師孟於院左作堂榜曰丨丨丨丨山川之秀井邑之美畢陳于前唐文若爲記後又書元祐人物又云以司馬溫公而得名溫公之父天章公嘗宰小溪溫公是時方四歲 **葛仙洞** 在長江縣廣山絕頂 **董眞人洞** 在小溪縣

鵠鳴山福勝寺舊名頭陀寺咸平年間降到御書又有｜｜｜石室**龔頴宅**在遂甯縣西四十里冀雅村蓮社院是也**孫樵宅**在府東書錦坊**廣漢侯印**靖康元年因浚城隍得方寸古銅印其文曰｜｜｜｜則知此邦實隸廣漢郡**道濟院畫像**長江縣西三十里道濟禪院有司馬相如嚴君平楊雄諸葛亮韋皐杜黃裳高崇文楊嗣復白居易李德裕王先主夏侯孜陳敬瑄蕭鄴羅隱王禹偁十六人畫像乃馮都官稹得善本命工摹寫於此**太和觀天寶鐵老君像**在遂甯縣郭鐵像之下石壇刻云天寶五載歲在景午造**沖虛觀太和元年鐵鐘**觀去遂甯縣北一十里舊名義會有耕者穿地得鐵鐘鑄云太和元年義會觀造**顏杲卿祠**名忠節堂在司法廳**賈島祠**在長江縣**司馬天章祠**在小溪縣後人併繪溫公像于祠**后土廟**在府北唐天復中王宗佀建有僞蜀夫人敕令藏于廟吏家李壽巽岩爲之記廟貌爲一州之冠**夏魯奇廟**在府城東乃唐節度｜｜｜鄧日旌忠宣和中賜謚忠節

艾廟在小溪縣九域志云｜｜｜并墓在廣山**鄧艾墓**寰宇記云艾征涪陵見元猿緣其山艾性好弩手自射猿中之猿子拔其箭卷木葉塞瘡艾歎曰吾傷物之性其將死矣見此山美之後遂葬焉象之謹按｜｜｜乃鄧芝也芝征涪陵蠻而回因死於此地故後人爲立廟艾芝二字書劃不甚相遠止是傳寫之誤當爲辨證作鄧芝華陽國志德陽縣下載云德陽縣有青石祠山原肥沃車騎將軍鄧芝雅有終焉之思後遂葬其山又巴志云鄧芝以延熙十一年大姓徐巨反芝以車騎將軍討平之而蜀之延熙十二年即魏嘉平二年歲在庚午芝自涪陵歸死而葬此容或有之艾以景元元年歲在庚午平蜀相去十一年不當合爲一人蓋艾自成都以檻車徵歸死於綿竹不應葬於此也或者又以艾有墓在重慶遂以爲分葬衣冠未免附會

馮涓墓在蓬溪縣歸仁鄉

孫樵墓在小溪縣

賈島墓在長江縣杜荀鶴詩云謫官自麻衣銜怨至死時山根三尺墓人口數聯詩仙桂終無分皇天似有私暗松風雨夜空使老猿悲鄭谷詩云水遠荒墳路斜耕人訝我久咨嗟重來兼恐無尋處日落風吹

鼓子花李頻詩云忽從一宦遠流離死罪死人子細知到得長江聞杜宇想君魂魄也相隨

官吏

唐杜承志 唐武后時以治獄忤旨貶方義令其子暹爲唐名相 **顏杲卿** 按唐史杲卿調遂州司法性剛直蒞事明濟嘗爲刺史詰責正色別白不爲人屈 **號王巨** 乾元二年爲刺史

張仲方 嘗爲度支郎中駁宰相議出爲遂州司馬見樂天集 **賈島** 字浪仙唐文宗時謫長江縣主簿

後唐夏魯奇 通鑑後唐明宗天成四年朝廷使夏魯奇治遂州城隍繕甲益戍董璋大懼遣使約西川孟知祥同拒朝廷長興元年知祥遣其將李仁罕圍遂州夏魯奇嬰城自守二年李仁罕陷遂州夏魯奇自殺石敬塘引北兵至劒州孟知祥梟夏魯奇首以示之魯奇二子從敬塘在軍中泣請往取其首葬之敬塘曰知祥長者必葬而父豈不愈於身首異處乎既而知祥果收葬之

本朝**司馬池** 字和中元祐閣記云乾興初司馬天章來爲小溪大夫初正版籍治賦役厥予溫公方四

歲識者已知其非凡兒矣**趙抃**以嘉祐三年爲轉運使**呂開**熙寧六年爲轉運判官**呂陶**元祐三年爲轉運副使**趙士陴**字保之登元符第後赴闕宰相欲以爲宗卿士陴求補外鬱不樂出知遂寧府江水暴漲瀕江有隄水嚙其址士陴索胡床坐隄上左右請避去不許移時水落時人以比王尊**喻汝礪**紹興十年爲轉運使**李燾**淳熙八年知

人物

晉龔穎南史孝義傳穎遂寧人益州刺史毛璩辟爲從事璩爲譙縱所殺佐吏並逃穎遂奔赴殯送以禮後縱僭位禮徵不至脅以兵又執志彌堅**唐張九宗**小溪人德宗時登高科持節封僕歸典鄉郡其榮祿詩云牛羊銜草窺環珮鳥雀離花聽管絃今學宫諸生題名崇元觀雲靈山記玉晨觀碑銘覺苑寺鐘記皆九宗之文也**孫樵**字可之其先關東人爲文奇古唐藝文志有經緯集三卷後入蜀僑居于府城東書錦坊今宅在焉**馮涓**其先信都人連中進士宏詞科昭宗時爲眉州刺史

子群玉天祐中應明於吏事科爲山陽令江淮亂棄官西歸遂爲遂寧人**本朝謝全**字子眞長江人居五龍山下以詩自娛其詩平澹有賈浪仙之風司馬池知小溪與之定交**于至**小溪人祥符進士十歲能屬文十七遊京師上書二十餘萬言是時文章襲五代餘風至自立機軸嘗作蓬萊宮賦寇萊公丁晉公甚嘆重之**張述**長江人仁宗時爲小官七上書論儲嗣**杜陟**長江人自布衣識司馬天章得與溫公遊及陟死溫公誌其墓**馮正符**著春秋得法例弟正雅正卿人元符上書黨籍**張行**小溪人元祐初上書論差役政和間上書譏官**馮檝**字濟川小溪人苗劉之變檝時爲正字貽書論以禍福累遷給事中知瀘州在瀘八年奏免瀘敘長寧軍經界一方安之**馮康國**初名轄字元通尙氣節苗劉之變張魏公治兵平江乃檄康國詣行在朝堂議事既見苗劉爲陳成敗禍福往來數四抗辯不曲瀕於危殆

仙釋

嚴君平　蓬溪縣棲眞觀在縣南五十五里客館之金魚山觀記云｜｜｜嘗隱于此

黎達　僞蜀王衍夢墮大井中見一夫負之而出問其姓名曰｜｜旣寤使以形求果得之詢與夢合欲爵以官則不願仕遂賜之一目日守本州司馬達素好衛生之經置道觀於所居山上因以爲名

奴袞　｜｜山在蓬溪縣昔有異人晦迹于此負一鑰入山自稱｜｜後不復見惟鑰時出没於岩崖間有往取之隨手而滅

董上仙　方義縣民女也神姿閒雅一日紫雲垂布其庭天樂靑童引之而升父母號泣呼之而下開元中詔迎入闕乞還未久竟仙去因詔置上淸觀

何洪範　蓬溪縣道士也初與謝自然同師果州程太虛於太陽山一日大虛出二王印自然收其下者太虛笑謂曰洪範不過得地仙耳

宋自然　遂州人也後唐長興中董璋攻遂州圍城久之城中人多飢殍自然亦殆於市人或以簟裹而埋之城中明年州人李彥乃見自然於潞州因發埋處止見空簟

常鐵冠　天聖間來遊蓬溪寓赤城山玉晨觀縣東五里有鹽井或鹹水短少井民勾氏以告常日此一蝦蟆作祟塞水眼耳卽爲

出儀文三卷醮之其水如血者累日鹹源復通今用其儀文無不驗者　圓覺大師姓李隴西人因官于蜀家于遂之長江師成都金和尚授以心訣大歷七年忽現瑞相身坐圓光中遠近花木變成蓮蕚至正元中端坐而化後人塑其像事之謂之聖觀音往往曉色開霽日出霧升圓相布爲五色觀音觀音自見其形現光明中至今猶然　鄒和尚唐天歷間跨一白驢抵小溪縣白水鎮鐵山結茅以居環山之民素以植蔗凝糖爲業和尚所騎白驢頗食民蔗居民苦之詣和尚請焉和尚曰汝知糖之爲利而不知糖之爲霜其利十倍遂授以訣至今遂甯糖霜色如琥珀遂爲上品又土人王灼嘗有糖水譜傘子山有｜｜｜｜道場其附近地産糖冰望見此山者糖冰必成而多

碑記

唐張九宗題記在府東崇元觀其字圓勁有虞褚風骨　唐覺苑寺鑄鐘記在蓬溪縣覺苑寺唐元和十二年遂州刺史張九宗撰鑄鐘記兼書　唐劉纂文宣王

廟記碑後唐天成四年唐磨崖金剛經圖在長江縣南二十里唐天復
四年禪林碑在鶴鳴山福勝寺李仁表文唐賈島詩碑在長江縣蜀安
國寺碑在州羅城外有蜀永平二年碑後唐武信軍軍衙記廣政間歐陽烱
文卞高五十六體篆字碑在小溪縣之長慶院蜀明德四年碑
在小溪山罽尼寺金地院孝童孝女碑在青石縣九節鎮遂寧好閬守
志載熙寧中遂寧守向公著｜｜｜十章記閬守鄭公申鄭答以南隆好十章遂寧志馬崇文序

詩

誰解登高問上元謫仙何事謫詩仙雲遮列宿離華
省樹蔭澄江入野船黃鳥晚啼愁瘴雨青梅早落帶
蠻煙不知幾首南行曲留與巴兒萬古傳鄭谷旅次遂州遇裴

晤員外謫居於此因寄詩出城數里即青山路入青松白石間只合步行尋石徑不宜呵喝入松關丁晉公題廣利渡江始至長江縣返照雨餘村落明此地曾經詩客到九秋風月至今清孫諤題江濱驛遂甯好勝地產糖霜不待千年成琥珀直疑六月凍瓊漿馬咸遂甯好十詩春苗半沒壓社酒期滿腹肩輿太守醉燈火歸騎促惟有溪月明依然照山曲張震東川得望郎坐與西爭重東坡高風傾石室舊學鄙文家東坡不美三刀夢蜀都東坡劍嶺橫天古棧微相如重駕傳車歸雙親倚門望已久千騎踏雪行如飛人間富貴非不有似君榮耀世亦稀聞道西川

有遺像使我涕淚空沾衣司馬溫公送張兵部中庸知遂州詩又云公之先人理小溪縣正版籍賦役閭邑人至今誦之畫像猶存遠寄蔗霜知有味勝如崔子水晶鹽容齋五筆云黃魯直在戎州作頌答雍熙長老寄糖霜

四六

武信舊藩遂寧新府乃東川之會邑據涪水之上游人物富繁山川灑落馬咸遂寧好序文宴東館之靚深傲北湖之清曠同上矧茲武信望重潛藩甲兵兼總於五州節鎮素雄於方面州郡事迹早縣銅墨夙著冰霜能栽懷縣之花不醉廣都之酒遂為劇部椽實才難屈以居之唯侯嘉績陳孟嘗自遂寧縣令差為遂州倉曹李義山集補牒云

輿地紀勝卷第一百五十五

東陽王象之編　甘泉岑鎔 淦 長生 校刊

潼川府路

順慶府 南充　天寶　巴西　晉　隆州　開皇 充州　大歷　巴郡　果州

府沿革

順慶府 果州南充郡團練 此據十道志及九域志 禹貢梁州之域 元和郡縣志又口休夫子廟記云果州地屬梁雍 見杜佑 秦楚之交 通典 鶉首之次 漢志謂秦地南有巴蜀自井十度至柳十三度謂之｜｜｜｜秦分也唐志亦有涪闐果渠爲鶉首分 參井之分 杜佑通典謂秦惠王伐蜀其地於天文兼參之宿亦秦之分野又得楚之交則晉志觜參之說鄭氏諸家鶉首之說皆爲巴郡分野諸家各執其一杜氏合之以其兼爲｜｜｜｜

今以通典爲正春秋戰國時爲巴子國秦滅巴立爲巴郡卽漢巴郡之安漢縣也此據元和郡縣志又云安漢縣在州北三里今南充縣是也西漢志安漢縣屬巴郡註云莽曰安新東漢曰安漢屬巴郡亦爲充國縣地寰宇記二漢並屬益州之巴郡兩漢地里志巴郡下並有安漢縣漢獻帝時劉璋分墊江已上置巴西郡晉因之三國志云建安六年劉璋改巴郡爲巴西郡徙理閬中晉志云蜀置巴西郡領縣南充西充安漢三縣皆屬焉與三國志建安六年置巴西之說不同自李雄之亂巴境荒殘至宋於安漢故城置南宕渠郡此據元和郡縣志又類要云西魏平蜀於今州北三十七里石苟壩置南宕渠郡不同象之謹以沈約宋志攷之雖有南宕渠郡而所領三縣曰宕渠曰漢興曰宣漢大率非今果州所領之縣惟巴西郡所領有南充西充漢安三邑而南齊志巴西郡尙領南充西充安漢三邑而齊志南宕渠郡自領

宕渠漢安宣漢宋康四縣則與今果州諸縣了不相干第今果州在安漢縣境而南宕渠郡下有漢安縣故相亂耳然漢安縣卽今江安縣也晉志及沈約宋志於江陽郡下並有漢安縣隋志於瀘川郡下書曰江安舊曰漢安開皇十八年改曰江安卽今之瀘州外邑又齊志南宕渠及江陽郡所領四邑皆曰宕渠漢安宣漢宋康意者南宕渠郡改江陽郡耳不然何所領四邑之同也齊志宕渠有東西南北五郡而果州乃在故宕渠之西不應曰南宕渠郡自元和志謂添一南字名實始相亂隋志南充縣下註云舊曰安漢置宕渠郡初無南字也當從隋志

齊梁後周因之此據輿地廣記

隋初罷宕渠郡以安漢縣屬隆州元和郡縣志在開皇三年屬閬州而輿地廣記及圖經以爲開皇初郡廢屬隆州有閬州隆州之異按閬苑志以爲隋置隆州唐以元宗諱隆基改曰閬州則元和郡縣志所書閬州事乃避元宗諱追書今當作隆州

改安漢縣爲南充縣隋志云南充舊曰安漢開皇十八年改名南充

改隆州爲巴西郡此據圖經又元和郡縣志云大

業初屬巴西郡唐割隆州南充相如二縣置果州因果山以爲名唐書地理志云在武德四年分南充置西充開耀元年又分南充置流溪隸山南西道開元二十二年改南充郡天寶元年復爲果州乾元元年改爲充州新舊唐書並在大歷六年尋復故大歷十年僞蜀通鑑乾甯三年果州刺史張雄降於王建爲永甯軍節度通鑑在周世宗顯德五年皇朝平蜀歸于版圖乾德四年隸梓州路咸平四年中興因之近以主上潛邸陞順慶府寶慶三年今領縣四舊領縣六寶應中割朗池隸蓬州開寶二年割岳池置廣安軍故領縣四治南充

縣沿革

南充縣

望

倚郭輿地廣記本兩漢安漢縣屬巴郡晉屬巴西郡東漢志巴郡充國縣下註云永元二年分閬中置註引巴記曰初平四年復分爲南充國縣晉志亦有南充國西充國安漢縣隋志云舊曰安漢置宕渠郡開皇初郡廢八年改縣名南充元和郡縣志云隋開皇十年改縣曰南充唐武德四年於縣立果州以縣屬焉類要云縣以古充國爲名

西充縣 望

在府西七十五里元和郡縣志云亦安漢縣地後漢建安中劉璋分巴西所領縣九西充國居其一唐武德四年析南充及梓州之鹽亭閬州之南部置取西充山名唐志云在武德四年

相如縣 望

在府北一百六十里輿地廣記云本漢安漢縣地隋志云梁置梓潼郡西魏郡廢寰宇記云梁天監六年置丨丨丨兼立梓潼郡後周廢郡而縣存以縣南二十里有司馬相如故宅因名其宅在今縣治廣記以隋

屬巴西郡唐武德四年來屬而元和郡縣志以爲周閔帝省縣與此不同

流溪縣

望

在府南七十里元和郡縣志云本南充縣地唐開耀元年析置流溪之側因以爲名國朝會要云皇朝熙甯六年省流溪入南充縣爲流溪鎮紹興二十七年復置|||

風俗形勝

大洲連小洲此地出公侯圖經載鐵冠記此云云在漢以忠義名節著在唐以神仙浮屠顯在本朝以文章學術名開漢志山川門嘉陵江襟帶於其左金泉棲樂諸山雄峙於其右開漢志人物序郡當舟車往來之衝其民喜商賈而怠穡事大觀己丑程涇社壇記思史史謙怨寶寶泌之遺風弔譙譙周陳

陳子昂之舊績想陳陳練師謝謝自然之仙蹤慕張張闓嶷續之英烈呂游問覽秀亭記以仁義撫此境查道事見官吏門果之郛壓衮夷陸帶以巨川溪水迤其西南羣峯矗於四望馮耘灌口廟記今郡在嘉陵江之西類要亞於少城果山圖經序地屬梁雍城本安漢大中祥符時馮休文宣王廟記自河南邵伯温守此邦名山勝景題品無遺至以小成都目之歌詩序巴子舊封充城樂土江山秀潤民物阜繁勝概居多靈蹤相屬邵伯温充城好詞昔無儲今有飯史謙恕見官吏門果之爲州山深水長秀氣所鍾古今人物不絶紀將軍忠節陳御史史才謝眞人飛昇程仙師尸解牧牛峯大名

尊宿顯顯在人耳目郡守趙不拙修鼓角樓記東州郡望果州雖亞於潼遂而士民所聚則過之郡守楊濟開漢樓記自號小益不復數潼遂同前

景物上

西軒在南充江東水月院金斗在小方山崖閒有石狀如斗金樓在南充清居山高與山等下臨大江亭亭如浮圖常有光焰龍祠在西充小陵鎮昔有行旅憩於穴側見一龍騰雲上昇迎富二月二日郡人從太守出郊謂之||墨池在相如縣琴洞在南充縣肖巖在西充縣小陵鎮東百福院後有一石嵓高十餘丈嵓竇空澗流水清潔鄉人名爲||何羣畱題云危峯入清興迂路訪僧來暑雨兼風霽松軒對月開觀山在西充縣七十里下有溪曰觀溪果山在南充縣南八里通典註昔郡人御史陳壽隱於此有祠在山首寰宇記云||層峯秀起松

柏生焉郡因以爲名。桂堂在郡圃前有木犀二株。竹堂在郡圃前有竹數萬箇。

景物下

平政堂在郡治。靜治堂在郡圃。坐嘯堂在郡治。凝香堂在郡治。總秀軒距城三里龍華寺內有｜｜｜元祐紹興間士友肄業於此並同榜登第有碑刻在焉。覽秀亭在南充縣寶臺山有｜｜｜｜爲鄉士期集題名之所。誠正齋在郡治。清心堂在倅廳相如縣亦有｜｜｜。紫府觀在城西小方山去郡十餘里面道遙背太虛左凌虛右青霞眞勝槪也。清暉閣在南充下府大江其景絕勝。青霞觀在金泉山上有謝眞人昇仙之處。朝陽洞在金泉山阿步虛臺下昔謝眞人朝眞之所。開漢樓郡守楊濟｜｜｜記云聖朝之封褒綸有寔開漢業之語余摘二字以名是樓。梯雲樓在西充縣治之前。凌雲樓在相如縣。馭風亭在南充之西樂山。藏春園在郡治。慈雲寺

在州南四十里清居山皓昇禪師開山號牧牛道場山有三峯下瞰四水古迹二十四處

仙鶴樓在郡治之後子城之上下瞰大江實爲郡治亭臺之觀

仙人洞在南充清居山光相臺有天寶八年畱題詩

神女泉在大方山昔人云常有神女出沒其間

杏花莊在城北五里

梨花村又名梨谷在棲樂山下

芳草溪在流溪縣

聖藥巖在小方山醮壇山岩間

石梯山在流溪縣舊經云人鑴石爲道因名丨丨丨

金泉井在步虛臺之左世號觀音水

金泉山在城西果山之足九域志云唐謝自然於丨丨丨自日上昇有青霞觀

玉華宮在流溪縣九域志云本名碧霞觀一名元眞觀唐神龍中見黃雲赤霧凝然翳前後三日但聞斤斧之聲暨霧散雲斂有宮化出上聞其事賜今名

玉環山在相如縣又有玉環泉

寶臺山距州城之西與金泉對峙可以周覽一州之勝概有呂游問覽秀亭記

琉璃鎭九域志屬南充縣

西充山輿地廣記在西充縣

西溪水輿地廣記在西充縣東四十步又有東溪

水

西漢水 在相如縣水經云在相如縣縣有漢車騎將軍馮緄桂陽太守李溫冢二子之靈常以二月還漢水郡俗於水上祭之

南岷山 距西充縣十五里上有十三小峯漢何岷者隱其上遂以名山是後爲賈神仙師道場今名降眞觀山有九泉前賢詩云四門九井雖依舊二虎雙雞已不來

小成都 見歌詩序

小耽山 見大耽山下

大耽山 在龍溪縣按圖經隋居士楊躭居此山修養冬居大躭山石窟中夏居小耽山之絕頂

小方山 距城十二里有紫府觀老君廟千峯百嶺周回繚繞疑若洞天蒲昌齡有記

大方山 距城十五里謝自然眞人棲眞之地樊伯奇有記

大雷觀 徐仙翁之故宅仙翁名寶郎其宅作見王傳丨丨丨記

雙圖山 寰宇記在西充縣東十里

雙泉亭 在相如縣過琴臺之五里

重石山 元和郡縣志在流溪縣南一里

三巴津 九域志

四明山 距城十里舊有醮宮石像及謝自然升舉空中有笙簫之聲因名其觀曰仙樂

四水亭 在南充之清居山

五友亭 在南充之清居山游炳題云明

月清風爲道友古典今文爲義友孤雲野鶴爲自在友怪石流水爲娛樂友山果橡栗爲相保友是五友者無須臾不在此間也

七佛臺在南充清居山君子峯後又有鳳足佛足靈迹之異見馮檝經藏記

八龍池在西充昔道會禪師講經於此常有八老人來聽後悟其爲龍今名｜｜｜在資福寺兩華殿之前

九崇山在郡圃

鳳凰山在相如縣遠望如鳳形

鷄卸祠益州記云｜｜｜｜在相如縣以神在｜｜｜溪側故以爲號

龍角山元和郡縣志在相如縣東二百步

龍城山類要云在流溪縣與石梯山相連盤屈若龍絕壁如城

龍興觀在州郭係古迹白鶴觀謝自然嘗修道於此

鳳鳴山在西充縣

朱鳳山在州南十里乃爾朱仙及李淳風養煉之地回視郡城如在掌握寰宇記云其山有鳳凰集因置鳳山觀有跨鳳亭

舞鳳山距城五里舊名龍廻

扶龍山在西充縣之大陵鎮

神龍山寰宇記云盤屈如龍絕壁如城

清虛巖在西充縣之小陵鎮

安富水在西充縣水經安富市故曰｜｜｜

明淨山在流

溪縣其山皎潔明淨如雪 荆溪水在州北十五里以
唐天寶中改爲|||兩峯多荆木因以
爲秦溪水在南充縣南四十里水經 蘿溪水在州東
名過秦王古城因以爲名 十五里
招仙閣在西充之 延眞觀在朱鳳山距城十里隋世
列眞觀 袁謙偷高先生避地于此
降眞觀在西充縣南十里隋道士賈神 滴浮泉在小
仙居之唐程太虛復修煉于此 方山
道士何志全喫此水年八十面如桃紅前賢樊汝賢
詩云雲液落山腹脈與崑崙通云何山中叟八十顏
桃 類要源出遂州方義縣界 清泉山在南充
紅 流溪水在流溪縣東北四十步 距城十
里上有古刹瞰視龍門 清居山在南充縣內有四水
諸山有邵太史留題 亭白雲亭光相亭吸
江閣 五 元和郡縣志 嘉陵江類要在相如縣
友亭 安岳山在故岳城縣 東二百步韋應
物聽嘉陵江水寄深上人詩云水性自云 張
靜石中本無聲如何兩相激雷轉空山驚 嘉陵驛 蠙
|||詩嘉陵路惡石和泥行到長亭日已西獨倚
欄干正惆悵海棠花裏鷓鴣啼雍陶宿嘉陵館詩離

思茫茫正値秋每因風雨共生愁今宵難作刀州夢月色江聲共一樓

古迹

古梓州城在相如縣西南二十七里**宕渠城**在南充縣北四十里即石苟壩城也**相如故宅**在相如縣南二十里周地圖記水北有相如坪相傳云相如別業在此又有琴臺通典朗池縣下註云有漢司馬相如琴臺**長卿里**在相如縣**文君里**在相如縣**彈琴臺**十道志云左濱西漢水叢薄蔚然名相如琴臺**洗筆池**　**卓劍水**　**舞劍臺**皆司馬長卿故跡按縣令韓振記云世傳琴臺鎭乃長卿之別業也光聖寺乃長卿之故宅也**徐仙洞**在西充富安鎭今洞中有蟬蛻身在**慕容水**在南充寶壽寺有唐慕容三班所畫水波壁注目視之波紋如動**慕藺山**在相如縣二十七里唐天寶六年改今名**光聖寺**在相如縣南四十里舊傳爲司馬長卿故宅有石記漫不可讀父老尙知其爲陳子昂之文**利應廟**在西

本縣油井鎮紫崖山神乃忠介王公雲靖康初神死於王事於磁州次年廟食於紫崖賜｜｜｜今封靈顯繼善公

銅鐵聖像 在集虚觀掘地得鐵數萬斤範三清相高二丈會目中又得金銅所鑄明皇御容及一佛像俗名之銅鐵觀

陳壽廟 王之才昭護廟記云或謂公作三國志有良史才而短諸葛公公父乃馬謖之客諸葛旣髡其父而殺其主人且少貶諸葛公何怪焉

王雲紫崖忠介廟 教授王克題紫崖忠介廟云虐滔滔天日皇靈委地時人心疑反側使命幾茂奔馳竟斃纖人手散興國士悲姓名青史在獨欠表忠碑旣題此詩廟吏夢神使之立石

紀信廟 在西充縣界世傳信爲西充人今縣之扶龍村多有紀姓不見於史傳然邵博有記文

車騎將軍馮緄冢 水經在相如縣界詳見西漢水上

桂陽太守李温冢 在相如縣界西漢水上傳云常以二月還漢水暴長郡俗於漢水上祭之

蜀譙周墓 見古碣門

晉陳壽墓 見古碣門

唐陳子良墓 射洪人子昂之從兄正觀二年爲相如令有墓在縣之郭外

官吏

張翕 華陽國志云漢越嶲太守丨丨清廉在公乘二馬之官一馬死一馬病曰吾其步京師矣此可見其爲人也

李湛 字興宗爲散騎常侍武三思惡之出爲果州刺史後與李多祚誅逆遷大將軍

韋貫之 進士第永正時補右補闕坐考賢良牛僧孺闕獨銜奏出爲果州刺史白樂天集論制科人狀坐考策敢收直言者出爲果州刺史

敬括 字叔令簡淡不求名進爲殿中侍御史楊國忠惡不詣己出爲果州刺史

李堅 正元元年授果州刺史課最陟司農少卿

崔元亮 守此州姚合送以詩騎吏緣青壁旌旗度白雲劍銘生蘚色巴字疊氷文

史謙恕 海錄碎事丨丨爲果州刺史百姓歌之曰使君來何晚昔日無儲今有飯

孔思齊 雍熙四年在任唐史賓二良牧碑磨滅不可讀因貢地圖于皇子益王躬較是因得二良牧之實遂再建碑刻

查果州 吳陵志查道字湛然知果州土均之亂賊黨相語曰丨丨丨丨以仁義撫此境頗得衆心未可攻也抵城而宵遁又圖經云道知果州

時寇盜猶伏岩谷咸請發兵道曰彼懼罪爾其黨豈無詿誤耶卽微服單馬造賊所諭以詔意乃相率投兵羅拜請罪

陳希潁 希潁閩人至道中爲果州戶曹有稅官秩滿將行有廳吏白其貪狀郡將檄公驗治公遣人諭稅官易置行李發視皆衣衾稅官得以先事夢神告曰汝有陰德上帝畀汝子孫官二十人卽密學陳襄之祖也

邵伯溫 康節先生之子也妙得先天之旨時相欲傳其易學公力拒之後守果州圖經又云｜公｜｜任果州歲收河東瀘南綫絹絲綿數十萬公申朝廷爲罷瀘南磁縫諸州以寬之運司猶存其數資以他用公移書辯之反劾公異議公復以事聞卒罷之

人物

漢紀將軍 封誥詞云以忠徇國代君任患實開漢業使后世知君爲重身爲輕雖糜捐不避者侯有力焉今有忠祐廟在郡城太平門內

司馬相如 元和郡縣志在相如縣南三十五里居濆嘉陵水有臺名相如琴臺水北有相如坪巂縣有光相寺舊傳爲司馬長卿故宅有石記父老知其爲唐

陳子昂之文又十道志云相如有別業於此

譙周安漢人陳壽常師之又有譙秀周之孫也見晉書隱逸傳

譙秀相周以儒學顯李雄據蜀略有巴西辟之不應躬耕山藪元溫滅蜀上疏薦之遣使存問不敢招也范賁作亂秀避難宕渠

晉陳壽字承祚安漢人爲著作郎撰三國志又元和郡縣志｜｜｜卽安漢人故宅在南充縣郭內勅封昭德文惠侯制詞云昔在晉室嘗爲史官三國鼎分賴爾祀次文亞班馬學者所宗晉書陳壽傳嘗撰益部耆舊傳十餘篇行於世

閻績安漢人獨哭張華

馮休字唐卿南充人眞廟朝不應辟召歸山著書耆舊錄相傳云昔范文正公有送客詩云勸君莫過南充路恐被｜｜打一刪又撰譙周祠堂記

何麗天圖經賀國山下載｜｜｜宦遊中都久未得歸三親在蜀日夕思念遂上懷親詩十三篇如毛詩體隨表上進以求補外上喜其志乃下詔應嶺南巴蜀遠官皆許迎養獨惜其記載者失其年月耳

馮子脩劉光相西充梯雲樓記云有｜｜｜者爲長安令能不屈於童貫

何羣字通夫西充人范蜀公誌其墓曰世人於事多能言而不

能行公嘗言取士不以行義而以文辭爲非不報遂不舉進士可謂行其言矣賜號安遜居士

雍鈞 治平登進士第爲御史臺主簿時章子厚新貴用事朝士滿門鈞獨不往章謂其薄己大怒逐之知蓬州

孝子陳君 謝寰山靈泉院有一唐碑云靈泉院者是至丨之丨丨丨名有道之士代與親故所共置之君履孝行人所難能考妣容儀朝暮祭祀酒掃塋域疏糲齋飡陶使君勘驗事實命使製碑又請余爲文後有數詩其一曰碑碣傳芳州縣許置願使鄉俗皆遵孝義

安堯臣 重和元年上書論宦寺權臣唱議北伐可爲寒心徽宗御筆承平日久言路壅蔽議加爵賞僉論何私令補承務郎

仙釋

程仙師 名太虛唐開元中生能言即誦道德黃庭經年十八往西充之仙林觀修煉遷南岷至元和間趺坐而化

謝眞人 唐書正元十年有女道士謝自然於南充縣金泉山白日上昇郡郭是夕有虹霓雲氣之狀萬目之所覩焉自然嘗問道於司馬子微又太和五年韋公肅有金泉洞仙居述施肩

吾詩云分明得道謝自然古來謾說尸解仙如花年少一女子身騎白鶴遊青天

徐仙翁故迹在南充太霄觀有伏虛岩步虛臺碧雲洞碧雲階七星松丹竈等

爾朱先生名洞少遇異人得道唐懿僖間抵蓬州客安漢館張氏十二年郡刺史以爲惑衆命縛而沉之江二漁人得之釋其縛三人者白晝昇天而去

雨花和尚和尚西充人俗姓何名道會生而有異文宗召入內殿後歸資福寺講經有八龍王出聽至咸通元年遷化後人名其殿曰雨花殿

本禪師師住永慶禪院院爲安漢古剎牧牛道場先是許之陽翟裔氏家有貝多梵文五葉世傳爲寶及兄弟析居分而有之師因盡化以歸復合爲一事見宋元爽具多經閣記

碑記

漢車騎崖石刻郡國志云後漢車騎將軍馮緄於此鑴崖刻石十有餘處寰宇記在流溪縣

相如故宅石記在相如縣之西南光聖佛寺漫不可讀父老尙知其爲唐陳子昂之

文二良牧碑馬肩孟撰載唐二刺史事碑在郡治醋庫之側唐朱鳳山觀銘長史息袁玘文在山上唐金泉山僊居述唐太和五年果州刺史韋公肅文在山上唐鄭餘慶詩刻在金泉山上唐誥刻在金泉山僞蜀刺史徐光溥詩刻在金泉山唐移縣碑在南充縣門大中年立文字磨滅不可詳辨唐王維送楊長史赴果州詩在郡治唐屈突公德政碑在西充縣資福寺河南府陸渾尉崔晟撰唐僊林觀碑在西充縣列眞觀唐中書侍郎趙彦昭撰唐程仙師蟬蛻偈皂筴碑在西充縣降眞觀唐圭峯禪師傳法碑在西充縣金蓮院唐相如縣石龕佛像記在縣治縣令陳子良撰僞蜀誓火碑永平五年建在州北廣川廟永興節度使王彦超重建行成思堂石刻不著其姓今附于後作堂在姑孰把摩來果山男子四方志萬里如目前

振振佳公子性行純於天既知仁有本自應枝葉繁宣尼語參孝推廣十八篇君能廣充之九思極其全道行身亦立楊名顯其先

謝寰山靈泉碑

謝眞人父諱寰所居回觀廬墓人卑卑何足言名謝寰山山有院名靈泉有一唐碑字多訛缺

耆舊錄

自漢紀信以下三十六人並見學錄蒲士龍所編｜｜｜又有趙嗣業趙藻昌游問爲之贊并繪像於鄉賢堂又又自隱逸王公宇己下一十四人在｜｜｜外亦繪像于鄉賢堂又復搜訪自王縉己下二十餘士悉繫于左而其游公仲鴻傳紀趙忠定紹熙甲寅始未甚詳

開漢志

郡守朱繁｜｜｜序云紀將軍加封誥詞有云實開漢業故建樓命名曰開漢郡志名編亦曰開漢理亦無礙而郡志序云又以開漢名郡郡象之切詳州名郡名皆朝廷所錫不應擅改今九域志第曰南充郡向朝廷所以命也未請於朝以求改命而自稱曰開漢於理未安

褒斜不容幰之子欲何之鳥道一千里猿啼十二時唐王維送楊長史之果州五馬驚窮巷雙童逐老身王維詩集云鄭果州相過贈詩誰能解金印蕭洒北安禪杜甫陪李梓州王閬州蘇遂州李果州登惠義寺詩騎吏緣青壁旌旗度白雲劒銘生蘚色巴字壘冰文華省思仙侶疲民愛使君姚合送崔元亮赴果州梓潼不見馬相如更欲南行問酒壚行到巴西覓譙秀巴西唯是有寒蕪唐李商隱至巴西懷譙秀詩閬苑南邊第一州江山勝絕對城樓邵佖溫果山郎事老守自慚無善政衰公不稱作遨頭同上從昔遨遊盛兩川充城人物自駢闐萬家燈火春風陌十里綺羅明月天郡伯溫元夕詩白頭老守無風

味不解尋春只杜門邵伯溫遊朱鳳山樓外江山無限好二年能得幾回看邵伯溫仙鶴樓接新守看江山詩蜀地春爭一月天雜花新歲已爭妍却愁取次都闌盡辜負清明穀雨天邵伯溫郡治五絶今日行人去果州傾城出送舊遨頭邵伯溫離果州詩自昔充城號奧區蜀人喚作小成都邵伯溫充城外詩山圍翠合水連雲萬室樓臺照眼明勝地風淳眞樂國四川惟說好充城邵伯溫充城口號充城繁盛冠東川邵伯溫充城好詩春去秋來好風月鶴樓端勝庾公樓邵伯溫鶴山樓詩秀近亭邊回首處郡城高插水雲間邵伯溫朱鳳山詩江上危亭名四水山頭禪刹占三嵎邵伯溫清居山千仞峯

巒聳碧空不知何代創仙宮滿庭秋色莓苔地一徑寒聲檜栢風駕部李錞棲藥山詩十年流落敢言歸魚鳥江湖只自知豈意青天掃雲霧盡呼黃髮寄安危風流吾子眞前輩人物他年紀一時我欲折綿留此老緇衣誰作好賢詩蘇東坡送李果州果爲山中州叢攢少年地斗下金泉峯十里掃空翠俞汝礪仙鶴樓詩岧岧金泉峯望望朝復夕凄冷雨中樹曠朗雲外石前人嘉陵天虹飲東海西溪玉帶縈南山諸峯四面羅髻鬟周遭百里如一環炊煙萬竈斜陽裏繁絃脆管東風起趙澤仙洗鶴詩筆池頭煙淡淡鳴琴臺畔水悠悠鄭庭芳長卿別業詩

謝自然詩

果州南充縣寒女謝自然童騃無所識但聞有神仙輕生學其術乃在金泉山一朝坐空室雲霧生其間須臾自輕舉飄若風中煙入門無所見冠屐同蛻蟬韓文公謝自然詩

昔時謝女昇天處此日遺蹤尚宛然蟬蛻舊衣留石室龍飛靈水湧金泉碑書故事封蒼蘚殿寫眞容鎖翠煙薄暮松巔聽鶴淚猶疑髣髴是神仙李宏遊金泉觀

千載登眞謝自然半山遺跡號金泉邵伯溫金泉山

百尺長藤垂到地千株喬木密參天只在郡城邊上同

謝女仙標猶在眼紀侯英骨已成灰黃裳揖金泉詩

頗怪韓

夫子猶疑謝自然至今成福地自古有神仙王儔題謝自然詩

冲虛蟬蛻世綿綿勝地人來尚凜然不見彩雲迎皓鶴空留怪石潄清泉轉運副使王克遜金泉寺詩

平生酷信退之詩謝女仙蹤頗自疑不到步虛臺下看瓊臺瑤佩有誰知鄭芳庭金泉步虛臺詩

果州柑子詩

果州多黃柑初比橘柚賤一朝貢神州妙極天下選使者謹其時頓首乃敢遣邵伯溫觀遣黃柑詩

南充到日黃柑熟待摘霜包寄遠情前人

果山仙果秀天香處處圓金樹樹黃書後欲題三百顆滿林猶待洞庭霜邵伯温黃柑詩

守臣方劾獻芹心直擬移根到上林充貢先時猶綠茂置郵須更待黃深前人按柑園詩霜後秋香千樹橘雨餘春色一川花邵伯溫棲藥山洲渚千奴熟旌旗五馬來檢討邵博宿江村詩

四六

俯惟安漢之都會重以南充之附庸宋少虛貢賦內登於王府覘資普爲後先轉輸外給於軍儲與嘉眉相甲乙宋少盧

輿地紀勝卷第一百五十六

東陽王象之編　甘泉岑鎔詮長生校刊

潼川府路

資州　資陽軍　資中　盤石　安夷軍　珠江

州沿革

資州　上　資陽郡軍事九域志秦地東井輿鬼之分野史記天官書入參三度晉天文志犍爲郡入參三度禹貢梁州之域元和志周屬雍州圖經春秋戰國爲蜀地輿地廣記秦併蜀屬蜀郡元和志漢武分置犍爲郡西漢志在建元六年即犍爲郡之資中縣地此據元和志又西漢志犍爲郡下有資中縣東漢因之東漢志犍爲郡下亦有資

中縣歷晉宋齊雖縣名不改晉志宋志齊志犍爲郡下並有資中縣然自晉李雄之亂夷獠居之元和志或爲資陽縣戍而無州郡所理寰宇記西魏尅蜀析武康郡之安陽縣置資州元和志在西魏廢帝二年隋志亦云西魏置資州因資水以爲名理今簡州陽安縣界古資陽城寰宇記後周於今簡州陽安縣移資州於漢資中故城爲治所仍改資中爲盤石此舊唐志之文寰宇記在後周明帝武成二年隋初廢郡隋志云後周置資中郡開皇初郡廢併於益州安陽縣益州即成都府又爲蜀郡隋初郡廢故曰益州安陽縣即牛鞞縣隋志于蜀郡之陽安縣下注云舊曰牛鞞縣西魏改名陽安寰宇記乃云併于簡州象之謹按簡州即牛鞞縣改爲陽安縣然資中郡廢于開皇而簡州置于仁壽年月不類不應預書曰併于簡州寰宇記所書非是今不取

煬帝又置資陽郡隋志云煬帝置資陽郡唐改爲資州舊唐書志在武德元年隸劍南節度開元元年改資陽郡天寶元年復爲資州乾元二年置東川節度州隸東川至德二載復隸西川圖經在元和四年徙治內江縣新唐書志在咸通六年復治盤石新唐書志在咸通七年五代王氏通鑑昭宗大順元年資州將侯元綽執刺史降于王建孟氏更有其地

國初平蜀地歸版圖乾德三年舊領縣八盤石資陽內江龍水銀山丹山月山清溪平蜀之初以銀山月山丹山三縣併入盤石以清溪併入內江寰宇記並在乾德五年隸西川路寰宇記在太平興國中後屬梓州路九域志咸平四年分益利梓夔爲四路而資州屬梓州路移遂州鈐轄司於資州後復舊此據皇朝郡縣志今領縣四治

盤石

縣沿革

盤石縣 緊

倚郭舊唐書志云本漢資中縣地屬犍爲郡而兩漢晉宋齊志犍爲郡下並有資中縣元和志云後爲夷獠所居舊唐志云後周移資州于漢資中故城仍改資中縣爲盤石縣元和志在保定二年隋志云後周置盤石縣及資中郡開皇初郡廢元和志以爲屬資州寰宇記以爲屬簡州圖經云隋屬簡州不同然資中郡廢于開皇而簡州置于仁壽不應預屬簡州也當日屬陽安縣九域志云皇朝乾德三年省銀山月山丹山三縣入盤石

資陽縣 緊

在州西北九十里元和郡縣志云本漢資中縣地晉李雄亂蜀縣荒廢西魏廢帝二年始通巴蜀開拓資

中舊唐書志云後周分資中地置資陽縣以縣在資水之陽故也寰宇記云周武帝于資中故城置資陽縣隋開皇二年自此移州于盤石縣資陽屬焉圖經云在周爲資陽郡隋後復爲縣

內江縣

在州東北七十里元和志云本漢資中縣地後漢分置漢安縣舊唐志云本舊資中縣地後漢于中江水濱置漢安戍其年改爲中江縣象之考之東漢志及晉宋南齊志犍爲郡下有資中縣而無內江縣則內江非置于東漢也今不取隋志云後周置內江縣元和志又云李雄之亂後陷于夷獠周武帝天和二年于中江水濱置漢安戍其年改爲中江縣屬資中郡隋文避廟諱改爲內江縣屬資州舊唐志漢安故城今縣治也寰宇記云開皇二年徙內江縣于漢安故城即今縣也圖經云唐正元七年韋皐奏置安夷軍其後廢併于內江九域志云皇朝乾德五年併淸溪縣入焉圖經云紹興丙寅因江水漂蕩焉遷于今縣即安夷軍故基也

龍水縣 中下

在州西一百四十里元和志云本漢資中縣地新唐書志云隋義甯二年分置龍水縣元和志云義甯二年招慰夷獠置龍水縣以縣西北有溪屈曲繞城如龍因名溪山蜿蜒前曰龍淵後曰龍洞山曰龍歸池曰龍眼故縣以龍得名宣政間改曰資川今復舊名

監司沿革

轉運衙

陳延賞轉運衙記云初朝廷分梓夔四路而梓漕宅東川祥符六年寇瑊出使屯師東川供饋惟艱奏請置衙于茲後復故

今爲盤石縣衙

風俗形勝

資中江山瑰奇雖未能比方岷峨然特立秀發鱗次

櫛比近在耳目之側政和中宋京得道山至道觀記江山瓌奇宋景等慈寺記曰東蜀領郡六而｜｜｜｜資中爲之川資中勝游十數而附郭便近北巖爲之最郡饒勝境唐楊禹珪題孟巖詩曰｜雖｜｜｜偏愛此巖幽資號珠江以地之靈出瓌異劉光祖狀元樓記及道釋門序蜀東十數郡凡山水之秀不敢與資中抗劉光祖狀元樓記資之江山實雄長東蜀瀛洲亭記資在東梓爲多士國政和二年李浩大晟樂記資中江山冠帶東蜀王灼蓬萊閣記資中山水之富爲蜀淵藪宋景隆興寺吟軒記資與瀘境相接山川連絡夷漢雜居唐韋皋鎮蜀以｜｜｜｜｜｜｜｜｜｜｜｜｜｜｜正元七年奏置安夷軍事見內江縣序資在東蜀北通普遂南接榮嘉西達隆簡東抵昌瀘圖經驛鋪序資中郡治長江帶其

南大溪繚其北有山岌然中峙爲郡治勝處李石企仙樓記支江流其前而醮壇踞其右谷神隱其北而靈巖蟠其左熙寧中傳耆盤石縣遷治舍記東蜀佳山水而資中爲之冠傳耆盤石縣記王襃起資以文詞鳴圖經風俗門云自襃以來如董鈞范崇凱李鼎祚皆以文顯同上維制諸蠻唐韋皐時東蠻數爲邊患皐能綏服之故戰有功蠻部震服乃建安夷軍于資州|||||資中四巖獨西巖幽深山水富足朱京跋揚祏父題李傳侯張四仙之流又皆旁居于其四維鮮于巽瀛洲亭記吾州之李傳侯張四仙人者各據一山合四山而會拱揖左右羽翼後先李石企仙樓記醮壇則張道陵李阿朱有遺跡也平崗則傳仙宗

雚中古崔逵遺跡也至道則張開光遺跡也玉清則侯眞人遺踪也王灼蓬萊閣記千巖萬壑綺綰繡錯如拱如揖顧接不暇鮮于巽瀛洲亭記資中地狹民貧無土以耕在蜀爲窮僻之邑江山瑰傑宋京得道山至道觀記自古王公貴人詞客才士未嘗一至故不得見於文章歌詠而爲老子浮圖氏之學者往往擅有而居之同上

景物上

蓬萊在郡治之北高踞絕頂得一郡之要閣曰企仙層出其上一望平遠使人有飄飄淩雲之氣

瀛洲在郡圖繪唐十八學士于亭之中劉後溪爲之記

中江寰宇記丨丨水自漢州金堂峽穿過歷懷安軍經簡州至資州又東歷富順至瀘州合大江

月山在州北三十里狀如偃月范太

史嘗賦詩其上石刻今存**雲梯**在郡治循齋之上**丹山**寰宇記有丹山縣在州西五十里**珠江**資中記道釋門曰資號丨丨其地之靈能出瓌異又父老言嘗有舟子夜見江中有光如燈燭試郎之見巨蚌沒水中後祥符中太守鄧永世令崑崙奴沒水探取奴告以有一巨蚌可容一斗五升里人知其為珠所出者**銀山**寰宇記有丨丨縣在州東南三十八里**鐵山**寰宇記云在盤石縣南五十里其山出鐵**石炬**在盤石縣之北寧國寺初資陽僧誌因任金禪院山神告非其所居以火引至此地餘燼視之蓋石焉其寺門石炬今尚存**環溪**在資陽縣北十二里自簡之陽安至縣之龍山與思蓬溪合于江**箭溪**在陽安北四十里其流如箭**蘭山**寰宇記在盤石縣東十五里上有八面懸崖壁聳圖經名藍山以其色如藍故名**資水**在資陽縣西從簡州平泉縣界流入資水縣合江中考沈約宋書資江為中水涪江為內水**龍溪**在龍水縣西北寰宇記云出龍溪之仁壽自縣境入于江**鼇山**在龍水縣西北一里**黿山**即龍水縣城**東巖**距城三里峭石

奇麗若剖大甕側立千尺下列五百應眞像溪壑深杳林木葱蒨其廣可庇數百人張稟詩資中佳處是東岩只在重城五百間四座淸風無俗景我心渾似白雲閒

西巖 在城西六里山行踰百步石壁夾道如城如峽循龍岩寺而左嵌竇突然如巨屋狀少亞于東巖云唐刺史王師閔題云殷勤對綠醽閒坐繞沙汀怪來喧語笑一派落靑屏

南巖 在盤石縣五十里寺日慶隱

北巖 去郡城半里等慈寺之東橫崖側覆不可游息其巓古像半湮苔蘚乳泉滴瀝四時不絕北巖記云東蜀領郡之十六而江山瑰奇資中爲之甲資中勝遊十數而附郭便近｜｜爲之最

孟巖 圖經云孟處進郎祀之叔蜀亡入京岩即所居也象之謹按圖經唐刺史李九思已有遊孟岩詩則在唐已有｜｜之名非特起于孟蜀也

盤石 在州城北二里狀若盤陁因以名縣

聖燈 龜德鎭側有南院峯巒秀拔時有燈光現山谷間自一而二增而爲百千至于縱橫彌滿不知其數里人呼爲｜｜

景物下

台星樓即東城門也爲趙衙公建黃裳爲之記　甘露院舊爲湧泉院治平中賜今額

疎風閣在郡圃　翔風閣在郡圃取賢臣頌之語也　凌雲閣在郡治　燕思堂在設廳北　賜書樓在郡治　觀政堂在郡治　奇文館在郡治取王褒傳誦讀奇文之句　戲綵堂在郡治　凝香閣在郡治　晝錦堂即常衙廳也唐乾符四年高駢建後名中和趙衛公判郡更名｜｜｜　翠微閣在郡治晝錦堂之南　翰墨堂在郡治凝香東　博雅堂在郡圃繪禮殿聖賢于其上爲樓以藏賜書又其上爲凌雲翬飛宏麗他所未有也　子規山在州北二十里以山多此禽卒以寒食悲鳴其上故名　鳳凰山在州北小譙山後引喙翔翼儼若｜｜故名　鶴鳴山在盤石縣南古老傳云張道陵乘白鶴飛鳴此山　龍興寺北俯珠江唐僧周金剛祝髮之地前有吟軒俗呼南寺　龍眼池在龍水縣一在縣廨一在州學　龍龜山在龍水縣　牛鞴水元和志在盤石縣合內江水南去縣二十

步多魚鱉亦出麩金**雲居山**在內江縣南五里遥望如烟雲車蓋之狀**天台山**在資陽縣西南五里上有定惠院唐傳仙師丹竈在焉**天池院**蜀廣政二年建爲丨丨丨今爲崇勝院**月峽院**蜀廣政二年建爲丨丨丨今爲安隱院**太平灘**在盤石縣北六十里**大濛溪**寰宇記在盤石縣二十里溪內有石龍三條遇旱卽祈雨**獨秀山**寰宇記在資陽縣西三里迥然獨秀**雙清亭**在郡治**重龍山**在州南二里崷崒盤屈隱若龍轉飛鷲龍山亭閣之勝及諸梵列跨其上江山城市歷歷可數**四賢堂**在郡治繪王褒范崇范崇凱李鼎祚董鈞像**四明山**在州西北三里俗云其上有光景之異故名**駟馬星****四仙山**李石企仙樓記曰吾州之李傅侯張四仙人者各據州一山**七星洞**在應眞觀之東南其洞珠連如七星因名**八角井**在城西門外沙汀間通塞不常郡士常以占文物之盛衰紹興壬午沙平泉出趙張冠俱外省云**九曲池**在盤石縣重龍山之左**百丈池**郡國志云資陽縣有環溪

｜｜｜即所謂溪流如環池深百丈也見寰宇記

百枝池 唐志在盤石縣周六十里正觀六年將軍薛萬徹決流使東又舊志云在是州北七十里周迴六十五里今廢

千載山 在郡治

壇

帽山 在州南四里宋京有詩

琵琶峽 在盤石縣南三里

鏵影山 在內江縣西二十九里有二泉竇更流迭止與晦朔之盈縮相應

試劍石 在龍鼓灘之上中分如削或云傅仙宗試斬蛟劍遺跡

卓錫龕 在盤石縣北一百十里悟空院唐令柔弟子金和尚自稱新羅國人在資州棲神山祝髮嘗卓錫于此有石龕因以名焉

盤石山 寰宇記在盤石縣西北

蓮花山 在資陽縣東北三里唐僧趙頭陀在長安有僧臨化時與頭陀別汝隨處種蓮若蓮生吾當再生其地與汝相見後頭陀至資陽縣惠安院種蓮而生遂復相遇焉因名其山曰｜｜｜

戴花山 在州南十五里

華萼山 距內江縣十里昔唐范崇凱于此讀書後賦華萼樓因以得名山及泉俱名花萼硯池猶存

武陵溪 在盤石縣南二十里

寧國寺 唐僧智詵卓錫于此武后名以菩提

道場本朝太宗嘗賜御書芝草與累朝所賜具在

安郡山在州治之後

平崗山在盤石縣西三里李阿傳仙宗居之阿于此昇仙

得道山在州北十五里事見仙釋門張開光事跡

崇壽觀唐爲應眞觀祥符賜今額有咸平以來賜御書一百二十卷按圖經李阿眞人及傳仙宗俱修煉于此唐元宗御書觀額鐵老君像唐肅宗御容在焉

南屏山在州南二里江北望之峙立如屏院有南屏閣

玉清山在州南二里左瞰平浦若琵琶因名琵琶峽

玉京山在州西南五十里嵯峨半空峭巘壁立插天連雲儼然在目上有觀日太霄

金地院唐開元建爲周禪院治平賜今額

眞珠飯至道觀唐張開光故宅岩下有泉間凝結如珠俗云眞人棄粒因以爲丨丨丨

翠屏石在銀山鎭南四里屏山江濱好事者鐫翠屏二字以表之

翠峯山在州東北十里以峯巒葱翠得名上有院曰崇壽

青蓮院蜀廣政建爲天王院治平賜今額

青崗山在內江縣

綠野亭在郡城北五里崖石間有唐刻王董二賢像見李石丨丨丨

丹

神山寰宇記在盤石縣西北五里赤土洞夷堅志云資州城外三十里｜｜｜相傳深不可測普州人梁子英嘗率同輩具三日糧持樺炬入馬始入路絕暗過百餘步地淨如掃石上鍾乳下垂如珠瓔狀度半日許聞水碓聲出于上蓋嘉陵江也懼而亟出終不能窮其源去

石城山寰宇記云在內江縣西南五十里形似城玉女泉在盤石縣西百步山間石人山寰宇記在盤石縣南十五里隔江高八丈石牛溪在內江縣北一百里狀元樓在譙門之東為郡人趙逵作省元樓在譙樓之南為郡人趙雄作與狀元樓相對君子泉在北巖去郡半里等慈寺之東乳泉滴瀝四時不絕舊名積翠泉曰｜｜｜言若君子之有常德也將軍山圖經云唐初夷獠擾掠將軍薛嵩徵兵平之至內江北八十里衆屯于山故今號其屯所為｜｜｜醮壇山圖經云舊名北帝山在州北二里九域志云昔李阿眞人修煉于此後于蜀州新津上昇其山無棲禽穴蟻佛現山在州東五里山上有空王院或現大光相于岩間中有觀音狀若水墨故

名焉**佛圖山**在州南二里山有寺前有吟軒城郭市井出沒烟雲間**羅漢洞**在法雲院

仙都山在州北一百里丹山鎮有觀日昇仙**道勝山**給事中孫抃有題龍水縣錢氏丨丨丨詩范公鎮及錢明逸梅堯臣皆有詩**德林山**宋京李觀有題錢氏丨丨丨詩**讀書臺**在州東二十里李鼎祚兄弟讀書于其上俗呼四明山又有范崇凱丨丨丨云郡城四十里今山及泉皆以花萼名之**讀書山**去盤石山半里亦名丹神山上有方池亦名天池山雲巢先生李占讀書其上

古迹

安夷軍韋皐於資州建安夷軍以維制諸蠻在內江上流二十里太平壩今名安漢壩**安夷軍印**今內江合同場印即舊安夷軍印**廢月山縣**元和志云本漢資中縣地義甯二年分置月山縣**廢清溪縣**元和志云本漢資中縣地大業十二年于此置牛鞞縣天寶元年改

爲清溪縣

廢銀山縣　元和志云本漢資中縣地隋爲內江縣地義寧二年分置銀山縣因縣界銀山以爲名

廢丹山縣　元和志云本漢資中縣地唐正觀四年於此置丹山縣取界內崇丹山爲名也

古棧閣遺跡　內江縣井㸑有|||||紹興間土人得碑刻於崖腹間乃永建三年漢安長蜀郡靑衣陳君以此道棧閣陷車馬因移道于崖上過客得免顚躋見有碑存

讀書臺　在州東二十里李鼎祚兄弟讀書于其上

王公巖　等慈寺唐咸通中建爲靈巖寺祥符賜今額紹熙中郡守王勲鑿山爲洞悉鐫應眞像邦人磨岩大書曰|||

王褒宅　西漢諫大夫|||在資陽縣

王褒滌硯池　今靈仙觀滌硯池尙存俗呼號子淵墨池

唐肅宗御容　在崇壽聖觀老君殿之右蓋唐至德初降到

萇宏祠　方輿記云昔||無辜受戮死而血碧後人立祠漢中縣城

古夫子像　在市心新巷蕭氏之宅相傳三國時石工爲之

范太史祠堂　在龍泉縣公曾爲令故也

王褒墓　元和志在資陽縣西北十五里褒資中人也宣

帝夜祠金馬碧雞道病死寰宇記云墓前有石碣高一丈字已磨滅有宅滌硯水池見在

燕王墓 在東津鎮院依山穴石為之中為堂鐫石車馬人物堂左右各有石室及有石棺一蓋已毀矣而燕王者莫知為誰也

董鈞墓 漢中郎將｜｜｜在資陽縣北與王子淵墓隔江對峙

官吏

羊士諤 唐憲宗時為中丞以奏宰相李吉甫陰事不實貶資州刺史

唐盧并 文宗時守資中長于歌詠嘗留詩刻在等慈寺

李渭 為本郡刺史有詩刻留等慈寺時與前進士崔公輔同遊崔有詩云日淮陽清淨理丕承嘉山水心

王清閔 守資中政有能聲嘗遊西巖留瀑步詩于石壁其一日嵌巖石洞古飄灑玉泉吐飛流勢不定散作松間雨

五代韓文達 昌黎人守資中刺史下車未幾善政已聞豪猾懼威疲羸被惠歲稔而餘糧棲畝民安而外戶不扃

本朝范祖禹 治平元年宰龍水後為諫議大夫今繪像于龍水縣學

宋京 政和間為郡幕妙齡秀發喜於

詞翰偏遊勝處歌詠所至成帙名曰藝圖又自號爲迂翁

李新 字元應隆州人東坡命賦墨竹元應立成東坡稱賞自此名藉甚宣和間爲本州司錄

邵傅 紹興十年自知嘉州改差次年改差黎州

人物

王襃以高才擅文章董鈞以奧學裁制度王延世以治河賜爵杜撫以傳注聚徒王承宗有功於劉備史又稱其以功德顯於熹平之際 紹聖三年范棄清隱閣記

王襃 字子淵資中人漢宣帝時益州刺史王襄奇其文奏襃有逸才帝召爲聖主得賢臣頌

王嗣 資中人督汶山太守綏集羌胡咸悉歸服姜維每出北征羌胡出馬才羊氈毦及義穀裨軍糧後爲流矢所傷卒戎夷會葬贈送數千人

王延賞 寰宇記云資中人治河南有功爲光祿大夫

王延世 字長

叔資中人成帝時河決館陶等四郡以延世爲河隄使者以大竹絡盛石兩舟夾載下之月餘隄成因改元河平宅在資陽歸唐鄉**董鈞**字文伯永平中爲博士時草創五郊祭祀及宗廟禮樂威儀章服令鈞參議爲見從用稱爲通儒墓在資陽縣北與王子淵墓隔江相對宅在資陽縣西鴻儒里**趙旂**資中人爲司隸校尉以法繩梁冀子弟**唐范崇凱**內江人善屬文明皇令賦花萼樓賦成入奏爲第一京城傳錄爲之紙貴其所居去縣十里山泉皆以花萼名**范元凱**崇凱弟元凱自負其才以詩贈其兄曰洛陽紙價因兄貴蜀地紅箋爲弟貧南北東西九千里除兄與弟更無人明皇幸九成宮元凱賦詩三步成章**趙光寓**性至孝父瑋既葬廬于墓側晨夕號泣鳥獸爲之悲鳴有異禽巢廬上大歷元年詔旌表其門**黃昇**正元中以孝行旌其門**本朝支漸**范祖禹修實錄奏資州資陽縣民支漸葬母廬墓致狐狸烏雀之異乞旌賞之今支漸宅及墓並在資陽縣有旌表在焉**李鼎祚**盤石人注易仕至殿中侍御史**勾聲**字元實資陽人宣和二年對大廷所言剴切時

童蔡擅權直言不隱童蔡惡之帝大喜親批其所對策曰此朕三舍陶成人才

何慤 字端卿靖康時爲兵部郎國步方艱百寮竄身獨領郎曹十四印朝廷命閱金帛爲敵所索數瀕于危生平廉于財死之日貧如未第時郊恩徧及諸猶子子孫多未命

侯鐸 字振道盤石人甫冠登第家舊有鹽泉公既第卽塞井夷竈曰吾已食祿豈復與人爭利乎

趙逵 字莊叔盤石人廷對第一名爲校書郎時秦檜當國諷逵取家欲以白金爲助逵不答檜怒捃摭甚力會檜死上卽召對面諭逵曰秦檜曰薦士無一語及卿以此知卿不附權貴

李石 字知幾盤石人官太常博士還蜀除成都學官從之者至于二百員自號方舟子

趙雄 字溫叔內江人爲四路類試第一孝宗朝爲相

仙釋

李阿 資州城西有醮壇山神仙｜｜修道之所也李君降七元五老王褒祠金馬碧雞世有靈壇棲爲名又杜光庭記云李阿仙臺在靈壇宮昔李阿棲眞于此後白日昇仙今山之仙臺祠像存焉州北十

里有得道山至道觀唐明皇時張開光好方外術樂其地與母弟女弟築室而居其家出遊留老嫗視扃鑰嫗見一道士入浴酒甕中癬疥被體惡之暮歸家人共飲嫗獨不敢嘗他日并其家雞犬仙去唯嫗存焉又夷堅志云成都章禩居京師將受盤石宰遇一道士問其姓名曰資州盤石縣得道觀道士張開光也禩與之坐回顧已失之後果得盤石禩父詧亦言某日有道士過我言汝得盤石宰視壁間姓名與京師同禩到官訪開光土人云拔宅仙去四百年矣宅在得道山去州十五里

傳仙宗 長安人唐傳奕之後後父爲資陽令仙宗好黃老居天台山修煉後徙王案山唐明皇召至闕至利州桔栢津水漲飛符斬二蛟風息遽至京師後歸山賜觀額曰應眞乾元間休浴脫化

陳審言 丹山人唐憲宗時嘗居昇仙觀元和間白晝昇仙今觀中拾田石刻猶存上有賢哉陳公懷德知足名存仙錄數字

侯眞人 都溪人楊福遇一道人託持書去崖下以杖扣其青衣答曰侯眞人也先生據坐命持飯出食訖夫問人之乃玉淸山也及歸已七日福年亦享九十歲矣

聖觀音堂在龍岩寺昔郡守夢寺間一僧苦求出世翌旦按夢求之從亂石間得觀音像建寺居之時有光相現于水間有禱輒應俗呼｜｜｜

僧智詵姓周氏資陽人武德初其母車氏夢吞金已已而有娠將誕地湧臺如塔形高尺三許今湧臺院是也後與趙頭陀謁五祖及益州伏古二禪師遂賜號國大禪師弟子令柔唐柳子厚作南嶽彌陀和尚碑言和尚學于資州詵公云

僧令柔令柔俗姓唐爲圻州刺史歸聞智詵名棄家從之詵與柔俱爲則天召賜齋詵欲得蕈茶乃食則天日京師罕有詵奏遣令柔歸摘之俄傾即還後詵遣柔汲泉烹茶有四虎據井上今名四虎井又有馬頭陀金頭陀王頭陀口頭陀宣鑒禪師皆得道

僧說公呂和叔集南嶽大師遠公塔銘承遠學於資州說公

碑記

漢永建五年漢安修棧道記在內江縣界磨崖字今已磨滅

陳君德政碑陳君失其名漢永建五年爲漢安長有碑在獠井壩層崖之腹字雖磨滅然尚可攷

隋敕

改羅漢院碑隋初｜｜｜｜｜｜｜碑今在法雲寺　唐開元棲神山略記在法鉢池前刺史房湊文　唐顏魯公書中興頌碑二一在東巖一在北巖
河相宏農碑在資陽縣王褒墓左　王褒墓石表西漢王褒墓在資陽縣北二十五里碑字已磨滅　三仙磨崖題名在資陽縣三江鎮碑云貞十四年十月十日杜錫崔熊席夔三人同遊　洗公石馬塔院記　滴水巖結界記　鄭鋼詩在北巖及寧國寺　陳圖南詩在得道山并邵博跋　崇壽觀碑唐天寶二年建元宗御書額見有石刻乃唐御史中丞宋渾文已磨滅　杜光庭醮壇山北帝院記　王師閔西巖龍潭瀑布詩　李渭北巖詩
盧并北巖詩　張公瑾北巖詩在龍水　重修北巖記唐邵泰文　裴晉公自贊在靈虛院　靈仙觀碑西漢王褒宅在資陽縣西駟馬里今改爲

靈仙觀觀有碑碣

唐裴瞻墓碑記　唐左僕射裴瞻墓在盤石縣北五里洗硯池尚存焉有世譜碑記

唐韋臯紀功碑　碑在郡市心居民室下藏于寶靈院紹興丁巳穴土有碑石太守命工取其石重徹民屋不果上錄其文乃御製紀功碑銘并序皇太子書碑面殘缺不全惟碑陰乃開成元年臯從孫鋋為本州守日紀述其文具全遂復風之

安夷軍詩碑　紹興十六年丙江分華昌齡移從新市平縣基土中得小碑一片有詩云戰馬向風嘶荒雞隔水啼終日隨征旆何時罷鼓鼙

青松亭記　在州治唐乾符四年四川節度使成成都尹高駢記并書

毗沙門天王讚　紹興壬戌郡守邵博得碑城北隅唐羊諤為刺史撰并序

資中志　扈自中編李折序

詩

洛陽歸客滯巴東處處山樓雪滿叢峴首當時為風景豈將官舍作池籠　羊士諤登郡前山

几劒盈庭酒滿卮戍

人歸日及瓜時元戎靜鎭無邊事遣向營中偃畫旗羊士諤資州宴行營回將詩地靈無俗草嵒靜有仙禽唐盧并序資中留詩刻在等慈寺死却王褒五百春資中不見有詞臣今朝忽遇登龍客喜殺西郊謝逸人國朝自建隆至大中祥符七年垂五十載謝顋素始奏名南宮太守陳逸賞有詩云云縣門倚岩石終日對青峰初仕借爲宰讀書遍三冬忘機狎鷗鳥觀稼親老農訟庭可羅雀銅印蒼蘚封范祖禹宰龍水日所賦詩縣有范太史家傳碑今存洛陽紙價因兄貴蜀地紅牋爲弟貧南北東西九千里除兄與弟更無人范棨凱元凱兄弟皆內江人詩贈其兄云云峽覆琵琶彎水帶山欹氈帽送江聲王晞鴻雲生氈帽山頭雨日落琵

琵琶峽口風（宋京醮壇山）下路消息擬春風遥知底處人歡喜得西公繡衣還西州錦帳空南宫使君五馬行豈減御史驄（范蜀鎮送司封劉孝祥知資州詩）資中多秀異自古出賢良川嶽炳靈氣烟霞舒瑞光家家習詩禮處處聞絃誦（唐毛熙聖題孟巖）龍川舊山下高卧一儒生有室羅經史無心繫組纓（梅堯臣題道勝亭）左川風俗美資中亭上人（宋敏求題道勝亭）野性樂閒適我州富佳山（宋京題何氏德林山）春來賞遍牡丹春江上侯家迥出羣（郡守王宏賞侯氏園亭）一夜春膏漲碧溪水濱沙際潤無泥幽人緑野臨江曲太守紅旗轉竹西（王宏再遊園亭）紅塵紫陌江聲外緑嶂青嵐書

凡間王晰鴻題歸隱亭白笑貧中窮太守每逢水竹便相親郡守李賓子高題俯江亭博雅堂中聚古書蓬萊閣上接仙居江山風物元依舊老子重來獨不如提刑楊醮道聞貧水靈山高仙人羽客時相遭彰明宰楊天惠題朱有先生祠江山不負人入眼四時新古寺巖爲屋危峯竹是鄰從來瀟洒地今日自由身宋京簫鼓旌旗簇錦韉路人遥指翠微間使君乘興同民樂猿鶴無心不礙閒宋京貧中佳處是東巖只在重城五里間四座淸風無俗景我心渾似白雲閒張稾貧中城郭雲山裏北巖正在雲山底宋京回衙不用展山圖直到巖邊有秋色宋京郡秀誇東蜀山

奇數北巖邵緈年山頭遠見龜屏出海嶠誰遷石筍歸李新大佛寺資水通巫峽誰家萬里船范太史資江劍閣橫空鎖蜀門資中巖岫若雲屯范太史資中資山巖谷多神仙鸞車鳳馬隨飛烟神女蕭蕭來暮雨浮邱往往下雲騈范太史不學子猷中夜返欲乘明月向資州范太史醮壇高倚碧天開中有清都白玉臺霧擁霓旌乘月去風吹仙藥下山來同上老媼獨遺落全家都挈攜羅丙

四六

在蜀列城爲漢名郡本王褒之舊里接相如之文風喬木故存多士輩出資州謝上表

輿地紀勝卷第一百五十七

輿地紀勝卷第一百五十八 文選樓影宋鈔本

東陽王象之編　甘泉岑鎔淦長生校刊

潼川府路

普州　普慈　東普　普安　安岳

州沿革

普州 上 安岳郡軍事九域志秦地天官分井輿鬼之分野漢志禹貢梁州之域元和志春秋戰國爲巴蜀之境類要秦爲巴蜀二郡之地今州卽漢之資中牛鞞音髀墊江後漢之德陽四縣之境並元和志云又按東漢志犍爲郡有資中牛鞞縣巴郡有墊江縣廣漢郡有德陽縣是普之境涉犍爲巴廣漢三郡地又寰宇記云資中今資陽縣墊江今合州石

鏡縣德陽今遂州方義縣牛鞞縣今屬簡州晉因之晉志犍爲郡有資中牛鞞二縣巴郡有墊江縣廣漢郡有德陽縣李雄亂後爲獠所據至梁乃招撫之舊唐書志置普慈郡于此按梁史普通中益州刺史臨汝侯蕭猷賜獠鐵劵鏤書文云今爲爾置普慈郡可率屬子弟奉官租以時輸送後周武帝於郡立普州隋志安岳縣下注云後周置安岳縣并置普州寰宇記云周武帝建德四年於郡立普州隋志又云周置普慈郡象之謹按梁史普通中已置普慈郡周置普州非置郡也又置多葉縣於此隋志後周置縣曰多葉元和志云周建德四年置多葉縣於此隋初郡廢改多葉縣爲普慈縣隋志云開皇十三年改多葉縣曰普慈煬帝時罷普州以所領縣屬資州元和志在大業二年唐初分資州之安岳隆康安居普慈四縣置普州新舊唐書志並在武德二年又置樂至隆龕二縣新舊

唐書志並在武德三年凡領縣六縣名間有更革圖經云凡領縣六先天元年避元宗諱改隆康爲普康隆龕爲崇龕乾元元年割普康隸昌州大[曆]二年以安居隸遂州後復來屬改爲安岳郡天寶元年舊唐書志在復爲普州乾元元年舊唐書志在隸東川路至德二載五代前蜀後蜀迭有其地皇朝平蜀地歸板圖乾德二年省普康縣入安岳崇龕縣入安居普慈縣入樂至故領縣三隸潼川府路治安岳圖經云舊治在鐵門山開寶四年徙于今治年月得之于城隍廟像幅紙中

縣沿革

安岳縣

中下

倚郭舊唐志云本漢犍爲郡資中牛鞞墊江三縣地元和志云周武帝建德四年與普州同置舊唐志云

梁置普慈郡後周置普州隋省武德二年復置安岳爲治所九域志皇朝乾德五年省普康縣之安岳

安居縣 下

在州北六十里輿地廣記云本漢牛鞞縣地屬犍爲郡隋志云後周置剛柔縣安居郡開皇初郡廢十三年改爲安居縣寰宇記云大業初廢入資陽郡唐武德初屬普州舊唐志云舊理剛柔山天授二年移理張栅皇朝乾德五年省崇龕縣入安居

樂至縣 下

在州北八十里元和志云本周車兔鎮屬普州以車兔山爲名武德三年於鎮置樂至縣因樂至地以爲名屬普州唐志年月亦同皇朝乾德五年省普慈入樂至

風俗形勝

普爲左蜀上州前資後潼左昌元右榮德其民朴厚

而俗美士雅素而篤學排村徧井絃誦相聞故其俗尚禮義尊愛賢者宣和元年郡守王平彭公堂記普地最瘠其人服田士最貧而向學者衆大觀間跨鼇李新三瑞堂記普慈之人有無相通憂患相恤最爲近古少而羣萃者遜弟而聽從退而里居者無倦於教育又爲近古紹聖三年黎持文宣王廟記

郡土磽瘠無珍異之物惟鐵山棗崇龕梨天池藕三物皆陳希夷所種

論學徒之盛以西眉東普爲稱首政和中安岳主簿劉渭普應廟記

普爲東蜀下州土瘠而民貧惟士常比旁郡爲多馮山州學記

普蓲爾郡地僻而俗固然自昔縉紳之選實冠東蜀唐文若學記

劒南之東有州名普冠帶之

盛與西眉並稱四賢堂記安居普下邑地狹而賦寡占籍爲士者多於民唐文若安居縣學記蜀東西州論士所出必曰眉曰普普居山谷間不能當眉之屬縣而人物表表殆相頡頏何耆仲進士題名記介萬山間無土地肥饒之產無舟車貨利之聚民生之艱視中州不及遠甚獨惟人物之富甲於蜀東普慈志序眉之秀以水閬之秀以山普之秀以石故俗稱石秀故老傳有三臺一思津樓至晉惠樓二普安樓至岳秀樓三天慶觀街自城至城南山落至縣學舞雩坊首尾皆全石

九峪脉者九　北林寺山　北山院山　崇德廟山　教忠寺北壇山　天慶觀山　光孝寺山　慧明寺山　福濟廟山　白馬廟山

景物上

天池在安居縣之崇龕鎮陳希夷所生之地　月巖在安居高灘福聖院之對隱士趙鶱因崖爲之下可容百許人院後崖尤奇　艮巖在安岳之清流鎮有泉石佳致杜孝嚴有記　織山在安居縣南三十里山形如織其巔有巨石刻靈應帝君跨驢像禱夢甚靈　西巖郡守李耽有九日丨丨詩　金橋在郡北創於雍熙成於端拱金殿直延澤捐金助之故曰丨丨　安岳寰宇記云本以邑址在山上四面險故曰丨丨元和志云在縣西南一里　茗山在安居南七十里　雙溪在郡西七里與岳陽溪合而東　泮溪在安岳縣東四十里冋環有泮水之象

景物下

文風堂在郡治　文會堂在郡學　政拙堂在安居縣　有秋堂在樂至縣　歲寒堂在郡治　帥正堂在郡治　退省齋在郡治　旌貴樓在郡學繪

鄉之朝貴顯仕堂在郡學繪鄉之仕者尙雅堂在郡治清簡堂在郡治郡虛明觀在郡治清白堂在郡治玉虹閣在郡治芙蓉洲在郡治又樂至縣有芙蓉溪天卹山寰宇記在樂至縣北二里乾峨山寰宇記在普康縣其山四面嵯峨乾艾山在城南十五里圖經以爲此山多艾故名元域志載郡治安岳山者舊相傳以安樂岳山在郡南岳陽壩俗訛以爲乾艾云鼓樓山在城東靈居山之左山上崖石積疊如樓銅鼓山在州西四十里俗傳嘗聞銅鼓聲香臺山在州西五里有石佛龕香雲山在州南五里上有寺昔蘇禪師居此香爐山在州南五十里有石如獸戴香爐狀紫微山在東門外上爲靈應廟白崖山在安居縣之茗山鎮外嘉定己卯擒潰卒莫簡等於此剛柔山元和志在安居縣東二十里婆娑水元和志在普慈縣西北三十里其山綿亘數而里婆娑山晏公類要普慈縣有大丨丨丨小丨丨丨東溪亭丨丨丨記曰跨城陵高曰

均逸亭接均逸曰｜｜｜直溪之左均逸相對曰碧崖亭由碧崖北走曰總芳亭就崖之腹曰龍湫洞

西山寺 景泰有題｜｜｜樂淨軒詩云徑通花竹禪房寂雲臥衣裳晝夢閑

南昌觀 在樂至縣有巨石三其高二丈其圍三之一每日隱隱有聲如磬道流爲屋覆之號爲石寶焉

北壇山 在州東北二里上隆而平有壇之象

大安溪 在安居衆水最闗東流至合州入于江九域志謂安居水中多鯉魚故老云孟蜀嘗取魚於此禁人採捕當時號曰禁溪

大雲山 在鐵山門外二里許上爲棲巖寺唐李洞讀易洞在焉

太霄宮 在城南即唐紫極宮有賈島所書碑治平二年賜今額

獨行堂 在郡學繪鄉之隱者

兩賢堂 在郡治繪彭乘文同二太守

兩仙堂 在郡治繪陳希夷趙縮手像

三會鎮 在樂至縣係遂甯潼川簡池三州交會之地故名｜｜｜

四賢堂 在郡學繪濂溪橫渠明道伊川四先生像

八角山 寰宇記在安居縣東三十里

九曲溪 在安居縣頭陀寺之前九曲入于大安溪

千佛院 在城東靈居山寺上有圓龜洞

葛仙洞翼然亭今名眞相寺皆鐫石爲佛像形容奇古

多岳山寰宇記在安岳縣南二里圖經云昭德侯多岳葬此因名

後寶院在樂至縣西北四十里五季之亂堂屋頹毀開寶四年太祖因感夢遂賜錢命官重修有僧懷樞記

寶餅井在城南相傳環郡城有九谷而此乃寶餅谷昔有人於此井中得寶餅

寶相寺在安樂縣有石鐫三大像覆以層閣

寶嚴院在城西南五里開寶二年僧顯琪進半天河於太祖皇帝特賜化川大德

玉女山寰宇記在樂至縣北十五里郡人馮文鐸隱居於此

金羊山寰宇記在安岳縣西五里

玉龍淵在樂至之婆娑山上有靈應行祠

金馬院在安居縣北十里俗傳舊有金馬出踐田稱足跡隱然里人即其地創院馬不復出圖經云在樂至縣

石羊鎮在安居縣又有石羊山去縣一百三十里昔有石羊見此因名

石雞院在安居縣北二十里濱溪有石如雞狀又古記載石雞本在山巔一日忽飛鳴而下院以此得名

牛鬬山去樂至縣三十里有兩峰曰東牛西牛蓋狀如牛鬬

虎盤山距安居縣

一百四十里四面斗絕昔朱延慶常立寨於此名虎盤寨**龍湫洞**在安岳縣之藝頤潭洞可容十許人有詩刻**龍仙山**在安居縣古老云昔有龍仙於此**藝頤洞**在州城南門外安岳溪古老相傳舊有人昧爽前見一美人立于潭側梳頭躍入潭中因立祠其上號龍女祠**龍馬山**在州南四十里大石上有馬跡旁有佛龕舊爲龍馬院**魚龍山**寰宇記云去安居縣一百四十里圖經云上有魚龍潭及小寺**鳳凰山**在郡治之後形如飛鳳福濟廟居其絕頂舞鳳亭當其味州治據其脊左爲惠明院右白馬廟延袤數里氣象雄勝**龍泉山**在郡東南隅學宮之上**奴雞山**寰宇記云安居縣六十里與合州銅梁縣分界**走馬山**在州東北二里時有聖燈夜見可卜陰晴**仙女山**去安居縣一百八十里圖經云昔有女於此采藥得仙**佛母山**在安居縣茗山鎮**仙遊洞**在樂至縣圖南山之下可容十許人**靈居山**寰宇記在安岳縣南一里圖經云與靜居山對峙其上爲眞相寺有千佛龕葛仙洞草木潤秀向背皆蒼崖爲近城游覽佳處

每歲郡太守講八川故事於此。集仙觀在樂至縣西舊名白鶴觀乃張仙姑修煉之所坐佛

山在樂至縣東四十里有潭昔歲令李延智禱于潭忽見白龍見須臾大雨欽眞觀在安居之崇龕鎮即陳希夷故宅宣和中詔天下訪道書觀有庚桑子道士繕錄以進遂賜今額庚桑子者乃唐處士襄陽王元士補亡之書也顯道觀在安居之普慈鎮舊傳創於漢時道衆頗盛有殿堂五百餘楹赤眉之亂悉煨燼焉至唐復建報恩寺在安岳有通軒有會景閣便於眺覽福勝院在安居縣南五里高灘依巖架屋下瞰韓明溪有竹栢巖泉之勝有軒曰淨深曰水觀曰璧觀曰水月臨溪有棊臺有釣磯破石井在州城西水清冽乃一巨石鑿開而水出相傳云陳摶相地所開棲巖寺郡守郭印諸公皆有詩岳陽溪輿地廣記在安岳縣圖經云天聖中郡守翰林彭乘鑿石爲曲水後名翰林灘每歲修禊事於此樂至池元和志在樂至縣東二里安居水元和志云在安居縣北八里崇龕山元和志在崇龕縣西三里今屬安居縣臨水

院在樂至縣南六十里院前有永興溪里人有得龍頂竹於溪中者今藏于院中**仁風溪**在安居自郡西分流至遂寧入于江**官祿山**寰宇記在樂至縣東二里**鐵山神**廟在州城西神姓姚諱景徵當隋文帝時普昌瀘三州夷作亂帝命神爲都統將兵討平之卒葬于韓朋鎮石城山今姚史君墓是也淳熙加封制詞曰王有功隋代作牧西州勇略冠軍嘗蕩平於夷落邦人懷德爰尸祝於鐵山可封安惠顯佐順助王嘉定己卯紅巾作亂於益昌遂入普屯于廟山之側是夕暴風雷雨掀揭寨舍賊首張福莫簡見空中神異謁廟謝過採籤得擒賊先擒王之句已而就擒**普應廟**在鳳凰山神姓多名岳天彭人自孟蜀時投徒於普國初未有登科者端拱五年門人牟袞廷試第七自是以儁科奮登科者相踵寔自侯始侯既沒牟袞率諸子弟葬之鳳凰山遂立祠焉因名多岳山**東嶽廟**在城西本東嶽西西岳二帝廟創於開寶二神同宇政和中郡守孫汾丁以岱宗爲五嶽之長始列仁聖帝於中殿遷順聖帝於東廡云**西郊廟**在安居縣曰西郊靈應廟近者村民於溪濱得龍牙三段

合之成一株長五尺圍尺　崇德廟在樂至縣始因僧許顯未俱全今藏廟中自永康迎神于崇教寺夢神謂之曰神佛異路豈可同居盍棲吾靈于鳳山乎遂建廟縣東門外

古迹

舊崇龕縣元和志云大業十三年於此降鎮置隆龕縣先天元年改爲崇龕皇朝乾德五年省入安居縣　舊普慈縣元和志云本名多葉縣周建德四年置開皇十三年改多葉爲普慈皇朝乾德五年省入樂至縣　舊普康縣元和志云周建德四年於此置永康縣開皇十八年改爲隆康縣先天元年改爲普康皇朝乾德五年省入安岳　老君山在州北二十里昔有老君宮　朱買臣山在樂至縣　彭公堂在郡學繪郡守彭乘像　賈浪仙祠在城南二里許其前浪仙墓詳見官吏門　韓朋洞在安居縣之丨丨鎮　翰林灘詳見官吏門　稀傳巖灘在安居縣西高灘白氏所居　景泰讀書巖在安居之魚龍山乃閤使景泰讀書

處後景徹有題伯祖尚書｜｜｜詩

李洞讀易洞 在郡西樓巖寺洞雍州人時洞避朱泚之難入蜀師事賈島爲詩島沒洞以詩弔云位卑終蜀士詩絕古唐朝嘗鑿石爲洞讀易其中洞卒葬子城東十里之焦山又云在安岳縣

希夷故宅 在安居縣崇龕鎮二里國初即其宅爲靈山觀宣和間賜額欽貞

唐衛波將軍墓 普慈志云有古墓在婆渝鎮馮金紫墳塋之鄰古老傳爲｜｜｜｜｜｜無碑可攷

賈島墓 在州南山下島自長江簿遷普州司戶參軍終焉有唐宣宗賜島勑今遂甯府長江縣亦有賈島墓又唐安錡從事過普州岳安山賈島墓詩曰倚恃才難斷昂藏貌不恭騎驢衝大尹奪卷誤宣宗馳譽超先輩居官下我儂司倉舊曹署一見一心忡

官吏

程知節 唐太宗十一年除普州刺史

韓澄 代宗大歷三年爲刺史按帝紀及郭英乂傳大歷三年英乂爲劍南節度使僭侈苛暴出兵襲崔甯不克甯攻之英乂奔簡州爲靈池｜｜斬其首以送甯

賈島 賈浪仙集蘇絳銘序云｜｜字浪仙范陽人長林間氣超卓挺生屬思五言孤絶之句記在人口罹謗責授遂州長江主簿自長江簿遷司倉參軍又遷司戶參軍今有祠在城南三里題曰賈浪仙祠其前即浪仙墓祠中刻唐人中時所賜墨勅又有鄉貢進士蘇絳撰賈島墓銘又有上谷侯圭墓表云

康延澤 乾德三年王全斌平蜀而全師雄作亂詔以延澤爲普州刺史延澤招散卒得千餘人至郡敗賊衆三萬由是賊勢稍沮未半年普遂資簡昌合六州悉平此據王禹偁墓碑

彭乘 益州華陽人爲漢陽軍判官顧望鄉關悵然曰親老矣安敢捨晨昏之奉而圖一身之榮乎奏乞歸侍養寇準薦之召爲集賢校理求便親得知普州舊制蜀人不許赴蜀官特恩自乘始今東溪之上曰翰林灘者公之遺迹也慶曆中與歐陽文忠公宋景文公張文定公在翰林同爲學士

文同 字與可潼川人登進士第自館職親老丐外來守在治平四年

喻汝礪 字迪儒隆州人崇甯五年廷試對策切直有司以謗訕聞徽宗命以學究出身靖康初爲郎朝廷議割三鎮汝礪言不可敵立僞楚汝礪即日掛冠而去捫其

滕曰此滕豈可屈哉自號捫滕居士高宗即位南京汝礪往白汴都變狀復以爲郎辭歸省歸因令撫諭四屬後知普州

唐文若紹興時復建郡學以｜｜｜爲教授

李新字元應元符末爲南鄭丞上書詞旨激切後入邪等坐貶大觀中爲普州司法自號跨鼇先生國史有傳

王陶興國四年通判州事

人物

汝顏字宗聖普州安岳人舉進士調鳳州職幕年未及丐致仕仁宗嘉其早退特授太子中舍朝之名勝如孫抃梅贄石揚休富公弼范蜀公鎮皆有詩以華其歸見普州志

牟袞字君華永與人受學於多岳先生國初郡士未有登科者袞始登端拱五年進士第七人後有用中義先積中學先者兄弟接跡登科謂之一門四桂

景泰字周卿擢進士第通判慶州上言元昊包藏禍心變且不測不報康定元年元昊果叛擢知甯州及原州以奇兵敗元昊于彭陽改知鎮戎軍賊不敢犯子思忠思恩立思諠

景思忠 夷人犯清井思忠以先鋒陷陣死之

景思立 王韶開熙河詔思立策應後并河州出兵攻鬼章於踏白城與賊血戰死之

景思誼 永樂之役主帥徐禧議約和誼往見敵酋詞不屈竟死之同時死難者高永能程博雄皆廟食鳳翔後又建之廟宇于行在今旌忠觀三聖廟是也

劉澤 樂至人幼以弓矢爲戲夜夢神人助以射法發無不中已而破賊于簡普二州有田數萬畝悉舉以勛國乾德中入朝太祖臨軒閱其藝因號曰劉弓太宗征河東有賊媪嫂罵澤一矢殪之上悅便

馮氏 自唐馮宿之後爲彰明令因家于蜀在普有西宗北宗之別

南宗馮如晦 范純仁帥環慶知環州种詁以羌獄訟純仁不法詔獄屬州命如晦往訊如晦言羌獄實不可變而純仁不法事皆無迹純仁之誣乃釋富公弼范公鎮以下皆有詩以迹其事秦觀序其首元祐初復行差役如晦以爲西戎之害小差役之害大葢邊患不過陝右一方而差役則偏及天下萬世之害也

馮方 自秦檜抳塞言路方與王十朋等始繼有所陳高宗初年嘗極論江淮形勢及川陝險要後辭同年時宰之美官而

入張魏公幕府　**馮宋**　靖康初李綱罷政府宋同陳康伏闕上書宋與陳東詩云布衣已有同天力太學翻爲御史臺　**北宗馮光戩**　蜀李順之亂已平民有出降諸府輒殺之光戩白大將楊瓊曰天誅誅順耳順已授首而銳於殺戮則蜀未易以歲月定宜置錦袍銀帶於門以示招徠之意自是降者日以千數　**馮山**　擢第後至京師文潞公欲留之山以親老辭願得蜀官以歸鄧綰舉爲三院御史山力辭曰臣本孤寒不諳新法本意天下高之子澥示　**馮澥**　應賢良方正科見蔡京言牛李朋黨之禍又極陳湟鄯之害道州安置靖康召爲諫議大夫澥言三鎭祖宗之地不可割　**杜孟**　遊太學三十年童蔡用事幡然而歸大書屋壁以訓子孫曰忠孝二字吾家之寶經史二字吾家之田子孫以先訓自別爲寶田杜氏孫定國曾孫孝嚴元孫疃三世登科贈節範處士　**趙開**　安岳人中興之初川陝用兵開爲轉運使首變茶鹽錢引摧酒之法於是財用遂足　**馮百藥**　**李晛**　有傳　**汝、利侯**

雍昌　林宗姪孫　**袁十朋**　**景丹**　泰姪孫　**馮翼宗**　如愚從子　**趙登**

陳永錫　姜士元　馮閔翼宗從弟王才　馮辰紹卿八世

孫李葆叔　趙正雅　孫誨　羅龔　馮彥高紹卿四世

孫已上普之黨籍上書邪等十有八人

義居趙氏兄弟四人長名旁仲曰奇叔奭季齊兄弟俱遊京師聯袂薦選居西京者十年靖康之變叔季死焉伯仲挈二弟之柩以歸拜父母于堂曰吾二人者未殁于地天也尙忍爭錐刀于斗粟尺布之末以傷友于之情也哉

馮震武上皇帝疏乞留兵部郎官朱熹以備講筵

仙釋神

陳摶字希夷普州崇龕人也隱於武當山及華山太宗令見眞宗於壽邸及門而返曰王門厮役皆將相才也何必見王按傳記皆以爲先生亳郡人或曰華人然按祥符舊圖經謂陳摶普州崇龕人既長辭父母去學道或居亳爲亳人或居洛中爲洛中人或居華山爲華州人此說最爲有理祥符去國初甚

近李宗諤撰定圖經宗諤博物君子也必得其實又野傳一編乃欽眞觀道士謝道緣所傳其徒相傳蓋二百餘年矣亦以石羊人有方外之遇悉推先生爲崇龕寨人以趙守一家貲與二昆結茆山中號石羊山人人以趙縮手稱之且曰我縮手于胷非袖間也年二百餘歲尸解而去

小香王先生崇龕人常遊天池過陳希夷及麻衣道者乃辟穀修煉後尸解于青城山矣後復見于簡池之茶肆

玉局觀白道士景重孳好施一日有｜｜｜｜｜｜｜訪其家留數月遂辭去白道士乃曰叨恩無以爲報曰嘗見方廣院西天池浴下有一吉穴其山左案爲文右案爲武左低而長後世子孫以文仕者官卑而壽長右高而短後世子孫以武仕者官顯而壽促

奉聖寺羅漢舊傳乃隋朝塑郡守王其姓者久苦瘡一夕夢有老僧來爲傳藥問所云荅云開元寺夢覺瘡愈翌日詣寺炷香一如夢中所見今病瘡瘍者禱之無不應

鑒元師賈浪仙訪鑒元師有詩云維摩青石講初休緣訪親家到普州我有軍持憑弟子岳陽溪裏汲寒流

金峰長老開山靈居寺後賜額眞相寺長

老嘗作棊歌以寓其禪機

可因 祥符間唱大法於棲巖參徒百餘人嘗烹一雞侍者竊其一臠師詰侍者不伏師乃出而生之一生雞墜地頭足俱具惟闕一翼耳正旦下山謁府主云初五日當歸府主遺人候之曰幾乎忘了乃上堂說偈而化今巖前時有聖燈見

朱延挺 永安鎮人也尚氣任俠後唐末孟知祥據蜀公語衆曰今王政不行所在血肉斯民於是卽其所居虎盤寨置仗積糗以自衞而州督役不已則憤然曰人固有一死死於役死於兵非吾初志也遂間走至本州鐵山廟自刎而死髮豎衝冠持刀而立郡將語之若能釋刀而立當令子侍食於廟復取其刀遂儼立如故自是配食於廟

碑記

唐棲巖山寺讚銘序 唐開元戊辰前刺史宏農楊令珪博陵崔克讓及刺史房公失其名

唐老君應見碑 唐開元觀|||||開元二十九年岳陽郡奉勅建大宋淳化二年重鐫

唐紫極宮碑 集古錄唐樂闡撰賈島書樂彥融篆額宮元元皇帝祠也樂又重修

碑以會昌元年立在普州　唐西巖禪師受戒序普州刺史韋忠開元十年建　普慈志郡守楊泰之序　郡北小千佛院記普慈志在開皇十三年　唐宣宗賜涙仙墨制在大中八年　賈涙仙墓表字涙仙燕人廣明庚子東蜀從事上谷侯圭表曰於戲有唐詩流賈君之墓　賈島墓誌集古錄云唐蘇絳撰馮賢書碑以會昌四年立在普州　聶公眞龕記在靈居山軍事判官何光遠撰廣政四年建、　茗山平寇錄見普慈志卷末

詩

水岸寒樓帶月躋夏林初見岳陽溪一點新螢報秋信不知何處是菩提唐賈島夏登南樓　瓶汲南溪水書來北岳僧驢愚兼抱疾權糾不相應賈島　普慈到此儒風盛

吏部曾言是再生韓璹天荒初破起鄉風東普聲名日愈隆囘想國人矜式處先生功倍蜀文翁費德厚多岳先生祠仙家鱗檜古小市鹿黎甘馮叔豹過崇龕寨題希夷宅灘崖猶刻翰林名鑿鑿寒波漱玉聲遊子淒其感今昔臨流不敢濯塵纓蹇汝明題翰林灘地僻養成山水趣民和流入管絃聲馮山亭宇跨城端新苔磴道盤風光晴水石煙景暮林巒文同均逸亭金鑾視草人安在曲水流觴迹已空溪有翰林灘鑿流盃此李新跨鼇詩云斷巘緣溪邊危亭翠壁前軒窗誰是客詩酒自稱仙遠壑春藏雨長波晝起煙吏人休報事高興正陶然文同碧崖亭地靈人勝風流古石秀

山迴氣象雄（郡守郭印普以石秀故也）地靈人秀誰稱首文屬君華武硬弓（馮如愚詩牟袞字君華國初普州破荒及第劉澤武藝精絕隨太祖定天下號爲劉硬弓甘普州人也又劉後溪靈應廟記曰多先生岳賜廟普應一則以武一則以文皆有功于士與民者也）捫膝來爲普慈守先生懸車在林藪（喻汝礪上馮左丞上句汝礪自謂下句指左丞也）

賈島詩

孟郊死葬北邙山日月星辰頓覺閑天恐文章中斷絕故生賈島在人間（韓愈）長沙事可悲普掾罪難知千載人空盡一家寃不移吟寒應齒落才峭自名垂地遠山重疊難傳相憶詞（姚合寄賈島時任普州司倉）仙遊謫下可

能禁多少名山助苦吟千古斷碑猶有恨推敲無字到于今（費德厚賈浪仙詩）亂山重復疊何路見先生豈料多材者空垂不世名閑曹曾得醉薄倖已勝耕莫問吟詩苦年年芳草平（唐方干贈賈司倉）自古才難達司倉與世乖官雖爲言謫名不共身埋龕像塵昏壁詩魂月滿齋孤墳没秋草客到重傷懷（常勉賈司倉祠堂）浪仙才與命於世獨何乖謗議生難避詩名死不埋（錢宗寄賈島）爲詩直欲無前古畱骨如今錮一山富貴當年人曷在只君詩價滿人間（李占賈司倉祠）抱負如公屈不伸古來無有達詩人聲名豈是官資小才調甯如掾倖貧東野舊

稱濤湧骨退之會說膽過身趙嗣業賈司倉詞

四六

鄉同渤海不見於帶牛里若會稽無聞於吠犬李義山薦

普州刺史竇景章狀云云罷郡之日挈家即塗皂蓋彤襜空留遺愛竹書牙管不累歸裝同上云云能惠遠人必惟廉吏

文章付俗賈島仍存州城南有唐賈島墓

風物留人翰林長在天聖六年彭乘守州宇文煇爽襟亭記

輿地紀勝卷第一百五十八

輿地紀勝卷第一百五十九　文選樓影宋鈔本

東陽王象之編　甘泉岑鎔淦壆校刊

潼川府路

合州

巴川　合陽　合水　墊江　雲門　赤水

州沿革

合州　中　巴川郡軍事十道志　禹貢梁州之域元和郡縣志　秦地參井之分野圖經　古巴子之國此據元和志而寰宇記以爲巴國別都又三巴志云閬白二水合流曲折三回如巴字故曰三巴　秦滅巴國以其地爲巴郡元和郡縣志　今州卽秦漢巴郡之墊江縣也元和郡縣志又圖經云今州卽墊江故地巴之別都故元和郡縣志亦謂之巴子城在今合州石鏡縣南五里　東漢及

魏晉因之東漢志及晉志宋志於巴郡下並有墊江縣是墊江止隸巴郡而元和郡縣志及通典並云宋置東宕渠郡而宋益州地理志領郡二十九止有巴郡領縣四曰臨江墊江枳縣而無所謂東宕郡豈有一縣而遙隸兩郡也又不然則一時廢置史有不錄沈約志地理不應疏畧若此至南齊志有東宕渠郡不領縣係五十四郡荒殘之數又有東宕渠獠郡領縣三曰宕渠曰平州曰漢初而無所謂墊江縣却於甯蜀郡下領縣四曰廣漢曰下遷曰廣都曰墊江是墊江在齊乃領于甯蜀郡而志不言其分隸甯蜀郡之年月爲可惜也

宋於此置宕渠郡元和郡縣志云宋於此置東宕渠郡而隋志第云舊置宕渠郡而無東字恐其間或有省併亦未可知

南齊以墊江縣屬甯蜀郡南齊志甯蜀郡下有墊江縣

梁爲墊江不知所隸通鑑武帝天監五年邢巒入漢中表稱巴西廣袤千里戶逾四萬若於彼立州鎮則從墊江以還不勞征伐是天監時墊江之名尚未改也

西魏平蜀置合州隋志涪陵郡下注云西魏置合州開皇初改曰

涪州改墊江爲石鏡縣隋志石鏡縣下注云舊曰置宕渠郡西魏改郡爲墊江縣爲石鏡大業初置涪陵郡改宕渠郡曰墊江郡隋志後周復曰宕渠郡寰宇記隋廢宕渠郡改合州曰涪州隋志在開皇末煬帝廢涪州置涪陵郡通典唐改涪陵郡復爲合州新唐書志云本涪陵郡通典云武德元年復爲合州領石鏡漢初赤水三縣通典隸劍南道正觀中改巴川郡天寶元年復爲合州乾元元年改隸東川乾元二年五代王氏孟氏繼有其地國朝平蜀乾德三年仍爲合州分蜀爲東西川峽路而合隸峽路及分川峽爲益梓利夔四路而合隸梓州路咸平四年中興因之今領縣五治石照

縣沿革

石照縣　中

倚郭元和志云本秦漢巴郡墊江縣地後漢岑彭與臧宮伐公孫述自江州縣從涪水上至墊江是也又通鑑晉武帝寧康二年威遠將軍桓石虔率衆三萬攻墊江苻秦將姚萇兵敗退兵五城晉宋志並屬巴郡齊志屬寧蜀郡梁爲墊江不言所隸事見通鑑天監五年隋志云石鏡縣舊曰墊江置宕渠郡西魏改郡爲墊江縣爲石鏡大業初置涪陵郡寰宇記云西魏恭帝三年置墊江郡更縣名石鏡以涪水有石似鏡名仍於縣置合州歷代縣名不改國朝會要云乾德三年以翼祖嫌名改爲石照

巴川縣　中

在州南七十五里本秦漢巴郡之墊江西魏唐之石鏡銅梁縣地元和志云開元二十二年刺史孫希莊奏割石鏡之東銅梁之南置縣唐志年月亦同以地在巴川故名

銅梁縣 中

在州南一百三十里本漢之墊江宋之東宕渠西魏唐之石鏡縣地元和志云唐長安四年刺史陳靖意以大足川僑戶輻湊置縣唐志年月亦同取小丨丨以爲名皇朝郡縣志云舊志在今縣北四十里奴㑊山列宿壩上開元三年移就涪江南岸權立十六年移於東流溪壩即今治也

漢初縣

在州北一百四十里本漢墊江縣地元和志云西魏於此置丨丨丨屬合州寰宇記云宋改墊江爲東宕渠縣隋志云梁置新興縣西魏改郡曰清居縣曰漢初寰宇記云隋開皇初廢郡爲丨丨丨

赤水縣 中

在州西北一百三十里本漢之墊江宋之東宕渠西魏之石鏡縣地隋志開皇八年析石鏡西境置以境內赤水源爲名寰宇記云唐武德元年移於今理國朝會要云熙寧七年廢爲鎮隸銅梁七年復置

風俗形勝

巴國之人質直好義土風樸厚有先民之流常璩華陽國志漢分巴蜀置廣漢犍爲郡自後五教雍和秀茂挺逸英偉既多風謠旁作故朝廷有忠貞盡節之臣鄉黨有主文歌詠之音同上

合州枕二江之口衆水之湊也趙𧨏新堤記文云涪水自西北領馳水沈水孱水靈江射江大𤅷諸水東南迤會於漢水漢水自東北領巴水閬水渝水嘉陵宕渠諸水西南滙入于涪水

涪漢合流州因以名重修單公隄記

表之以四山之環合中之以兩溪之襟帶田畝桑麻左右交映人生其閒多秀異而喜以詩書自樂墊江志

渺二江之合流瞰萬井之耕桑李開飛舃樓記

取涪漢二

水相合寰宇記後魏置合州蓋取涪漢二水相合於此臨峽江之上實控東之地寰宇記墊江以西土地平敞精敏輕疾東漢末年江望分郡議

巴蜀要津清華樓記曰魏大統初於｜｜｜｜置合州其山曰龍多曰銅梁上接岷嶓下繚甌越或斷或續屬海而立所謂南戒者也其水曰涪曰嘉陵合流於城下貫江沱通漢沔控引衆川偕入于海所謂南紀者也

合州環江邑居湫隘附城少北巖石修林之蔽遊桂北岩李氏思洛亭記

合州爲古之墊江忠州爲今墊江劉璋遣法正將四千人迎劉備使討張魯備留諸葛亮守荆州將步卒數萬人至江州北由墊江水至涪璋率步騎三萬會及漢晉宋志巴郡之墊江縣今爲合州之石鏡縣此乃古之墊江通典云魏恭帝始置忠州墊江縣後周改魏安隋開皇十八年復爲墊江乃今忠州之墊江

景物上

雙山在巴川縣南五十里相傳漁者網得二石其一飛去其留者因卽山築屋而寶祠之石埋土中其可見者高不盈咫廣尺有三寸

斜崖在石照縣東北八十里高十餘里有石橫亘崖腹如拖修帛迤長四五里崖以此得名環左右百里望之如積雪與日相射下有穴俗謂之龍洞水由洞中出洞中有垣有宇周以乳石如筍如栟有雙石柱

瑞木圖經云國朝乾德五年山復有木文曰天下太平太守以聞案實錄州所上ㅣㅣㅣ得之漢初縣蘭陵鄉龍潭石壁如削水繞壁以出流爲大流

仙臺在赤水縣北五里蘇振撰馬蓋羅記云有山曰龍多ㅣㅣ腹有穴僅容一人迤登而出于冢石負土草木生焉相傳有馬蓋羅者煉丹其上晉永嘉三年七月十五日舉家十七人仙去

醉石在州治舊有石郡守何騏醉則休其上因謂ㅣㅣ

涪水在州南百步出剛氏徼外有石屹立水心正圓如月其下嶄岩如雲氣俗謂石鏡冬出水可二丈南流至重慶府入江一名內水亦謂之巴江

墊江三國志謂劉先主詣墊江者卽此也

濮巖在州北五里或云卽北岩

巴水一名宕渠水酈道元謂之潛水

又謂之渝水俗謂渠江在縣北十里

江樓

在州治之前其名見於杜甫寄蘇使君詩釣魚山學士山東山橫其前下臨漢水

內江

杜甫送十五弟使蜀詩云數杯巫峽酒百丈內江船注水自渝上合州者謂之內江自渝由戎瀘上蜀者謂之外江

中峯

在巴川縣東南六十里山環二十里如盤民錯居如畫有大池泉自山出注于天池池冬夏不溢不耗俗謂之天池

東山

在石照縣東十里家子伯章之別業也下瞰涪內水有松萬章望之鬱然岩高四五丈縈紆可二里引泉爲池冬不凋

東臺

西臺

石照縣有薛融讀書臺康元朗讀書臺俗謂薛臺爲東臺康臺爲西臺詳見書臺山下

南紀

事見南戒注下

南戒

晁公武清華樓記今州其山曰龍多銅梁上接岷峩下繚甌越屬海而立所謂丨丨也水曰涪曰嘉陵合流於城下貫江沱通漢沔引衆川入于海所謂南紀也云

南峯

在巴川縣東四十里高五里是爲峽山之首兩山複出對峙中廣十里塗左有穴俗謂之仙洞其深五里如堂如室如樓如閣或晦或明竇水伏流其下出爲大澗澗多嘉魚

北巖

在州北五里李文昌圖經始傳

會爲濮岩非也岩有柏數阡章率圍八九尺又有定林院正月九日郡以故事置宴遊人盛集又有荔枝閣每熟郡守率僚佐置酒閣上臨檻俯摘以爲勝賞

北園 方舟李石龍門蘇氏丨丨記曰蘇氏父子兄弟以四世之學芘五畝之宮

博溪 在石照縣西北一里又傳爲濮溪

天池 在巴川縣東南六十里中峯絕頂

仙柏 在龍多山丨丨臺圍丈有二尺中空而柯葉敷腴又至道觀記云有柏大二三十圍

葛山 在銅梁縣北十里相傳有姓葛者煉丹其上仙去丹竈今存

悅池 在銅梁縣西一里方一里水深丈餘清澈如鑑夏益以流潦不獨芙蕖盛開香聞十里遊觀之勝處也

金船 在石照縣詳見金沙積下

石照 晏公類要在縣南九里圖經在縣東二十里

燈山 在巴川縣西七十里岩間夜有光熒然俗謂聖燈夏數見

鐘山 在銅梁縣西南十里有池大旱不竭相傳民有發地見大鐘冉冉而沒遺跡成池俗謂鐘窠

寒山 在石照縣西二十餘里峭峻如削相傳昔人避亂保聚於此至今發池或得箭鏃

鑒樂堂在郡圃 中和堂州之治事廳也 沈厚堂取姚崇薦張柬之之言以名東之繪像在焉 松風閣在羗廬山 寒碧洞在州治 純陽閣在州治寢之西北

朝宗閣在僉判廳下瞰金沙磧瞻覩之遠畧如郡之江樓 映書軒在州治有何麒記有大榕圍二丈高七八丈蔭蔽一畝即記所謂二葛今其一僅存 清華樓在郡治有晁公記 九思堂在郡治 天神山在赤水縣西十里相傳有姓楊人夫婦傭於田家前知晴雨人頗異之一日辭去至山化爲石人爲立祠因以爲名 學士山在石照縣東五里直郡治之江樓圓聳秀潤如將拱揖山高不踰旁山而南峯斜崖大山班班若出其下亦甚異也西北張氏荔枝異本合幹唐文若曲端嘗賦之 羅候山在巴川縣東北二里淳熙間有李淨能者不知何許人性耐勞苦不避暑雨霜雪所至營廢寺施者雲集遠建佛殿四部經藏今蔚爲精藍矣 東流溪在巴川縣續通典云

開元十六年縣因涪江南岸東南徙｜｜｜壩上即今治**東漢水**　**西漢水**在石照縣東百步天下之大川以漢名者二班固謂之東漢西漢而黎州之漢水源於飛越嶺者不與焉固之所謂東漢則禹貢之漾漢其源出於今興元之西縣嶓冢山逕洋金房均襄陽至漢陽入江者是西漢則蘇代所謂漢中之甲輕舟出於巴乘夏水下漢四日而至五渚者是也其源出於西和州徼外逕階沔州與嘉陵水會俗亦謂之西漢又逕大安軍利劍閬果合與涪水會至重慶府入江**嘉陵江**在石照縣東北卜里元和志云西溪水一名｜｜水**武陵邱**寰宇記在漢初縣一名陵江山**渠江水**寰宇記云在石照縣北十五里源自萬頃池分來經巴達等州與嘉陵江合**朝霧山**在赤水縣南一里元和志作霞**宿雲巖**在銅梁山馮時行有詩**武金坑**圖經銅梁縣治卜｜｜又謂之武金壩五代王建將張武父墓在焉**嗽玉溪**在赤水縣瀘崑山下**滴水巖**在州西北五里舊屬楊氏脩二百尺深尋有二尺泉宂岩以出岩下有花數百本可遊觀**珠玉山**在巴川縣

西七十里高千二百尺有石如玉**金沙積**涪漢合流之會有大洲相傳下有金船負之俗謂丨丨丨人目爲州之盛集歲首命造浮梁自漢西岸以達于洲**玉城山**在巴川縣**銅梁山**九域志引益部舊傳云昔楚襄王滅巴子封庶子於濮江之南號丨丨丨後圖經云丨丨丨在石照縣南五里左思蜀都賦曰外負銅梁而宕渠即此山也寰宇記云遠望諸山而此獨秀圖經又云山頂即宗子伯業之別業有宿雲岩方岩松風閣讀書堂博古齋晉雲馬時行嘗賦之山有茶色白甘腴俗謂之水茶甲於巴蜀山之北趾即巴子故城多玉蘂花元和志云出鐵及桃竹杖**寶蓋山**在銅梁縣西二十里相傳有姓羅人隱山中仙去時有馬飲澗逐之不見俗謂之羅仙馬**白浮圖山**在赤水縣北一里其崗阜聯龍多**書臺山**在石照縣東北七里臨西漢水有東漢末薛融讀書臺又有唐康元艮讀書臺在縣西三十里牟山之上俗謂薛臺爲東臺康臺爲西臺**雲門山**九域志又蜀都賦云指渠口以爲丨丨丨**龍門山**在銅梁縣東北七十里山高一里隱者蘇汝礪之居也有書院藏古

今書三萬卷

龍淵溪 在銅梁縣北六十里潭方六丈中有大石俗謂有見女子理髮其上迫視之金梳沒石遺跡今有

龍穴山 在石照縣西南七里有泉甘冽

龍透山 在銅梁縣西三十里有穴前後透望之空明故名

龍多山 在赤水縣北五里有唐孫職方樵｜｜｜錄云上負一道宮曰至道觀東有大池即唐武后時放生池又有天寶十四載韋藏鋒祭山題名中峯有鷲臺院東爲佛慧院院有萬竹軒竹徑圍尺暑爲之郝扇有東巖廣五十丈多唐人刻字又有靈山院泉自岩出瀦爲方池大旱不竭其山高明窈深變態萬狀有駕鶴軒下視涪水如帶煙雲出沒山之偉觀也

鷲臺泉 馮時行鷲臺院記曰山負一道宮三佛剎而鷲臺爲之冠而靈山傑閣飛簷下瞰絕壑最爲游觀勝處唐孫職方之文與古今詩什皆刻岩下

龍老泉 又名婦遙山在石照縣西九十里有泉故老云嘗見女子理鬢石上俗謂之｜｜｜

玉馬山 在銅梁縣東南三十里下臨西漢水山腹有穴秋冬吐霧如炊煙日中方止俗謂龍竅

石驢峯 在巴川縣西

盤龍山 在石照縣東百餘里

坐龍山即瑞應山本名坐龍唐改爲瑞應　釣魚山在石照縣東十里涪內水在其南西溪上流經其北郡人遊者以舟下涪水艤而上已乃繞山北沿西漢水而歸此遊觀之奇也山南大石砥平有巨人跡相傳異人坐其上投釣江中山以是名下有大刹曰護國院歲二月八日郡守帥僚屬置宴郡人畢至任逢遊釣魚山詩云縱無渭水周家望合有嚴陵漢室光山趾有雙墓見古跡門

駕鶴軒在赤水縣龍多山　桂子山在巴川縣東南百五十里　五臺山在銅梁縣西七十里

六嬴山在巴川縣西二十里相傳昔人嚮冠於此六戰皆捷故名　什邡驛何麟題｜｜｜詩可憐劉季落恩讐小白猶能相射鉤看取陳平三萬戶何如雍齒十邡侯　九煉山在石照縣北七里九域志云唐天寶中道士任處華昇仙之所　萬年山在石照縣　純陽山在石照縣北三里州治在其陽唐女冠范志元得道處東南諸峯如繡一州之勝處也　大安溪在銅梁縣北二十餘里溪深多鯉金鱗赤尾　小安溪元和志在巴川縣源出南巴山中　高望山

在石照縣北十里崗脈聯亘爲純陽山

瑞應山 在石照縣本名坐龍山圖經云隋義[甯]三年樵人斬樹剖中有文曰大唐應運州刺史上其事改今名又云乾德五年山腹有木文曰天下太平按實錄州所上瑞木得之漢初縣其文曰大運宋皆不同今有瑞應寺又名光教禪院云

青石山 在石照縣西二百四十里李膺益州記云昔巴蜀爭界而人不決漢高帝八年一朝密霧石爲之裂州界始判華陽國志以爲有｜｜｜神是也

清水穴 圖經載江州有｜｜｜以爲粉則膏暉貢粉京師世謂之江州隨沐粉謹按｜｜｜見在重慶府西三十步今不取

白土平 在銅梁縣東北六十里地宜梔子一家至萬株夏彌望如積雪香聞十餘里

化度院 在赤水縣西五十里涪水迸其前山自半地特起屹若島嶼有佛祠名｜｜｜有鐫佛像乃唐永泰二年鐫者刻其字今石照縣亦有｜｜｜在

鷹福院 在漢初之新興鎮院有陳摶二詩始摶題詩於院壁門再遊復題焉故有二詩

瀘崑山 一名巴岳山在巴川縣南十五里山有巨石如狻猊是名香爐峯有崑谷洞多蒼玉有瀨玉溪有木

蓮花高五六丈葉如梗楠花如菡萏出山則不植**奴崙山**續通典云在銅梁縣北四十里今縣有崙山里**長女山**在巴川縣西八十里有穴相傳牧者誤入其中有女子憑几而坐故名**高灘溪**在巴川縣東十五里灘口有崖高七丈其廣三之水激而下嘉定改元夜有聲如雷崖忽陷下岸旁民田如故

古迹

朱王城在州南二里**巴子城**元和志云｜｜｜在合州石鏡縣南五里**什邡侯城**九城志有什邡侯城漢封雍齒爲什方侯於此**薛融讀書臺**在石照縣東北七里謂之東讀書臺**康元艮讀書臺**在石照縣西二十里之牟山謂之西讀書臺**元宗像**在天慶觀有鑄銅人相傳爲｜｜｜舊經云觀乃長興二年置乃後唐明宗年號則又恐非｜｜｜也**普德廟**在州北五里昰博溪水上相傳以爲秦時蜀守李冰之次子葛洪稱其次子佐父治水後仙

去會要所謂氷次子郎君而俗謂之二郎者也

壁山普澤廟在州西一里其神姓趙氏名延之唐大歷末爲巴川縣令于縣之光天觀鑄銅鐘云大歷十三年巴川縣令趙延之舊圖經云公令巴川資瀘夷鈔縣境公討平之以功授合州刺史兼合資瀘等州經畧巡撫使行部過渝之壁山樂之尋卒山趾後人依山立祠合亦立祠又云咸通二年夷復擾民禱於公賊忽散去封威烈侯

張柬之祠在州治之西柬之武后時忤旨出爲合州刺史

周濂溪祠在僉廳

陳公輔祠在北巖

雙墓在釣魚山涪水之北各高三尋有石羊李文昌圖經云巴王濮王會盟于此酒酣擊劍相殺並墓而葬新圖經云石羊類近世葬令所用非古也

張武父墓在銅梁縣武金山有僧過指其地曰商姓葬此不十年子孫秉旄鉞武密埋父骨於其處王建時武官至太傅鎮江軍節度

官吏遷客附

張柬之唐張柬之襄陽人遷鳳閣舍人突厥默啜請以女嫁諸王命淮陽王武延秀入突厥納其

女爲妃柬之諫古未有親王娶夷狄女者忤旨出爲合州刺史今有祠堂**韋藏鋒**太中大夫守巴川郡太守天寶十四載準制醮祭龍多山刻石山中今有**趙延之**大歷十三年爲巴川令以功遷合州刺史**徐申**字維降唐史有傳嗣曹王皐討李希烈檄申以洪州長史行刺史事皐表其能遷合州刺史李習之集云自洪州長史遷合州刺史**劉温**長慶三年鐫佛像於州北岩自記其事今存

關詠皇祐四年二月知**呂陶**成都人也嘉祐中爲銅梁令建學舍後官至給事坐元祐黨謫居衡州後居梓州自號淨德居士**文同**爲銅梁縣令**徐舜俞**景祐中知合州是時天下未有學舜俞即涪江南岸立焉**周頤**國朝濂溪先生嘉祐間僉書合州判官事轉殿中丞郡事不經先生手吏不敢決苟下之民不從**陳公輔**字國佐台州人靖康初爲校書郎上書召對除右司諫有指爲李綱黨者公輔抗章自列乞通下情而留李綱上疏有日臣竊觀今日天下之勢譬猶病人之身病有在四肢者在心腹者邊境不甯用師失利猶在四肢若乃朝廷之上人主聽言不審人臣用心不

公士大夫趨向不一則其病乃在心腹四肢之病不治猶未至於喪身心腹之病不治則其身不能保疏奏貶合州監酒高宗即位召爲侍郎今有祠堂在北岩

虞允文 繫年錄紹興二十六年知渠州

人物

譙君黃 仕漢成哀間爲諫議大夫後避王莽又不仕公孫述國人作詩以美之

東漢龔榮 墊江人

李顒 墊江人熹平中平盧夷有功事見華陽國志

三國魏薛融

唐康元良

李文素 文素漢初人唐光啓中喪母廬墓生芝之虎鹿循其側刺史戴奇以聞賜粟三百碩

張武 張武石照人其母祭諸葛武侯醉臥廡下夢神食以來禽已而生子因名武初操舟以濟行者後仕王建爲破浪都頭大破高季昌於夔州爲武鎮軍節度使

孝義陳氏 子昂之後從家漢初七世同居唐旌表其門雙堠今存新明鎮孝義驛即其故宅也

本朝袁延度 石照人李順陷合州延度起義平賊仁宗時知涇州弟延餐死于李順之亂

羅志沖 志沖

先果州人後家合潛心六經是時程氏學方排擯有得伊川先生易傳示之者志沖一見以爲有易來未始見也故於易解發明程氏爲多

曹秉　石照人大觀間上舍釋褐嘗教授漢州張丞相浚爲諸生一見許以公輔士類以鑒裁歸之

趙性　赤水人節紹興入對集英舟次至喜亭同年以故事酌酒相勞時秦檜用事氣焰薰灼更相戒無及時事性奮然曰公等宜各行其志豈當盡掩多士之口耶對策以正士大夫之心術爲患且曰以括囊爲深計臣知其人矣主和議者當之以首鼠爲圓機臣知其人矣杜言路者當之考官大驚以爲劉蕡無以過也檜後欲摭拾之會檜卒而止

仙釋

陳摶　｜｜題詩於新興鎭薦福院壁門再遊復和焉

爾朱白石　｜｜洞僞蜀廣政中落拓成都市中嘗於江濱取白石投諸水衆莫測後數年自果至合賣丹於市價十二萬人皆笑之刺史召問其直更增十倍以其反覆盛以蔑籠棄諸江至涪州漁人姓白石者得之投以丹三人俱仙去

馮蓋

羅廣漢人煉丹於龍多山之仙臺晉永嘉三年舉家十七人仙去孫樵龍多山錄亦紀其事

女冠范志元居純陽山唐天寶間天使任安者至山中慕之是夜志元變爲男子刺史李成圻上其事賜號昇明大師名其山曰純陽劉儀鳳詩曰誰家游台郎闞首闕幽闥但見臉如花不知心似鐵一夕變其軀雄姿映雲髮昔爲桃李花今作松篁節

道士任處華居九煉山唐天寶中白日仙去丹竈今存

僧顯嵩銅梁人姓李氏住巴川之宣密院餘三十年足跡不出鄉里循循無以異於常人紹興七年集衆告以將逝作頌曰八十年中常浩浩宏開肆貨摩尼寶也無一箇共商量不是山僧收鋪早端坐而寂

僧淨業石照人姓文氏少業屠縣索肉有羊既乳將殺之二羔銜刀伏門後業感嘆棄家爲僧忽大悟作頌曰昨日羅剎心今朝菩薩面羅剎與菩薩不如一條線

宗璉僧||石照人姓董氏嗣潭州大溈山善果有僧過其家指燈示之人曰燈照汝耶汝照燈耶答曰燈亦不照我我亦不照燈扁其室曰窮谷宗杲致書授以伽黎劉錡鎮荆南問窮谷何義璉曰心盡曰窮性凝曰谷隨響應

聲不疾而速

碑記

唐令長新戒 在赤水縣開元二十四年立[元]宗嘗擇縣令百六十三人賜以丁甯之戒其後爲縣者皆以戒刻石集古錄取焉景祐中令重刻之今非唐故物矣 **古書巖** 在巴川縣石間隱隱如篆文不可讀 **石門彌陁像** 在石照縣之北岩唐開元二十三年州別駕張釗爲刺史孫希莊作 **祭龍多山題名** 天寶十四載十月十一日太中大夫守巴川郡太守員甯縣開國男上柱國賜紫金魚袋章藏鋒準制醮祭 **唐大[歷]王鋌石鏡題名** 在內水石鏡之趾大[歷]十三年云此石出時兵甲息黎庶歸六氣調五種熟刺史兼侍御史王鋌記 **盧舍那佛二菩薩記** 在石照縣之北岩唐長慶二年刺史劉温作 **集聖院記** 在赤水縣之龍多山唐咸通開李稍作 **季子墓銘** 在巴川縣相傳以爲孔子所書張從申記云舊石湮滅[元]

宗命殷仲容搨本傳之大[歷]中再刻此從申所記也此刻不知何人所模

濮巖銘 距城三里元祐五年郡守劉象功磨崖

唐孫樵龍多山錄 舊刻刓闕元祐七年劉象功再書遒勁可喜

龍多山鷲臺院記 紹興三十二年十一月縉雲馮時行記

將軍祠石刻 在龍門山東八里印士院院有|||||石刻云故唐將也逃難山中而死葬山陰或曰戰國人也每歲春夏民以車蓋迎其神至水上張幄致饗

唐永泰二年石刻 在化度院在縣西五十里石刻但云永泰二年按永泰齊明帝唐代宗年號齊永泰止五月而永泰二年十一月始改大[歷]故知爲唐無疑

鴈塔題名 在赤水縣廨宣和間柳瑊始刻置長安慈恩寺蓋搨本也

活樂鄉校記 沿涪江四十里郡人虔正立夫子廟士之向學者有所依歸又自爲之記

墊江志 郡守任逢編

詩 君今起柂春江流余亦沙邊具小舟幸爲達書賢府主江花未盡會江樓杜甫送祁錄事歸合州因寄蘇使君數杯巫峽酒百丈內江船杜甫送十五弟使蜀注云水自渝上合州者謂之內江自渝由戎瀘上蜀者謂之外江 江上望黔樓望中煙靄浮微涼生戶牖新雨過汀洲遠岫千重疊清波萬里流此時何限興回首寄羣鷗義光合州望黔樓 三江會合水交流擁抱嵐光送客舟只與寄詩身不到老人可是負江樓李宏登江樓 銅梁山昏空翠重石鏡水落灘聲遲晁公武將發合州 嘉陵從東來水上山突兀松竹相蔽虧煙霞互明滅劉儀鳳 野闊蓮

宕迥樓臺半倚山地連巴峽近門對濮溪灣岑象求兒童便讀山中記老大才登記裏山馮時行題龍多山蓋唐孫樵有龍多山記故也北巖寺正巴川北平挹高城一川隔慶歷五年南陽張固題此岩世路聱呀赤水過故升天險問龍多書中舊識唐公昉圖裏又聞馮蓋羅何騏題龍多山飛仙泉馮仙觀中栢磨月靜老巖下泉跳珠劉之望題龍多山合州太守鬢將絲聞說歡情尚未衰板與歌娘拍新調牋供狎客寫芳辭石祖徠燕脂板浣花牋寄徐合州合水來如電黔波綠似藍坡詩二載巴川縣誰知是與非還鄉何所有載得一淸歸景帝孟知巴川二年還詩云云見著州志井徑東山縣山河古合州木根拏

斷岸急雨洗中流關下嘉陵水沙頭杜老舟江花應好在無計會江樓范石湖

四六

況右蜀之南隅有環山之佳郡竹谿仙洞尚餘淵㬥之蹤雪案晴窗未改著書之迹劉韶美賀晁知郡啓戎事方興獨敝四川之郡文書何取俾臨千里之民何麟到任謝表況茲一壘大合三江同上

4335

輿地紀勝卷第一百五十九終

輿地紀勝卷第一百六十　文選樓影宋鈔本

東陽王象之編　　甘泉岑鎔淦長生校刊

潼川府路

榮州

和義郡　四榮　三榮

榮南　中己

州沿革

榮州　下　和義郡軍事九域志　天官東井輿鬼之分野漢地理志　禹貢梁州之域元和郡縣志　秦屬蜀郡漢爲南安縣地元和郡縣志云秦爲蜀郡地在漢卽犍爲之南安縣地寰宇記以爲古夜郎之國非也巽岩李燾向守榮州日作圖經序云按鄧通蜀郡南安人則南安縣初屬蜀郡逮漢武通夜郎置犍爲郡始以南安縣屬犍爲郡非是開夜郎置犍爲郡而取夜郎之地以爲南安縣也象之謹按元和郡縣志初無此文自寰宇記

始以爲古夜郎之國武帝開西邊道爲南安縣地屬犍爲郡其說誤矣今之眉榮二州皆南安一縣之地而夜郎乃今珍播等州非榮州也**李雄據蜀後夷獠居之所謂鐵山生獠也**元和郡縣志**地既陷於夷獠故宋志無南安縣齊立南安郡**寰宇記云齊立南安郡而輿地廣記云二漢及晉宋立南安郡二者不同象之謹按東西漢志益州犍爲郡下有南安縣此今榮州之境也晉志梁州有南安郡領獠道新興中陶三縣而不領南安縣注云漢置則非榮州之境矣輿地廣記但指梁州之南安郡以爲犍爲之南安縣故不明言其建於何代而第書云漢晉宋三朝謾不可攷殊不知晉志梁州之南安郡北近秦隴而犍爲之南安縣南近夜郎且晉志既有梁州之南安郡又有犍爲之南安縣郡縣之名適同耳通典云齊置南安郡南齊志云齊置南安郡註云永元三年恐置於東昏侯之時齊梁以後廢置不常故南安郡亦不復再見以其同爲益州所隸故亦以南安郡而附之於此段之末云**隋初廢之以其地屬資陽**

郡寰宇記 隋又置大牢縣 舊唐志云本資陽郡之大牢縣 唐割資州大牢威遠二縣於公井鎮置榮州取榮德山以爲名 舊唐書志在武德元年又云正觀元年置旭川婆日至如三縣二年割瀘之隆越來屬圖經云正觀二年析大牢置旭川析威遠置婆日至如不同 自公井移治大牢 舊唐書志在正觀三年又割嘉州之資官來屬八年又割瀘之和義來屬廢婆日至如隆越三縣 又移州治於旭川 舊唐書志在永徽二年 屬益州部 圖經序在開元元年 改大牢爲應靈州 圖經在天寶元年 改和義郡 舊唐書志在天寶元年 復爲榮州 舊唐書志在乾元元年 屬梓州部 圖經序在至德二載 二蜀因之皇朝屬梓州路 領縣四治榮德 九域志云乾隆四年省和義入威遠治平四年改旭川縣爲榮德縣熙甯四年省公井爲鎮入榮德

縣沿革

榮德縣 中下

倚郭通典云本漢南安縣寰宇記云隋開皇十年於此置大牢鎮隋志云十三年置大牢縣元和郡縣志及新唐志云正觀元年析大牢置旭川縣屬榮州永徽二年州自大牢徙此國朝會要云治平四年以本縣上一字與神宗御名同改旭川縣曰榮德又熙甯四年省公井縣入榮德

威遠縣 中

在州東七十里舊唐志云本漢南安縣地元和郡縣志云隋開皇三年於此置威遠戍以招撫生獠十一年改戍爲縣屬資州隋志資陽郡下有威遠縣註云開皇初置舊唐志云武德初屬資州其年割屬榮州新唐志云正觀元年析置婆日至如二縣八年省婆日至如又以瀘之隆越入焉又九域志云乾德四年省和義縣入威遠

資官縣 中下

在州西七十五里圖經云隋末置｜｜｜舊唐志云本漢南安縣地晉置資官縣武德初屬嘉州六年來屬元和郡縣志云大業十一年屬犍爲郡按隋大業時嘉眉皆屬眉山郡而犍爲之名乃復於天寶元和志誤矣新唐志云初隷嘉州武德六年屬榮州

應靈縣 中下

在州西一百三十里元和郡縣志云本漢南安縣地隋開皇十年於此置大牢鎭十三年改鎭爲縣縣界有榮德山因取以爲名舊唐志云武德元年割資之大牢威遠二縣於公井鎭置榮州輿地廣記云初屬資州唐武德元年來屬六年自公井徙治于大牢縣永徽元年徙治旭川新唐志云景龍元年省雲州及羅水雲川故連三縣入焉天寶元年改爲應靈縣

風俗形勝

兩焰火起名臣傳李畋為國子直講求郡晨登講席諸生見畋巾｜｜｜｜是日報得榮州

榮隱先生修道於此州郡事迹　山地產礦石烹煉成鐵九域志

夏人少蠻獠多男不巾櫛女衣班巾寰宇記云云又云姓名顛倒不知禮法

犍為越嶲牂柯得蜀之舊域其地四塞山川重阻其人敏慧慕文學隋書地理志

自祥符迄今登進士第者舉不乏人圖經風俗門

市井有簡儉之風圖經坊巷門

山環水遶氣象可觀圖經山水門

景物上

雙溪　城之北三里所高城山下有｜｜一從西來其水濁一從東來其水清會於此又西別流繞州衙之後繞城出東南隅州城之東北又一水自賴鐮霸東入鯤化橋與前雙流水合流而南出公井鎮入

富順監

五山見後州北||

龍峒在州東南四里眞如院巖穴峭深者舊相傳以爲||之左有歲寒堂堂上即眞如閣堂上石壁奇峭盡巨柏老蒼洞之右有石角立舊經以爲孫登嘯臺三者乃榮之勝處故州郡以爲節物游宴之地桂林文集載曹輔論桂府風洞之勝云予昔爲東蜀榮南太守郡東郭有||其深大不滅於此以爲四川之冠陸游||詩云峭崖磨天如立壁柟根橫走松倒植呀然一軸驚倒口空洞坡陀三百尺幽陰宜爲異物託角爪痕存猶可識

龍潭在威遠縣西北十五里巖崖聳峙叢林鬱茂其水澄湛深淺不測歲或亢旱邑多祈禱獲應

旭井元和郡縣志云||縣有鹽井號||因取以名|縣

鐵山元和郡縣志在威德縣寰宇記以爲在資官縣北一百里從沓州月山縣西來其山出鐵不同圖經在威遠西四里舊經云地產礦石煎煉成鐵因名山南有石佛像本萬松山基址北有萬松觀基復有龍池水澄碧不測深淺祈禱有應

火穴九域志云穴中時有炎火舊經云在威遠縣西北婆日市山下有溫水從穴中湧流穴中時有炎火或時乞火其火即自穴中焰出須臾

乃滅俗呼爲乞｜｜今惟一土穴無水每冬至後昨自起火焰至夏即止鄉以土石焰仍作實非因呼乞火

潛藩朝野雜記云舊制天子即位嘗所領州鎮府防禦州而下皆陞軍名若節鎮州則建州爲府如英宗自齊州防禦使登極升齊州爲典德軍神宗自忠武軍節度使建儲升許州爲潁昌府之類孝宗受禪以始封洪鼎宣建州舊有軍額則建爲隆興常德甯國建甯府而劒州升爲普安軍紹興中始再升爲隆慶府蓋用此制光宗自榮州刺史進封恭王甯宗自英國公出就傅後封嘉王四州皆爲支郡然三州躐升爲重慶英德嘉定府而榮州至今不錫軍名蓋中書之誤

嘯臺在富義門外一里號孫登｜｜雙溪王氏有石穴黃太史榜曰地仙洞陸游詩云｜｜載酒雲生屨仙穴尋梅雨墊巾

景物下

榮德山在榮德縣皇朝郡縣志云其高插天資昌富順皆見之一名龍仙一名老君山寰宇記云｜｜｜在州東北四十二里其山在川谷之中獨拔五百餘尺中有希夷觀老君祠刻石爲像有小路至

山頂以木爲梯圖經云其西南至穴直上徑闊五尺清風紫氣自穴出入又有仙人修道石室二十四所石上有仙人跡半山有唐刺史薛高立磨崖碑

榮黎山

在州東十五里即雲慈禪院高五里許上有山神祠五龍池池水清冷冬夏不涸凡水旱祈禱無不即應有松如蟠龍形小竹亦有如龍形者俗謂之羅漢杖佛殿前有石塔者舊相傳謂之七女塔云昔有僧在山上講蓮華經感聖女七人聽受因聚石爲此塔

榮陵山

在榮德縣東北九十里有碧潭仙洞榮隱先生居此燒藥崇甯元年賜號靜應眞人上有榮隱先生修道觀今人有至誠於其處乞靈掘土中即得藥爐子

榮隱山

九域志云｜｜｜上有榮隱先生修道山圖經云在縣北三十里石壁間今有形像尚存俗呼爲道士影又有鐘飛在山東五里絕崖之上俗呼爲挂鐘石

石龜洞

九域志近夜郎國圖經榮德縣東十五里榮黎山上洞深遠不測有石如龜形十道圖經此乃石｜｜也洞中有鵰鴿粉及温湯

石牛鎮

九域志在威遠縣圖經云在縣東七十里本朝尚書右丞何公郯實生於此何公廬江集載公母夫人墓誌云

公生於和義別野卽北地也

玉虛觀在州東城外半里

金繩院在榮德縣北三十里

俗呼金城山

金城山在榮德縣北三十里山勢高險如城故名地多靈藥昔惠學禪師結廬於此善伏虎豹故山有獅子峯伏虎石

鐵山水在資官縣西五里源自丨丨西流入應靈縣界合隆州研井縣溪水南流入嘉州四望江口合蜀江

淨土院在榮德縣南郭外三里其上浮圖岩相接千里閣

馬鳴戍在榮德縣益州記云漢刺史韋拔夜過北地有神馬嘶漢中馬嘶以應之故有此戍也

龍臺鎮九域志在威遠縣東八十里又有丨丨溪

獨孤水在威遠縣寰宇記云自陵州建始縣界流入南流過公井縣界出瀘州富義縣界

大牢溪輿地廣記在榮德縣元和郡縣志云出縣北鐵山下南流經縣北

內江水元和郡縣志在故和義縣西一百七十里

中江水皇朝郡縣志云在威遠東一百一十里來自資州內江縣南遠入威遠縣界入富順監

三江鎮在應靈縣

州北五山圖經云丨丨凡丨丨以西爲上州衙據其首州學次之嘉祐寺

又次之天慶觀又次之東郭外東岳祠又次之州之西北曰鳳鳴山州之西南曰浮圖岩相連屬如畫屏

十江水 在榮德縣寰宇記云從資州內江縣南流入縣界五十步又東流入瀘州富義縣界通舟船

百丈市 在三江縣東一百五十里

百支水 在應靈縣東三十里源自資官縣界三十里合蜀江水

慈雲院 在榮德縣東十五里即榮黎山也

婆日市 古城在縣西北五十五里舊經云唐武后朝置以煎煉硫黃一場在縣東北三十里一溪側有山極高下有穴名龍龕出水如乳色每春月浮汚泥俗呼爲龍轉及夏方潔引龕水堤之使本與溪混就採山茆覆水面數宿硫黃即散凝其上乃聚鎔之山五里外茆則不住硫黃旁有艾壩力倍常艾舊大雪環山五里餘不積其異如此溪有魚俗呼爲硫黃魚

明月祠 在榮德縣寰宇記云其神如圓月民祀以求福

靈芝山 在應靈縣北半里冬夏一間或於崖罅或於平地或於木上產靈芝大者圍僅一尺果四五重小者半之根頂皆紫色頂之邊唇皆黃色若金緣飾然自唐至今人多競採以爲瑞

苦竹溪 在威遠縣東一百五

里來自資州內江至本縣界入龍臺溪水下合富順監

惠心泉 在威遠縣元豐四年尉家安國以縣據高山無井乃因白崖山上有泉跨山架竹引水至市鑿池貯之以惠斯民有碑載其事

梳頭臺 在威遠縣東一百里臨資州中江龍門灘四面垂絕崖石壁立古老相傳云唐朝此村鮮家之婦因浴於近江忽龍交其上遂生一女姿色殊異嘗仆地損眉多於此臺上｜｜後入宮上問何以眉缺女輒對曰寶劒竄無缺明珠尚有瑕因命曰鮮明珠焉

野容山 元和郡縣志在故公井縣南六十里寰宇記云從公井縣界至嘉州犍爲縣界東西長三百餘里南北七十里惟北山大在邑界

應靈水 在縣北三里其源出隆州入嘉州四路江口合蜀江如榮德威遠資官三縣各有水而不通舟船又榮德之鹽色微赤資官之鹽色純黑又非舟楫所載惟應靈之鹽純白而商賈最衆以其水通流朝夕般運不愛寶以資用度國家之利也

可答水 在應靈縣東南五十里其源自資官縣小溪至縣界合降州井研縣水至嘉州四望江口合蜀江

擁思水 在資官縣西二十里從陵州始建縣界南

流至縣西又南入戎州宜賓縣界　**明教院**在威遠縣東南一里唐大中七年置紹興七年佛眼中時有光現土人因競崇飾之　**妙勝院**在威遠縣西北五十里婆日市內耆舊云故參政眉山孫公井布衣時授徒於此　**嘉祐寺**在州郭內大業中建紹興中賜今名寺門有樓極高敞壯麗可以總覽一州之景　**洛陽水**在榮德縣寰宇記云｜｜｜從陵州始建縣界南流入界

古迹

古和義縣城元和郡縣志云本資中縣地資瀘二州界大業十二年分置和義縣以招和夷獠故以和義爲名寰宇記云唐元和十三年李逢吉請移於舊縣以便水陸貿遷之宜皇朝乾德四年併入威遠類要云在州東北一百七十里圖經云在州東一百里不同　**故公井縣**元和郡縣志云周武帝於此置公井鎮隋因之唐武德元年於鎮置公井縣并立榮州正觀六年州移於大牢熙甯四年省公井縣入榮德　**故州城**在榮德縣即故公井縣也　**婆日市故城**在縣西北五十

里舊經云唐武后朝置以煎煉硫黃一場在縣東北三十里一溪側**廉遜處士王庠所居**圖經云在榮德縣正街||||||||勑旌表門閭**靈澤廟**在州東十五里係榮黎山神熙[甯]八年十月因赦文特封靈應侯**英顯廟**在州南郭外一里一十步舊經云蜀將龐士元廟也廟後岩壁峻峭有靈棗之異崇[甯]四年八月賜|||爲額政和二年十二月特封通惠侯紹興二十六年正月增封通惠威烈侯**葛仙山**寰宇記在威遠縣東十五里古老相傳云葛公曾遊之地今又隋地割屬昌州**希夷觀**在州東三十五里俗呼老君山卽榮德山也**老君山**見上**孝子墳**在威遠縣西五里昔縣人苟允忠母田氏葬於此允忠時行膝步負土培墳三年有虎豹遶其墳湧泉出其下因名焉

官吏

喬晩嘗自瀘州江安縣令差攝榮州公井縣令李義山集補牒云必待兼文武之用然後假子男之

權以畹能用所長頗亦自負居則簡　陳甯　李義山集寡動惟利正畹其書紳以撫公井｜｜攝公井縣令牒云聞甯前爲公井令疲羸之甿戴之如父母囊橐之盜畏之猶神明所謂伊人何臻此術還臨舊部勉繼前脩　田洄　李義山集有奏｜｜｜請授榮州刺史狀　崔應　嘗爲榮州刺史見李義山集　李虛己　建安志｜｜｜知榮州太宗親擢能吏給以御書麻紙日布惠愛民奉法除姦者書之時被選二十餘人虛己預其首列因獻詩陳其感遇之意上批紙尾曰虛己學古入官榮親事上奉書爲郡欲布新規朕得良二千石矣賜五品服　何息　宕渠志云｜｜鄰州人爲榮州軍事推官郡鹽官鹹源他徙而歲額仍在公請計利源羸縮立增虧之法嘗有書事詩云海脉終冥漠司存費辯論若非蠲積欠何以示寬恩　費庭　安仁人紹興二十六年以知榮州入辭奏事論蜀中隔槽酒病民上問之庭曰酒戸入易出難必致傷殘而後已從其紹便則無難矣乃命總所與運司措置繫年錄　李燾　興三十二年自四川制幹知榮州見言行錄

人物

廉遜處士圖經云榮德縣有｜｜｜王庠所居敕旌表門閭

苟允中中江縣人培父墳三年有虎豹遶其墳醴泉出其下事見皇朝郡縣志

皇朝王夢易榮德人登進士第任朝奉郎以正論不合於時棄官而歸卜築雙溪之上范蜀公爲賦詩二子庠不仕謚康節先生序爲徽猷閣直學士

仙釋

榮隱先生榮陵山在榮德東北九十一里高二里許有碧潭仙洞｜｜｜｜居此燒煉崇甯四年八月勅賜靜應眞人上有｜｜｜｜修道觀

道士影榮隱山在榮德縣西北三十五里許舊經載古老相傳榮隱先生隱於此山石巖間今有形像尚存俗呼爲｜｜｜

惠舉禪師結廬在榮德縣北三十里金城山於此善伏虎豹故山有獅子峯伏虎石有泉在其下

七女塔在州東十

五里榮黎山慈雲禪院有松如蟠龍形小竹亦有如龍形者俗謂之羅漢杖佛殿前有石塔者舊相傳謂之七女塔云昔有僧在山講蓮華經感聖女七人聽受因聚石爲此塔 祖無大師黃魯直謫黔南題榮州｜｜｜｜此君軒詩見後詩門

碑記

大周聖德勒石文碑在州衙子城門外長安三年立韋縝撰、 州院碑僞蜀司倉參軍苟延慶撰 貞義侯碑在本廟唐元和二年遷舊經云即古獨孤白馬蜀將二人廟也 唐刺史薛高邱磨崖碑在榮德由唐開元二十年刺史薛高邱磨崖碑多載仙靈事今字畫已磨滅 榮隱山修道觀石碑在本山上 榮黎山古寺碑在本山上 唐元符元年禱雨碑在榮黎山上 榮德山薛刺史磨崖碑在山半 靜難侯廟碑在本廟內 圖經隆興元年李燾爲守教官勾演編

詩

王師學琴三十年，響如清夜落澗泉。有酒如澠客滿門，不可一日無此君。當時寺栽數寸碧，聲挾風雨今連雲。此君傾蓋如故舊，骨相奇怪清且秀。程嬰杵臼立孤難，伯夷叔齊采薇瘦。霜鐘堂上弄秋月，微風入絃此君說。君家周彥筆如椽，此君語意當能傳。黃魯直題榮州祖無大師此君軒詩

山色臨巴迴，江流入漢清。皇朝類苑崔仰之送人牧榮州

渺然孤城天一方，傳者或云古夜郎。其民簡朴古甚亘千里，鬱爲詩書鄉。陸游入榮州境詩

嚴臺已無隱士嘯，遺宅尚有高人家。前人初到榮州詩

謫仙未必無遺恨，老欠

題詩到夜郎陸游昭德堂詩瘴霧不開連六詔俚歌相答帶三巴陸游橫溪閣詩賣蔬市近還家早煑井人忙下麥遲榮州多鹽井秋冬收薪茅最急陸游晚登橫溪閣詩

四六

地接瀘川俗兼蠻落在府屬最爲遠郡須詔條切在得人李義山奏田洄授榮州刺史狀

輿地紀勝卷第一百六十

輿地紀勝卷第一百六十一　文選樓影宋鈔本

東陽王象之編　甘泉岑鎔　銓　長生　校刊

潼川府路

昌州　靖南郡　昌元　葛山

州沿革

昌州　上　昌元郡軍事　九域志　禹貢梁州之域鶉首之次井柳之度　圖經　春秋戰國爲巴蜀之境秦屬巴蜀二郡　輿地廣記　漢資中之東境墊江之西境江陽郡之北境　元和志　唐爲瀘普渝合資榮等六州地　元和志　肅宗時左拾遺李鼎祚奏以山川闊遠請割瀘普渝合資榮等六

州界置昌州元和志云乾元元年割瀘普渝合資榮等六州界置昌州新唐書志云乾元二年析置瀘普合四州地置昌州唐會要云乾元二年正月分資普地置昌州二書所載不同象之謹按寰宇記昌州四至八到亘資合瀘普渝榮六州恐是割六州地置尋爲狂賊張朝等所焚州遂罷廢元和志不載張朝楊琳作亂及昌州廢罷年月寰宇記云乾元元年李鼎祚奏乞分六州地置昌州二年狂賊張朝楊琳作亂爲兵火所廢新唐書志云大歷六年州縣並廢以其地各還故屬與寰宇記所載昌州廢罷年月不同象之謹按李鼎祚奏乞置昌州在乾元元年唐會要載建置昌州年月在乾元二年而寰宇記乃以爲乾元二年州遂廢既新置於二年不應於當年遂廢使二年爲賊所焚亦不應至六年始廢也如昌州以乾元元年李廷祚奏請二年建置大歷六年爲賊焚蕩而廢至大歷十年而復置其年月初不相亂也則昌州之廢當在大歷六年地各還其屬新唐書志在大歷六年其後西川節度使崔甯又奏復置以鎮蠻獠

元和志在大曆十年屬西川路圖經以爲西川節度使崔甯奏復置昌州而元和志以爲本道節度使崔甯復置昌州則是西川爲本道也當屬西川路充昌普渝合四州都指揮使靜南軍使庚乾甯二年永昌寨記五代前後蜀並屬遂州武信軍通鑑唐昭宗光化元年王宗滌言於王建以東川封疆潤遠請分遂合瀘渝昌五州爲武信軍二年詔升遂州爲武信軍領遂合瀘渝昌五州皇朝平蜀地歸版圖通畧在乾德三年陞爲上州圖經在乾德元年隸梓州路咸平四年分梓益利夔爲四路今隸潼川府路重和元年以梓州路爲潼川府路領縣三治大足寰宇記云大曆十年爲置昌州以昌元爲倍郭景福元年移理大足

縣沿革

大足縣 上

倚郭唐志云本合州巴川地圖經云縣之綏仁鄉地元和志云與昌州同置以界内大足川爲名縣舊治在虎頭大足壩徙今治寰宇記云今治在城北河樓灘元和志云東隣赤水西枕營山輿地廣記云光啓元年州徙治焉又以普州普康縣地置静南縣屬昌州後省入焉

昌元縣 上

在州西一百里輿地廣記云本資州内江縣地唐置爲昌州州治光啓元年州徙治大足元和志云乾元元年與州同置東接瀨波溪西隣耶水圖經云周顯德元年爲寇焚蕩移羅市鎮國朝天禧中遷今治

永川縣 上

在州南百五十里唐志本渝州壁山縣地或云亦瀘州瀘川縣地元和志大歷十一年與州同置三面枕侯谿水南接延陵英山以山川濶遠因名皇朝併静南縣地分入三縣縣治在州西五十里

風俗形勝

風俗大變深山窮谷戶曉禮義李宗諤圖經士愿而勸學民勤而力穡不趨末作不事燕游靜南志南憑赤水北倚長巖最爲險固元和志東臨赤水西枕營山元和志大足縣下

昌州故郡實爲近府當秦漢不爲湯沐在春秋匪附庸其實則巴叢之饒山堆阜疊谿交水橫列岫羅巘瓜瓞不斷譚用之修昌州記士牛欲出必先於九堆晨雞未鳴已侵於百事同上與大府通邑爭强取勝尊道而重學孳孳以事聖人爲急蒲宗孟學記

海棠香國靜南志載淵才曰海棠患無香惟昌南者有香故昌號海棠香國冷齋夜話載有人調官都下踰年始得昌守已而求易便郡有淵才者聞而往見之曰昌佳郡也官欲易地有之乎曰然淵曰官誤矣曰俸給優乎曰否曰訟簡

乎曰否然則奚謂曰海棠患無香獨昌南者有香非佳郡而何故昌號海棠香國土人云地宜此花易植易蕃郡治香霏堂一老樹重跌疊萼每花或二十餘葉花氣醲郁餘不能及也太守品題詩甚多孔平仲談苑載淵才海棠詩云雨過溫泉浴妃子露濃湯餅試何郎　昌介於資普富義瀘合之間其俗朴厚又多秀民太守于倞道院記　有夏風有獠風寰宇記　雖無舟楫江沱之利而有桑麻秔稌之饒靜南志昌元縣序　昌居萬山間地獨宜海棠邦人以其有香頗敬重之號海棠香國香霏霏堂一株蔽芾畝許環蜀東西所無也異香亭記　昌山郡水東如帶而引流赭湖乃演迤曲折氣象不減西州圖經　靜南山水奇秀士大夫避地者多居焉仙靈逸迹尚有董葛之遺風楊子謨題惠廟

記昌介於資普富義瀘合之間附三邑不滿千里郡環山爲城其民纔千百家太守于俛道院記凡衣食物資以養生者不及他郡同上寬鹽禁長編云太平興國三年有司言昌州歲收虛額鹽一萬八千五百餘斤及開寶中知州李佩率意掊斂以希課最於歲額外剏額部民煑鹽民甚以爲苦轉運使以聞二月甲子詔悉除之

景物上

南堂在州宅 北堂在州宅 東池在永川縣東周迴二里四時不涸 西巖在大足縣北二里 南山在大足縣南五里上有龍洞醮壇旱禱輒應淳化二年供奉官盧斌平蜀餘賊任誘等斌率兵顧昌州南斗山南山最高望眼潤遠士八云他郡有警則置烽火於此 北山在城北二里唐昌州刺史韋靖置城於此 聖水在昌元縣東四十里銅鼓山 侯溪寰宇記在昌元

縣西南一百八十里圖經在昌元縣南一百八十步流入合州石照縣界合大江水漪漬高嶮可通小舟

玉溪 在大足縣赤水 **鐵山** 寰宇記云在永川縣南八十里高五里其山舊出鐵 **鹽井** 見九域志今爲井一百三十餘所月額十萬八千餘斤歲計一百三十餘萬斤 **馬灘** 在大足縣赤水溪

英山 在永川縣北十里下有龍洞爲禱祠之地 **陔山** 在大足縣東四十里接三華之秀氣屹然鼎立 **井山** 在大足縣東十里 **溪山** 在永川縣百里其山接沙溪源因名 **道院** 在郡治太守燕息之所 **鑑湖** 在郡圃湖傍亭樹對列 **松石** 永州來蘇鎮相近有松化石石質而松理橫松林間或二三尺許大可合抱然不過相望數山有之俗名爲雷燒松或云杜詩所謂萬年松化石者即此類亦異產也

□物下

異香堂 在郡圃以海棠名 **凝香堂** 在郡治 **揖翠堂** 在昌元簿廳 **捫參**

閣在道院之左 先月樓在郡治有懷遠亭記 先春閣在郡治 雲錦渡在鑑湖傍有亭架於墻之兩隅日｜｜｜ 芙蓉洲在鑑湖旁 荼蘼洞在郡治前有霜棐亭 海棠洞在郡治羽觴亭下 桂華樓在永川縣 平山堂郡圃 香霏霏堂在郡圃取坡仙之詩東風嫋嫋泛崇光香霧霏霏月轉廊之句名亭詳見郡守家誠之先春閣記黃臯詩云冷齋夜話非無謂暖日春風足有香 香風亭在州宅道院之對 春風臺在州香霏霏堂後 省元樓在正街北慶元辛酉郡人何應龍為類省第一太守丁崈作樓以侈斯美 李氏園在永川縣成都通判李灌所卜築也有清白堂燕喜堂 種德堂 容安軒 先月閣 思賢堂 熏德亭 熙春堂 桂山堂 百花潭 見山臺 竹外亭 藏春堂 昂霄亭 問月臺 棠陰塢 秋香亭 月觀 鑑湖 葛仙山元和志在昌元縣南一百五十里圖經在昌元縣百餘里其山下臨中江上干霄漢以葛仙翁居因名山有煉藥岩洗藥池甘露茶仙茅草打子石俗謂擲石而往其兆

得**葛仙院**在昌元縣西一百五十里上有偃松側栢男丹竈天池仙人張道陵造殿堂見存按圖經係張道陵成道之地葛洪於此得仙今稱崇果院**羅漢院**在大足縣南三十里舊有聖燈夜現近歲夜現遠近來觀驚異**石佛寺**在永川縣東二里有石佛像方舟李石爲之記**聖水巖**在永川縣西去縣三十里山間有石洞穴深遠延袤數里窮絕處有一潭莫測涯涘高明空濶各有登陟如樓閣然行數百步有龍潭湍激漂出敗蓬破板疑與江河相接溝湫竟從後洞出**英井山**在永川縣東南三十里上有井泉清洌禱祠多應**赤水溪**在大足縣東寰宇記云源自普州安居縣界來元和志在故靜南縣**白崖山**在大足縣西十五里**淨土院**在昌元縣東四十里院有碑云唐大和五年建林木葱鬱禪廬深靖爲一郡禪刹之冠馮公楫墓在山之趾寺有佛舌舍利**賴波溪**元和志在昌元縣南五十步圖經在昌元縣東二十里寰宇記云舊爲州所理**侯溪水**元和志云在永

仙花山在大足縣東三十里隱隱有牡丹像**英山洞**在永川縣山石上

川縣南面接延陵英山。寶峯山在大足縣東三十里有龕岩道者趙智鳳修行之所。琅玕灘在永川縣南十里色澤紺碧如琅玕之狀。金沙井在葛仙山晁公遡詩云客來酌此水沙淨色黃金當時輙有斛今日井無琴。金土穴永川來蘇鄉二十里地名銅羅淵土極鮮翠號｜｜冶人取土和以鹽水包金入火取出以水淬之土去無遺而金益光采東西州皆以爲貴。石膏灘在大足縣赤水。銅鼓山圖經在昌元縣東十里其山頂腳皆平中心狹狀如銅鼓絕頂有祠號｜｜大王元和志在故靜南縣北八十里寰宇記在永川縣東七十五里。鐵鼓山晏公類要在永川縣元和志大鐵山亦在永川縣。鏡架山在大足縣西五里因形似名。碑子嘈在永川縣東四十里有石堅潤可採爲硯。綾錦山寰宇記在永川縣南百里山之花木如錦因名。綾丹山在昌元縣西南十餘里頂上寬平亦名平岡山。布金院在永川縣之來蘇鎮有佛牙藏焉。望旗山在大足縣東北三里。望鄉山寰宇記在大足縣北四十里圖經在縣西北七十里其山於衆山中最高昔遠來者於此望鄉**小東山**在大足縣東五里**大足川**輿地廣記云在大足縣**大鐵山**元和志云在永川縣東南八十里**二賢亭**在永川縣十五里故老相傳謂梁山伯祝英臺嘗於此地讀書今臺猶存臺之下有丨丨墓**賴三池**在昌元縣南百餘里南北長二里**井九山**寰宇記云在昌元縣一百五十里圖經在昌元縣西百餘里高嶮山側有鹽井人號爲丨丨丨**三華樓**在東街郡有三華山距城遠莫相領會太守黃臯乃創樓以肩其勝**五桂樓**在正街西乾道辛卯郡五士同奏名外省太守曹岍搠此樓**九龍洞**在昌元縣北一里**九龍池**在昌元縣二里**龍崗山**在大足縣西三里**龍島池**在永川縣十里大旱不竭**龍透水**在昌元縣西七里旁有井禱輒應又有龍透埡**雞子山**在永川縣東四十里自頂至足分爲數峯**雞栖山**在大足縣南**牛鬬山**元和志云在大足縣東南八十里兩峯相對狀似兩牛亦號玉城山寰宇記云山長三百里有雙峯對立如牛狀

牛尾驛有鄭國華畱題云龍尾道中退朝客雕鞍寶馬黃金勒誰憐遠使足驅馳夜半孤村牛尾驛又何熙志續三韻云十年去國眞悠悠祗今便始可行歸休平生意氣羞牛後去踏金鰲頂上遊

龍溪元和志在故靜南縣台赤水寰宇記永川縣東七十五里溪

藏馬崖在大足縣南雞棲山下相傳云王蜀時山中民任氏產龍馬日行千里蜀主以金鞍雕勒取之按五代史麟見昌州不及龍馬然歐公云予讀蜀書見龜龍騶虞盡出其國異哉則龍馬之事亦有之矣

制魚灘在大足縣赤水

桂子山在永川縣正岡土人云得桂子此山者爲科舉之祥

蓮花巖在大足縣一里半夏有泉灑迸出暑月淸京襲人

燒藥巖在葛仙山晁公遡有詩云久矣晁竈毀寂然岩室空豈知九轉鼎龍虎在胸中

讀書臺在葛仙山晁公遡詩云素書滿天地誰識元牧門讀者未有得達者已忘言

撫琴臺在葛仙山晁公遡詩云支頤坐臺上洞壑有淸音松風能度曲琅然吾素琴

着碁臺在葛仙山晁公遡詩云昔日勾漏令著書內外篇能知局幾道此自有臞僊

昌

元觀在大足縣令爲天慶觀康定元年董契均於此北極殿後尸解**綾池波山**在昌元縣南七十里崖谷高峻遙望狀如水波**綾波羅山**在昌元縣西三十里

古迹

大歷四年行州寰宇記云賴婆山在昌元縣南九十里四面懸絶大歷四年在山上置行州**廢靜南縣**在州西五十里與州同置西接龍溪地名靜南壩因爲縣名**寨山**在州北三里有永昌寨唐景福時刺史韋君靖以防寇今廢**黃道士上昇之地**在天慶觀**伍胥廟**見九域志大足縣南二十里兩溪之會名高灘水潔而深不容漁釣嘗有竭澤者入水幾二丈見石屋脊而風雨暴至乃止兩溪之上即廟故基**鄧艾廟**在大足縣西一里俗號破劍二郎廟慶元二年賜忠烈廟額巽巖李燾題詩云墜車策馬赴功名誰意功成禍亦成若信當時山水夢君王不至檻車迎**威烈侯普澤廟**即璧山廟也大歷中趙公延之諱思進作令巴川因威夷

賊之亂授合州刺史兼渝瀘昌合巡檢過壁山愛其秀峻遂隱焉咸通三年夷賊再寇神領兵逐之卽上其事封威烈侯

官吏

唐段建中 段文昌之父也嘗典榮昌二郡事見李德裕成都資福寺記唐守之可考者惟段建中楊瑨李師望韋君集四人

李鼎祚 資州人明皇幸蜀時進平胡論後召守左拾遺

周宇 李義山集差周宇大足縣令牒云宇君子人也詩家者流常亦觀光戹於時令噫有卓魯之政事與顏謝之篇章較其爲名不相上下無謂大足小而辭之

常泌 嘗攝昌州大足縣令李義山集補牒云久于劒東能全家事無缺士行塹蓰大足已彰小心

韋君靖 刺昌築永昌寨以什伍其民有可稱者像在北山永昌寨記云充昌普渝合四州都指揮使靜南軍使唐信宗中和間也

本朝雍之奇 字文通神宗卽位詣闕奏出震賦復上書條十策呂申公及司馬温公皆奇之熙甯州郡應詔舉公

釋褐任大足縣令蒲源作題名序云鄉人雍宣德爲大足縣民號爲聖長官蒲恭敏以詩贈之云聖名不敢居民譽日益美鮮于學士詩云鄉間舊號賢夫子士論今推聖長官熙甯變法使者欲以兩稅數役緡雍執不可乃以告身納本州乞申朝廷求去

雍孝聞　初元符末應詔上書力抵紹聖用事者謂章惇雖斥逐餘黨尙存以指京卞僉論壯之崇甯癸未省試奏名第一暨廷試有司指爲元祐黨誣以誣毁先烈付獄吏簿責流竄之本觀庚寅以星變大赦復官任昌州司理黨禁弛臺府爭辟任瀘鈐屬以卒二子以名後後授官

人物

黃貫　貫居昌元兩預計偕歸老於家與學茂行見推鄉間皇祐三年昌州奏進士黃貫德行可稱乞賜賞錄得旨賜絹一十匹米麥十碩

郝仲連　連昌元人靖康敵犯河中仲連權州事婁宿以重兵壓府城仲連率所部力戰外援不至仲連度不能守先殺其家義不辱於賊城陷不屈婁宿殺之贈明州觀

祭使

王登大足人紹聖元年進士嘗令渠江朝廷行青苗法以斂散爲令考課人爭徼功利登獨曰其可厲民以幸賞乎右正言張廷堅聞而賢之自司錄即請老云

張皐永川人經史子集靡不淹貫秦檜當軸勢傾中外皐抵輦下首謁檜面諷其過檜頗忌之有旨就都堂給筆劄具利害以聞皐畧無所畏避大抵皆指斥檜過失竟不
睿覽令皐以劾用去官皐不就

韓奕薛回譙中孚任百之鄭東之鮮于充元符上書進士

李延智開封人寓永昌縣治之後事父母至孝父倅成都日得疾嘗割股以供粥食厥後安厝即廬墓負土成墳感慈烏翔集循鹿徘徊墓上月餘不去

王昂朝野雜記云淳熙辛丑孝宗策士昌元丨丨既賜第調潼川府司戶自言年踰六十不願出仕上嘉之特改承務郎致仕蜀人皆以詩送之朱師古詩云集英殿下初登第神虎門前便掛冠

仙釋

城東觀始建仙翁已在焉居百餘年顏貌如五六十服一布裘寒暑無增減見人言災福輒驗康定初華山陳希夷以書招之仙翁置酒與道衆別翁援毫題詩於壁云松房靜坐吟秋月竹院閒行步嶺煙祇爲昌元人有分鶴來迎去不歸天遂行今立祠天慶觀

董仙翁

葛仙翁 在昌元山中修煉因號葛仙山壁間有徐秘丞詩云學者空傳抱朴聲不知朝代不知名又有羅九者從葛仙于山中翁使蒸茯苓竊而食之仙去留一大足跡山中一跡山下四十里外村民遂號爲羅九村

定僧 惠因寺有一丨丨丨既化寺人漆其身葬之土不知幾年或因于土得之跏趺安坐院僧已復葬之

呂仙翁石像 昌元驛後竹溪亭有呂仙翁以石刻像筆法奇妙精采動人紹興末衛兵王忠以候部使者方登梯施帟幕俄見一青巾白袍攜籃者立于階所因語令避不應久之忠疑爲土神降梯肅拜漸近則漸隱至碑所没不見遺一墨于地忠始悟其仙翁欲取墜墨已陷于石中因跪舐之殊香美驛有石刻詩云東西南北留蹤跡縱意風狂到處覓朝朝朝暮暮去尋人及至人尋還不識或云此乃仙翁題之驛中

碑記

演教院碑在昌州舊基院有斷碑載唐咸通歲縣令書允中淨土院碑在昌元縣東四十里碑云唐大和五年建石佛寺記在永川縣東二十里方舟李公石爲之記唐韋君碑在北山乾甯二年靖南令胡密所作吳季子墓碑在北山相傳以爲孔子書開元中殷仲容奉詔摸搨大曆中蕭定刊之潤州有張從申題其後高祖大風歌碑在北山古文孝經在北山凡二十二章與今又十八章小異按今文先出於漢初而古文與尚書同出於孔子壞宅今文已盛而古文獨不得列之學官惟孔安國馬融爲之傳及明皇注今文十八章孝經爲古文益微矣司馬光范祖禹皆曾繳進光謂始藏之時去古未遠其書最眞祖禹又爲之說亦云古文廣得其正六經圖碑在郡學郡人楊甲鼎卿所著也六十四卦象碑在昌元縣畫維摩石碑紹興間北山刻云郡之惠因寺藏殿壁陰有水墨畫文殊詰維摩問疾一堵意

全相妙合經所說恐浸漫滅故石刻于此靖南志太守黎伯巽序

詩

昌元建邑幾經春百里封疆秀氣勻鴨子池邊登第客老鴉山下着碁人文潞公贈譙祕丞詩譙南薰昌元人居鴨子池登皇祐五年進士第後以祕書丞知閬州同時縣南三十里老鴉山有李戡李戣兄弟善碁會敵碁戰於國朝詔求天下善奕碁者蜀帥以戡戣應詔敵望風知畏不敢措手故文潞公贈詩云云

陰風碧裏鱗鱗瓦落日紅中縷縷煙無訟正如高隱地隆冬方似早春天州民富庶風光好誰信常憂滿二年宣和時太守張唐民

訟簡民純美小州兩衙纔退似歸休一懷山果三勝酒暮掩青峰即下樓張唐民題捫參閣

峩峩玉城山地勢壯

龍崗是中產人物英傑常相望趙雍題學宫昌元古佯郡比屋談經史山崗疊坡坨溪瀨寫清泚畜爲靈秀崫磊落出髦士同上發舟馬頭岸駐車牛尾驛張孝芳昌國古要區人物屹相望功名刻高崖粟帛賜滿箱陳伯疆

平山堂下花無數看到海棠春好處東君用意惱風光遲日放開陰勒住觀堂劉望之河梁望壟頭分手路悠悠徂年驚若電列日欲成秋黃鵠飛飛遠青山去去愁不言雲雨散更似東西流江總別袁昌州和風春滿園草木皆芳薰君看十八葉肯與凡卉羣太守于倞東郊詠海棠地軟橋路平畱得皇祐詩家名粟帛之賜豈數有花

柳向人空復情陳伯驌

輿地紀勝卷第一百六十一

輿地紀勝卷第一百六十二　文選樓影宋鈔本

東陽王象之編　甘泉岑鎔淦䖒校刊

潼川府路

渠州

宕渠　蒙山　潛川　流江

巴渝　潾水　潾山　賨城

州沿革

渠州　下　潾山郡軍事九域志　禹貢梁州之域元和郡縣志　秦地於天官東井之分野西漢地理志　春秋戰國爲巴國地輿地廣記　秦滅巴國以爲郡元和郡縣志　漢置宕渠縣屬巴郡前後漢志巴郡下並有宕渠縣寰宇記云今郎江流縣東北七十里宕渠故城是也元和郡縣志云後漢第五倫嘗爲宕渠令寰宇記云後漢車騎將軍馮緄增修俗名車騎城通鑑建安二十年張飛與張郃相

拒進屯宕渠因山以爲名元和郡縣志流江縣有宕渠山蜀先主割巴郡之宕渠等三縣置宕渠郡元和郡縣志在建安末寰宇記在建安二十四年續通典云建安二十三年蜀先主分巴郡置宕渠郡尋省尋省此據寰宇記而不載年月後主又置尋又省並據寰宇記而不載年月續通典云後主延熙中又置又省晉初蜀巴西郡此據輿地廣記而晉志巴西郡下有宕渠縣惠帝又置宕渠郡華陽國志云惠帝永興元年置李雄復置今遂爲郡李壽亂後爲諸獠所侵郡縣悉皆荒廢此據寰宇記而晉志第有宕渠縣隸巴西郡而無宕渠郡亦以郡縣荒廢故也宋屬南宕渠郡宋志南宕渠郡下有宕渠縣注云二漢及晉太康地志屬巴郡則是漢之宕渠縣也又云永口初郡國志有而無南字又自漢宕渠縣移理安漢故城寰宇記南齊因之輿地廣記云宋齊屬巴渠郡南齊志西宕渠郡下有宕渠縣西宕渠獠郡

（亦有宕渠縣）梁初省（寰宇記）置北宕渠郡（寰宇記云梁普通三年又於漢宕渠縣西南｜｜｜｜郎今州理也）又置渠州（隋志宕渠郡下云梁置渠州元和志在大通三年寰宇記及續通典並在大同三年）西魏平蜀州郡仍舊（通鑑西魏平蜀在梁元帝承聖二年續通典云西魏文帝仍舊領北宕渠郡）後周改北宕渠郡爲流江郡（此據寰宇記而隋志流江縣下注云魏置流江縣及流江郡不同象之謹按舊唐書志流江縣下注云漢宕渠縣地梁置渠州周因改爲北宕渠郡又改爲流江郡仍于郡內置流江縣通典亦云流江縣後周置則流江郡及流江縣皆置于周非置于魏也）仍立流江縣郡亦理焉（見上）隋初罷郡以所領縣屬渠州（寰宇記在開皇三年）煬帝罷渠州爲宕渠郡（隋志云大業初於流江縣置宕渠郡元和志云大業三年罷州爲宕渠郡）唐復爲渠州（舊唐志云隋宕渠郡武德元年改爲渠州元和志云武德元年復爲渠州）改爲潾

山郡舊唐志在天寶元年輿地廣記以爲天寶元年曰流江郡不同象之謹按通典及唐志並曰渠州鄰山郡治流江縣初無流江郡復爲渠州舊唐志之文輿地記所取非是今不取在乾元元年二蜀因之通鑑唐昭宗乾寧二年梁州刺史陳蟠降于王建皇朝平蜀地歸版圖今領縣四治流江

縣沿革

流江縣　緊

倚郭舊唐書志本漢宕渠縣地屬巴郡梁置渠州周爲流江郡仍于郡內置丨丨丨寰宇記云郎今縣理是也隋初郡廢屬渠州後屬潾山郡隋志云大業初於丨丨丨置宕渠郡唐屬渠州舊唐志云武德三年併寶城義興二縣入流江皇朝景祐三年省大足縣來屬紹熙二年復分置大竹縣

鄰山縣　下

在州東南二百里元和郡縣志云本漢宕渠縣地晉至齊並爲夷獠所據梁大同三年於此置鄰山縣舊唐志云梁置鄰山縣隋末縣廢不言其置州郡於此邑也寰宇記云梁大同三年於此置鄰州及鄰山縣後魏廢帝改爲鄰山郡與舊唐志不同象之謹按隋志有鄰水縣而無鄰山縣隋志於鄰水縣下注云梁置鄰水縣并置鄰州後魏改鄰山郡開皇初郡廢隋志於鄰州鄰山郡之廢置盡係之於鄰水一邑於鄰山初無干預則鄰山乃鄰州之別邑明甚特西魏改鄰州爲鄰山郡郡治雖在於鄰水而郡名則係於鄰山名實雖相亂矣而魏之鄰山縣則實理於鄰水縣耳非理鄰山也以至范子長皇朝郡縣志於鄰水縣下注云梁大同三年於縣治置鄰州而於｜｜｜下亦注云梁大同三年於此置鄰州同在梁大同之三年同置鄰州於兩邑不應以一州而分治於兩縣也新舊唐志鄰山縣下並云隋末縣廢唐武德元年析鄰水縣置又置鄰州八年州廢隸渠州與輿地廣記所載一同則梁之鄰州治鄰水唐之鄰州治鄰山不可以不辯元和郡縣志云縣城南北三面有池圍繞東阻湼水甚險俗號爲金城圖經云本朝乾德三

年移縣於故鄰州城內即今治所是也

鄰水縣 下

在州東一百五十里通典云梁置鄰水縣及鄰州後魏改爲鄰水郡元和郡縣志云本縣宕渠縣地後陷夷獠續通典云梁大同三年置鄰水縣屬鄰山郡寄理州城隋志云梁置鄰水縣并置鄰州後魏改鄰山郡隋初郡廢寰宇記云隋開皇元年自州城移於岳池溪今縣北九里故城是也開皇三年罷郡以縣屬渠州象之謹按隋志宕渠郡下有鄰水縣則鄰水在隋亦屬宕渠郡矣舊唐志云義寧元年屬鄰州唐武德三年屬渠州寰宇記云其年月自故城縣移於鄰州舊治寶曆中山南東南節度使裴度奏廢入鄰山故新唐志有鄰山而無鄰水亦以寶曆廢縣故耳大中初又改置焉國初移治崑樓鎮即今縣治

太竹縣

在州西北五十里續通典云亦漢宕渠縣地皇朝郡縣志云唐久視元年分宕渠縣東界置屬蓬州以邑

界名產大竹爲名至德二年割屬渠州寶歷中與鄰水縣同廢入鄰山其後又置皇朝皇祐二年并入流江故輿地廣記無｜｜｜紹興二年復置從渠州守何令修之請也

風俗形勝

巴西宕渠蜀書宕渠謂之｜｜｜｜其人勇健好歌舞輿地廣記潾山重疊鄰比相次元和郡縣志古之賨國都也寰宇記故賨國城在縣東北七十四里｜｜｜｜｜｜號爲金城見鄰山縣下秦始皇時有長人二十五見宕渠秦史胡毋敬曰是五百年外必有異人爲大人者華陽國志先漢以來士女正賢皆建功立事有補於世華陽國志云先漢以來士女正賢縣民車騎將軍馮緄大司農元賀大鴻臚龐雄桂陽太守李溫皆建功立事有補於世州介夔梓間地瘠民寠師帥堂記宕渠

古郡依山爲治 天甯寺記曰｜｜｜｜｜｜｜｜自珠嶺東下至石門伏而特起隱隱隆隆由郡北直南而下爲馬鞍爲登高爲西巖擁蔽坤維外虛降觀始得郡治崗分嶺別俛首東向爲表氏之巖迤邐南轉爲瞿氏之山下瞰巴江舒翼脰直趨水濱而後已由瞿山之北表巖以南川原開曠形勢之勝與郡治相埒是爲天甯寺

通川宕渠地皆接連漢中 隋書地理志

景物上

聖泉 在州西七十步西巖院石巖下其水自巖石中出冬夏不竭舊名爲泉石佳處其後有虹飲焉築亭其上名虹飲亭

龍穴 仙門水出鄰山金盤山流下下入龍門鎮有瀑布一百八十尺號爲散水

散水 見上

流江 輿地廣記屬｜｜縣即渝水也

渝水 輿地廣記曰流江即｜｜｜也夾水上下皆賨氏所居漢高祖入關從定三秦其人勇健好歌舞帝愛習之所謂巴渝舞是也

湨水 寰宇記云在鄰山縣東二十步自忠州淸水縣界流入當縣元和志作湼水

露水 寰宇記在故大竹縣

鄰水元和郡縣志在丨丨縣其源出縣東鄰山縣二十六里中有大磧縣流十丈奔急若驚湍電瀉

鄰山元和郡縣志在丨丨縣一百三十九里其山谷西入鄰水縣界又云在丨丨縣西四十里此山重疊鄰比相次迤邐南盡縣界此山出鐵

樂山在流江縣北三十二里每歲正月七日鄉人攜鼓笛酒食登山娛樂以祈蠶事故號丨丨

渠江在流江縣東三百步其水二源一源來自巴嶺山一源來自羅吳山下流至達州永睦縣合流入縣界

景物下

晶然山在鄰水縣南二十七里自宕渠山連延至此山東有崖崖下有石乳三條呼為石鍾亢陽之月村民擊之以祈雨西有高崖白色眞宗因閱圖經御筆改為丨丨丨

宕渠山蜀都賦曰外負銅梁宕渠今屬流江縣方輿記云一名大青山圖經在州東五十里其山東西兩門延連相接山澗長狹有似溝渠

宕渠水元和郡縣志在流江縣二里一名渝水

貴溪水元和郡縣志云在故

大竹縣北二十里

車騎城寰宇記在今流江縣東北俗號為｜｜｜後漢馮緄為車騎將軍所築

龍驤山圖經在大竹縣南三十里𡺼脊盤行有四足頭尾稍下如龍之驤漢地理志云扶持山在宕渠縣西南方輿記云今｜｜｜是也

龍蘭山元和郡縣志云在故大竹縣北二十里

龍門鎮在鄰山縣西四十五里

虹飲亭在州西西岩院聖泉上

鶴鳴觀在流江縣南三十五里

靈鷲院在大竹縣西岳鎮

絲經池寰宇記在鄰水縣東南八十里

米居山在流江縣北十里昔鄉民禱龍驤神於此是歲倍收因號｜｜｜

茅城山在流江縣東南十三里山崖四壁上有大靈觀

大流江在流江縣北五里其水來自蓬州儀隴山東南流經蓬池梁山等縣合流入渠江

小流江在流江縣南二十里其水來自果州相如縣來自絕巘高百餘丈俗號高灘

大鄰水來自鄰山頂上西南入鄰水縣界經恭州巴縣界

小鄰水在鄰山頂山西面流下屈曲一百五十里合入大鄰水

雙林院在沙溪鎮

三聖院

在鄰山縣

八濛山　在流江縣東北七里起伏八處以水環之不匝者一里常有煙霧濛其上故曰｜｜三國志張郃自漢川進軍宕渠蒙頭盪石與張飛相拒五十餘日飛率精卒萬餘人從他道邀郃軍交戰山道狹前後不得救飛遂破郃巴土獲安

千佛院　在大竹縣西五里

西巖院　在州西七十步

北極觀　在鄰山縣北二十里

金石鎮　在鄰山縣西十八里

金盤山　在鄰山縣北五十里上有三聖院

白鶴觀　在流江縣南三十五里

紫極宮　在流江縣北一里

綠沼山　在流江縣北四十五里自果閬連延至此上有池沼其水常綠

黑壤山　在鄰山縣北一百里以其有黑壤故勑改為｜｜｜

青石院　在大竹縣西岳安鎮

太平樓　在州治西北

太平觀　在流江縣南唐為興國觀皇朝改今額內有鐵老君像高一丈三尺開元中造

天慶觀　隋為安樂觀唐為開元觀國朝大中祥符賜今額

仙門水　在鄰山縣西北五十里其水金盤山流下龍穴入龍門鎮市崖下有瀑布一百八十六丈俗號散水

古迹

古賨國 元和郡縣志曰故賨城在流江縣東北七十里晉中興書賨者廩君之苗裔也巴氏子務相乘土船而浮衆異之立爲廩君子孫列布于巴中秦併天下薄其稅賦人出錢四十巴人謂賦爲賨遂因名焉後佐高祖定天下喜歌舞所謂巴渝舞也 **古賨城山** 在大竹縣見有漢刻雙石闕漢車騎將軍墓 **漢宕渠縣城** 寰宇記云在流江縣東詳見車騎城下 **馮緄廟** 勑賜靈應侯行廟在流江本廟在縣四十里龍驤山即漢車騎將軍｜｜｜九域志謂之靈應侯祠 **馮緄李温靈還鄉里** 李温宕渠人宕渠縣有車騎將軍馮緄桂陽太守李温冢華陽國志云馮緄李温常以三月二子日靈還鄉里水暴漲郡縣吏民莫不於水上祭之 **雷侯廟** 在天慶觀今名凌虛眞人舊有小祠在天慶觀之下大江石崖之上俗號爲張良崖後爲大水所漂今其祠遷于天慶觀者有額云漢凌虛眞人祠 **張飛廟** 在流江縣東二里勑封忠顯王

官吏

後漢第五倫九域志云倫爲宕渠令

人物

元賀華陽國志云｜｜字文和宕渠人也第五倫命爲主簿袁安辟掾歷九江沛郡太守所在著德吏民皆涕泣送之遷大司農爲時名卿

馮煥宕渠人馮緄之父也

馮緄華陽國志云字鴻卿宕渠人也父煥安帝時爲幽州刺史有詐作詔書賜父死父欲自殺緄察書非御璽勸父自上果無其事延熹五年武陵蠻反荊州駭擾拜緄車騎將軍將十餘萬人往斬首四千獲生口十萬自是之夷不復逆命

龐雄華陽國志云都亭侯侯字宣孟宕渠人也始討荊楊亂賊有功永初三年南單于擅與烏丸反殺遼東太守耿夔遣雄討之大破單于遷大鴻臚封都亭侯

曲庾馮湛皆宕渠人爲縣主簿黃巾賊入縣死之

王平華陽國志云字子均宕渠人也丞相亮征隴西平以牙門屬馬謖在

前謖違亮指大敗街亭衆皆星散惟平所領不敗鳴鼓持重逆兵得免其後魏將曹爽入漢中平據興勢以拒之已而魏軍退如平策焉

趙姬 華陽國志云縣人史趙瓚妻名姬夜黃巾賊至瓚入侍令鄰人呼姬曰賊已至矣可急走姬曰婦人之義不夜下堂況今男女無別乎乃與女英自殺舍中時英方年十三歲郡邑嘆之

趙萬妻 名娥宕渠人｜｜之鄉邑避黃巾寇走萬有足疾不能行娥扶之萬爲賊所殺賊欲污娥娥不肯乃以矛擬怖之娥束身刃貫心達背而死

皇朝杜濟 流江蒙頭人朝廷以四科取士釋褐爲吏公在蜀有惠愛加築白馬興水利灌田二千六百頃又墾陸田一千七百頃蜀人願立祠以祠之公曰後七年我當廟食于此於是相與廟而祀之

彭戢 字子發鄰水人擢元豐八年進士第後爲淮西提學兩浙提舉奉祠以歸自闕下儎舟泝江以歸嘗以所畜雙鶴自隨時撫掌舞或鼓琴坐對雖行囊索然處之澹如江左士大夫有扁舟載雙鶴萬卷貯羣書之句

虞允文 紹興中如渠州地埆民窶常賦之外又行加斂流江一縣尤甚公奏罷之歲減緡錢一萬六千有奇遠民鼓舞

言行錄

仙釋

佘朱眞人 郡城之南門西濶平地一峯號曰龍珠山山有觀曰太平興國舊有｜｜｜｜祠及燒丹爐浴丹池存焉紹興壬戌郡遭回祿祠宇俱爲灰燼其地寢爲民居侵占淳熙辛丑沛國劉公玢來牧此邦暇日訪諸故老仍得丹竈丹池於是爲建一小祠於山巔繪畫眞人像表而出之世傳池竇之下即眞人之洞而郡城之東偏朝天門之下濱江石涯眞人之洞門在焉劉公復於崖上刻佘朱仙巖四大字以識之

大師郭思 公字得之河南溫人謁終南山于眞人傳大洞眞經大洞妙道凡十二載靖康初公入蜀寓居渠之祥符寺未幾羽化于此室面色如生手指可屈是爲尸解云

珠山佛 宣和庚子學使鄭公嘗按部入境至珠山十里埡現兵從爭見佛現是日積雨初晴忽山腹間布兜羅綿現五色大圓相光光中有一佛相如水墨踞蓮花座聖凡相視無毫髮間

碑記

雙石闕　在大竹縣北一里其一鐫云漢謁者北屯司馬左都侯沈府君其一鐫云漢新豐令交趾都尉府君其闕上各鐫出屋宇禽獸飛走之像又有單石闕二相去雙石闕一里其中鐫雕物像與此同

三聖碑　係唐睿宗御製文今在縣南州學內

道德經碑　在城北紫極觀唐咸通中州刺史程壽建立

後漢車騎將軍馮緄墓誌銘　墓在大竹縣古賨城雙石闕西南一丈二尺按後漢書馮緄宕渠人也墓銘碑尚在碑額篆云車騎將軍馮公之銘碑文作隸書字猶可辯也

公府建置碑　開寶三年張琪記乾德六年許允修創

大唐渠江縣冲相寺碑　碑立於會昌之後

古賨城碑　九域志云流江古賨城有古碑文字磨滅

宕渠志　無編集人姓名無郡守題名及仙釋詩章等文

詩

自古賓城繼踵希吾門多幸感昌時姮娥不惜蟾宮桂從此何家第二枝屯田員外郎何拯弟兄繼踵登祥符八年進士第乃賦詩云云

水流花謝兩無情送盡春風過楚城蝴蝶夢中家萬里子規枝上月三更故園書動經年絶華髮春惟滿鏡生自是不歸歸便得五湖煙浪有誰爭沖相寺距州城四十里乃定光佛道場此詩古老相傳是唐相崔塗僖宗時避亂至蜀所題今無墨蹟存惟定光岩間有題云前進士崔塗由此間眺翌日北歸

退居瀟灑寄禪關高桂朝簪淨室間孤島暫留雙鶴歇五雲爭放二龍閑輕舟共泛花邊水野展同登竹外山仙署金閨虛位久夜清應夢達天顔鄭谷渠州浙江寺作

憶昔分襟童子郎白頭拋擲又他

鄉三千里外巴南恨二十年前蛾裏狂甯氏舅甥俱寂寞荀家兄弟半淪亡淚因生别兼行舊回首江山欲萬行元微之贈吳士則詩渠江明淨峽逶迤船到名灘拽簽遲櫓窡動搖妨作夢巴童指點笑吟詩畬餘宿麥黃山腹日背殘花白水湄元微之南昌灘詩

圖經闕

輿地紀勝卷第一百六十二

東陽王象之編　甘泉岑鎔淦長生校刊

潼川府路

敘州

敘南　南溪　古戎　僰道

州沿革

敘州　南溪郡軍事九域志禹貢梁州之域元和郡縣志秦地天官東井輿鬼之分野圖經據漢志滇入參三度圖經引晉志古僰國也元和郡縣志初秦時嘗破滇略通五尺道漢西南夷傳漢武帝遣唐蒙發巴蜀卒自僰道抵牂牁鑿石開道二十餘里通西南夷置僰道縣屬犍爲郡此據元和郡縣

志而漢西南夷傳唐蒙開夜郎在建元六年犍爲郡領縣十二而僰道居其首爲郡治焉輿地廣記云犍爲郡初治鱉縣後治僰道卽今之敘州西漢志以僰道爲治所東漢晉宋犍爲郡徙治武陽今之彭山而僰道爲支縣如故東漢晉宋志犍爲郡治武陽而僰道縣俱見三志下雖非郡治尚爲支邑南齊復爲犍爲郡治南齊志犍爲郡領縣五而僰道居其首梁武帝使先鐵討定夷獠乃立戎州卽以鐵爲刺史元和郡縣志在大同十年梁又置六同郡於南廣縣以六合所同爲郡之名隋志註云梁立戎州而戎州治僰道隋志於南廣縣下註云梁置南廣及六同郡是六同郡治南廣而戎州治僰道也其後郡廢戎州遷徙不常隋志犍爲郡治僰道而唐志武德初戎州治南溪南溪卽南廣也正觀中徙治僰道長慶中復治南溪隋初廢六同郡而戎州存煬帝廢戎州爲犍

爲郡大業初年唐初復爲戎州武德元年領僰道犍爲南溪開邊郁鄢五縣移治南溪太宗時徙僰道在蜀江之西三江口圖經在正觀初年新唐志云正觀初治僰道永泰元年杜少陵過此安州東樓賦詩郎三江口也於州置都督府督州十七戎朗昆曲協黎盤曾鈎分尹康裒朱靡姚徽高宗罷戎州都督府圖經明皇時改州爲南溪郡天寶元年仍依舊都督羈縻三十六州一百七十三縣圖經並罷梗無戶口皇朝郡縣志復爲戎州乾元元年分隸劍南西川元和志戎州在西川節度使下武宗時以大水移於蜀江之北郎今治也圖經元和郡縣志在會昌三年五代王氏通鑑昭宗大順元年戎州將謝承恩降于王建孟氏迭有其地皇朝平蜀地歸版圖乾德三年陞爲上

州國朝會要在乾德三年後分蜀爲四路屬東川路咸平四年徽宗時鄉士何表秀請於朝乞別州縣名額改今名又按眉州志云蘇時渙孫也登紹聖四年進士第歷官通判戎州時曰今車書同聲教一州名曰戎是夷其民也請易之朝廷以爲是易名敘州國朝會要在政和四年

縣沿革

宜賓縣

倚郭元和郡縣志云本漢僰道縣寰宇記云漢制有蠻曰道故曰僰道永嘉後荒廢梁始加以縣故曰僰道縣且云於縣置戎州故隋志犍爲郡治僰道而云梁置戎州舊唐志云僰道縣梁置戎州隋志又於僰道縣下註云後周曰外江元和郡縣志云周保定三年改僰道爲外江縣隋大業二年改爲僰道縣又廢戎州爲犍爲郡唐復置戎州於此州理南溪正觀復理於此長慶理南溪正元復理於此國朝會要云乾

德五年廢開邊縣歸順縣隸僰道縣熙甯四年廢
丨丨丨隸僰道縣政和四年改僰道爲宜賓縣

南溪縣 中

在州北一百三十里象之按兩漢志犍爲郡有南廣縣蜀分建爲郡置朱提郡故晉志朱提郡下有南廣縣晉懷帝又分朱提置南廣郡故宋志南廣郡下有南廣縣南齊志無南廣郡恐廢於南齊舊唐志云後周於廢郡置南武戍隋改龍源戍又置爲南溪縣元和郡縣志云本漢僰道縣地梁於此立南廣縣以縣屬戎州隋志南溪縣下註云梁置南廣縣及置六同郡開皇初郡廢縣改名南溪元和郡縣志避煬帝之諱也輿地廣記云隋南溪屬戎州唐因之以在僰溪之南故曰南溪

宣化縣

皇朝郡縣志云在州北一百二十里元和郡縣志云本漢南安縣地屬犍爲郡圖經云本漢犍爲郡之郁鄢縣後漢省蜀諸葛亮於此置郁鄢戍晉爲郁鄢縣屬建甯郡象之按晉宋齊志建甯郡下無郁鄢縣則

郁鄢非復於晉也舊唐書志云本漢犍爲郡之南安縣隋改爲郁鄢新唐書志云武德二年省三年復置天寶元年改爲義賓省撫夷縣入焉國朝開寶元年更爲宜賓宣和元年更名宣化

慶符縣

皇朝郡縣志云本南廣州地皇朝政和三年改州名曰祥州置縣曰慶符曰來附而南廣爲鎮宣和三年省州止存慶符縣屬戎州國朝會要云祥州大觀三年建宣和二年廢又云慶符縣大觀三年建與皇朝郡縣志年月不同

風俗形勝

敘介兩蜀之間東距瀘水西連大峨南通六詔北接三榮圖經　夷夏雜居風俗各異寰宇記　僰僮之富郡國志云僰在施夷中最賢者古謂之｜｜｜｜以荔枝爲業植萬株樹收一百五十斛　以荔枝爲業同上

戎州以涪翁重詩書禮義之澤漸漬至今黃太史祠堂記鉤帶二江惟我戎州治漢僰道｜｜｜｜撫有蠻獠山谷戎州舍利塔銘治馬湖江會東漢志犍爲郡僰道下註引華陽國志云｜｜｜水通越巂魚從楚來至此而止東漢志僰道下註云崖有五色赤白映水｜｜｜｜｜｜｜｜畏崖映水故也崖有五色赤白映水見上濱蜀江諸郡敘爲古自漢以來號爲重地蓋控扼石門馬湖諸蠻威德固兼用要必有以壓鎮而讋服之者譙炎東樓記敘州古僰道枕大江州雖小而實當舟車之衝冠蓋往來相望史㕘亮宜賓縣譙樓記州西南負山瀕江地險勢阻張鼎修忠利廟記淡煙喬木平遠如畫壓歷晚照中者荔枝洲渚餘甘渡頭也縈帶曲折澁

渺互映者赤崖之湄遠水之明也巑岏崷崒錯愕獻狀者夷徼遠山之青也宇文紹彭勝絕樓記其士靜而有文其文樸而易治然夷漢雜處蓬戶茅簷髽髻詭服頓足拊掌而歌嗚呼並李宗丞園記四序景物異態山光水色晦明如一王默智樂亭記捲簾白水隱几青山勝絕樓記諸葛亮五月渡瀘即此水之上流也寰宇記馬湖江下敘之石門乃隋史萬歲南征之道韋南李康贊衛公築仗義禦侮二城李衛公贊曰仗義城在大渡水北以水為險使迤邐接黎州自黎州直出山箐築禦侮于平川以山為險使迤邐接雅冠冕兩川黃太史云僰道苦筍見夔州志敘為郡最古漢開夜郎置犍為郡治僰道凡武陽江陽資中悉隸焉劉甲雄觀亭記眷夜郎之奧區扇

朱垠之涼風果珍荔枝風土所宜運使鮮于申之荔枝賦

景物上

雄觀在州治西北城堞之上　西樓園之西樓郡守宇文紹彭增廣之曰勝絕漕錢文子改爲古東樓　東山在城東門外有報恩寺有寶塔高去二百尺上藏佛牙二及舍利衆寶　南山宜化縣南三里西接犍爲控引三峨萬仞嶔嵌不容躋攀云　南廣嘉定志南廣今南溪　戎僰山谷楊子建集序　僰道嘉定志云西漢〻〻今敘南　涪溪李嘉謀記云黃太史紹聖初章蔡用事以前史官得罪謫安置黔州二年移戎州方公之遷以涪州別駕因自號爲涪翁放浪山水間初不知有遷謫困悔之意城南秋夏間水集迅駛漱石聲振如雷水反壑則溪石離列可愛水泫然流其間公遊而樂之命之曰涪翁溪其後溪山洞谷泉嶺庵祠亭堂之屬悉以涪翁名曰涪翁山曰涪翁溪曰涪翁亭曰涪翁洞曰涪翁泉曰涪翁橋曰涪翁庵曰涪翁嶺　鎖江有〻〻亭兩岸大石屹立因置鐵絙橫截

其處控扼夷羌之處也

汶江 元和郡縣志云在南溪縣南十步圖經云江水出茂州以其發源過岷山下因名岷江亦名其川爲汶川蓋岷汶聲訛也王右軍岷嶺帖亦作汶嶺帖則岷汶字通使又云大江自岷山支分灌口歷錦官彭蜀而復會于三江道眉山至漢嘉而與雅安峨眉二水會于淩雲之下東至于敘州則州之南曰馬湖者又合焉

福溪 在南溪縣西北舊名覆溪唐正元中劉岑爲郡都督改爲丨丨

黑水 輿地志華陽丨丨惟梁州註云丨丨今出南甯州南廣縣汾關山北至僰道縣入江唐天寶六年改爲皂水

峯巖 在宜賓縣西百里山坡荔枝連袤多屬廖氏山谷所賦廖氏平家綠荔枝郎此山所出也

洞山 在宣化縣西一里有亭名一覽登眺江山爲一縣勝

龍源 在南溪縣治之左大江回洑數里黯然可畏歲旱致禱驅牛括之源上有龍君祠

魚津 去南溪縣西三十里南有鴛鴦圻

蘭山 寰宇記在僰道縣界圖經云蘭生於深林石門尤多有春蘭夏蘭崇蘭竹蘭石蘭鳳尾蘭春蘭花生葉之下崇蘭生於葉之上山谷芳幽亭記云一榦一兩花而香有餘者蘭一榦十數

花而香不足者蕙 **苦筍** 山谷有｜｜賦云僰道｜｜｜冠冕兩川苦而有味如忠諫之可活國多而不害如舉士之皆得賢 **筇竹** 生馬湖滇池岸側 **蘇溪** 自州治泝流十里有前後潭瀑布自懸崖千尺而下 **天池** 在州治之西二十里別駕牟孔錫有｜｜十里如鑑湖荷花可折魚可鱠之句 **義軍** ｜｜本進納夷人南溪符竹皆有之皇朝皇祐納土歸化爲齊民朝廷賜以九姓曰羅列呂惠樂虞董尚奇其民願充｜｜兩邑共管二千三百人其夷官有大小首領不費官廩髣髴府兵之遺意也元豐討乞弟以來每出必爲先鋒蠻人畏之

景物下

江山偉觀 在郡治 **東州道院** **靖廉堂** **冠冕林** 在倅廳山谷嘗賦云僰道苦筍冠冕兩川故也 **思賢堂** 在鎖水堤 **智樂亭** 元祐六年郡人王默記有流觴曲水 **平理堂** **宴喜閣** 在設廳後 **同樂圃** **制勝樓** **奇**

興堂　中和堂並在郡治　墨妙亭在郡治龕置山谷筆蹟　勝絕樓即郡治之西樓　碧紅樓在倅治　梯雲嶺一名可峯山在宜賓縣北七十里高百餘丈　朝陽巖在宜賓縣十里其山石皆赭色朝陽所升遠望若虹蜺絳綃俗謂之赤崖　漢陽山敘南續志畫於慶符圖其山在慶符之西長寧軍清平寨漢志犍爲郡下有漢陽縣意者因此山而名之歟　朱提山在故開邊縣界漢書云｜｜｜出銀諸葛亮書漢嘉金朱提銀採之不足以自食唐韓退之贈崔立之詩我有雙飮醆其銀得朱提　青衣江在南溪縣南十五里舊經云古有青衣國與敘相鄰其八因賈至蜀見漢衣冠遂求內屬江因名焉諸葛亮五月渡瀘即此水之上流也　安樂泉在城南涪溪路側味甘而美盛夏冰冽冬月則溫氣烝烝然山谷目之爲安樂泉謂飮之能令人｜｜也　平雲山在慶符縣北五十里　平蓋山在南溪縣西十五里分三山九巃惟｜｜一山特出衆山之上山頂圓而平故曰｜｜一名牛心一名瑪瑙巃漢解瀆侯之子孝靈帝之兄隱此今有仙跡存

焉漢眞人劉景鶴之仙隱乃二十四化洞天之一也

書樓山 即師來山也一名|||

石門江 其源自靖州蕃部中流出二百餘里至阿蒙壩有韋南康碑自此可方舟至關邊與合馬湖

石筍灘 在南溪縣西三十里江漲險甚窮冬水落岸有石長數丈如筍因名

銅鼓灘 南溪縣治之出水也據風水學縣治坐乾水出辰爲不利近歲灘之上流有石磧生高十數丈蔽壅下流水正出巽自是文物稍振

銅鼓淵 在慶符縣西北百五十里若障森列溪界于中溢則北流與石門江相會

金魚井 在城南門外一里許山谷居是邦時酤喜茶令人徧汲井泉試之品題爲第一

菩薩頂 在宣化南山叢最秀中一峯突出父老相傳聖燈數現

孝子石 蜀中古老云隅叔通僰人性至孝母食必須江水通每汲江水石爲之出有石號|||

乞子石 寰宇記云在州南五里兩石夾青衣江樹對立如夫婦之相向古老相傳東石從西乞子將歸故風俗云人無子者祈禱有應

正婦石 寰宇記云在僰道縣七里舊州岸相傳昔有正婦夫沒無子事姑甚孝姑抑之嫁不從其居室有大

石因號其石爲｜｜｜二老閣在郡治繪少陵涪翁像重碧酒即杜甫所謂重碧拈春酒是也山谷詩亦云試傾一盃重碧色是也七星山在州南涪溪之陰鐵峯觀相對而覲峌揖｜｜｜云九盤溪在南溪縣有洞昔溪上有童子遇龍翁於此叢桂山在州北二里許龍磨角山在南谿縣西八十里其山巉巖有劃破迹古老相傳謂龍嘗於此磨角焉龍子淵在宣化上流四十里有龍形蜿蜒壁間如自至焉因名龍騰山去南溪縣東五里其北有石橫空長四丈許父老相傳云龍橋龍透山去南溪縣東北二十里山腹有洞窍深廣十餘丈馬湖江源出沈黎實大渡之支流從馬湖部落之後舟行十餘日方至平夷合石門江至三江口會于蜀江又輿地廣記曰馬湖之上源曰若水出旄牛徼外東南流鮮水注之又東南逕大笮與繩水合又南逕卭都又南逕會無孫水注之又南逕遂久蜻蛉水注之又南逕三絳淹水注之又與母血水合又東逕姑復涂水注之又東逕越巂之馬湖縣爲馬湖水又東北至朱提縣與瀘水合而瀘水上流有蘭倉

水出博南東北流會類水禁水北注瀘津自朱提以下通爲瀘水又東北至僰道入于大江　**馬鳴溪**　源出慶符之西會馬湖達于蜀江昔土人鄭氏因牧馬于溪上產龍駒四蹄列爪朱騣赬尾高可七尺州家聞之將以貢在所載至溪口振鬣長鳴躍于工溪因以名　**伏犀灘**　益州記云｜｜｜東南六十里有黃牛像其崖嶮峻顯類黃牛水經云昔有黃牛從僰溪出上此崖化爲石　**復魚池**　在宣化縣東皇祐間白雲先生張俞爲記　**鴛鴦圻**　寰宇記云在南溪縣舊傳有張眞者娶黃氏女名帛眞因乘船過江船覆沒帛求夫屍不得於溺所仰天歎遂自沈積十四日乃扶夫屍出於灘下因名爲｜｜｜通鑑晉永和三年桓溫軍至青衣漢主勢大發兵以昝堅等將之自山陽趍合水諸將欲設伏於江南以待晉兵昝堅不從引兵自江北鴛鴦碕渡向犍爲則是晉時已有｜｜｜矣　**花臺寺**　在州治大江之西殿後石壁露出大像其他內外石間鐫出萬佛州治自會昌三年遷于江北僅餘此古迹　**荔枝園**　郡國志僰住施夷中多以｜｜｜爲業｜植萬株樹收百五十斛　**大漏天**

小漏天在宜賓縣四時霖淫不絕俗謂之｜｜｜**定誇山**在宜賓縣西百里山坡荔枝連袤多屬廖氏山谷所賦廖致平家綠荔枝即此山所出也**夷牢山**在宣化南山之陽二蘇有過宜賓見｜｜亂｜詩即今之宣化縣界也**迎祥山**在慶符縣東二十里**興慶山**在慶符縣南十五里**師來山**在故開邊縣耆老云昔有人浮舟于此忽見一道人飄飄然自空而下止於峯頂即之不復見土人呼道士爲師故得名**波淩池**在州西風雷一震波浪淩山一名天池寰宇記云｜｜｜在州西開邊縣去州一千餘里其池長五十里闊七里風雷一動波浪淩山謂此也一名天池一名滇池**南廣水**元和郡縣志在故開邊縣西北一里圖經云由均州河西羅計三支混四江而爲一由瓌遠下南廣歸于蜀江寰宇記載黑水即此水**可盧山**在南溪縣南五十里山多筇竹

瀘水辨圖經云在越巂曰馬湖在朱提曰瀘江皆一瀘水也在夷境曰大渡在漢嘉境曰羊山皆一沫水也**無等院**在州南門外山谷以元符間寓居此作槁木庵今猶無恙其寺額尚山谷筆蹟

也

壽昌院（在城北甘泉門外東坡過戎州艤舟遊此壁閒留題所謂江山石爽之雄觀是也有浮圖高二百尺）

大雅堂（眉人楊素從黃庭堅游黃謫戎州嘗曰安得一奇士而有力者盡刻杜子美東西川及夔州詩使大雅之音復盈三巴之耳哉素聞之欣然挐舟訪黃於戎請攻堅砥募善工作華堂以宇之黃偉其言悉書子美詩遺之因名其堂曰大雅且爲之記）

萬朶紅荔枝（舊有荔枝一本名萬朶紅最爲佳品因以名亭在倅廳矣）

栢枝頭荔子（在尉司鎖江之上廳上一株四柯西南一柯獨肉厚而味甘山谷之品題如此）

古迹

故僰道縣（輿地廣記云在馬湖江會昔漢武帝使僰道縣令開西南夷勞費無成使者唐蒙斬之乃鑿石開道以通南中今石門是也）

廢開邊縣（續通典云在州西南六十五里亦僰道也隋置今廢）

廢歸順縣（續通典云在州西北三里亦僰道也唐正觀中羣獠歸復故因此立鎮以

撫之已上二縣
今併入僰道縣**宜賓鎮**本漢郁鄢縣隋開皇六
年置天寶改曰義賓**郁鄢**
灘在宣化之寰宇
下流十里**湞池大鑊**可容水數十斛**羃䍥三十六州**記云
元管蠻夷州縣今並廢存而不廢者知古跡而已名
存者十五州本朝元豐志化外所隸止三十州也
姜維屯在州南岸羣峯環秀中一峯突立如筆
高千仞其頂平正俗傳｜｜｜兵于此**諸葛**
行祠在城南每兩江諸國
夷說公事會于祠下**忠利廟**蜀牂柯太
守陳立祠**張儀同**
祠古傳｜｜｜**順應廟**在城南門外蜀牂牁太守馬忠祠
｜｜｜刻云總章元年二月二十四日建
唐撫夷縣使南詔路唐志云自撫夷縣南七十里至
曲州又四百八十里至石門鎮
隋開皇五年率益漢二州兵所開又經鄧枕山馬鞍
渡二百二十五里至阿旁部落又經蒙夔山百九十
里至阿夔部落又百八十里至諭官川又經薄啰川
百五十里至界江山下又經荆溪谷瀲涤池三百二
十里至湯麻頓又二百五十里至柘東城又經安甯
井三百九十里至曲水又經石鼓二百二十里渡石

門至佉龍驛又六十里至雲南城又八十里至白崖城又八十里至龍尾城又四十里至羊苴咩城正元十里詔祠部郎中袁滋與內給事劉正諫使南詔由此乎

官吏

先鐵 梁武帝大同十年使ㄧㄧ討定夷獠乃立戎州即以鐵爲刺史此唐以前郡守之可考者也

張九宗 唐元和五年爲刺史撰修花臺寺記并書 **劉岑** **李通** **李亢達** **九奚釆** 唐時來爲郡守可知者五人樂林官吏序

本朝

呂開 元豐二年自山南提刑來知在山南日同鮮于子駿行免役法入奏稱旨即除提刑 **黃庭堅** 山谷紹聖初以修史貶涪州別駕移戎州安置自號涪翁有涪翁溪遺跡存焉 **劉衷** 國朝ㄧㄧ爲京兆府路廉訪ㄧ日承朝命索牛黃五百斤公抗論力止其事有旨鐫一官公日削一官活千百命得失孰爲多 **邵隆** 中興遺史紹興十五年隆知商州幾十年值和議已定割商州爲外境隆不悅常密遣兵盜馬以擾之金人報于秦檜檜

心恨憤以隆知敘州二年至是因飲酒暴卒或云檜使人酖殺之矣

人物

任永 後漢書李業傳載ㄧㄧ僰道人長於歷數公孫述招之托盲不至矣

隗相 養母至孝母好飲江中流水有橫石生江中為橋漢徵為郎矣

吳順 至孝赤烏集其門後為永昌太守

黎幹 敘之士人唐史有傳

吳審 字叔禮犍為郡孝廉大中六年客京師死時朝廷錫詔曰國失忠臣家亡孝子式門閭建閥閱其閭至今在州南青衣江岸

廖翰 字仲良宜賓人少以孝義聞嘗有夷反翰與夷戰于馬鳴谿敗流數里不沒時皆異之年七十九而終以子贈官朝議大夫畫像于壽昌院豫章黃太史贊之

廖琮 翰之子字致平嘉祐二年與眉山二蘇兄弟同登進士第未五十歷朝恩甫及親郎致仕

張彬 字執中耀州人以上舍登第留張魏公幕富平之役彬以十二事諫浚不從去通判瀘州曲端之死彬以書與浚明曲端不反

孫鉉 自眉徙居宣化登第召為博士靖康時條上守禦之策有

詔褒寵及二帝北狩敵以鉉有名上庠指名檄取之義不屈以死

許光弼居宜賓元符上書以都大提舉謪本州稅官

仙釋

劉眞人魏武帝時征伐四起眞人從樊道山谷中自平蓋山駕白鶴入建州

蒲道人遇一道人於野曰爲我製一緉元以尺度之長七寸五分三日復命再量遽長尺二寸道人吒之蒲無慍色道人取小瓷缶酌酒與對飲累觴而瓶不罄道人忽不見蒲遂仙去

僧法輝宜賓人結草庵居之號山栖庵主妙於學易作幽顯大旨及僧史等書與韓子蒼徐師川爲方外友後住遂甯而卒偈曰六十六年雷奔電激臨行一句青天白日

智通字無礙薛氏子宜賓人雖不遊方殊有自得善琴能文深得山谷字法其行草與山谷手跡並觀莫辨也

碑記

晉張麟夫人墓表在慶符縣南一百六十里韋南康記工碑在江西舊州治岸漑元和五年刺史張九宗立碑碑陰載南康謝賜表碑至今字畫大半磨滅定誇湖唐碑在城東門外有唐碑存焉有日山蒼蒼煙際橫波渺渺湖水平其餘漫滅不可考唐都督戎州李通破賊碑在州南一百里今碑字亦殘缺大唐南詔王碑在石門界唐正元七年袁滋題唐古戎道記在州治之對天蒼山崖壁間唐人所書筆畫勁正乃唐乾封二年詹君秀修復此道而爲之記唐黎幹墓表在州西岸石馬溪之上今石馬尚存唐張九宗修花臺寺記元和五年張九宗書金箱浩流在宣化上三十里吳季成所卜築在山之阿有山谷老人所書盤谷序虔州學記碑刻山谷悟軒石刻在南溪縣資聖院

詩

重碧拈春酒輕紅擘荔枝杜詩宴戎州楊使君東樓夜泊防虎豹朝行逼魚龍一道鳴迅湍兩邊走連峰猿拂岸花落烏啼巖樹重煙靄吳楚連泝沿湖海通岑參歸發犍爲至泥溪作江寒晴不知遠見山上日朦朧含高峰晃蕩射峭壁東坡過宜賓作江水通三峽州城控百蠻蘇潁濱敘州詩亂山圍古郡市易帶羣蠻瘦嶺春耕少孤城夜漏閒往時邊有警征馬去無還自頃方從化年來亦款關東坡敘州詩江流日益深民語漸已變岸濶山盡平連峯遠飛漢峰巒苦崖石草木條榦短潁濱戎州作西來雪浪如魚烹兩崖一葦乃可横酒盃未覺浮蟻滑茶鼎已作蒼蠅鳴

山谷鎖江亭酌酒作山繞樓臺鐘鼓晚江觸石磯碪杵鳴鎖江主人能致酒願渠久住莫終更山谷鎖江亭上一樽酒山自白雲江自橫山谷王公權家荔枝綠廖致平家綠荔枝試傾一盃重碧色快剝千顆輕紅肌潑醅蒲萄未足數堆盤馬乳不同時誰能同此勝絕味惟有老杜東樓詩山谷詩白髮丞無癨橘日六年惆悵荔枝紅前人五月照江鴨頭綠六月連山栯枝紅同上西風將小雨涼入居士徑苦竹遶蓮塘自悅魚鳥性同上岑寂東園可散愁膠膠擾擾夢神遊萬竿苦竹旌旗卷兩部鳴蛙鼓吹休同上南園苦笋味勝肉籜龍稱冤莫採錄

煩君便致蒼玉束明日風雨皆成竹山谷從斌老求苦筍詩方懷味諫軒中果忽見金盤橄欖來想共餘甘有瓜葛苦中眞味晚方囘程史云戎州有蔡次律者家于近郊山谷嘗過之延以飲有小軒極華潔檻外植餘甘子數株因名焉題之曰味諫後王子予以橄欖遺之山谷有詩云云時蓋徽祖始登極國論稍還是以有此句云歸計隳何許出溪仍泝流夢囘牛漑路行到馬湖秋劉望之詩孤舟未晚泊煙火傍人家小市常憂虎空城不見花同上僰道古戎州何人開天荒向者名勝流經兹水雲鄉少陵三百年繼踵山谷黃二老經行處草木生輝光白麟寓居敘南詩誰破天荒開僰道千栽巖木護天宮背城山合疑無路面水窗橫自有

風前人宗元永州誌語溪幾年煙草含淒迷昌黎海門水半扉至今詩句藏翠微涪翁亦從天上歸自鑿嵐翠成巖棲楊元量詩東樓特傑少陵詩鎖江頡頏涪翁題兩翁詩陣屹相向千載名與江山齊史申之詩欲記敘南他日事只應詩句畫成圖李嘉一川帶繞三平島萬巘環起兩翠巒劉申詩西樓何似古東樓但覺今州勝舊州山色不藏興廢迹江聲空戰古今愁樓上詞人誇麗藻分明說與江山好江山千古有精神秪爲曾經詩客到之劉翼天池十里如鑑湖荷花可折魚可鱠天池在州治之西二十里池有二役池長五里前池半之蓮荷菱芡彌望別駕牟孔錫有詩云云滿目

江山四望幽白雲高卷嶂煙收日囘禽影穿疎木風遞猿聲入小樓遠岫似屏橫碧落斷帆如葉截中流辛夤孫登戎州江樓閒望

畫船衝雨入戎州縹緲山橫杜若洲須信時平邊候靜傳烽夜夜到西樓陸游州治西樓詩

文章何罪觸雷霆風雨南谿自醉醒八十年間遺老盡壞堂無壁草青青陸游詩云無等院乃山谷故居

千尋鐵鏁還堪恨空鏁長江不鏁愁陸游鏁江亭詩

四六 闕

輿地紀勝卷第一百六十三

輿地紀勝卷第一百六十四　文選樓影宋鈔本

東陽王象之編　甘泉岑鎔淦長生校刊

潼川府路

懷安軍　金堂　紫雲

軍沿革

懷安軍同下州九域志天官東井輿鬼之分野漢志入參七度圖經禹貢梁州之域寰宇記周及春秋戰國為蜀地輿地廣記又通鑑周赧王六年秦取蜀又赧王十四年蜀守煇叛秦司馬錯往誅之既有蜀守則是時已有蜀郡不待始皇分三十六郡之時也二漢屬廣漢郡新都縣地西漢志云高帝置廣漢郡而新都以縣屬焉東漢志新都縣仍隸廣漢郡晉屬新都郡晉志泰始二年

置新都郡領縣四新都以縣屬焉舊唐書志簡州金水縣下註云本新都縣屬廣漢郡晉將朱齡石於山東立金水戍元和郡縣志亦云東晉義熙末刺史朱齡石帥建平人征蜀仍於山東立金泉戍宋屬廣漢郡宋志廣漢郡領縣六而新都預焉又云新都令漢舊縣晉武帝爲王國太康六年省爲縣屬廣漢與晉志所屬不同南齊亦如之南齊志廣漢郡下亦領新都縣西魏平蜀置金淵縣及金淵郡以界內金堂山爲名續通典又舊唐書志云西魏置金水郡又分置金水白牟二縣隋志云後周廢後周廢金淵郡隋志云西魏置金泉縣及金泉郡後廢郡并廢白牟縣入焉象之切攷唐高祖諱淵故書傳或曰金水或曰金泉大率皆避唐諱追書耳隋廢金淵郡以縣隷簡州續通典唐屬簡州以避高祖諱改金淵縣爲金水縣新唐書志云金水本金淵武德元年更名金水圖經辨疑云昔劉昫作舊唐書於後唐而後唐實受唐姓易淵爲潤猶之可也若長孫無忌等作監

書時唐已復爲金水矣何不直曰金水而猶曰泉其差異不可得而詰今當以新書爲正此金水縣建置之始末也唐又分漢州雒縣益州新都縣地置金堂縣屬益州舊唐志云咸亨二年置屬益州垂拱二年屬漢州新唐書云屬漢州後屬漢州見上此金堂縣建置之始末也前後蜀因之

皇朝平蜀蔡州團練使曹翰轉輸經此奏請建置爲軍成都府路轉運使李鉉亦請割漢州金堂縣共建一軍額甚便奉敕金水縣宜陞爲懷安軍直屬京割漢州金堂縣爲屬隸潼川府路圖經在乾德五年國朝會要云乾德五年以簡州金水縣爲懷安軍仍以漢州金堂縣隸軍類要立軍在乾德六年年月不同長編在五年十月當從長編今領縣二治金水

縣沿革

金水縣 望

倚郭舊唐書志云本漢新都縣屬廣漢郡晉將朱齡石於山東立金水戍後魏立金水郡分置金水白牟二縣隋改爲金潤屬蜀郡武德初爲金水三年屬簡州隋志蜀郡金泉縣下註云西魏置縣及金泉郡後周廢郡并廢白牟縣入焉國朝會要云乾德五年於縣立懷安軍

金堂縣 望

在軍北四十里續通典云本漢牛鞞縣地屬犍爲郡咸亨二年蜀郡長李崇義析雒縣新都及簡州金水三縣置以縣界有金堂山故以爲名舊唐志云舊屬益州垂拱二年割屬漢州元和郡縣志云本漢犍爲郡牛鞞縣地屬犍爲郡圖經辨證以爲廣漢郡之新都縣地唐咸亨二年析雒縣新都及簡州金水三縣置以地連金堂山故名

風俗形勝

懷安割僰漢支邑剏自本朝壤地褊小介于益梓遂三大府之間金淵志封域門山之雄峙從梁劒而來江之洪深自堋灌洛而至同上懷安介兩川間山峽之阻地勢險要慶歷六年李曼卿澄江樓記懷安蕞爾國而雲峯月峽之勝英靈秀崒鍾爲人物金淵志人物門士瘠人淳士務力學蹇柳溪修軍學記彌牟洛水毗橋等三水會金堂合爲一江寰宇記懷安縣二而鎭九以縣而言金堂爲大以鎭而言古城爲富方諺謂軍不如縣縣不如鎭圖經懷安小國寡民遡處西南六十驛遠宅於深山大谷之中土瘠

而無它產民椎而無它技柳溪蹇公汝明永惠記環郡皆山其西北則長岡峻嶺連亘相屬柳溪蹇公汝明澄江樓記城依雲頂之麓而中江縈之氣象蓊鬱岩壑洲渚之美映帶左右晁公武作雨零堂記

景物上

天池在雲頂山寺後門入金堂路寺曾栽蓮創亭於上榜曰｜｜堠神燈在三學山按邑宰衛規棲賢山碑云廣濟寺北有羅漢洞常黑月夜分飛燈或數百燧交照於山中隋曰靈燈寺唐薛能詩云莽莽空中稍稍登坐看迷濁變清澄須知火盡煙無益一夜欄邊說向僧蜀王衍時太妃徐氏登山賦詩云聖燈千萬炬旋向碧空生細雨濕不暗好風吹更明佛跡佛足跡在三學山按卞議記云迦葉佛與其眷屬三百衆住現說法之處大方廣佛華嚴經說仙人山郎此也今菩薩洞說法臺存焉盤石上

有佛足跡石理堅潤瑩白如玉非世間追琢所能

東山 在金淵水東於郡治爲主山上有太平寺舊俗相傳號金龜山地多小龜金色

中江 輿地廣記在金水縣寰宇記云在軍西北源從漢州彌牟鎮水毗橋等三水會本軍金堂縣合爲一江入簡州安陽縣界

三江 山海經云丨丨者大江中江北江也汶山郡有岷山大江所出崍山中江所出崌山北江所出東注大江寰宇記云曰彌牟水曰洛水曰毗橋等三水會金堂合爲一江此說是也以今考毗橋水即灌口水也灌口水發源自茂州汶川縣至永康軍支分以溉田至金堂復合爲一東合于江矣洛水即洛口水也洛口水發源自漢州楊村三章山次漢鴈橋至金堂縣治之西合于江彌牟即堋口水也堋口發源自彭門歷濛陽至本軍之貟多鎮俱亭灌溉之利至金堂縣介於灌洛二水之間亦合于三堋水自是東於金峽之口南逕資瀘復合大江

池 牟池鎮在金堂縣西四十里亦名丨丨蓋取中山寺之左右有丨丨丨一曰天池一曰地池去寺數十步又有一池曰琵琶池

七泉 在金水縣二里山下出泉其穴七道有亭曰蒙亭壁間多治平間名

賢詩什

八泉 距七泉半里

九井 在金堂縣之鴻都觀水色不常或黃或青父老相傳以爲玉帝靈液病者飲之立愈

環溪 自銅山縣界經金水縣三節鎮合簡州當鎮大溪入甘泉合大江

金船 在金堂縣按蜀記云金泉縣古有丨丨沈於江之東岸銳底民於水中往往見之

洛水 在金堂縣北三十里按李膺記云洛水出漢州什邡縣之洛通山東合縣江注牛鞞縣魚豢典畧云洛字或作雒漢火行忌水故去水加佳魏爲土行土得水而流故去佳加水今漢州雒因名焉

飛石 在三學山下寺法堂前按舊記唐乾甯二年春王建舉兵圍東川顧彥輝而鳳翔李茂正遣李繼暉符昭將兵屯三學爲東川之援時霖雨震擊有巨石摧毀李所舍之廳李遂徙屯白楊林他日驗石所從來乃雲頂山東北隅巔崖也雲頂距三學四十里故名曰丨丨

景物下

淳簡堂 在郡治取懷安民淳事簡之義

深遠堂 在郡治

率正堂 在小倅廳子城

之巔平政堂在金堂縣會心堂在金堂縣就日堂在郡治歲寒堂在郡堂嘉禾堂在郡治澄江樓在郡治之東隅凝翠堂在郡治紫雲閣在郡治之北隅繡川堂在郡治紫雲閣之下星楠院在金堂縣西北二十五里舊經云蓋二十八化之第八化也化內舊有楠木有竅若七星狀故名|||今爲三聖御書所藏之山星凡二千三百餘間僧徒千人而蜀之第一道場也後易爲道觀靖康復故雲頂山晏公類要云舊名石城山其狀如城在金水縣西一十五里頂上有祥符寺奉安太宗御書有神泉方丈澄清如照雲霞常興唐天寶六載改爲|||銅官山圖經云在金水縣北十里出銅唐天寶六載改爲金水山元和郡縣志云在金水縣北四十九里李膺成都記云|||在中江縣西五十里其山高於中峯漢文帝賜鄧通卓王孫買而陶鑄之按漢書文帝賜鄧通蜀嚴道銅山得此鑄錢銅盤山晏公類要在金堂縣西北二十里形如盤洛水彌牟毗江三水經此山下合中江玉京觀在金水縣東四十里

玉女泉在金堂縣城之西溪畔玉女之像具存金堂水華陽國志云新都縣有金堂山山有水合巴漢大江金堂山元和郡縣志在金堂縣北二十餘里金臺山在金水縣北一十五里華陽國志云新都縣有｜｜｜水通巴漢以水出金沙因以名山上有望帝祠又有迦葉佛說法臺輿地廣記屬金水縣不同金水山皇朝郡縣志云在金水縣北四十里本名銅官山入簡州陽安縣界眞珠山在金水縣去縣三十五里花藥井在都稅務相對昔花藥夫人生於井傍海棠村塗文質金堂人隱居金水許店之｜｜｜｜｜當時號爲逍遙山人嘗題云｜｜｜｜裏看昇平圖經云｜｜｜今之歷鼻舊官路旁柳溪泉在金水縣南七里時有竹葉從穴中出人莫知其所自鸚鵡塔在金堂縣三學山唐正元十七年韋南康有鸚鵡能念阿彌陀佛送之寺中忽一日不懌循養者爲擊磬每一聲一念暨十聲而十念成斂翼而絕遂以佛法焚之有舍利十粒僧爲之建塔自是每歲上巳鸚鵡成羣鳴于塔之左右云牛龍湫在雲頂山之後塞村時化爲牛躍於

空際雲霧滃然禱雨卽應。

龍馬鎮 耆舊傳先是其鄉有牟姓者所居山中有一穴忽有小駒從穴中出見人則隱入穴中牟乃結菴伺穴駒之出掩其不備遂羈以歸皆以爲龍馬蜀王建聞之欲得其馬賜之以田命山爲龍馬山鎮爲龍馬鎮今名常樂鎮

龍牀灘 在金峽距金水二十里兩岸石如牀中有灘險父老相傳靜夜常聞岸有奏樂之聲

龍飲池 在金堂縣龍飲山寺古有｜｜于池水爲之涸忽一日雷雨大作龍自池中騰空而上因名爲｜｜｜建佛寺

白龍湫 在雲頂山寺庫有一井龍居其中過者悚然適過客刲羊於其上龍卽日飛入靈泉縣柏廟山井過冬枯涸龍蟠遺跡可見

青龍泉 在金堂縣三學山石間有龍隱現其間

白神山 在軍城西南高五十步周回三里同廣都縣龍華山崗脈本軍郡治主崗坐此

白芳鎮 在金水縣東北四十里昔章聖皇帝命孫正辭討戎瀘叛夷時李氏嘗遣其倜徒戴白芳爲王師鄉導因名｜｜｜

瑩碧池 在金水縣石城山清修寺之傍畫手張僧繇故居里人云僧繇每畫滌硯此池今水色猶黑挹之則清

小富溪

自金水縣昇平鄉雞牛鼻至軍溉惠津廟下合大江

中石城山 在金水縣南十五里上有石城僧院有石記云唐開元十九年建立寶塔

中江水 元和郡縣志在金堂縣東一里

大渡津 元和郡縣志在金水縣北三十里

再生楠 丨丨丨盤陀石在雲頂山祥符寺內楠向者已枯石舊離爲二先是頭陀語曰五百年後寺當廢若復興則楠再生石再合後果如其言

三學山 在金堂縣東北一十里上有法海普濟廣濟三寺李義山爲八戒和尚謝復三學精舍表云況三學山夜有聖燈朝明佛足風飄雨濕且無金爐落時獬剎苔侵尚有寶花承處

三州鎮 在金水縣西南四十五里地勢最高其上可以見三州謂益州漢州簡州也

三王灘 在金峽距金堂十里三王有廟皆石像莫知姓氏或云三王乃夏禹灌口神及叢帝

三節鎮 在金堂縣七十里里父老相傳以爲其地接三界首之間故名謂東接潼州銅山縣界南接簡州陽安縣界西接本軍本縣界

九渡溪 自成都府靈泉縣界經金水三州鎮遶雲頂山下屈曲凡九至通利橋合大江

廣濟寺 在金堂縣

東北一十里三學山唐智炫法師始剏廢於會昌宣宗時有悟國禪師復之有一牛日載錢以市工糧牛死葬之亦有舍利今之牛王塔是也又有碧玉佛龕藕絲袈裟錦字多心經李思進所織西方以葉金字涅槃經壁間畫皆奇古其東十里龍橋山有神鐘不知所在往往自鳴寺前後檜柏皆隋唐故物又有聖燈佛足飛石鷃鵠塔等

延祥觀在金堂縣東十里本觀有唐開元中金堂尉沛國武提碑云昌利山峯上向有道士觀因山名此張道陵二十四化之一在唐為昌利觀乃第九化也

靈都山在金堂縣西二十五里本名萬安山唐天寶六載改今名

祥符寺在雲頂山去金水縣十五里在唐為寺宣和為觀靖康復舊自山麓至寺十餘里松柏夾道下瞰金峽盛時至千僧為屋二千楹寺後有望川亭可見數百里西山諸峯歷歷如在咫尺方丈後有一覽軒有佛牙一坐西方貝多葉太平興國中降到磨納袈裟藕絲坐具王頭陀臥下金襴袈裟

浴室院去軍十二里距祥符三里許中有二井寺僧就浴之井傍鑿池貯水養魚不能計數斥餅餌則駢頭競出不復畏人上有亭榜曰化龍

昌

利山 元和郡縣志在金堂縣東北十里類要云有一石室三門可容九十人今人呼爲三龍門是也杜光庭功德記云山有虹橋仙寶與棲賢三學士二山相接 **昌利化** 丨丨丨李八百者蜀人也自夏至周往來蜀中或隱於吏或寓於傭或托於卜穆王時隱居棲賢山後遷居龍橋峯作金鼎九月時人計之蓋八百餘歲故號曰李八百 **望蜀山** 元和郡縣志在金堂縣東二里圖經云言其高可以下望平川 **棲賢山** 一名三學山寰宇記在金堂縣一十三里益州記云李八百遊此山遂有棲賢之名山側有一洞又有一石菴丹竈在焉 **郎中山** 在金水縣有長壽寺御書在焉 **佛子龕** 去金水縣西十里道傍石上有古鐫佛像

古迹

故新都 去金堂縣西十五里在今新都縣之東 **漢處士段翳宅** 郡國志云金水縣郫丨丨丨丨丨圖經云在今天慶觀 **李八百後洞** 在金臺山靈安廟之左三四里許有

一石洞洞有表識云神仙洞洞門舊傳三學山爲前洞此爲後洞云 **鼈靈跡** 在金堂峽南岸去軍二十餘里石門有巨跡長三四尺旁大刻｜｜｜三字 **鼈靈廟** 開福廟即叢帝鼈靈也在金水縣北七里按華陽國志云荆州有一人從井而出自號鼈靈靈死其屍泝流而上至汶山忽復生杜宇神之立爲相會巫山壅江蜀地瀦水鼈靈遂鑿巫山峽開廣漢金堂江民得安居宇遂禪以位靈嗣位自號望帝 **望帝祠** 靈安廟即｜｜｜也在金水縣北十五里金臺山華陽國志云蠶叢氏之後有柏灌柏灌之後有魚鳧杜宇繼魚鳧之後當七國稱王宇自號望帝一號杜主 **雲頂山神** 山去城十五里神姓李名遂按景祐四年魏紳記云天寶十五載明皇幸蜀及劒關而山神乃肆覲焉帝問以何陰德能詣槊闌奏云石城山神李氏也 石城乃雲頂舊名駕至蜀乃備禮封贈 **鄧太尉廟** 在金水縣北四里即蜀鄧艾也 **金輪天后廟** 在金水縣東五十里曰董村祠占隆阜之上即唐則天皇后也 **李膺冢** 後周金水縣令｜｜｜在金堂縣北十五里爲令有惠愛祭祀不絕 **張子**

陽墓在金水縣唐化鎮大江之上有石闕長丈餘上有隸書幽州刺史牂牁太守張子陽十一字皆尺餘又有塼永建四年八月造　**三王墓**在金堂縣峽口江官路傍高十餘丈不知何代人石人石獸尚存一祠甚古即三王廟下即三王灘　**王忳墓**詳見人物門

官吏

張天祺熙寧初張公天祺宰金堂召爲監察御史裏行論新法不合王安石笑之張公曰不知天下笑參政也謫監鳳翔司竹監海內稱之曰小橫渠見景行堂記　**孫道夫**眉州人紹興十年到任自館閣出守有朝士送行詩見詩什門　**呂協中**字民極申國之後紹興三年十七年凡兩到任與士民相愛如一家替滿挽留不可去遂卜居焉　**鮮于噩**字次明留意郡庠市書籍數千卷士類賴之　**陳澄**字彥清眉州人置贍學田七千餘緡士類至今德之

人物

段翳字元章廣漢新都人習易經明風角有就學者未至必豫知姓名今天慶觀即翳故宅翳之出處見范曄後漢書 王忳字少林廣漢新都人也范曄書忳爲大度亭長大度即今金堂縣所治忳墓在焉 張正字元方金水人也登天聖八年進士第國朝建軍以來郡士破荒登科自公始後仕至太常少卿子公紀 張公紀字仲綱正之子也登景祐八年進士第仕至太常少卿父正守高安公亦領衡陽比境分符南下范蜀公老泉蘇公李大臨蔡冠卿俱以詩餞送之及受代父子同舟而歸川蜀以其父子兩卿相繼呼以大小卿云 錢裒字去私金堂人登慶歷六年進士第治平中刺義勇不問貴賤盡籍爲兵人人駭怖公自漕使奏寢其事詔從其請文與可誌其墓 謝湜字待正金堂人霧隱先生守中之子年十六時伊川程公侍親官廣漢公往師之操持趨向一以伊川爲法登元豐八年進士第方伊川在黨籍謫涪陵公獨不遠數千里書問往來今伊川集有金堂謝推官書是也 樊汝霖仕至中奉大夫爲瀘帥母喪哀毀過制有芝草生於庭白鳩棲於墓木人以爲孝感之應暨公卒諸

子之篤孝

樊棗　汝霖子，字仲新，金堂人。開禧丁卯渠州逆曦之變，僞詔至郡，改稱元年，會一如之。葺郡廳落成，公卿令大書屋脊記板云：開禧三月初三日具位丨丨。近境相傳，民志以定。

古泡直　字夢符，金水人。元符求直言，大臣復進紹述之議，書上忤意，寘之罪。登崇甯第，暨唱名，復疏列會上書切直黃定等十八人，八人居其一。詔獄徙淮陽，二歲而歸。又六年始得賜出身入仕。紹興二年，一御札搜訪十八人者，存不二三。公亦不自表襮。

李𢿘　字伯兼，金堂人。通判階州。開禧丁卯監魚關糧料院。逆曦之變，屢遣人招之，公以疾辭，至于再三，欲引繩自經，又置刃於寢，云逼我太急，卽當自盡，竟以憂憤而卒。曦誅，聞于朝，遂轉朝奉郎，官一子。

仙釋

眞多化妙應眞人　本長安人，姓章，名眞多。尋師訪道，入棲賢山，依李八百，授以朝元煉丹之訣。山有巨松，嘗見一嬰兒出没其旁，眞多跡之，得茯苓餌之，既久身輕。其後登巨楠而去，足之所履

有七竅如七斗狀至今存焉觀號曰星楠

李敷元眞人 眞人姓李名部道號敷元在雲頂山修行東漢時段翳先生患惡疾迎眞人下山煉丹丹成服之從眞人隱於金淵水捨所居作觀以金淵名之本觀丹竈遺迹尙存過雨不濕

灰奴子 姓牟氏金堂人傭餅家得錢無多寡以奉母或從之貰餅聽其所欲子之不償其直亦不問負餅家錢多主者督過之因逃入三學山李八百洞中有所過後以仙去

王頭陀 雲頂山靜照妙惠慈應大師丨丨丨名志寂導江人五祖禪師之孫草堂無相之子後歸蜀求卓菴之所至松子嶺遇一偉人曰吾居此久矣師之來固所願幸遂吾左師遂創大蘭若今寺靜照大師塔

贅頭和尙 名宗正久遊江湖得法圓悟禪師紹興間隨師入內陛坐問話機鋒不可當上曰此僧贅頭故叢林號爲正贅頭

碑記

漢張子陽碑 漢幽州刺史牂柯太守張子陽碑在唐化鎭沿江五里許乃張子陽墓東漢順

帝永建四年造唐昌利觀記在昌利山延祥觀開元中金堂尉沛國武㨗撰王頭陀塔銘在雲頂山塔院正元十五年薛能撰如舜禪師碑銘在金堂龍槐院唐節度使杜琮撰支提石塔記在三學山唐節度使段文昌撰鸜鵒塔利塔記在三學山韋皋撰爲八戒和尚謝復三學山精舍表李商隱撰放生記誓文在中江岸上太和二年令狐綯撰杜光庭功德記在三學山楊浦壽昌寺記在郡中山三學山飛石記邑宰張酉撰段翳故宅舊碑後漢隱士□□□今郡城內天慶觀是也有段隱居李眞人二像有舊碑字畫磨滅不可辨金堂尉沛國武㨗碑在金堂縣東延祥觀唐開元中立今金淵志郡守韓梓撰

詩

願挽玻璃江需作東州雨羅大全送孫太冲守懷安雲頂峯崛奇

金淵水淸寫勉從山水遊切勿輕民社勾景山送孫太冲

金沙春三月桃李照城郭石峽賴鯉魚時時醉賓幕勾龍行父送孫太冲

遙看山本有雲處便是人心無事鄉張逸

山如虬龍來渴飲金淵水馮當可雲頂山

楠生石合頭陀出此記傳閲歲月遙張無盡雲頂山

一楠枯再生兩石合無罅何子應雲頂山

石城松柏鑠煙霞王欽若雲頂山

五色琉璃白晝寒當年佛脚印旃檀藕絲織出三衣妙貝葉經傳一偈難夜看聖燈紅菡萏曉驚飛石碧琅玕更聞鸚鵡因緣塔八十山僧試說看王雍雲頂山

石間佛是明如玉山外神光散作燈張禔題雲頂山

萬松擢秀五弟稍千刼棲賢三學

山佛定光生玉璽潤僧衣細結藉絲斑歸來鷓鴣掃白塔聲在翠微煙靄間袁彥安三學山太極之年混沌坼此山亦是神仙宅後世何人來得道紫陽眞人李八百唐符厚之送韋鍊師歸昌利山棲賢古招提十里巨松陰棟宇自隋氏悠悠歲月深唐人范生畫風雨欲剝侵相傳金仙跣工質存至今星黑夜正午異物爲華燈西園劉公題三學山

四六

封畛乾臨於維邑源流巽入於簡池楊正則建軍記懷安軍東蜀之奧區金堂縣隸治之劇邑明鎬勑書樓記控天壤之沃野處坤維之要津形勝一方襟帶千里同上

輿地紀勝卷第一百六十四

輿地紀勝卷第一百六十五　文選樓影宋鈔本

東陽王象之編　甘泉岑鎔 淦 長生校刊

潼川府路

廣安軍　渠江　賨城　清州　儂州

軍沿革

廣安軍同下州古梁州之域圖經東井輿鬼之分壄統於鶉首圖經春秋戰國爲巴地秦及二漢屬巴郡之宕渠墊江安漢三縣地今渠江縣自渠州割屬故屬宕渠新明縣自合州割屬故屬墊江岳池縣自果州割屬故屬安漢晉屬巴郡及巴西郡地晉志巴郡有墊江縣巴西郡有宕縣及安漢郡宋屬巴郡巴西及南宕渠二郡地宋志巴郡

下有墊江縣巴西郡下有安漢縣南宕渠郡下有宕渠縣**南齊因之**輿地廣記云齊屬巴渠郡**西魏屬流江宕渠墊江三郡**圖經及輿地廣記同**隋屬宕渠巴西涪陵三郡**隋志宕渠郡下有宕渠縣巴西郡下有南充縣注云舊曰安漢涪陵郡下注云西魏置合州**唐屬渠合果三州**唐志渠州有渠江縣合州有新明縣果州有岳池縣

皇朝初置廣安軍輿地廣記九域志國朝會要並在開寶二年寰宇記在乾德六年不同象之謹按國朝會要開寶二年置軍不應乾德六年預割三縣來屬而乾德止于五年六年已改爲開寶今不取又圖經載太祖平蜀以其地圖來上帝指濃洄鎮問左右曰濃何謂也或告以蜀人謂濁爲濃帝曰自今當爲清州矣今因得以名之先是僞蜀將王昭遠戰敗竄匿東川民舍爲追兵所執餘多亡命散入村落聚爲盜賊洄濃介于果合渠三州之間綿地千里山川阻深相與扇習尤爲民患于是廢渠之洄濃合之新明兩鎮割渠之渠江合之新明果之岳池各一縣隸軍治置軍治于今秀屏山下從西

川轉運使劉仁燧之請也初仁燧以合果渠三州相去差遠山川險僻多聚寇攘遂以合州洞濃渠州新明二鎮以爲軍此據寰宇記而國朝會要在開寶二年又割渠州之渠江合州之新明果州之岳池三縣並隸廣安軍九域志在開寶二年而國朝會要云開寶二年渠江縣自渠州來隸新明縣岳池縣並自合州來隸象之謹按新明縣初屬合州會要謂自合州來隸宜矣而岳池自唐以來並屬果州今果州圖經尚云舊領縣六開寶二年割岳池置廣安軍則岳池非割自合州會要以爲割自合州誤矣今不取及分陝州爲四川而軍隸東川路咸平四年神宗朝有議廢軍者安惇上書時宰得不廢今領縣四治渠江

縣沿革

渠江縣 中 倚郭

元和郡縣志云本漢宕渠縣地梁普通三年於此置安漢縣屬北宕渠郡開皇三年屬渠州十八年改爲賨城縣武德元年復爲始安縣至德二年改爲渠江縣寰宇記亦在至德輿地廣記云天寶元年改曰渠江圖經云開寶二年詔置廣安軍治渠江

岳池縣 緊

在軍西一百二十里寰宇記云本南充地宋武帝於此立南岩渠郡尋廢立丨丨丨以縣境有池水爲名元和郡縣志云本南充相如二縣之地舊唐志云萬歲通天二年分相如南充二縣置丨丨丨屬果州初治思岳池開元二十年移治今所

新明縣

在軍治北六十里元和郡縣志云本漢墊江縣之地自後魏迄隋爲石鏡縣地唐武德三年分石鏡縣之

東北爲新明縣隷合州寰宇記云以新被明化爲邑之稱聖曆三年合州刺史張東之奏移于嘉陵江之西岸北連靈巖山即今理是也國朝會要云開寶二年割隷廣安軍

和溪縣

在軍西南五十里本新明縣之和溪鎮開禧三年太守閻伯敏奏乞陞爲縣奉聖旨依

風俗形勝

南鄰渠水東枕大溪寰宇記云隋大業元年自寶城縣故城移于今理｜｜｜｜｜｜｜｜唐武德改爲始安至德爲渠江圖經云右倚秀屏左瞰渠江

南連巴微北接通川複嶺東橫清江西下林深菁密巖穴幽邃政和中何行中撰岩渠廣安駐泊記

廣安有十似世謂｜｜｜｜紙似池席似蘇黎似耿魚似嘉猶之可也佗則未必皆然若所謂金羹玉飯與夫紅臘紫黎則不爲溢美注金羹謂鴨也

紫黎津潤

廣安軍黎有數種食而滓者爲下入口卽化者爲上不以巨細數論經霜方取爲佳左太沖蜀都賦謂丨丨丨丨謂此也近世儒風尤勝人物間出不減遂果之風皇朝郡縣志巴有賨人剽勇應劭風俗通置軍於秀屏山下山川回環形勢奇勝視他軍壘氣象獨佳圖經廣安之境介乎果合渠三州之間圖經

景物上

宜齋在郡治思堂在郡治餐霞在郡治清洄軍城下瞰渠水縈回而爲潭古號南院今日丨丨濃水出於龍扶速山故縣鎮東流入渠江甘泉在朝天門內井中有三穴相距四五尺中一穴極甘大旱不竭太守陳良有二大篆刻石路傍以誌篆水丨丨流杯在渠江縣五里有石洲如龜跧伏贔屭遂甓求之灌輸其間者渦停渠別莫知其幾中兩渠相距二尺廣深半之專

受流觴天巧致然非人力疏鑿每歲冬春之交木落石出官吏士庶來賞者不勝計

渠江 寰宇記在新明縣東三十里圖經在軍城東三百步自巴達蓬等州入渠州流江縣東流經軍漑下入新明縣界至合州石照縣雲門鎮入嘉陵江

漢山 在岳池縣南五里先有居士王文雅者煉丹隱此就山窪爲臼以杵今存遺迹

⿰山黽山 在岳池縣東南三十里最高大有寺乾道初寺僧掘土得金剛石像背鐫開成四年字

龍洞 有山自南而下天開一穴穴前有泓水洞分爲兩一水一乾乾者人可五六里鍾乳結其中紹興間鄧處和侍郎及李慥大夫同遊有留題

魚泉 新明縣南大山間五味子頗多產於丨丨者爲勝但白花蛇食五味子採之頗艱以顆細爲上稍大則味偏名四味子非眞也丨丨兩山之間中有一壠其間分作兩池水深不可測清濁互分靖康間鎮有士人陳君因暇步泉上忽聞樂聲作於池下乃龍宮仙樂疾入呼親黨往聽至則音樂已息惟聞鼓三奏後亦罕聞

龜山 在岳池縣東六十里山形如龜

羊山 山下十許里有洞曰角竹樵牧每見羊自角竹洞出斥之復回今山下有步虛臺搗

藥臼煉丹岩元豐閒張諫議廷堅諸公讀書於此山山之麓即彭任故居又九域志故老相傳云梁天監中有居士棲隱其**石龜**在渠江縣北十里路旁井中閒講誦有羊跪聽**石龜**有｜｜父老傳冬夏龜轉從其首所指之方必歲稔云**石龍**報德禪院經藏坐腳以自然全石爲之初石江刻就龍形自爾龍口水滴涓涓鄉人乞水洗瘡痏淪湯剩應驗後因朝旨廢龍像遂壞之**速山**在岳池縣東四十里按唐地里志果州南充郡岳池縣有龍扶｜｜即此山也**姜山**在岳池縣東八十里雲山鎮之外相距五里許山神極爲靈有禱者輒應近年是山有圓光光紺碧現于山之東

景物下

自治堂在郡治**進思堂**在郡治**思政堂**在渠江縣治**明遠堂**在渠江縣治**登秀堂**在郡治**秀屏樓**在郡治**盡心堂**在郡治**清心堂**在岳池縣**泠然堂**在郡治**集芳亭**在渠江縣北二十里姚平有姚氏名子望者隱居不

仕放意山水閒奇花異菓必力致之因作亭曰集芳有熙甯中黎侁爲之記張天覺詩東坡帖會仙樓在軍市中富靈山元和郡縣志在渠江縣東南七十里峻峭多藥物實靈仙所居天池山在新明縣西上有東嶽行宮仙潭寺去岳池縣東一里長老傳云嘗有王文雅眞人自漢山得道來浴潭中白日仙去其後建寺因名靈石寺岳池故縣鎮||||開明得一石上有巨人腳跡輪相隱可辨因名東陽澗出渠州鄰水縣界號清溪出嘉魚味珍西山院在岳池縣東三十里院有石老君像石座所鐫唐文宗太和中建也山有石洞丹竈相傳謝眞人煉丹洞眞人惟食菓實散其核於山開至今成菓子谷南峰寺距岳池縣之東巨嶺中張無盡詩云寺據南峰頂僧傳北祖禪孤雲飛遠嶠落日滿平川法界窮三大河沙遍大千香燈方丈小又結一來緣晶然山舊在渠州境皇朝創置廣安軍后則此山今在廣安新明只載之廣安可也金城山在岳池縣東南四十里以泉山環向如雉堞故名一名金粟山山上有數石如貯米囊故云山上又有靈

濟孚應公廟

秀屏山 即軍治所倚峭壁森聳草木叢茂宛若屏障故名

白崖山 在新明縣崖上有形如白馬

白鶴山 寰宇記在新明縣西南一百里圖經在渠江縣東半里上有白鶴觀隸新明縣

犀牛池 在新明縣谷城山

獅子山 寰宇記在岳池縣東五里山形似獅子圖經在軍西朝天門外四十步

牛心山 在新明縣山上有應聖禪寺乃太祖皇帝微時經從于此後敕賜應聖禪寺

龍穴山 在岳池之封山去縣北五里山峰高秀一名｜｜｜穴在山半巖石中有巨龍回旋之跡

蛇龍山 寰宇記在新明縣東六十里

鼓響山 在岳池縣東一十里山谷深峻每鼙鼓震動輒響因以名山

水印石 在軍瀨下南彌灘中有石闊丈許方如印父老相傳自建軍以來未嘗有火災蓋此石厭之也

繫紹石 西崖常樂寺下有不石上有繫紹之痕住持嗣光記云畢利颭州十三尊者到此山禮阿育王塔解紹繫其石作禮而去今石上紹痕猶在云

擬峴亭 在軍西二里乃王乘寄居乘郎概弟也張無盡有詩

安岳山 寰宇記在岳池縣東

三十五里高六百丈岳池之水出焉上有音聲鳥　**棲賢山**州郡事迹　**戲仙亭**在渠江縣北十里高灘溪上時有女子遊戲其上石灘高數丈下注深谷張無盡有詩　**望子山**在軍治西卽秀屏山來崗舊傳馮將軍之子修鍊於岳門山一旦辭父母謂當仙去以來晨白鶴飛翔爲候將軍登此山以望之已而果然故得名　**渠江水**元和郡縣志在渠江縣一名渝水去縣南八十步　**清溪水**皇朝郡縣志云在新明縣東五十里源出鄰水縣界流入渠江　**濃溪水**在安岳縣東北　**蒙溪水**寰宇記在岳池縣西北五十里源出岳安山東流至故縣鎮西本是慰岳池因以名縣焉　**岳池水**輿地廣記在新明縣　**嘉陵山**寰宇記在新明縣西南一百里　**嘉陵江**在新明縣右六十里自大散縣歷興州大安利閬果東至合州釣魚山下合渠江　**孝義臺**乃唐旌表陳氏孝義七世不分居蓋射洪拾遺子昂之後遷居於此今旌表臺在有孝義驛　**子仙觀**安岳縣南峰對山有丨丨丨昔馮將軍之子遺所衣之衣於巖泉間如蟾蛻而輕舉馮將軍望之不還乃立老

氏祠曰｜｜｜黃魯直所題額凡八**大維山**在軍城西南一百五十步直翔鴈橋上有普門院**常樂寺**在渠江縣北十里舊名阿育王山塔院僞蜀置**宰冢山**在岳池縣東六十里靈溪鎮側崇德廟據其山巖間有唐人遊此題刻行記

古迹

諫坡山在渠江縣北五里舊名軍婆崖正言張公庭堅故居路旁石窟可容六客一井名諫泉果山李　瞻作記**省元坊**以王公叔簡省第一得名**外羅漢院**在渠江縣東六十里仙城院父老相傳云舊宕渠峰項寺有十六木羅漢一夕煨燼惟一尊獨存樵夫異之乃背負下嶺至仙城寺後寺足其數爲十六羅漢**觀音寺**富流｜｜｜去軍城三十里寺後遇盜竊大士額上珠不數日有賈舟泊賈自詣齎珠遂探囊中珠安聖像額舊寶則珠不復落賈亦不再見**呂公洞**在渠江縣大慶觀舊傳洞賓煉丹處眞人所造蝙蝠于楹間至今無飛蚊**老君山**在岳池縣西二十里上有

道宮唐末天祐閒有道士騎馬至觀之西墜忽化爲石卽其地爲香火之所**唐何少卿讀書堂**在岳池縣北五里龍穴山**皛然山神**山在新明縣東北一百里上有孚惠靈應公廟

按晉太康中融和子記丨丨丨丨丨自搜天下名山西覽青城北顧劍門東至宕渠之南則嘉其氣象隆厚遂居于白崖之下又載黃帝乘龍登天有小臣曰居余攀髯而至天帝之所帝俾之牧龍後又輔禹治水至商時居余號曰敬愼子將已自焚爲民禱雨周至戰國號優游先生至漢侍西王母至漢庭敎東方朔欒巴之輩乃歸朝大帝大帝賜之姓曰騰名曰白乃居于白崖之下安停爲之跋

傑王墓在新明縣明月鄉黃則圖渠江之東**皛然山賜名**見渠州景物下

官吏

張東之新明縣圖經云唐聖曆三年丨丨丨爲合州刺史以縣多水害移治於嘉陵江之西岸

朱昂開寶七年知初建軍以李昰知知昂乃知軍事第二人東都事略云昂後入爲翰林學士兄弟俱

請老時人以比二疏自宰相張齊賢而下皆有詩以贈其行 呂陶元豐四年知 馮澥宣和三年知 宇文千之新井人嘗守廣安時中貴人爲走馬承受權勢赫然至廣安公不爲之禮坐罷去時流高之

人物

漢馮緄字鴻卿舉孝廉七遷爲廣漢屬國長沙等蠻反荆州沒以車騎將軍將兵擊之兵至悉降弟允清白有孝行子鸞舉爲孝廉爲郎中又有子仙觀士人謂馮將軍之子也記之者失其名而不書

張庭堅字才叔渠江人元祐擢第調成都推官蔡京知府事殊器重之秩滿趍朝京以屬其弟卞庭堅獨不往及京入爲翰林欲舉爲臺諫庭堅曰與其異同於被舉之後不若異同於未舉之前京曰才叔之言亦是也後用韓忠彥等薦除左正言與龔夬江公望常安民任伯雨等咸被擢一時稱爲得人又以辨司馬光呂公著無罪論薦蘇軾蘇轍被謫後預黨籍

黎錞字希聲渠江人任直講以英宗以蜀

士問歐陽修對曰文行蘇洵經術||帝大悅初眉山蘇洵與公俱客京師僦居北鄰蘇公二子軾轍及公二子儔侁皆在二公父子俱受知于歐陽公時望歸之

彭任　字有道岳池人慶歷初敵遣使求關南十縣朝廷以富公弼奉國書往任與俱行道次語富曰使而不知所爲書萬一不契將何以對遂發視果不契乃還更書去

姚邦基　字立大岳池人登進士第後知開封府尉氏縣滿秩而劉豫僭竊邦基匿跡村落聚徒教學紹興九年因宣諭使方廷實薦改秩

李愷　渠江人政和七年上舍及第工於詩作杜詩譜

何如愚　字眞道渠江人登大觀第嘗謂人曰世人欲以志業取貴於世而吾以爲不必貴欲以文字取用于世吾以爲不必用卜居山水勝處以詩酒徜徉其間縉雲馮公時行初未知名先生一見奇之妻之以女

安堯臣　長編宣和元年上書謂燕雲之役興則邊隙遂開宦寺之權重則皇綱不振今者中外之人或謂貫深結蔡京納李良嗣欲建平燕之議臣恐脣亡齒寒御筆堯臣遠方書生能陳歷代興衰之迹補承務郎又徽廟朝上書論女眞不可結燕雲不可取書極抗直徽廟與放行

其從叔子厚恩澤令出**安丙**字子文渠江人登淳熙乙未第吳曦即僞位丙矯密詔誅曦拜四川宣撫使召爲樞密知潭州奉祠家居漢中叛兵莫簡張福等殺總領楊九鼎以叛再除宣撫未幾賊平西蜀再安焉

仙釋

呂洞賓 岳池縣郭南門外集虛觀有呂仙翁留題云青蛇煉影月徘徊夜靜雲閒尚未來應是有人新換骨暫留蹤蹟到天台

道士蹇道先 岳池人也年八十許紹興初於觀集衆講道經至元牝之門是謂天地根遂秉簡而遊

雲山王道人 岳池人幼遇異人發言奇中若有先知者如是四十餘年一夕坐郡市廡間趺兩足而逝

牧蛇禪師慶顯 渠江人歷參諸方無不契合至隨州郡將請住大洪山將入方丈衆皆曰此有大蟒數傷人不可近師一笑而入果與遇以手推曰汝可去且容老僧化衆於是蟒隱而不見人甚異之

谷隱靜覺禪師宗顯 岳池

人詔住襄陽谷隱山黃魯直與之偈曰谷隱據坐仰山點頭二月鶯花樓殿院錦江春色滿襄州賜號靜覺禪師三詔不赴中使圖形以進東坡贊其貞曰三詔不下眼橫鼻直就中難畫假饒畫得十分真元是廣安村裏人及寂於谷隱張無盡爲之塔銘

浩昇和尚 渠江縣人住聖果院有木禪牀木虎踏牀浮江而下師取以爲用寺繪十六應眞其儀相皆師自規模至第十六乃曰圖我相足矣移住果州之清居禪院又於漲江中得禪牀木虎如在聖果時凡繼之者非其人則升座之初輒爲木虎所滑僵以仆地

晶然山神 見古迹下

碑記

鶴棲山古碑 鶴棲山在冀都鎮有古碑字雖漫滅尚髣髴可認其大略云唐貞元十年歲在甲戌果州女子謝自然白日昇仙刺史李堅以狀聞又爲之傳于時先有雙鶴棲宿此山然後飛迎自然駕之而去自後俗呼爲鶴棲山按自然昇仙在果州金泉山李堅上其事有唐德宗賜詔今刻於金泉年

月日與此碑所載不差

故縣鎮顏魯公碑舊傳宰邑有姓顏者魯公之先魯公之刺湖州也過道因有碑銘今碑磨滅存十四字曰命除湖州刺史顏眞卿勒銘于道院故道中移置軍城

龜山碑在岳池縣東六十里鑿地得斷碑乃唐人經行所記

敕賜孚惠靈公廟碑在嵒然山有晉太康八年碑文

廣安志嘉定改元郡守廖唐英序

詩

流落復蹉跎交親半逝波謀身非不竊言命欲如何故楚春田廢窮巴瘴雨多引人鄉淚盡夜夜竹枝歌鄭谷渠江旅思

臘腊批紅玉霜梨割紫金左丞馮澥詩

欲說賓城好先誇方物妍金羹謂鴨也收稻後紅腊謂臘肉也落梅前照座梨偏紫堆盤荔更鮮憲使何志默

渠州如斗大盛事

數從前崖白神留傳山高子得仙馮緄子也何詩春夢草注云謂靜照先生也張諫力回天人物宜旌表蟲魚不足箋郡守雍候詩屢豐多黍稌先備富倉箱豈但三年蓄優爲萬室藏君恩何以報努力事耕桑本軍有廣惠倉貯米三萬石知軍廖英創三十敖作詩三十字以記之

軍治十景詩在渠江縣治濃洄溪水瀉高灘中有神龍久屈蟠衆樂妙音時響喨雙娃長袖忽斕珊世間變化無非幻閣上登臨正好觀觀幻見眞眞亦幻谷花巖草謾憑欄張無盡戲仙亭詩英雄往事堪嘆息欄干徙倚情何極學取山翁醉似泥不同羊祜謀人國張無盡擬峴亭詩膠西高處望西川應在孤雲落照邊

瓦屋寒堆春後雪峨眉翠掃雨餘天東坡寄黎錞詩

輿地紀勝卷第一百六十五

輿地紀勝卷第一百六十六　文選樓影宋鈔本

東陽王象之編　　甘泉岑鎔長生淦校刊

潼川府路

長寧軍　漢陽　清井

軍沿革

長寧軍同下州禹貢梁州之域秦地於天官東井輿鬼之分野漢志古夜郎之國漢犍爲郡漢陽江陽縣地嘉定志云漢陽縣今之長寧軍也輿地廣記亦云蓋漢犍爲郡之漢陽縣地圖經以爲漢犍爲郡之江陽縣地象之謹按漢書地理志犍爲郡既有漢陽又有江陽意者屬犍爲郡漢陽江陽兩邑之間乎又漢書地理志云漢陽縣犍爲都尉治所山關谷漢水所出東至鄨東漢志犍爲屬國下有漢陽縣晉志朱提郡下有

漢陽縣云蜀置朱提郡宋志於朱提郡下有漢陽長又云前漢屬犍爲郡後漢屬犍爲屬國晉太康地志屬朱提又薛常州季宣輿地叢考云鄨縣即今之長寧軍地南齊志宋提郡下亦有漢陽縣則漢陽本屬犍爲郡至蜀始分屬朱提郡耳 晉宋齊並屬犍爲郡之江陽宋爲郡之漢陽縣上見 梁屬瀘州隋屬瀘州郡之江安縣唐屬賢州之鹽泉縣 按瀘州江陽志江安縣載云本漢江陽縣地漢末爲江陽郡晉永和二年置漢安縣隋開皇十八年改名江安則是江陽與江安是爲一邑之地與西漢志所載犍爲郡之漢陽江陽二邑微有不同象之謹按元和郡縣志鹽泉鎮在開邊縣下又唐志戎州開邊縣亦注云正觀五年置南通州析置鹽泉縣以隸之八年曰賢州是年州廢以石門朱提鹽泉鎮置撫夷縣及開邊縣隸戎州戎州即今之敘州也敘州之側近蠻之地別無鹽泉則鹽泉之邑意者即今長寧之境 唐置羈縻長寧等十四州五十六縣並隸瀘州都督府唐末廢

四州存者十州自儀鳳二年開山獠置納州薩州晏州鞏州淅州奉州順州思峩州淯州能州高州宋州長寧州定州唐末廢能順宋奉四州存者十州僖宗在蜀韓秀昇之亂淯井道梗不通民不鹽食通鑑唐僖宗中和三年僞蜀王建時曰淯井鎮有淯井刺史僞蜀王氏武成永平間賜淯井刺史羅元寄羅元信牒謂之淯井鎮今羅氏所收告牒尤存國朝初置淯井監屬瀘州輿地廣記江安縣大中祥符元年二年瀘州言江安縣蠻人夷人集衆爲亂發兵赴淯井監加討國史備載其事淯井監隸瀘州江安縣始見於此通畧眞宗祥符六年先是瀘戎蠻南斗望燒淯井監殺官吏轉運使寇瑊合兩路兵至江安誘溪藍等十一州長吏及八姓烏蠻首領同伐斗望夷人大喜乃詔發陝西兵益以白艻子弟六千討之七年瑊及內殿崇班王懷信緣淯井與斗望鬬凡屢戰破之城遂降因籍其勇悍者千人爲禁軍更城長淯井監濬三壕以環之減瀘州淯井鹽課三之一編

在祥符三年神宗朝夷人獻納十州地以屬焉輿地廣記云在熙寧八年徽宗朝陞淯井監爲長寧軍和武寧縣爲軍治政和四年本路運使趙遹奏請乞將本監陞爲軍又思州圖經載夔漕龐恭孫謝築城表載政和七年城長寧軍取唐十州羈縻之美名圖經云長寧州淯井各去軍五里長寧州在軍之西淯州在軍之西北以地邊夷落無復租稅割瀘州江安縣之井溪者以助經費皇朝郡縣志據趙遹奏尋廢縣軍治如故皇朝郡縣志在靖康元年中興加沿邊都巡檢使紹興三十二年舊差武臣自乾道以來始改差文臣乾道八年自張觀國始自此文武通差郡守題名序又進士題名記云自張侯觀國以文臣領郡事而郡士單演之遂破荒取科目陞安夷寨爲縣名曰安寧嘉定二年今領縣一治淯井監

縣沿革

安寧縣

在軍北六十五里長寧未改軍以前領武寧寧遠安夷三寨政和陞監爲軍改武寧爲縣又增置石筍堡梅溪洞又以梓州清平寨來屬靖康元年廢武寧縣復爲寨嘉定二年陞安夷寨爲縣改名安寧令領一堡五寨四

風俗形勝

唐因四夷內屬之勢卽西南夷部落開山洞置州縣雖貢賦版籍多不上戶部而聲教所暨漸如華人圖經於瀘敘兩間入夷地一百二十里臣敘蘭建置本軍勑牒跋其極邊洒茗弛禁是以人樂其生圖經外鄰蕃蠻內接瀘戎

圖經長甯自監升軍環羈縻十州四十六縣之地｜
｜｜｜｜｜自建築後割瀘州江安縣之井溪
者祥州慶符縣地多瘴疫大中祥符中轉運使寇城
之清平寨隸焉中請峽路鈐轄司發禁軍
五十人屯瀘川清井監成兵分以鹽官置監深介夷
畨以往以其｜｜｜｜故也
腹熙甯甲寅瀘南邊面闊遠有警則長甯常爲兵衝
平夷記
軍學記曰｜｜｜｜｜爲最劇西接雲連南距河
水烏蠻鬼主道所山入夷獠出入無警則已｜｜
｜｜｜｜｜｜先是軍舊爲清井監長甯故清井地
隸瀘州江安縣政和間始改爲軍
介瀘戎閒實西南之控扼也甯邊控扼蠻蜒捍蔽瀘
閣記
敘僉廳記初人未知有井俄有二人因牧而辨其鹹告
之有司乃置監鬻鹽其井不鑿自成慶元鹽官記李
搜孫選但通鑑
載唐末僖宗清井鹽已給蜀用此云西境馬湖南控
國初始置監年月不同今削去國字

烏蠻東介安溪北接綿水羈縻十州獻其鹽池官役爲淯井監深入夷腹百二十里十州五團記兵廚之酒冠於東州通判王章嘉魚泉記軍治負據寶屏山牛心峯在左筆架峯在右西南與域王諸峯爲對圖經深在夷腹密邇蕃部太守題名序出漢武所謂笻竹蒟醬今出羅曰生地近年以夷衆開箐路芟去少有之蒟醬用以入藥今多有之人不知貴土人取其苗以爲麴依州有勝兵陝西弓箭手法募土力爲之免其力役雄邊子弟唐李德裕法也長甯之丨丨丨丨丨大率倣德裕法也義軍自大中祥符以來每有邊事則屯集名夷丨丨爲用屢獲功賞今安甯縣所管七姓一十九姓僰戎皆丨丨丨也國朝著令丨丨之長咸命以官得世襲歲給鹽絹及冬夏犒設歲市蠻馬三百九十五疋蠻備部歲中馬一百六十五疋呂命部歲中馬二百三十疋近地

三州屬夷曰晏州淯州長甯州夷族三州之族大抵相類自政和畏降以來俗稍循擾戶遇邊警屢嘗効力山後六州夷族唐所存羈縻十州除晏淯長甯州外如思峩州去軍五十里至如薩定鞏高奉浙六州隔在山後有遠去五日程者七姓十九姓夷族又有山獠雜種晏與思峩雖在唐羈縻然貢賦版籍不上戶部政和平蠻記漢戶許典賣熟夷田土漢戶田土不許夷人典買紹熙間長甯軍回中轉運指揮左連阿水右連石門趙招討平夷表

景物上

燕巖去城北三里許在棲眞洞路傍石峯巉巉森列數百虞易簡有記風雩在嘉泉泉介湖在郡治西城下植荷其中建樓臨湖曰鬱藍東溪登源自崖山與嘉魚泉合西溪發源

越王與桃源溪合過通秀橋**南軒**在軍城西舊龍華寺每歲上元郡守置宴於此今寺遷城內軒之故址僅存**清溪**出寧遠寨溼灘之下中多水族如蛟繩之類**枕流**在軍治**漱壑**在嘉魚泉**登雲**在軍主山寶屏山下**霽雪**在嘉魚泉**笑齋**在軍主山寶屏山上**漢陽**嘉定志云西漢｜｜縣即今長寧軍**鹽井**井在鹽城北井之鹹脈有二一自對溪報恩山趾度溪而入嘗夜有光如虹亂流而濟直至井所一自寶屏隨山而入謂之雌雄水古老相傳以爲井初隸夷之羅氏漢人黃姓者與議刻竹爲牌浮大溪流約得之者以井歸之漢人得牌聞于官井遂爲漢有今監中立廟祀之**淯井**指掌圖云本朝改｜｜爲長寧軍

景物下

忠敬堂在設廳之後舊名江山堂易名威懷嘉定戊寅改今名**閔默堂**在倅廳**樽俎堂**在郡圃**瑤碧亭**在郡之別圃**蔚藍觀**在郡圃舊名野紅樓**愛蓮亭**

在軍學 環山閣在倅廳渝白麟有記 酌水堂在倅廳 光風館在郡之別圃 熙春樓在忠敬堂之左城北角其下即通秀橋 芙蓉樓在郡治之西 桂華樓在軍城東靈應廟 山陰書院在郡治 正己堂在軍學 風雩堂在嘉魚泉 小桃源其水發源于筆架峯下在軍城西冷水溪之上嘉定己巳太守張公市民田種植桃李創置亭榭曰仙津橋桃花源桃源洞武陵洲綠蘿塢碧桃灣亭曰蒸霞堂曰詒然軒曰棲碧栢山琳房亭曰笑齋又掘地得銅牌曰｜｜｜云 小離堆在城北岸溪上崇德廟前溪中怪石似離堆之象因作亭榜曰｜｜｜ 一疋絹涇灘之前瀑布也自山頂飛流而下幾數十丈故名其下有潭祕邃澄深怖心駭目范守有詩云疑有仙人眞影在故垂百尺水晶簾 四面山在安甯縣北 五龍廟在城北之外祀五方之龍今改築于虞楊市之溪濱 萬松嶺趙君有詩 紅蕉山在清平寨西 芙蓉山在清平寨 海棠洞在軍城之西山上去城五里州民王氏環植海

棠春時花開郡守宴僚屬于其下**松子山**在城南其上舊有大悲閣後廢今爲波崙大士殿

梅嶺溪自|||堡流與梅洞溪合**梅洞溪**出舊水蘆寨經||寨入思晏江**通濟**

橋與軍市直接按長甯軍與監城對峙而西溪當其中爲橋曰|||**龍華寺**在東城舊爲神霄宮後宮廢復爲寺**龍女井**在城東三里昔人見小女出入井間坐石山以梳髮故名**嘉魚**

泉在城一里馬鞍山之趾泉漱石湧出有小魚如蝦四時如一不增不長故以名之邦人釀酒必用山後糯米及|||水則味極甘否則剛硬臨流有閣曰臨歸賦有亭曰信樂**仙津橋**在城西以通小桃源路故名|||**天慶觀**在西城外**報恩寺**在軍城外東北頂高阜上瀕溪榕木合抱殊有古意**行香寺**在軍城內**朝眞山**在城西山之半有洞深廣高明約十餘丈**朝眞**

洞在郡北三十里**棲眞洞**城北五里亦名玉女洞**甯眞洞**在郡北三十里**榿子**

洞在郡北三十里內朝眞洞在絕頂棲眞洞在山谷之坳洞門高廣僅數尺內高深十丈許廣半之多

乳水凝結疑有神物在焉寧眞猶亢爽有樓閣堂奧之像奇怪不滅思峩｜｜｜則乳結遍洞如禗像因以爲名郡守舊嘗勸農於此名勝宦遊者皆有題詩

棲神洞在清平寨三里有泉自洞中流出有郡別駕羅雄飛雷題

波崘殿在郡城之南小山舊號萬松當郡治之前如旂幟森列頗爲郡氣象後卜築爲｜｜｜

雌雄水清井監鹽泉有｜｜｜監中｜｜龍君取｜｜｜之義

烽火臺在軍城東馬鞍山上政和五年建照應夷賊出没舉煙相應

登雲山郡治主山也舊名寶屏山每歲九日太守領客登後築亭其上名曰｜｜亭

筆架山在城西能興雲雨觀此山之顯晦驗天陰晴

硯石溪在牛心山後岸石如磬可以爲硯水流合淯溪

水簾洞去寧遠寨三里山泉于岩前滴下線淄淸潔其中寬廣可避暑

秦吉了邵氏聞見錄云長寧軍有禽｜｜｜者能人言一日有夷酋錢五千買之其人告以苦貧將賣爾｜｜｜曰我漢禽不願入夷中遂驚而死

念佛鳥趙史君聞｜｜｜有詩云不是學僧初｜｜從來｜｜指人迷

古跡

武侯塔 在[寧]遠寨涇灘峽之下耆老傳云諸葛武侯所建立以誓蠻夷

忠祐廟 在軍城外東北角大卓望山皇祐間賊圍淯井監數日不退忽有招安將白先作神語自稱土巡檢柳太保云可於城西角立砲官吏如神言一發中夷賊砲稍損壞賊遂駭竄蓋神助也遂建廟奉祀

域王墓 在[寧]遠寨高廣各數丈以花塼砌之有古栢合抱故老傳爲粤王葬此去軍三十里與粤王山之名相應按越王山在軍城西南

官吏

劉堯年 建軍之初以｜｜｜權發遣軍事卜漏之變堯年以諸路兵爲先鋒忠勇協濟卒平寇難

甄援 譙樓記曰甄公頊以忠義大節預補天浴日之功趙甡之中興遺史載建炎年間苗傅劉正彥爲亂高宗退居顯[寧]寺張浚呂頤浩等起兵勤王遣｜｜攜蠟彈間行入顯[寧]寺高宗退居之所奏知張

呂勤王之事甚悉高宗得知江上諸軍勤王之消息皆援之力其後事平止補一小小右選時論甚惜之今譙樓所紀往往指顯甯寺之事紹興五年以武經郎閤門宣贊舍人權發遣軍事舊蠻人入中恣其刼奪公嚴加禁戢俾納刀于候館然後入城有犯不恕蠻人相與語曰惡知軍自和議甫定郎自長甯軍通判休官而歸子延慶延之延慶子奕

許國 字致堯陽安人

人物

單演之 乾道辛卯破荒以明經中外省淳熙丙午馬崇文繼之開禧丁卯黃震又繼之

景思忠 普慈人普慈志云夷人犯淯井思忠以先鋒陷陣死之思立戰死於熙河永樂之陷主帥徐禧爲夏人所迫思諒往議和見敵倨不屈竟死之後建廟宇於行在今旌忠觀之三聖廟是也紹興元年張浚據吳玠陳乞請於鳳翔之和尚原立廟

道釋

道人羅天祐漢州人來遊于市若顚若狂善能言人得失嘗隱語書解榜封以寄人後撤棘無不驗後之成都見司戶薛紱於坐上羽化 僧表祥長寧人落髮後遊京師禮洪州寶峯照禪師得法歸住報恩寺瀘帥馮公檝喜禪學聞表祥招致之令說法

記錄文

五代僞蜀敕牒武成三年牒淯井鎭羈縻十州五團土都虞候羅元審武成三年牒淯井鎭羈縻淯州土刺史羅元楚永平元年牒土兵馬使羅元審 國朝所給誥劄嘉祐二年給長寧夷人頭首斗藍充土刺史誥國朝所給誥劄甚多今始錄其一或補以官資則告上帶曰每年添鹽若干斤綵若干疋更不依祿令支給請受 祥符平夷本末 慶曆皇祐平夷畧 熙寧經制諸夷本末 元豐平乞弟本末

范中書百祿誓夷文熙寧七年平五囤蠻作文范以誓之碑在今報恩寺

榮公進誓平夷文表　趙招討平晏夷賀捷表　長甯志嘉定己卯教授賀寅東序　小桃源銅牌見小桃源下　梅聖俞春雪詩歸田錄載蘇子瞻嘗于淯井監得夷人所賣蠻弓衣其文織成｜｜｜｜｜｜蓋其名重傳落夷狄

詩

綽約去朝眞仙源萬木春要知竊桃客定是會稽人曩有耕于小桃源得一銅牌牌上有詩一絶云云　醉眼誰能望夷落平生逸興斷鴻邊楊教授登寶屏　武陵勝處今何在不問沿流問落花張師夔　便作武陵溪上看春來何處不開花龍旦　門前碧醮一溪斜髣髴逃秦處士家石東震　清溪狹徑小橋

東春入桃花處處同我爲日長無一事偶然來此聽
松風趙史君萬松嶺

四六

瀘水遐陬夜郎故境列晏夷之聚落肇唐室之覊縻
儀鳳之初羅陽建郡天授以後思峩啟封趙招討平夷賀捷表
左連阿木右接石門有筠連州以爲之輔車有羅始
兜以爲之襟帶趙招討平夷賀捷表通商賈於蠻煙瘴霧之外
環井邑於山光水色之中事迹酌嘉魚之清泉泛介湖
之明月鹽政記右横筆架而下瞰藕湖背倚寶峯而前
矗裓嶺忠靈廟上梁文

長甯續志攷訂本軍境土及漢犍爲郡土三縣故疆並附見焉按長甯圖經云長甯漢犍爲郡江陽縣之鄰嘉定志云漢陽縣今之長甯軍也薛常州季宣輿地叢考云僰縣卽今之長甯軍地三者俱有不同今姑以圖經屬江陽縣之說而考之漢武建元六年置犍爲郡江陽縣屬焉晉志云宋志南齊志並屬江陽郡今長甯軍與江安瀘州爲鄰又以嘉定志屬漢陽縣之說考之漢武置犍爲郡漢陽以縣屬焉蜀分置朱提郡領漢陽等五縣晉志宋志南齊志並屬朱提郡而隋志朱提郡始廢而漢陽一縣始無可攷又以薛常州僰縣之說考之西漢志牂牁郡有僰縣注云不狼山僰水所出東入江沅東漢志晉志亦同宋志云晉懷帝時分牂牁朱提郡立平夷郡領平夷僰二縣既是分牂牁朱提立郡則僰縣當在牂牁朱提之間

今正當在長寧之境後改平夷爲平蠻至南齊志平蠻郡但領平蠻穀邑二縣而鄨縣之名亦無所攷象之謹按長寧圖經與嘉定志薛常州地理叢攷三者之說雖有不同而亦各有所據大率江安縣居長寧之北故圖經以爲屬犍爲郡之江陽縣漢陽居長寧之西今敘南續志慶符縣圖有漢陽山而與長寧西界連故嘉定志以漢陽爲今之長寧鄨縣在長寧之東嘉定志云漢武帝時犍爲郡初治鄨然漢志鄨縣乃屬牂牁蓋犍爲之置乃武帝建元六年而牂牁之置乃在元鼎六年相去二十五年後伐夜郎盡置牂牁郡往往割犍爲之鄨縣屬牂牁耳又漢志於符縣下注云溫水南至鄨入黚水黚水亦南至鄨入江瀘州志以符縣爲今之合江縣故于安樂溪敘云有會水源通南寧州由平夷郡北流逕巴符關合安樂水入于江沈約宋志平蠻郡有鄨縣西漢志又于漢陽縣下注云山闟谷漢水所出東至鄨入江以諸書攷之

曰鼈水曰温水曰黚水驩水會水皆會於鼈水由巴符入江然平夷郡及鼈縣既在瀘州界外羈縻之地依鼈水以為治則為長寧之東漢安即今之江安而漢陽與鼈縣蹤跡僅可髣髴象之嘗反覆漢志犍為之郡領縣十三曰僰道今叙州曰江陽今瀘州曰武陽今彭州曰南安今嘉州曰資中今資中曰牛鞞今簡州此六邑皆在岷江之北正朔相承故其名可攷曰漢安今江安曰符今合江曰南廣今南溪縣及南廣鎮曰漢陽今慶符曰郁鄢今宣化曰朱提曰堂琅此六邑皆在岷江之南正朔不加故其名多混亂詳江南七邑之境

有石門馬湖界其西蠻水阻其東烏蠻限其南齊梁周隋之時蠻獠侵掠郡縣浸失南齊志已失蠻縣隋志又失漢陽郁鄢朱提堂狼隋開皇初始置開邊縣屬犍爲郡唐正觀四年以石門開邊朱提三縣置通州五年析置鹽泉縣以隸之此據唐書志然岷江之南叙州之側別無鹽井恐即是長甯之淯井耳八年曰賢州是年州廢以石門朱提鹽泉置撫夷縣及開邊縣隸戎州叙州志云安南堡即唐開邊縣遺跡安伯恕請建堡奏亦云今之大灘即開邊縣故趾唐初郡縣建置未幾旋即廢罷故其遺跡亦難盡考姑拓其大畧若此附之長甯續志自唐儀鳳之後並與軍沿革一同寶慶乙酉太守孫公若蒙

作長寧續志時象之備員郡
文學遂得以攷訂本末附見

輿地紀勝卷第一百六十六

輿地紀勝卷第一百六十七　文選樓影宋鈔本

東陽王象之編　甘泉岑鎔淦長生校刊

潼川府路

富順監

監沿革

富順監　禹貢梁州之域天官東井輿鬼之分野（圖經）春秋戰國爲巴地秦屬巴郡（瀘州圖經）漢武初置犍爲郡領縣十一江陽預焉（西漢地理志）東漢末劉璋分犍爲立江陽郡縣仍屬焉（宋志云劉璋分犍爲立江陽郡華陽國志在建安十八年）江陽縣有富義井（華陽國志）晉宋齊梁以前並與瀘州同（輿地廣記）後

縣沿革

周置洛源郡及富世縣隋志瀘州富世縣下注云云元和郡縣志云富義本漢江陽縣地周武帝於此置富世縣隋廢洛源郡以縣屬瀘州隋志瀘州有富世縣唐初因之後避太宗諱改富世縣爲富義縣舊唐志云富義隋富世縣正觀二十三年改爲富義縣界有富世鹽井井深二百五十尺以達鹽泉俗呼五女泉以其井出鹽最多人獲厚利故云富世五代前後蜀因之皇朝平蜀以瀘州富義縣地置富義監國朝會要乾德四年以瀘州富義縣地置富義監尋改爲富順監國朝會要云太平興國元年改曰富順圖經云避太宗諱也又置富順縣尋省國朝會要云治平元年置熙寧元年廢今隸潼川府路不領縣

富順縣

倚郭九域志云治平五年置富順縣熙甯九年廢圖經云治平末有舊赤契則以判官兼縣令司戶兼富順縣簿尉左史程驤便民五事本監舊管倚郭富順一縣廢於熙甯之元年至紹熙三年本監士民狀乞復富順縣置縣令一員準制置申奏繼準下戶部勘當未有回降欲乞將駐泊及添監一員省罷卻復置縣令一員又李石重修監學記云謹按富順本瀘續縣晉名富世唐改富義國朝改富順續通典云本晉富世縣象之謹按晉宋齊三志自晉而下初無富世縣而隋唐二志始載後周立富世縣常璩華陽國志亦云江陽縣但有富世井而不言有富世縣常璩晉人而所載如此則富世非立於晉也今不取

風俗形勝

富義與梁蜀之東為水陸之會慶歷五年知監趙齊題名記南距戎瀘北走普資地多鹹鹾故饒沃衍潤過於他部舊

制等於諸縣嘉祐中以新例擬於列蕃嘉祐七年李昌金川驛記掘地及泉鹹源遂湧熬波出素邦賦彌崇人以是聚國以是富景祐五年魯交譙樓記縣有鹽井人獲厚利故曰富世寰宇記劒南鹽井惟此最大見後富義井下舊日爲額八百餘斤今爲額日千五百餘斤百姓得其富饒華陽國志江陽有富義鹽井以其出鹽最多商旅輻湊言故也出鹽最多商旅輻湊華陽國志富義西湖視房湖蓋相伯仲楊虞仲西湖詩序三榮富順近臨號其地爲貪泉楊光濤操堂記地接夷徼居多巖谷魏了翁振文樓記漸陶既久習俗知有禮遜見後玉獠下俗與中州同監之西有夷人居之則仍有夷風皇朝郡縣志富順三巖距城西北二里

惟中巖山勢盤礴林木蔥茂宛有叢林氣象教授閻酉悟中巖記

其俗慤而愿其士競於文教授錢士開泮水巷記其山川之勝則翠巘絡繹張其前大江繚繞環其下同上

景物上

見山在郡治 舒嘯在郡治 綿水元和郡縣志在富義縣東一百步 西湖在監治之西者舊相傳有此監即有此湖富義志云不知開剏之始慶曆皇祐間周侯延儁有記亭榭如後曰浩然臺 飛蓋橋 揖清亭 吹香亭 發興亭 蓮社 潮光 鄒谷洞 凌波 漁亭 逍遙遊 衆樂 飛閣 並見王驥西湖亭記 潛淵下有洞穴 水壺 滄湖 桃源 醒心亭 超然臺 山陰亭 凌波洞 總宜 春風亭 漁樂亭 憶峩亭 湖天亭 繡坡 並新剏

北巖在監之北曰資國寺有彌陀巖足容數百人有五百羅漢洞有水簾廳有大厦極壯麗者善法

堂也山顏水光之間者者觀音堂也由城之南並元祐八年李文淵北巖資國院記**西疇**絕江而上西行凡六七里廣六十畝萬松森列嘉樹離立李氏｜｜晁公遡記云有亭臺齋館泉石花木盤據一山之上**東園**在監治之東**東山**在監治之東監治**中巖**在監之西北唐咸通中依巖鐫大悲佛像國初僧自悟架屋三百楹天聖丁丑賜名普覺院藏兩朝宸翰康定二年翰林李淑爲之記林靈素毀佛法欲壞其像羣蛇圍繞**內**鑿之了可止以泥塗之後罷禁始以水洗出之**江**自漢州雒源東流經懷安歷簡資南流至監經由江城南門之下自東而西因號金川又東流至瀘合**茯龍山**在監治後**梅洞**梅龜村去郭四十里曰｜｜傍有江石穴上穴下廣深峭如壁其上石龍雙蟠鐫刻甚異淵深不可測禱雨輒應**榕齋**在郡治以榕樹當簷也**聖佛**監西十里許並江有石峯峭拔高數丈如佛像焉旁有二石如侍者相好有如鐫刻葢天成也藤縷絡其身而不上佛頭俗呼爲｜｜祈禱輒應與聖燈山相去一里許時有聖燈現于此**土獠**監之西隅賴牛賴易兩鎮

乃夷八聚落在天聖初赤崖斗郎春犯命族劓討平納降而歸今之夷人多其子孫其俗尚多不巾而髺近後服青布刺繡紋呼爲土獠今漸陶既久習俗亦知有禮遜矣

景物下

思政堂在郡治　愛直堂在郡治設廳後　振文樓在郡南離之方魏了翁爲之記　讀易洞在城中神龜山昔郡人李見讀易于此　登賦亭在郡東山眺望極廣　煙霏閣在郡治西廳之右　霧隱堂在中巖初趙丞相沂公謁中巖大士獲以夢告明年舉于鄉公爲文以記之有雲霄横翔之語後人爲建斯堂　湖山堂在西湖龜頭日挹清　桂子堂在監西郡人李氏所居張無盡有題李氏丨丨丨丨詩范伯祿文與可亦有詩　桂子山與祿來山相連亦勝峯也　清陰軒在監西城門外多前輩題詠　清華閣在郡治俯鑑湖光前挹朝爽實郡治佳處　清操堂在郡治郡守楊光有記　景濂堂在西湖取景局峽濂溪愛蓮之義

門觀觀山在監南十里劉眞人初修鍊于此丹成遷於瀘之合江安樂山今｜｜｜山下巖洞有石髓山之趾多硫黃水流入于江**筦子山**在監西三十五里聳拔高淩峻上有巨石若筦轎之形**雲山**在監西養秀山西北大江前橫一峯突兀舊有亭其上邦人爲登臨之地**中江水**元和郡縣志在富義縣一百步亦曰綿水圖經云內江水自漢州雒源東南流經懷安歷簡資南流至監經由南門自東而去因號金川又東南流至瀘合汶江**五龜潭**在監南十里其崖上有石突出如龜形者五宛然鏑成每雲雨則水面湧沸若有物焉旱暵有禱無不響應**十聖廟**在克甯靈山之頂初有三聖將軍乃瀘州富義縣人寇氏兄弟三人時捍禦南詔有功瀘人祀之後又益以彭州之七聖爲｜｜｜云**百支池**在監西北四十里周回二十里灌溉四方派別不一故名｜｜｜**祿來山**在監之江東與監學相對紹興丙子蒲侯津以此此山秀異因闢學宮以向之**利濟池**九域志云支江｜｜｜傳云郭下井用此水淋灰卽鹽乾白而鹹圖經云在監之西北與郭下井相近

養秀山積草山在監之西一峯聳秀俗傳向嘗積草其上今名｜｜｜玉女泉寰宇記云富義井俗謂之｜｜｜白鹿山今監治在焉舊名｜｜寺因名馬腦山在監西與淩雲山相接西北諸山惟此最高下郎中巖也雞足山寰宇記在城東隔水三里神龜山九域志又圖經云在監之北當湖之西嘗有巨龜出其小龜從之者不可勝數因名李公見嘗讀易其上號神｜｜同心山寰宇記在城東五里圖經在監東七里其峯上有古木一株迥然衆山中元祐紹聖間邦人呂霆呂造讀書其上俱以文顯因以得名蓋取二人同心之義興教院在監之西據山之項舊名大通梁所建也院內有唐時所塑十六羅漢智燈山在監西五里山陰與聖燈山相對凡聖燈見必在兩山之間聖燈山九域志云有聖燈俗言燈見則封域甯謐歲豐稔圖經有聖燈院在監西五里時有聖燈出煙霧中初爲一炬忽三忽五故謂之聖燈東山寺在監東江對俗號｜｜｜崇甯中郡人李文淵增置屋宇頗有禪林氣象今謂之寶巖寺西昇觀在監之西

紹興中宗室彥室遇異人于此

南極觀 元在峽口觀山今遷于尹市

西湖洞 西湖之東有洞黝邃晁公退西湖園亭記云洞有寶人往見二女櫛髮竇間遺以石鏡而其人遂富百倍

古迹

富義井 元和郡縣志在富義縣西南五十步月出鹽三千六百六十石劍南鹽井唯此最大寰宇記云井深二百五十尺鑿石以達鹹泉世俗謂之玉女泉華陽國志云江陽有富義鹽井以其出鹽最多商旅輻湊言百姓得其富饒故名也

麗士元祠 在郡東北郡守胡棐廸有記云士元之廟與封爵有不同者嘗辨之鹿頭之廟曰忠利在榮州曰英顯榮州之爵曰通惠威烈侯在資州銀山曰武安公皆士元也

金川廟 九域志云蓋鹽井神也僞蜀封爲金川王圖經云惠澤廟在監郭下井地主金川神姓王井主梅澤神姓梅梅本夷人在晉太康元年因獵見石上有泉飲之而鹹遂鑿石至三百尺鹹泉湧出煎之成鹽居人賴焉梅死官爲立祠僞蜀封金川王淳熙中封｜｜｜爲永利侯梅澤神爲通利

侯

呂光廟登天大王廟去西門外二里按合江縣登天大王廟記載本後梁王光

西湖龍君廟俗號五龍大王水旱祈禱輒應郡人尹氏家于湖上遣僕樵采見湖面水湧有物鱗大如掌驤首而出目光射人僕卽驚仆已而少甦具道所見

西湖石觀音西湖石洞前崖上鐫觀音大士像天禧元年解侯旦刻石記云六月甘露降于像前翌日再降又紹聖元年鞏侯侁記甘露降如珠瑩潔

太平興國觀唐殿在監之西南唐正觀中所建殿尚存

興教院唐所塑羅漢在監之西據山之頂後唐長興元年建舊名長興院內有唐時所塑十六羅漢

董孝子墓在聖燈山乃漢益州刺史廣平侯丨丨丨丨也

官吏

張宗誨天聖中守是邦赤崖夷賊斗郎春等叛侯提兵討之斗郎春等面縛請降且請重立誓約納地向化

李從周政本儒雅以初置道縣請增薦員令從之

楊騫眉山人郡始以監茅病民

倈白于制帥轉聞於朝特爲蠲減見李石方舟記**王純仁**字巨山眉山人以儒雅飾吏事登臨賦詠石刻尚存**郭知達**字充之成都人監舊以鹽移贍遂甯生徒歲爲鏹計八十萬省公以公養不豐請于漕臺俾歸之監學自是歲獲二十三萬五千

人物

丁處榮其先京東人宦遊于蜀因家富義咸平三年王均叛突圍走富順郡守僚佐盡逃處榮與押衙李英恪謀詐降陰爲之計處榮自備牛酒宴均于譙門之上尋毒殺其餘黨均覺欲遁即擒斬之事聞朝廷各賜勑獎諭特授英恪知本監**李見**本郡人英恪之子嘗讀易于神龜山有讀易洞著易樞天禧中令附驛以聞州郡遺公抱書偕行公不願仕厥後西歸監司守臣不敢屈致有詩云一片靑衫銷不得滿朝朱紫是何人事見郡守黃商卿讀易洞記**李文淵**字聖源登治平二年進士第仕至朝議大夫隴西侯當蔡京當國士爭附和求進京以其才欲用之乃謝病還鄉**李夔**字虞卿臣

葬父母廬墓有白兔白烏循擾遇一異人與夔語夔不答乃題墓石云呂日思量到此間先知異穴下南山生來自秀培來秀到底恩深有分攀世人曉得斯言者去會蓬萊寶洞間

仙釋

宗室彥室 監城之西西昇山太平興國觀相傳山有異人紹興中玉籍彥室嘗行山間遇道人款話以腹枵告歸道人顧笑以肘捫其腹三彥室頓覺異常歸即辟穀踰年復夢見道人啖以棗呼之過溪彥室曰吾親在此乃止

預知和尚 北嵓自唐大歷中開修時有梵僧結庵于此六日諭徒衆云罄資糧若治裝去或問其故師云今日當有暴客至以此待之既而中宵羣盜至師舉粮遺之盜皆竊奔走去然終夕竟不能出山遂捨之而遁師之出言度事皆如此今人稱之曰｜｜｜｜云見李文淵北巖記

中巖大悲應驗記 監學教授呂㮚撰趙沂公雄飛跋云雄飛以取士之歲與何使君之子綜並有禱焉是夕二人轉語吉夢所見則一明年同計偕且謂雲霄橫翔者士之欲也非大士其

譙充之紹興癸酉貢中進士趙雄飛跋天元度人妙經太平觀二十四化殿嘉定七年重修梁記正觀八年建石砌中得一卷經不腐日丨丨丨丨丨道流未嘗見者六百餘字見板行云

碑記

漢董孝子墓表 聖燈山之近有董孝子墓墓表云漢益州刺史廣平郡侯董孝子

磨崖碑 皇宋皇祐七年知監張齊古題云西山城郭沿難數聖羣峯重疊一佛獨立容相端正眞如塑出高聳數丈古代留跡後倚林翠前瞰江碧圖記謂聖佛

中巖普覺院 天禧丁丑賜院名康定二年翰林學士李淑撰

咸平獎諭李處榮勑 守臣黃裳跋章聖皇帝錄邦人丁處榮殄殲均賊之功擢榮州長史勑書藏其家

石燈臺讚 郡人王光明孺家舊收公用燈臺刻丨丨丨丨丨一首并序進士元銳撰元和中莊伯良能書富義縣令孟公才

富順志 汝郡守楊爲序

詩

漢家尺五道置吏撫南夷欲使文翁化兼令孟獲知
盤堆蒟醬實歌雜竹枝辭司馬光送張寺丞知富順唐蒙諭巴蜀
通道至邛僰列郡徼西南夷居半巖壁韓縝送周知監地里
輿星直江流漢水通同上土瘠事刀耕家無終歲蓄所
資鹽井利特易他州粟韓絳蜀土風景信不好君之所
治兼蠻夷山高地仄江水惡刀耕火種黎民疲韓繹劍
外吾能說山川大抵同君行在巴徼民俗半夷風火
田租賦薄鹽井歲時豐韓縝封疆莫歎極西陲景物尤
堪著詠思亭臺處處垂楊影街巷家家小酒旗舊同

吳楚分梅艷新比戎瀘有荔枝鑿井鹹泉通海脉靠山公署映江滙解旦飽聽西湖似輞川有懷無處問長年四山攢碧爭爲地一水涵空爲補天程驤西湖俗似華胥與拙宜官居秪似在家時出從州縣供䶥使併遣湖山作主持吏散庭空無箇事雲來雨過只催詩程驤開東陵官閒吏筆無程督只作西湖日課供前人春風楊柳早藏鴉秋水芙蕖晚著花細數一年湖上景天涯行客忍思家前人鷺盟鷗社日追攀識面龜魚貫往還拄杖過橋時問訊何人得似使君閒前人瀟洒監城隈聊驅俗駕回世塵飛不到山色翠成堆岑象求中巖

輿地紀勝卷第一百六十七

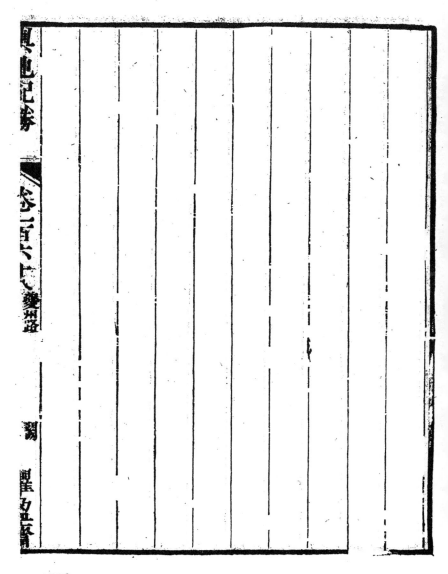

闕

輿地紀勝卷第一百七十四 文選樓影宋鈔本

東陽王象之編　甘泉岑鎔淦長生校刊

夔州路

涪州

緜繡洲　横石

涪陵郡

州沿革

涪州 下 涪陵郡軍事九域志云秦地於天文東井輿鬼之分野漢地理志涪與達開忠等二十一州爲鶉首之分地唐地理志在禹貢爲梁州之域周爲雍州之地春秋時爲巴國地華陽國志秦惠王滅之以其地置巴郡巴志云周慎靚王五年秦惠文王伐蜀滅之張儀貪巴道之富因取巴執巴王以歸置巴郡也巴郡在西漢領縣

十一東漢領縣十四而涪陵與枳縣居其二此據前漢志而州境爲漢涪陵及枳三縣之地劉璋置屬國都尉理涪陵寰宇記云蜀先主以其地控巴江之源故於此立涪陵郡領漢平漢葭此據元和郡縣志及寰宇記而涪陵志以爲後漢立涪陵郡與元和志及寰宇記不同象之切意蜀先主立郡之時尚在後漢末年故圖志以爲後漢末耳晏公類要及輿地廣記云建安二十一年蜀分立涪陵此爲得之晉桓温定蜀以涪郡理枳縣地元和郡縣志云州城本秦枳縣城也自李雄據蜀北地爲戰場人衆奔波永和三年桓温定蜀以涪郡理枳縣城也晉宋齊並屬涪陵及巴郡晉末南齊志涪陵郡有涪陵縣巴郡有枳縣也後周於故枳城立涪陵鎮寰宇記云周武保定四年涪陵首領田思鶴歸化於故枳城又立涪陵鎮隋改爲涪陵縣隋志巴郡涪陵縣下注云舊曰漢平置涪陵郡開皇初郡廢十三年縣改

名焉唐置涪州新唐書志云武德元年以渝州之涪陵鎮置領涪陵賓化武龍樂溫溫山五縣改涪陵郡天寶元年復爲涪州乾元元年或隸山南武德中或隸夔府景雲中或屬黔中開元元和或隸荊南元和郡縣志云上元二年因黃草硤有獠賊結聚江陵節度呂諲請隸於江陵置兵鎮守元和二年李吉甫奏曰涪州去黔府三百里輸納往返不踰一旬去江陵一千七百餘里途經三峽風波没溺頗極艱危自隸江陵近四十年衆知非便疆理之制遠近未均望依舊屬黔府唐末武泰軍徙治涪通鑑天復三年王建以王宗本爲武泰留後武泰軍舊治黔州宗本以其地多瘴癘請徙治涪州建從之五代地入前後爲蜀皇朝平蜀以其地隸峽路乾德三年省溫山爲鎮國朝會要在熙甯七年又割隆化縣屬南平國朝會要在熙甯七年今領縣三隸夔路治涪陵

縣沿革

涪陵縣 下

倚郭本漢舊縣屬巴郡蜀置爲涪陵郡晉改曰漢東縣隋廢郡爲涪陵縣屬渝州唐置涪州以縣爲州之治所國朝熙甯二年省溫山縣來屬元和郡縣志云漢時保甲軍多取此縣人矣

樂溫縣 下

在州西八十里寰宇記云本秦枳縣地後周武成三年省桓元子所置枳縣入巴縣此又爲巴縣地唐武德三年分渝州巴縣地置以縣南樂溫山爲名屬南潾州九年來屬

武龍縣 下

在州南一百六十里本漢涪陵枳二縣地唐武德元年分涪陵縣置以邑介武龍山爲名

風俗形勝

蜀江之南涪江之西元和郡縣志云州在丨丨丨丨丨丨丨丨故名與荆楚界相接元和郡縣志寰宇記云與楚商於之地接地控涪江之源寰宇記云故於此立涪陵郡會川蜀之衆水控瞿唐之上流地有龜山鶴水之奇境有鐵櫃鑑湖之勝龜陵志序爾朱蘭王三仙之迹可考程黃譙尹四賢之像猶存龜陵志序去江陵一千七百餘里去黔府三百里此據元和郡縣志載李吉甫奏巴之南鄙按華陽國志云涪陵丨丨丨丨從枳縣入泝涪水秦將司馬錯由之取楚黔中地漢興常爲都尉理所山險水灘人多礦蜑唯出丹漆枳縣即今涪州所理民食稻魚凶年不憂俗不愁苦漢書地理志云其俗有夏巴蠻夷夏則中夏之人巴則廩君之後蠻則盤瓠之種夷則白虎之裔巴夏居城郭蠻夷居山谷並舊圖經峽路在巉巖嶮峻之

中其俗刀耕火種惟涪梁重慶郡稍有稻田龜陵志風俗門地煖早熟與中州氣候不同龜陵志風俗門曰五月半早稻已熟便可食新七八月間收刈已了云云涪於三峽爲要郡大觀三年法苑寺記云涪於三峽爲要郡法苑於涪爲名藍東接巴東南接武陵西接牂牁北接巴郡土地山險水灘人多驍勇華陽國志元龜水處蜀都賦注云譙周異物志云涪陵多大龜漢赤甲軍多聚於此元和郡縣志涪陵縣下寰宇記云漢爲赤甲軍所聚故有赤甲戍存焉地產荔枝寰宇記云丨丨丨丨其味尤勝諸嶺涪州出扇爲時貴之段氏蜀記士見寰宇記云

景物上

玉石見神積下玉溪在樂温縣北七十里有潭俗傳建隆初有王氏居此忽一白馬出潭王氏

縶之馬逸去得一玉鞍夜婦人哭于門王氏乃以鞍投于潭故曰｜｜

石魚在涪陵縣下江心有雙魚刻石上每一魚三十六鱗一銜蓂草一銜蓮花有石秤石斗在傍三五年或十年方一出出必豐年唐大順元年鐫古今詩甚多劉忠順有詩見在石上

石門周地記涪陵三里有｜｜門東有石鼓清臺抑之聲遠

石鼓同上

黔江自思州之上費溪州發源經五十八節名灘方至黔州瀨自黔州瀨與施州江合流九十里經彭水武德二縣凡五百餘里與蜀江會於州之東水常湛然澈底以其出於黔州呼爲｜｜坡詩云合水來如電｜｜綠似藍又名涪江

蜀江發源岷山經嘉敘瀘重慶至城下自成都登舟十三程至此會合黔江過忠萬雲安夔歸峽至荊南一千七百七十里

北巖紹聖丁丑伊川先生來涪於｜｜普淨院闢堂傳易閱再歲而成元符庚辰徙夷陵會太史黃公自涪移戎過其堂因榜曰鈎深嘉定丁丑范仲武請爲｜｜書院在大江之北

松屏出石山間匠人欲採先斫禱山神焚爇方得佳者不加人力天然成文

松石爾朱先生種松於此山映山之石皆有松紋

茶磏江邊細窰之石名青蝲石可作｜｜

涪江寰宇記載四夷縣道記云｜｜南自黔中來由城之西泝蜀江十五里有雞鳴峽即漢枳縣也東漢志涪陵縣下注曰涪水本與楚商於之地接不同當攷

兩江蜀江黔江

內江輿地廣記云即黔江也昔司馬錯泝此水南上擊奪楚黔中地又李陵益州記云｜｜至關頭灘灘長百步懸崖倒水舟楫莫通見北域志云

關池在涪陵縣東二十里元和郡縣志云出剛鐵土人以爲交刀

鑑池在州瀙下遇旱祈雨有應

鹹泉在武龍縣距白馬津東三十餘里江岸有｜｜初康定間有程運使舟次鶺岸聞江中有硫黃氣襲人太甚謂此必有｜｜駐舟召工開之果得鹹脉是時兩邊山水相接薪蒸贍足民未知烹煎之法乃於忠州遷井竈戶十餘家教以煮鹽之法未已有四百餘竈由是兩山林木芟薙悉成童山

龍溪在武龍縣東北七十五里

龜山本黔江東岸之山今州治據一小山其形如龜龜陵之稱得非取此

龍巖樂溫縣之北白虎山下有石龕名風月臺紹興中漕使館於此見臺上有紫雲氣穴之見一巨鱗濶尺餘遂瘞之於臺篆

刻｜｜｜二字 **佛足** 在法苑寺之東去州六十五里石上有二巨跡寺中有碑謂伽葉佛跡 **神山** 在樂溫縣之東北大觀初於此山得一刀斗其中隸文漢驃騎將軍張飛字益德 **陽關** 距樂溫縣五里江口狹處有棧道遺俗傳以為張王戰地其上屯駐舊基存焉 **神磧** 忠顯王廟即張飛廟也廟有玉石爛瓜色其大如斗廟吏相傳邑人初得於廟對江磧中俗呼為神磧有一達官買置舟中是夕風浪洶湧夢神吏告曰此石乃廟中所寶既臨肅容而祝願復還廟風浪方恬然翌日獻之至今存焉 **靈叉** 華陽國志云山有大龜其甲可卜其緣可作叉世號為｜｜｜

景物下

錦繡洲 周地圖記云銅柱灘東｜｜｜巴土人以此洲人能織錦蜀故名 **錦洲閣** 在城之中舊名和樂近改此名取錦繡洲之義 **小西樓** 在市廛之西 **碧雲亭** 在對江北岸之上每歲人日太守率郡寮游宴於此 **鈞深堂** 在普淨院之東伊川先生注易之所也正堂三室中

以奉安伊川先生塑像其左待制尹公祠其右為直閣樵公祠簡池劉光祖作記進德堂在州學羅紋山在樂温縣東北四十里羅浮山九域志云連延入南州海見十道志晏公類要公昔羅浮仙人所居故名之見名山記寶雲寺在州東吳少宰敏諭居寓於此玉虛觀在涪陵縣西北玉溪渡在樂温縣西八十里銅柱灘見九域志又周地圖記云涪陵江中有｜｜｜昔人於此維舟見水底有銅柱故名｜｜｜最峻急一云馬援始欲鑄銅柱於此金文鐵晏公類要鐵櫃山舊經云吳君山一名｜｜｜横亘江北與涪陵縣相對雄壓諸山銅鼓山在樂温縣北一里石甕磧在州治相對東渡高峰之上者舊云國初太守吳侯遊石甕磧遇一婦人打織步行密遣廂吏護之婦人指石甕磧云我久居其地又取玉環一付廂吏云為我以此謝使君異日當顯仕子孫復來守此州言訖不見朋樂堂山谷先生命名及為之記靈跡寺相惠寺圖經云石上有佛跡狀如履所踐宋元嘉中僧法暢見之涕泣思念大聖請立號星宿

山在涪陵縣西北五十里風月臺在樂温縣之北白虎山下有石龕名曰|||樂温山在樂温縣元和郡縣志云此縣出荔枝愛民堂運使盧彦德有詩不載亭館名目惟旁見於詩詠者略可攷證耳登春山在武龍縣西南二百七十里天共山在涪陵縣北六十里白崖山在涪陵縣東一十五里黃石灘輿地廣記在涪陵縣東後漢岑彭破公孫述將於|||卽此赤甲戍寰宇記云漢末爲赤甲兵所聚故此地有|||馬清溪洞在涪陵縣高松鄉崖穴中有石洞兩處一自洞門入約一里有湫水一潭黃牛山在涪陵縣東南泝黔江四十里白虎山在樂温縣北白馬津在武龍縣北三十五里有監官白鶴灘在州之上流妃子園下鳳凰峰見慈氏禪院記鷺鷥灘在黔江下冬月灘出水石相激如排列白鷺之形臥龍峰見慈氏禪院記神鳳山在武龍縣東一里雞鳴峽元和郡縣志云在涪陵縣西十五里昔蜀先主時涪陵人反蜀將鄧芝討焉至雞鳴峽芝射猿之處

龍歸山在樂温縣東八十里龍門灘在樂温縣龍女鎮之下其灘三級每春三月衆魚躍而上俗因呼爲龍門玉帽石在天慶觀之門昔王帽仙遇於此巾子山在樂温縣北一百里石脚跡在樂温縣二十里地名石埣溪石上有巨人跡二俗傳以爲葛仙翁佛手掌在北岩峭壁上遊蘭山高松鄉有丨丨丨遥見豐都西見重慶地名羅雲蘭眞人修煉之處人至洞門望見丹竈眞人題字岩石自搖欲墜駭不可至石佛峽在樂温縣西四十里有兩石像故以名大石洞九域志云水旱祈禱有應在武龍縣東十五里雙女石在天慶觀之南石裂有二女出迎蘭眞人乘雲而去三松山在州之來崗有古栢三株三仙樓在北岩東樓謂蘭朱王也四賢樓在北岩西樓謂程頤黃庭堅尹焞譙定也頤紹聖間謫涪陵注易於此岩今爲鈎深堂庭堅紹聖間謫涪州別駕黔州安置自號涪翁焞頤之門人也紹興初避地來此定十人也七龕山在武龍縣北一十五里千佛院在州東正女山在州治遡流四十里江之

北岸兩峯峭絶俗傳秦時有一丁女在其上修行始皇南遊訪之

榕溪水 晏公類要在樂温縣

靈壽木 蜀都賦注云｜｜｜出涪陵縣

古迹

古涪陵郡城 九域志又晉地理志云漢涪陵在今涪州東南三百三十里黔州是其故里

漢枳縣城 見九域志又元和郡縣志云州城本秦枳縣城也李雄據蜀此地積爲戰場桓温定蜀以涪陵理枳縣城寰宇記云有雞鳴峽上有枳城郎漢枳縣也桓元子定蜀别立枳縣於今郡東北十里鄰溪口又置枳城郡尋廢周保定中於故枳城立涪陵鎮唐武德元年改鎮爲涪州

古賓化縣 秦本爲枳縣地後漢爲巴縣地唐正觀置隆化縣先天改爲｜｜｜按圖經此縣民並是夷獠不識州縣與諸縣戶口不同不務蠶桑以茶蠟爲供輸焉

永安故城 武德元年析涪陵巴二縣地於今州西南一百五十里置以縣北永安山爲名開元二年民以爲非便遂廢之

酉陽誤認漢

涪陵之地 按隋圖經集記及正觀地志云黔中是武陵郡酉陽地按漢酉陽在今溪州大鄉界與黔州約相去千餘里今之三亭縣西北九百餘里別有酉陽城乃劉蜀所置非漢之酉陽事已具武陵郡隋圖經及正觀地志並言劉蜀所置酉陽爲漢丨丨蓋丨丨丨丨丨丨丨丨也

鄧芝射猨處 華陽國志云蜀延熙十三年大姓徐巨反車騎將軍鄧芝討平之芝見猨緣山芝性好弩手自射猨中之猨子拔其箭卷木葉而塞其創芝歎曰噫吾傷物之性其將死矣

寬婦清臺 晏公類要云俗名貞女山史記云丨丨丨丨兄得丹穴而擅其利家富不貲清能守其業用財自衛秦皇帝以爲貞婦而爲之築此臺

妃子園 在州之西去城十五里百餘株顆肥內肥唐楊妃所喜一騎紅塵妃子笑無人知道荔枝來謂此當時以馬遞馳載七日七夜至京人馬斃於路者甚衆百姓苦之蜀中荔枝瀘敘之品爲上涪州次之合州又次之涪州徒以妃子得名其實不如瀘敘又晁說之荔枝詩云荔枝騎紅塵後便有漁陽萬騎來見成州同谷志

張益德 行廟在涪州樂溫縣之西廟宇臨岷江邑令趙

煥記云大觀間於廟前得三印及珮鈎又耕者得刀斗于祠之北以靈異累封至忠顯王嘉定志以爲廟在渝州非也象之嘗至樂温廟中視刀斗及箭鏃又有魏國張士瓌和白君詩云天下英雄只豫州阿瞞不共戴天讎山河割據三分國宇宙威名丈八矛江上祠堂嚴劒佩人間刁斗見銀鈎空餘諸葛秦川表左袒何人復爲劉

官吏

漢麗肱爲涪陵太守見碑記門

蜀劉威名爲涪陵太守見寰宇記

晉毋雅字君孫巴郡江州人學冠四科貢於帝庭除涪陵漢平令忠義著于奉上洪毅彰於接下西南二夷跋扈嶺表時爲夜郎太守殊俗感其惠化年踰七十致仕而歸八十二終於家晉隆二年已亥主簿張熊記

唐張濬涪陵志水泉門云涪之地舊來少有井泉太守丨丨唐光啟中乃窮山泉之源以竹導其流民賴其利今已廢惟吳公溪上俗猶呼爲水筒埡今千福院有濬之記存焉

南承嗣柳又送南

涪州暈移澧州州序有云始由施州之爲涪州扞蜀道就寇書不釋刀夜不釋甲曰我忠烈亢也期死待敵亦曰彼忠烈亢盡力致命是不可犯然而筆削之吏以簿書校計贏縮受譴茲郡凡二歲

人物

程頤字正叔即伊川先生也當紹聖年間謫居涪陵注易於北岩鉤深堂 **尹焞**字彥明自號爲和靖先生以避亂來此伊川之門人也中興遺史云紹興五年六月尹焞在涪州千福院獨處□室范冲舉自代靖康中朝廷以布衣特起既至京師懇辭還山賜處士號建炎間焞逃竄山谷翟興遣使迎聘焞亦不就有旨召赴行在充崇政殿說書 **黃庭堅**字魯直即山谷先生也其家先居於婺女後居豫章紹聖間謫涪州別駕黔州安置自號涪翁 **譙定**字天發涪之樂溫縣玉溪人自號爲涪陵居士易學從居涪陵伊川魯直相繼謫居于涪聞其名未之識遂率伊川往訪之從此深加敬仰後隨伊川入洛靖康初許右丞薦召至維陽從駕授通直郎直秘閣未幾寇至不知所之或以爲得道隱於青城山中

興遺史靖康元年十月殿中侍御史胡舜陟言涪陵人譙定究極易數逆知人事洞曉諸葛八陣法遂詔令赴闕言行錄又云淵聖皇帝召涪陵處士譙定至京師將處以諫職定以言不用力辭杜門不出

楊載 字貫道涪陵人以功名自負敵人立劉豫載白張魏公願得白刃橫行敵中當手刃劉豫并阿蠻不以報丞相壯其言即奏遣之載十士偕行至敵庭僞降敵人任之官行反間而阿蠻果廢劉豫及公欲行所謀而十大者已亡其八矣載遂決歸計魏公以其名聞於上特賜從事郎知遠州永睦縣事

仙釋

爾朱先生 先生名洞本其先蓋出於元魏爾朱之族遇異人得道周遊四方唐僖懿間遊蜀至荔枝園白晝昇天張無盡爲之作傳

藺眞人 號沖虛係出涪陵寄寓於精思觀一夕乘雲而昇實神龍乙巳之秋也

王帽仙 出入闤闠爲人修弊冠號王帽子暮則臥於天慶觀一夕尸解而去道士爲葬之月餘自果山貽書致謝云

北海水仙 昔有蜀士韋昉賫巖夜泊涪陵江忽遇龍

女遣騎迎入宮後昉以狀元及第十年後知簡州龍女復遣書相迎勑命昉充｜｜｜

碑記

涪陵太守闕 其上書云漢涪陵太守龐肱闕龐肱者即龐士元之子也劉後主時嘗爲涪陵太守淳熙中賢良任子宣舟過涪陵於小民家見漢隸隱然遂載以歸碑在左綿任賢良家至今猶存此事得之夔路鈐幹馮田馮乃任之甥

唐千福院水泉記 光啓中太守張濬

李文定公神道碑 在報恩光孝禪寺張方平撰

普淨院記 在涪陵江北普淨院治平間校書郎傳者記

瞽虎碑 在許雄山下廣漢縣令神道俗傳爲｜｜｜近碑作虎入城縣官設祭復立之虎遂止

古書山碑 去樂溫縣四十里接山上石刻云唐大歷間有人修此山路於石穴中得科斗書數軸古書之號因此而得

山谷碑 在涪陵尉廨廳

涪陵紀書錄 紀伊川和靖諸賢語錄

花蘂夫人詩序 熙寧五年臣安國奉詔定蜀民所獻書可入三

館者得花蘂夫人詩乃出於花蘂手而辭甚奇與王建宮辭無異建自唐至今誦者不絕口而此獨遺弃不見取甚爲可惜也臣謹繕寫入三館而歸口誦數篇於丞相安石明日與中書語及之而王珪馮京願傳其本於是盛行於時花蘂者僞蜀孟昶侍人事在國史臣安國題 龜陵志楊輿序 新志鄭鑑序

詩

江分巴字水樹入夜郎煙星郎復何意出守五溪邊戴叔倫涪州先寄王員孫使君縱 涪江江上客歲晚却還鄉暮過高唐雨秋經巫峽霜急灘船失次疊嶂樹無行張祐送李長史歸涪州詩 紅燭津亭夜見君繁絃急管兩紛紛平明分手空江轉唯有猿聲嘯水雲司空曙發渝州却寄韋判官 瘴塞巴山

哭鳥悲紅妝少婦斂啼眉殷勤奉藥來相勸云是前年欲病時元稹瘴塞詩衆水會涪萬瞿唐爭一門杜甫合水來如電黥波綠似藍東坡萬里西來客溪山先有名吳少宰敏謫居於涪寓寶雲寺題詩蓋郡有吳公山故也頻看召客趨金馬再見豐年出石魚太守楊子方儀門詩蓋石魚在涪陵江中每出則年必豐故也劉忠順詩云七十二鱗波底鐫一銜萱草一銜蓮出來非爲貪香餌奏去應同報稔年山有靈兮龜屈蟠水有靈兮鶴翩翻圖經靈應廟記錦繡洲猶在熊羆夢已無文風齊兩蜀仙跡接三都白石從天設青崖見地圖荔枝妃子圃不復曩時輸宋瀚題涪陵郡地據襟喉重城依雉堞堅東漸鄰楚分南望帶夷邊舟楫三川會封疆

五郡連人煙繁峽内風物冠江前溪自吳公邑園由妃子傳許雄山共峻馬援墹相聯灘急羣瀦沸崖高落馬懸石魚占歲稔鐵櫃驗晴天地煖冬無雪人貧歲不綿巖標山谷字覿塑爾朱僊馬提幹涪州五十韻詩　江流如臥虹涪江東合蜀江西會涪渭蜀涇並行而不雜青如挼藍不混于濁故詩人有｜｜｜之句　欲營丹竈竟無地地產丹砂　不見荔枝空遠遊官道近江多亂石人家避水半危樓陸游詩　江連白帝浮下山背青城出劒來王庶題北巖詩

四六

會蜀江之衆水控夔門之上流廼山谷先生之舊遊有爾朱眞人之仙跡蠻夷帖順郡邑熙恬賀涪州史君到任啟

輿地紀勝卷第一百七十四

輿地紀勝卷第一百七十五　文選樓影宋鈔本

東陽王象之編　甘泉岑鎔詮長生校刊

夔州路

重慶府　永甯　江州

府沿革

重慶府恭州舊圖經及寰宇記九域志皆曰渝州輿地廣記曰恭州南平郡理巴縣漢書地理志秦地於天官東井輿鬼之分野西南有巴蜀廣漢犍爲武都皆宜屬焉此據圖經又巴志云其分野輿鬼東井輿圖經載星分相合禹貢梁州之域元和郡縣志西南有巴國山海經云□□□□□又云昔太皞生咸鳥咸鳥生乘釐乘釐生后昭是爲巴人郭璞註云巴之始祖見寰宇

記　巴國因水以爲名三巴記云閬白二水東南流曲折三回如巴字故曰三巴周
武王伐紂巴蜀之屬髳微預焉尚書牧誓曰及庸蜀羌髳微盧彭濮人註云八國皆蠻夷戎狄而髳微在巴蜀則巴之名己見於此矣武王克商封宗姬支
庶於巴是爲巴子此據巴志及寰宇記巴志又云武王克殷封其宗姬於巴爵之以子古者遠國雖大爵不過子故吳楚及巴皆曰子春秋時亦爲巴國春秋魯桓公九年巴子使韓服告楚請與鄧爲好魯莊公十八年巴人伐楚魯文公十六年巴與秦楚共滅庸哀公十八年巴人伐楚敗於鄾戰國時巴與蜀俱稱王此據巴志及輿地廣記又元和郡縣志云戰國時蜀既稱王巴亦稱王秦惠文王遣張儀司馬錯伐巴滅之此據元和郡縣志又巴志云周慎靚王五年蜀王伐苴侯苴侯奔巴爲求救於秦秦惠文王遣令張儀司馬錯救苴巴遂伐蜀滅之儀貪巴道之富因取巴執巴王以歸置巴蜀及漢中郡分其地爲一縣儀城江

州以其地置巴郡領縣十一理江州縣寰宇記西漢巴郡亦領縣十一江州臨江枳閬中墊江朐忍安漢宕渠魚復充國涪陵後漢領城十四江州宕渠朐忍閬中魚復臨江枳涪陵墊江安漢平都充國劉璋分墊江已上仍爲巴郡理安漢墊江已下爲永甯郡理江州寰宇記在後漢初平中建安六年復爲巴郡蜀先主又以固陵爲巴東郡故巴郡分而爲三元和郡縣志云劉璋爲益州牧於是分巴郡自墊江已上爲巴郡墊江已下爲永甯郡先主又以固陵爲巴東郡於是巴郡分而爲三號曰三巴蜀後主以巴郡屬益州寰宇記曹魏平蜀以巴郡屬梁州此據圖經又通鑑曹魏景元四年平蜀二年十二月分益州爲梁州晉宋齊志巴郡皆領四縣理江州江州枳墊江臨江凡四縣梁武陵王紀於巴郡置楚州太淸四年

後魏改爲巴州大統元年周愍帝又改爲楚州並元和志隋改楚州爲渝州因渝水以爲名隋志在開皇元年罷渝州復爲巴郡隋志在大業三年唐復爲渝州舊唐志在武德元年改爲南平郡舊唐志在天寶元年復爲渝州舊唐志在乾元元年元和十道圖並屬劍南東川蜀王氏通鑑乾甯四年王建將王宗侃取渝州峽路始通孟氏因之皇朝平蜀國朝會要在乾德四年廢萬壽縣九域志在乾德五年分川蜀四路改隸夔州路後廢南平縣九域志在雍熙五年更名恭州國朝會要在崇甯元年中興以光宗皇帝潛藩陞爲重慶府紹熙元年今領縣三治巴縣

巴縣 中

倚郭古巴子國秦漢爲江州縣即巴郡所治輿地廣記云建安中劉璋使嚴顏爲太守張飛攻陷之蜀以後爲巴郡而改江州縣爲巴縣然嚴顏張飛事多載於忠州故忠州有張飛廟及嚴顏塚又江州縣蜀既改爲|||而晉志及南齊志巴郡尙治江州縣則巴縣之名不應起於三國蜀時也二者不同當考周武成三年改爲巴城縣隋開皇初郡廢爲渝州爲州爲郡並治於此

江津縣 中下

在州南一百二十里寰宇記云本漢江州縣屬巴郡南齊永明五年自郡內移理僰溪口即今縣理是也隋志云舊曰江州縣西魏改爲江陽縣置七門郡開皇初郡廢寰宇記云後周改爲江陽縣隋開皇十八年改爲江||屬巴郡舊唐書志云江津本漢江州縣分置唐隸渝州皇朝因之國朝會要云乾德五年廢萬壽雍熙中廢南平二縣來屬

璧山縣 下

在州西一百里寰宇記云本巴縣江津萬壽三縣地四面高山中央平田周回三百餘里唐天寶中諸州逃戶投此營種川中有一孤山西北二面嶮峻東南兩面劘平土人號爲重璧山新唐書志云至德二年析巴江津萬壽縣地置｜｜｜屬渝州圖經云因界內重璧山爲名皇朝因之

監司沿革

提刑司

臺治在府城中職源國朝淳化五年令諸路置提點刑獄司但置司重慶不知始於何年然渡江之初則已置司恭州矣建炎四年張魏公浚經理西事流曲端於恭州就恭州置獄今提刑舊衙在臺治之左故老相傳以曲端置獄於此故憲使不敢居舊衙今廢爲僉廳由此觀之則建炎之初已置司於恭州矣

風俗形勝

郡治江州地勢剛險皆重屋累居結舫水居五百餘家承三江之會而江州以東濱江山嶮其人半楚姿態敦重（華陽國志）巴亦有三峽（華陽國志云巴子時雖都江州或治墊江或治平都後治閬中其先王墳墓多在枳其郡東枳有明月峽廣德峽故巴亦有三峽）東至魚復西僰道北接漢中南牂柯（元和郡縣志、）剛悍生其方風謠尚其武奮之則賨旅歌之則渝舞銳氣剽於中葉蹻容盛於樂府（文選蜀都賦註引應劭風俗通云巴人剽勇高祖爲漢王時閬中人范目說高祖募取賨人定三秦封目爲慈鳧鄉侯並復除目所發賨人盧朴沓鄂度夕襲七姓不供租賦閬中有渝水賨人左右居銳氣善舞高祖樂其猛銳數觀其舞後令樂府習之晉禮樂志巴郡善歌舞高祖愛其舞詔樂府習之今巴渝舞是也又見元和郡縣志又見圖經）城即蜀將李嚴所修古巴

城此據元和郡縣志云又云初先主令李嚴鎮此又鑿南山欲會汶涪二水使城在孤洲上會嚴被召不卒其事今鑿處猶存水曲折三回如巴字三巴記云閬白三水東南流||||||故謂之三巴此據寰宇記巴城在岷江之北漢水之南寰宇記華陽之壤梁岷之域是其一囿囿中之國則巴蜀矣圖經戶口人物亞兩蜀善郡舊題名記二江之商販舟楫旁午舊題名記自合陽而內外水隨之至渝蓋秀麗蜿蜒曲折山止水會與外合爲一流馮時行譙樓記

景物上

浮山在巴縣本名方山又云堯時洪水不沒故曰|||方山在巴縣四十八里又名凝脂山巴山在巴縣西南一百三十里又名縉雲山瀛山在故南平縣西南三百七十里以其地高

峻冢海中之蓬瀛見元和郡縣志今屬巴縣唐正觀四年置｜｜縣

塗山 華陽國志云夏禹娶於｜｜今江州塗山是也今屬巴縣寰宇記曰北華陽國志之誤也象之謹按｜｜之名重慶太平濠州三處皆有之紹定丁亥象之過重慶憲使黎伯巽方類次圖經謂重慶之｜｜上有禹廟則其爲古之｜｜也明甚象之答云山名之同者多矣而晉書地理志當塗古｜｜國也左傳昭公四年楚椒舉曰穆有｜｜之會註云塗山在壽春東北即是今濠州之塗山是也晉太康志云｜｜古當塗國禹所娶也象之切考太平之當塗自晉成帝時以江北之當塗流人過江僑立當塗縣是江南始有當塗之名東坡過濠州遊｜｜詩云可憐淮海人尚記弧矢旦自註云淮南人傳禹以六月六日生是日數萬人會于山下東坡蜀人也使｜｜果在重慶則必不肯捨蜀之｜｜而遠取濠之塗山也坐客大笑始知重慶之塗山非古之｜｜也

二水 見三巴下

三峽 華陽國志巴亦有｜｜

三巴 劉璋爲益州牧分巴郡自墊江已下爲永寧郡先主又以固陵爲巴東郡號曰｜｜又三巴記云閬白二水東南流曲折三回如巴

字故曰｜｜ **油溪** 在壁山縣 **諸溪** 在故南平縣西北流入巴縣 **涪江** 在巴縣西來自合州西北至州城北會岷江 **岷江** 在巴縣東北來自江津縣界至州城北合涪江 **白崖** 在府北三十里有｜｜山及白崖市｜｜｜寺又有白崖神墓 **白水** 在州南二百二十里源出天衆山其色如練因名 **赤水** 在故南平縣西四里有｜｜流入縣界見寰宇記 **丹溪** 在府東南二百八十里源出湟婆山水色如丹因名 **魚池** 在巴縣東南二百五十里流合岷江 **仙池** 在江津縣北岷江南岸李膺益州記云州縣西南有｜｜即此是也 **賓旅** **渝舞** 並文選蜀都賦 **閣欄** 寰宇記詳見狼猫鄉註 **新井** 在巴縣南五十步東西一十五步地理志云周武王克商封同姓爲巴子遂都於此地因險固以置城邑並在高岡之上唐天授年中刺史許子儒鑿之無水先天年中刺史皇甫珣鑿石六丈方至泉因名新井

荔枝園華陽國志云江州縣有|||至熟時士大夫會聚於園食之寰宇記在巴縣香草樓李膺益州記云江州縣西南有仙池昔有仙人居池側置樓多植香草後人指此地爲|||寰宇記在江津縣花竹簟段氏蜀記云渝州|||爲時所重綾錦山在江津縣西八十里方輿記云在萬壽縣綾錦水元和郡縣志在古萬壽縣西八十里今當屬江津縣魚鹿鎮在巴縣魚鹿峽在巴縣西北一百二十里涪江水自中流出一石狀若魚一石狀若鹿故名縉雲山十道志云|||在巴縣西一百三十里其山高聳林木鬱茂下有白水東分流傳云黃帝於此山合神丹故名國朝至道三年降到御書一匣共一百二十卷軸明月峽輿地廣記云在巴縣李膺益州記云不壁高四十丈壁有圓孔形若明月因以爲名溫湯峽在巴縣西南一百六十里上有溫泉自懸崖下湧出四時騰沸如湯唐乾符中置|||寺溫泉寺在府北百餘里下臨嘉陵江有溫泉出于巖石間寺有池蓄魚甚富國朝名賢留題詩多龕置壁間有曲端詩二首其一云曾

統山西十萬兵腰間寶劍血猶腥山僧不識英雄客何必切切問姓名**雙石鎮**在巴縣**重**

璧山輿地廣記在璧山縣元和郡縣志云縣四面高山中央平田周回約二百里天寶中諸逃戶多投此營種川中有一孤山西北二面險東南面稍平土人遂號爲｜｜｜**三追石**寰宇記載李膺益州記云廣陽州東七里水南有遮要｜｜｜又東二里至明月峽今當在巴縣**七門灘**在江津縣西七十里有大石橫江凡七處望之如門因名**狼猯鄉**寰宇記云今渝之山谷中有｜｜｜俗構屋高樹謂之閣欄不解絲竹唯吹銅鼓視木葉以別四時父子同諱夫妻共名**龍興觀**在州西**龜停山**在江津縣西一里岷江中若龜形有古精舍李膺益州記云此山自益州至此是爲龜停**魚洞溪**在江津縣東南**交龍溪**在州東北二百八十里入岷江溪側有古木盤屈如交龍故名**獅子峯**在巴縣縉雲山見舊圖經**玉來山**在璧山縣東南五十八里**石洞溪**在府東北三十里昔人鑿石梁以爲洞門因名**石洞峽**寰宇記云在巴縣即劉備置關之所

東西約長二里有法華院

南平溪 在故南平縣東北流入涪州賓化縣界

南平山 在巴縣西北九十里

白君山 在江津縣北六里舊經云昔有江津縣令白君住此山學道成仙因而爲名寰宇記云在江津縣北四十里不同當攷

清水穴 在府西三十步水常淸冷味甘亦名粉水井巴中記云江州縣下有清水穴巴人以爲粉則膏膩鮮明

君井山 在江津縣西四十三里有井泉深淺不常若牧宰化民有術井中之水便即香湧溢清冷若政理苛虐井水即涸竭因名君井山

爐山 在巴縣縉雲山見圖經

凝脂山 在巴縣本名方山每雲氣色若凝脂故曰｜｜｜

銷劍山 在巴縣東北舊經云昔有人於此山銷鐵爲劍因名

古迹

霸州城 寰宇記在故南平縣南三十五里唐正觀八年改南平州爲霸州十三年廢霸州入南斗縣今當屬江津縣

古七門郡 寰宇記云後周閔帝元年於江津縣理置七門郡

古北

府城寰宇記云在巴縣漢水北有一城謂之北府城古枳縣城在巴縣北一百十五里舊經云昔桓溫伐蜀移枳縣於鄰溪此城遂廢古江州縣城東接州城西接縣城巴中記云張儀所築漢志江州縣屬巴郡杜預通典云江州縣故城在今巴縣西古東陽城在巴縣西一百里舊經云齊建武元年割巴縣置東陽郡故南平縣在巴縣東南二百三十里唐正觀四年分巴縣置今廢故萬壽縣城在巴縣西寰宇記云本漢江州縣地唐武德三年分江津縣置萬春縣屬渝州五年改爲萬壽縣國朝會要云乾德五年廢理江津縣古灘城在巴縣東七十九里岷江岸周回一百步濶五尺故老相傳云巴子於此置津立城因名焉古樂城在巴縣西南

壁山威烈侯廟圖經云唐趙延之之祠也大歷中任巴川縣令兼南鎮軍兵馬使時資瀘夷賊寇掠縣境延之領兵襲之以功授合州刺史兼渝合資瀘等經畧巡撫使營巡歷至渝州壁山寨見石壁上隱隱若有人形因以香酒奠之後疾終于此邑人爲之立廟焉禱有靈應至咸通二年

夷賊攻逼州城告神爲援賊衆奔敗人見甲兵湧湧爭往馳逐蓋神之陰助也本所聞奏敕封威烈侯

巴子魚池 在故南平縣西北一十里今當屬江津縣事見元和郡縣志又圖經云嘗有神龍遊焉

巴王冢 在巴縣西北五里前後有石獸石龜各三二駢驎石虎各一即古巴國之君也

女冢 在巴縣西南五十里舊經云古老相傳昔有巴人無男子生三女遭親之喪共造塋墓季女尤孝自負土掩墳

白君冢 在巴縣有碑見存

漢張汭 爲巴郡太守有德政碑中平五年立

晉王濬 東坡答李鄂州書昔王濬爲巴郡太守巴人生子皆不舉濬嚴其科條寬其徭役所活數千人及後伐吳所活者皆堪爲兵其父母戒之曰王府君活汝汝必死之

唐陳少遊 爲渝州南平縣令甚有政聲改爲桂州刺史

柳玭 通鑑昭宗景福二年以渝州刺史丨丨爲瀘州刺史柳氏自公綽以來世以孝悌禮法爲士大夫所宗玭爲御

人物

史大夫上欲以爲相宦官惡之故久謫於外玭嘗戒其子弟曰凡門地高可畏不可恃也立身行已一事有失則得罪重於他人死無以見先人於地下此其所以可畏也門高則驕心易生族盛則爲人所嫉懿行實才人未之信小有疵纇衆皆指之此其所以不可恃也故膏粱子弟學宜加勤行宜加勵僅得比他人耳

田洞

李義山集云渝州刺史||能盡吏劇城咸翦黠胥制鐘無聲下鞴必中約之以誠信牵之以潔厭松色匪彫草勢皆偃罷任之日其家愈貧方於前修豈可多得

本朝張商英

容齋四筆云張商英熙寧中爲南川令章子厚經制夔夷狎侮州縣吏無人敢與共語部使者念獨張可亢之檄至夔子厚詢人才使者以告即呼入同食張著道士服長揖就坐子厚肆意大言張隨機折之落落出其上子厚大喜延爲上客歸而薦諸王介甫遂得召用

張浚

自山南府士曹改秩調恭州司錄見言行錄

蕭漁巴志云江州人爲汝南太守見汝南志然溫巴志云江州人爲度遼將軍桂陽太守見巴耆舊傳黃錯巴志云隱士｜｜巴郡太守王堂所進失其官位見堂傳孟彪巴志云江州人王文表薦其茂材皇朝馮時行皇朝郡縣志云時行巴縣人紹興初召對斥和議之非除萬州部使者受秦檜風旨捃拾其罪坐廢十餘年張魏公浚薦之召赴行在以疾卒有文集名曰縉雲先生集

仙釋神

張府君巴志云漢初犍爲張君爲太守忽得仙道從此升度今民曰｜｜｜｜祠白君舊經云白君山昔有江津縣令白君住此山學道成仙圓明天師號无演初出於天彭張氏棄家事承天院寶大師昭符昭符記曰此子他日法中龍象也趙清獻公請之登法席元符中山谷道出戎州若識之知其非凡器也至渝州覺林院不疾而去山谷爲之銘壁山威烈侯正廟在壁山行

廟在重慶城西下臨岷江往來薦牲乞靈无虛日而廟无碑刻可考象之謹按合州志云神姓趙氏名延之唐大歷末爲巴川縣令于縣之光天觀鑄銅鐘云大歷十三年巴川縣令趙延之舊圖經云公令巴川資瀘夷鈔縣境公討平之以功授合州刺史兼合瀘等州經畧巡撫使行部過渝之壁山樂之尋卒山趾後人依山立祠合州亦立祠又云咸通二年夷復擾民禱于公賊忽散去封威烈侯象之後至樂磧有碑在茶肆中云神降筆自言其始末以後唐同光元年生後遊中原作守河北至國朝太宗眞宗時遊吳越還蜀召之作守不赴遂以仙去象之切謂神生同光至仁宗眞宗年已八九十矣不應國家尚以郡事役之合之銅鐘所鑄在大歷已令巴川先於同光一百五十餘年不應至同光始生也年月殊不類大抵蜀之巫師多假降筆及夢想以神其事耳有功於民則祀之不必求奇以惑民聽也合州有大歷十年巴川令趙延之鑄鐘則非生於後唐之同光矣齊東野人之語不足信也

碑記

漢故益州刺史碑在本府 巴郡太守張汭頌德碑漢靈帝中平五年立事見合州 白君冢碑在巴縣文志今碑在府學中 禹廟碑銘字缺落巴志云江州縣治塗山有禹王祠及塗后祠有碑銘 豐年碑在江岸碑謂之義熙碑每水落而碑出則年豐人爭摹打數十年不一見 蜀廣政十五碑在東陽鎮市心 周濂溪䟦彭應求詩序碑在溫泉寺 圖經李宗諤編

詩

山帶烏蠻闊江連白帝深船經一柱過畱眼共登臨杜甫渝州候嚴六侍御不到下峽詩 京兆先時傑琳瑯照一門朝廷偏注意接近與名藩祖帳排舟數寒江觸石喧看君妙為政他日有殊恩杜甫送鮮于萬州遷巴州 數盃巫峽酒百丈內

江船杜甫送十五弟使蜀註云水自渝上合州者謂之內江自渝由戎瀘上蜀者謂之外江紅燭津亭夜見君繁絃急管兩紛紛平明分手空江轉唯有猿聲嘯水雲司馬曙發渝州寄韋判官夜發清溪向三峽思君不見下渝州李白峨眉山月思君郢上吟歸去故自渝南擲郡章劉禹錫送周使君罷渝州歸郢中見富水志我拜師門更南去荔枝春熟向渝瀘鄭谷之瀘郡旅次遇裴晤浴罷臨泉一整冠令人搔首憶長安御湯搖蕩雙龍影又是胡兒簇馬看查蓊仲本題崇勝溫泉潼關一敗胡兒喜簇馬驪山看御湯同上山容地脉本清涼不解爲霖卻作湯草木龜魚困薰煑漫羸塵垢涴僧坊司空表聖恭州界詩人入恭南贅附多范成大詩

四六

中巴舊俗南平要衝峽口山椒有易擾難安之勢鹽亭鐵冶多欺孤貧弱之奸（李義山集）改畀渝邦付以承流之寄前通蜀道便於展墓之私（謝深甫恭州到任謝表）巴水折旋壁山峭立足爲佳郡況是潛藩暫煩坐嘯之餘咸遂撫摩之化（通重慶太守到任啟）

輿地紀勝卷第一百七十五

輿地紀勝卷第一百七十六　文選樓影宋鈔本

東陽王象之編　甘泉岑鎔 淦 長生 校刊

夔州路

黔州　黔中　黔南郡　彭水　黔江

州沿革

黔州　黔中郡武泰軍節度九域志歷古蠻夷之地寰宇記

禹貢荊州之域此據寰宇記而寰宇記又云左傳庸人率羣蠻叛楚即其地象之謹按左傳文公十六年庸人叛楚注云庸今上庸縣屬楚之小國楚又使廬戢黎侵庸及庸方城注云方城庸地上庸縣東有方城亭則庸人叛楚乃今之房州非黔中也黔州在岷江之南房州在岷江之北相去二千餘里强指以為上庸非其實矣今不取　楚地翼軫之分野圖經據漢書地理志　戰

國時楚威王使莊蹻將兵循江上略巴黔中以西屬楚輿地廣記故楚自漢中以南有巴黔中通鑑在顯王七年秦惠王使人告楚懷王曰請以武關之外易黔中之地通鑑在周赧王三年秦昭王使司馬錯發隴西兵因蜀攻楚黔中拔之通鑑在周赧王二十五年元和郡縣志云涪州與荊楚界相接秦將司馬錯由之以取黔中地又云秦武安君定巫黔中初置黔中郡通鑑在赧王三十八年又辰州圖經云秦昭王使白起伐楚略取蠻夷地置黔中郡史記在懷王二十二年漢改爲武陵郡東漢志注在高帝五年武帝於此置涪陵縣此據寰宇記元和郡縣志云秦黔中郡所理在今辰州西二十里則秦漢黔中郡乃治辰州爲武陵郡非今之黔州也及漢武帝初置涪陵縣自晉永嘉已後沒于蠻夷至宇文周田思鶴以地來歸始置奉州後改爲黔州則黔州乃漢之

涪陵縣耳後漢獻帝時分爲五時縣置屬國都尉理涪陵至蜀先主增置一時縣又改爲郡此據元和郡縣志而寰宇記削去兩時字先主又於五溪立黔安郡領五縣此據蜀志元和郡縣志後主又增一縣寰宇記晉平吳後省一縣猶領五縣寰宇記永嘉後地沒蠻夷經二百五十六年至宇文周時涪陵蠻田思鶴以地內附因置奉州元和郡縣志在保定四年周歸陳安成王頊陳文帝以黔中之地賂周通鑑陳天嘉二年周人許歸安成王頊使司會上士京兆杜杲來聘上悅即遣使報之并賂以黔中地改爲黔州不領縣在建德三年隋志云後周置黔州不帶縣因周隋州郡之名遂與秦漢黔中郡犬牙難辨此據元和郡縣志云其秦黔中郡所理在今辰州西二十里黔

中故郡城是也漢改黔中爲武陵郡移理義陵即今辰州敘浦縣是也後周移理臨沅即今州是也秦漢黔中所理是今辰錦敘獎溪澧朗施等州是秦漢黔中郡之地與今黔中及夷費思播隔越峻嶺東有沅江水及諸溪並合東注洞庭湖西有巴江水一名涪陵江自牂柯北歷播費思黔等州北注岷江以山川言之巴郡之涪陵與黔故地炳然分矣象之謹按秦之黔中郡卽漢之武陵郡置郡在沅辰之間而五溪水東注洞庭周隋之黔中置郡在思費州已北其黔江水北注岷江雖是兩處而古者黔中地廣故黃潤武陵記云武陵郡境四千餘里則其跨據必多寰宇記謂黔中亦其土也往往自晉永嘉之亂今之思黔等州地沒蠻夷二百五十餘年後周雖得今之黔州而隔於思費等州不能通五溪則黔州之名雖同爲秦漢黔中之境而其所理則非秦漢之故治矣

隋爲黔安郡隋志領彭水涪川二縣大業三年

唐改置黔州武德元年於州置都督府元和郡縣志云正觀四年置聖曆元年罷景龍二年復置自今州東九十里故州城移於

涪陵江東彭水之南元和郡縣志在正觀四年於黔中置采訪處置使又隸五溪諸州入黔中道加置經略使寰宇記並在開元二十六年改黔中郡領羈縻五十州寰宇記在天寶元年都督蕭炅以舊城傾欹移城於江畔元和郡縣志在天寶六年陞辰錦觀察使元和郡縣志在大歷四年復爲黔州都督府寰宇記在乾元元年在唐末陞武泰軍唐方鎮表在大順元年移黔南就涪州爲行府通鑑天復三年王建以王宗本爲武泰留後武泰軍舊治黔州宗本以其地多瘴癘請徙治涪州建許之皇朝因之不改至太宗朝復歸黔州置理所仍轄黔中思南費溱夷播六州寰宇記在太平興國二年屬夔州路九域志舊領六邑皇朝省洪杜洋水二縣並爲寨又省信寧都儒

二縣爲鎮皇朝郡縣志在嘉祐八年今領縣二曰彭水黔江治彭水

縣沿革

彭水縣 中

倚郭通典云漢酉陽縣地元和郡縣志云本漢酉陽之地屬武陵郡自吳至梁並爲黔陽縣地隋開皇十三年蠻帥內屬於此置丨丨丨屬黔州皇朝郡縣志云以爲州治皇朝嘉祐八年省杜洪洋水信甯都儒四縣來屬

黔江縣 下

在州一百八十里寰宇記云隋開皇五年置石城縣屬庸州大業二年廢其地入彭水縣唐武德元年再置移就無慈城正觀四年又移於今所天寶元年改爲黔江縣

羈縻等州

費州在州東南七百五十里管二縣曰涪川曰多田

九州係朝貢州

南[甯]州本清溪鎮唐末置在黔州西南二十九日行從南[甯]州至羅殿王部落八日行與雲南接界此據寰宇記

充州　琬州　犍州　清州

莊州　牂州　矩州　蠻州

牂州　龍州　峩州　邦州

四十三州係羈縻州

鶴州　勞州　義州　福州

儒州　令州　郝州　普安州　緣州　鄉州　鸞州

絲州　邛州　敷州　侯州　晃州　樊州　添州

珍州　雙城州　訓州　卿州　茂龍州　整州　懸州

樂善州　撿捨水州　思元州　逸州　思州　南平州　勳州

姜州　稜州　鴻州　和武州

暉州　亮州　鼓州

寰宇記有控臨蕃種落

牂柯　昆明　柯蠻　桂州

提佗　蠻蜑　葛獠　沒夷

巴　尚抽　勃儺　新柯

俚人　莫搖　白虎

風俗形勝

爲楚西南徼道權載之集黔州觀察使新廳記黔中云云在漢爲武陵莊蹻循江以略地唐蒙浮船以制越五谿襟束爲一都會莊蹻循江以略地唐蒙浮船以制越同上權載之五溪襟束爲一都會同上權載之又云長人者急之則愁擾以走險緩之則橫猾而犯禁故分命者得持節按部而輯綏之福黔人於此堂同上權載之巴黔故地方鎮專達送黔州元中丞序云惠飫夷落興行禮讓然翺翔淸朝羽儀百僚倚伏之數庸距知不於此乎巫黔長帥之命同上山川合屬劒南道唐正元十道圖云黔涪夷費思播溱珍南等九州自分十道屬江南道其涪州開元中改屬山南道天寶中復屬江南道乾元中又屬山南東道古九州界本漢巴郡之南鄙雖在大江之南而東與施溪錦獎四州隔高一嶺其南溱珍等三州又與劒南瀘州接境風俗頗同以山川言之合屬劒南道馬

援會戰于此九域志在壺頭山鄧芝會於此大戰九域志在三陪山

古謂之蠻蜑聚落晏公類要古老相傳云楚子滅巴巴子兄弟五人流入五溪各爲一溪之長一說謂五溪蠻皆盤瓠子孫自爲統長□□□□□與巴渝同俗隋書地理志夏供茶蠟秋輸米糧舊經地近荊楚候如巴蜀陰雨多晦草木少彫舊圖經云黔涪兩州地近荊楚風俗與華夏並同其氣候如巴蜀陰雨多晦草木少彫餘思費溱南夷播等州地接番蠻境連桂廣雖稱州號人戶星居道路崎嶇多阻崖壁風俗人物亦各不同行處則跣足露頭契約則結繩刻木羅歌聚落山谷黔州黔江縣地名記曰黔江縣治所蓋楚開黔中郡時□□□□□也與劍南瀘州接境風俗頗同寰宇記雖居溪洞多是蠻獠寰宇記蠻獠混雜風俗多同舊經云少有蠶絲人多衣布舊經云路途闊遠亦無館舍凡至宿泊多倚溪嵓就水造飡鑽木出火舊經云

景物上

巴江 九域志云又號白沙水

內江 九域志引水經云郎延江文津也杜甫送卜五弟使蜀詩云數盃巫峽酒百丈丨丨船註水自渝上合州者謂之丨丨自渝由戎瀘上蜀者謂之外江與此不同

淯溪 寰宇記云漢縣名也有朗山出野狐眼在背上能食數獸見郡國志

彭水 按九州要記黔州州有丨丨在候甯縣郎古黔中之地

鹽泉 元和郡縣志彭水縣有左右鹽官收其課寰宇記云有鹽井一在彭水縣東九十里今煎

五溪 寰宇記按賈耽四夷述云武陵丨丨蠻之西界也又云五溪謂酉辰巫武沅等丨丨古老相傳云楚子滅巴巴子兄弟五人流入五溪各爲一溪之長一說丨丨蠻皆盤瓠子孫自爲統長故有丨丨之號焉古謂之蠻蜑聚落

仙掌 寰宇記在黔江縣東二里崖面上指掌如畫土人傳云丨丨

石魚 開寶四年黔南上言江心有丨丨見上有古記云廣德元年二月八水退丨丨見部民相傳豐稔之兆

景物下

東極山在彭水縣南洋水在彭水縣沙井院在州東陸路十二程夷人元納珠砂三百兩土布二十疋自咸平五年已後更不催納銅泉峽在黔江縣東南二十三里金盤村在彭水縣玉芝觀在彭水縣界景星寺在彭水縣界蒟醬山寰宇記在故都濡縣荷敷山在黔江縣南一百八十里延入澧州三亭縣界高一十五里周圍二百五十里波溥水寰宇記在故都濡縣西南一百里又南流注丹陽水阿蓬水晏公類要在黔江縣北一里一名太平水溫湯水在彭水縣東北二里其水四季溫熱冷水溪在彭水縣東與黔江分界更始水水經云卽延江文津也無極水在黔江縣界出羽人山在縣西四百八十里可通水源出黔江縣界武陵山縣西四十里安樂江在黔江縣北八十里白磧山在黔江縣西北一百一十三里高九里周圍三十五里白沙水九域志云卽巴江也

紫極觀（今爲天慶觀）　丹陽山（寰宇記在故都濡縣南二十五里有丹陽水出焉）　黃

壁山（在彭水縣南二百九十八里）　錦被山（在彭水縣）　羅衣江（在彭水縣南與夷人分界）　畫門山（在彭水縣西四百里）　腰鼓洞（在彭水縣計議鄉山壁間有ㅣㅣㅣ湧泉俗呼龍潭封靈應廟）　壺頭山（九域志按方輿記山形似壺馬援曾戰於此）　平頭山（自本州二百四十里爲界又一百六十里至忠州）　摩圍山（在彭水縣西隔江四里與州城對岸夷獠呼天曰圍言此摩天號曰ㅣㅣ）　澧源鎮（在州東北九程與澧州慈利縣接界）　涪陵江（圖經云自本州西北ㅣㅣㅣ亦名更始水入涪州三百二十里入蜀江）　武陵山（在黔江縣西九十里天寶中賜名）　龍興觀（在彭水縣界）　犀角山（在彭水縣）　虎眼寨（在黔江縣東百里）

伏牛山（在彭水縣接方輿記山左右有鹽井州人置竈煑以充食用）　羽人山（寰宇記云一名神仙山在黔江縣東四百三十里山頂與澧州分界）　開元寺（在鹽井鎮東）　咸甯院

在彭水縣隔江**大花溪**在彭水縣西北一百八十里**小花溪**在彭水縣西北一百九十里**小歌羅山**在黔江縣東北五十二里**黃連大亞山**在黔江縣東北四十二里**黃連小亞山**在黔江縣東北四十九里**獨峰山**在黔江縣西南九十里**雙牌山**在彭水縣西一百三十里**三峿山**九域志云昔鄧艾嘗用師於此**三門山**在黔江縣**百頃山**在寰宇記在故信寧縣東南八里**五龍堂**在摩圍山下隔江四里**七往溪**在彭水縣西北四十里**萬壽宮**在州城北一百四十步**集福院**在鹽井鎮去州八十里紹興十一年知思州田祐恭奏爲有祖父母墳墓在黔州彭水縣鹽井鎮乞剏立一小院准都省符下以丨丨丨丨爲額**長壽寺**在州東七十步

古迹

廢杜洪縣元和郡縣志云唐武德二年析彭水縣置因杜洪山以爲名廣記云皇朝嘉祐八年

省入彭水**廢洋水縣**元和郡縣志云武德二年置盈隆縣先天十年改爲盈川天寶元年改爲洋水以縣有洋水以爲名廣記云皇朝嘉祐八年省入彭水**廢信寧縣**元和郡縣志云隋大業十年置信安縣武德二年改爲信寧縣屬義州正觀十一年屬黔州廣記云皇朝嘉祐八年省入彭水**廢都濡縣**元和郡縣志云本正觀二十年析洋水縣置以縣北有都濡水以爲名也廣記云皇朝嘉祐八年省入彭水**廢印水縣安夷縣**國朝會要云政和八年建宣和四年廢爲堡隸黔州**思州白柱神廟**在黔江岸西元豐中奏封孚利廟**普澤廟**在州城外一百一十四步本廟在壁山縣**靈應廟**在彭水縣計議鄉地名腰鼓洞於山壁之間有竅一所可深丈餘中有湧泉停其下土人俗呼龍潭**知思州田祐恭墳塋在黔州彭水縣**圖經云知務川城田祐恭乞於本土建置僧寺一所敕賜集福院

官吏

唐長孫無忌通鑑唐高宗顯慶二年許敬宗誣奏長孫無忌坐謫黔州安置

崔能長慶三年李宗閔撰｜｜神道碑能從弟書碑云御史中丞持節觀察黔中仍賜紫衣金印

李令一侍中源乾曜以子求婚令一之子則拒之固以詞抵之貶黔州彭水縣見李習之集

郗士美士美平溪州爲刺史見圖經

向子琪子琪以武功顯後遷京兆尹見圖經

馬植唐｜｜自安南都護徙黔州觀察使

上官侍御唐嘉祐集有送上官侍御赴黔中詩

蘭陵蕭公講公名犯高宗廟諱撥寰宇記載歸州紫極宮黃魔廟神記云咸通壬辰翰林｜｜｜｜｜自右史竄黔南游三峽次秭歸夢神人曰險不足懼公詰之曰我黃魔神也居紫極宮之西北隅將祐助明公出于此境公曰神能惠我幸與我俱游神許諾自是抵于黔每陟險難神怳然如在蘭陵公尋爲宰相

蜀節度侯宓實蜀檮杌云宓實河中人幼嘗寢於屋下天大雨有虹自河飲水貫于口中覺而母問之乃曰適夢泛黃河飲水甚快有僧見之謂曰此蛟螭精也他日大貴以戰功累遷眉州刺史歷夔黔節

鎮

本朝黃庭堅 豫章人字魯直號曰山谷以修實錄被謫黔中與太虛書曰某屏棄不毛之鄉以禦魑魅耳目昏塞舊學廢忘是黔中一老農耳

李長倩 山谷書贈丨丨丨云南充李長倩骨清而氣秀是臺閣中人也長倩之參軍於黔中也會余以罪竄逐在此其相見如兄弟親戚之謦欬於其側也見果州圖經

黔南賈使君 山谷有詩

王充 充果山人游抵黔南太守高公請以訓黔之學者時山谷被謫于州相愛二歲書以頌王之德曰南充王子美其質粹溫久與之遊見其術理而不競誠心而不疑因其知書故廣以盛德之事

李承約 拜黔南節度約以恩信撫諸夷落勸民農桑興起學校居數年當代黔南人詣京師乞留許留一年孔氏六帖

人物

漢孝廉柳莊敏 有碑在州廨內

仙釋

孟蜀何昭翰昭翰嘗從仕於黔南見釣者謂||曰我張涉也子他日官青城令我住青城山者也後||果爲青城令釣者亦嘗來往一旦大軍到城草竊四起釣者與翰相攜入山後有人入山見翰與涉同行自此莫知所之事見永康軍志

碑記

漢故孝廉柳莊敏碑在州廨內字迹銷訛唐黔南節度使趙國珍德政碑上元二年立在州南隔江重建州衙碑在州治廣德元年碑寰宇記云開寶四年黔南上言江心有石魚見上有古記云廣德元年二月大江水退石魚見部民相傳豐稔之兆崔能神道碑歐陽公集古錄在長慶二年黃魯直留題魯直謫居有涪翁晚策杖至此觀江漲雨餘天欲涼十五字墨蹟在州之嘉禾堂此外如綠陰堂丹泉萬卷堂皆魯直舊所書墨蹟

詩

勞君更向黔南去，卽是陶鈞萬物時。唐馬植自安南都護徙黔州觀察使。太平廣記：植移黔南時，維舟岸前，夜見白衣人吟曰："截竹爲筒作笛吹，鳳凰池上鳳凰飛。"｜｜｜｜｜｜｜｜｜｜｜｜｜｜｜｜公不久作相，葢開成五年題涪溪時也。

莫向黔中路，令人到欲迷。水聲巫峽裏，山色夜郎西。唐嘉祐送上宮北侍御赴黔中詩

迴白帝棹，南入黔陽天。杜甫贈別李十五丈詩

大家東征逐子迴，風生洲渚錦帆開。青青竹笋迎船出，日日江魚入饌來。杜甫送王十五判官侍還黔中詩

萬事非京國，千山擁麗譙。佩刀看日曬，賜馬傍江調。言語多重譯，壺觴每獨謡。沿流如着翅，不敢問歸橈。唐詩紀事竇羣黔中書懷云

風雨荊州二

月天問人初眉峽中船西南一望雲和水猶道黔南有四千唐詩紀事竇鞏自京將赴黔南云黔南南太守南郡在雲南閑向南亭醉南風變俗談唐詩紀事南卓爲黔南經畧使故人嘲云黔江秋水浸雲霓獨泛慈航路不迷猨狖窺齋林葉動蛟龍聞呪浪花低劉禹錫送義舟師卻還黔南江水三回曲愁人兩地情摩圍山下色明月峽中聲白樂天晚眺黔江能文好飲老蕭郎身似浮雲鬢似霜生計拋來詩是業家園忘卻酒爲鄉江從巴峽初生字猿過巫陽始斷腸不醉黔中爭去得摩圍山月正蒼蒼白樂天送蕭處士遊黔南閑看雙節信爲貴樂飲一盃誰與同可惜風情與心力五年

抛擲在黔中白樂天寄黔州馬常侍一尊歳酒且留歡三峡黔江去路難志士感恩無遠近異時應戴惠文冠權德輿送人赴黔中詩不識黔中路今看遣使臣猿隨萬里客鳥似五溪人地遠宦無法山深俗易淳須令荒徼外亦解懼埋輪劉長卿送任侍郎黔中充判官詩舊說天下山半在黔中青又聞天下泉半落黔中鳴山水千萬遶中有君子行儒風一似扇汗俗心皆平孟郊贈黔府王中丞楚從戎巫峡外吟興更應多郡響蠻江漲山昏蜀雨過許棠寄黔南李校書黔中初罷職薄俸亦無殘舉目鄉關遠攜家旅食難野梅將雪競江月與沙寒李頻黔中罷職泛江東撑崖拄谷蝮蛇

愁入箐攀天猿掉頭鬼門關外莫言遠五十三驛是皇州浮雲一百八盤縈落日四十九渡明鬼門關外莫言遠四海一家皆弟兄紹聖二年四月甲申山谷以史事謫黔南道間作竹枝詞二篇題歌羅驛事見岳珂珵史病人多夢醫四人多夢赦如何春來夢合眼在鄉社黨禍既起山谷在黔州嘗摘香山句爲十詩卒章曰網羅之味蓋可想見事見岳珂珵史山郭燈火稀峽天星漢少年光東流水生計南枝鳥容齋隨筆云黃魯直黔南十絕盡取白樂天語其七篇全用之其三篇頗有改易處樂天寄行簡詩凡八韻後四韻云相去六千里地絕天邈然十書九不達何以開憂顏渴人多夢飲飢人多夢飡春來夢何處合眼到東川萬里相看忘逆旅三聲淸淚落離觴朝雲往日攀天夢夜雨何時對榻涼急雪春令相

並影驚風鴻鴈不成行歸舟天際常回首從此頻書慰斷腸山谷答元明黔南贈别詩尺五攀天天慘顔鹽煙溪瘴鎖諸蠻平生夢亦未嘗處聞有鷓飛不到山風黑馬跪驢瘦嶺日黃人度鬼門關黔南此去無多遠想在夕陽猿嘯閒山谷題歌羅驛竹枝詞夜郎自古流遷客聖世初投第一人山谷謫黔州詩合水來如電黔江緑似藍東坡詩不到施黔不見山澧州圖經詩

四六　闕

輿地紀勝卷第一百七十六

輿地紀勝卷第一百七十七　文選樓影宋鈔本

東陽王象之編　甘泉岑鎔淦長生校刊

夔州路

萬州

南浦　萬川　浦川

州沿革

萬州　下　南浦郡史記天官書云巴蜀本秦地爲鶉首之分野圖經春秋及戰國並屬巴國此據元和郡縣志又爲楚之西鄙此據寰宇記秦屬巴郡今州卽漢巴郡朐䏰縣之地此據元和郡縣志及寰宇記東漢末劉璋以朐䏰屬巴東郡此據寰宇記及圖經而輿地廣記以爲在建安中蜀後主劉禪立南浦縣屬巴

東郡晉志巴東郡領縣三曰魚復朐䏰南浦宋之巴東郡下云南浦令劉禪建興八年益州牧閻宇表改羊渠立巴志亦云晉武平吳省羊渠置南浦縣不同此南浦郡縣之名所自始也晉宋齊志並有南浦縣恐梁末陷沒其後置郡縣復立南浦之名圖經攷訂第及西魏之創置而不知在三國時已有南浦之名非始於隋也隋特因蜀後主劉禪之舊縣名而因之耳西魏平蜀通鑑西魏尉遲迥平蜀在承聖二年後周分朐䏰縣置安鄉郡又改萬川郡元和郡縣志及寰宇記並以爲後魏置安鄉郡又改萬川而輿地廣記以爲後周置安鄉郡而圖經亦書曰後周置安鄉郡不同象之謹按梁元帝末年武陵王紀敗地入西魏次年即禪于周故書曰後周隋志巴東郡南浦縣下亦云後周置安鄉郡後改縣曰安鄉改郡曰萬川當從隋志又兼置南州於此通典隋初郡廢而州存寰宇記在開皇初年改萬川縣爲南浦縣寰宇記在開皇十八年尋廢萬州以縣屬巴東郡

通典在煬帝初年唐初割信州之南浦縣置南浦州領南浦梁山武寧三縣舊唐書志在武德二年立南浦州而元和郡縣志以爲立浦城郡不同象之謹按舊碑唐武德二年以冉仁才爲使持節浦州諸軍事浦州刺史四年同趙郡王孝恭討蕭銑有功舊碑所載也當以浦州爲是兼唐武德初年皆尋廢改郡爲州不應立郡今從寰宇記及冉仁才碑舊唐書志在武德八年復立浦州舊唐書志在武德九年太宗分天下爲十道屬山南道改爲萬州舊唐書志在正觀八年後又屬山南東道在開元二十一年改南浦郡唐志在天寶元年復爲萬州唐志在乾元元年前蜀後蜀因之輿地廣記舊領縣三國朝平蜀割梁山縣隸梁山軍國朝會要在開寶三年今領縣二隸夔路治南浦

縣沿革

南浦縣　中下

倚郭元和郡縣志云本漢朐䏰縣地寰宇記云吳立羊渠縣劉禪建興八年十月益州牧閻宇表改羊渠立南浦縣又巴志云晉武平吳省羊渠置南浦縣晉宋齊志巴東郡下並有南浦縣梁時無所經見寰宇記又云魏廢帝元年分朐䏰之地置魚泉民賴魚罟爲名後周收爲萬川縣隋開皇十八年改萬川爲南浦以浦爲名

武甯縣　下

在州西一百六十里圖經云本漢巴郡臨江縣後周爲源陽縣又改曰武甯隋以縣屬臨州大業初又屬巴東郡唐武德二年置南浦州又改萬川縣皆屬焉元和志以爲周分沅陽屬懷德郡後魏改曰武甯魏不應在周之後所書非是今不取

風俗形勝

地接夔門前控歸硤略有楚風南浦記北環梁山南帶長川扼東巴楚有舟車之會張白雲濟川亭記夔州一道林泉之勝莫與南浦爭長者黃魯直留題云郡西渡大壑稍陟半山竹柏薈蘙水泉豬爲大湖亭榭環之僧舍樓觀重複出沒煙霏之間光影在水云云一登西山而萬州重趙莊叔達云景物清絕爲夔路第一黃魯直留題巖巖梁山積石峩峩元和郡縣志載劒閣銘見高梁山下土地多泉民賴魚罟寰宇記云云立魚泉縣西山如一翠屏下浸湖面王侶岑公洞記西山之勝至和中太守魯有開所開西山之勝聞天下以張范二詩重亭名二詠以其人也郡守王騊記白雲張俞詩作於至和間范蜀公詩作於熙甯西

山有亭曰般齋曰雲錦曰煙飛曰塵外曰西山洞天張兪詩曰池光復涵徹萬象皆鏡入蜀公詩曰西山瞰大江迤邐龍鱗濕

萬州居三峽之上處岷嶓之下唐段文岑公洞記

萬州西山爲峽上絶勝治平中南浦令史元潁題張兪詩後

萬杭都櫪山足岷江流于前苧溪出其右熙甯中西池記

景物上

齋舫在設廳後　簡堂在州東廳後　般齋　雲錦並在西山之半太守王可道立　煙霏在西山循池之曲王可道立　塵外在西山王可道立　東津在州一里　西池萬州西池記曰池周圍六百餘步　西山距州治二里初泉荒草蕪郡守馬元顈魯有開元翰修西山池亭種蓮栽荔枝雜果凡三百本蜀人張兪賦詩有昔乃荆棘荒今爲蕙蘭襲之句范蜀公和韻有回頭巒翠峯雲與煙相襲之語　南溪在州治南太守馬冉詩云丨丨有仙洞咫尺非人間　南山

景物下

郎州之對山也圖經云面揖｜｜背負都歷是也**包泉**在西山元符間太守方澤爲銘以其品與無錫惠山泉相上下漕張公纘詩云更挹巖泉分茗椀舊遊彷彿記孤山**魯池**在西山上郎太守魯有開所鑿廣百畝植以紅蓮每歲花發望如雲錦**胡灘**在州南五十里灘石有若胡人狀**苧溪**在州西二百步春夏漲潦則並舟爲筏以百丈雙拽濟人**天倉　地倉**在州東大江之左有二石穴相去二十餘步其中皆積沙雖大水至不能漂土人云地倉滿則豐天倉滿則歉往往多驗**龍池**在州東十五里**石虎**在小彭驛道旁高五尺各有四翅有石刻一絕云巍巍二虎一埋塵巨石鐫成尙有痕只此也須防夜箭霸陵恐遇李將軍蓋一尉所題謂之石麒麟**石船**在州西二十四里高梁驛亭之下**石鼓**在武甯縣西北四十里山半有石狀如鼓因以爲名**八景**郡守趙公有萬州｜｜詩曰岑公洞曰西山曰秋屏曰魯池曰江會樓曰天生橋曰蛾眉磧曰古練巖

萬石堂在七賢堂之後

桂華樓在州宅初名織月太守侯賓以郡上二人同年登科改今名

飛雲樓在州宅取王勃滕王閣記朝飛南浦雲爲名

雷鳴洞在天生橋溪石面上深可二丈餘水積成小淵每歲極旱郡人輒相率盡汲其水洞窟中有雙石魚其色青黑見魚即雨屢有應效

南浦樓即濟川亭也

濟川亭在州門之前太守魯有開建張俞記後守趙善贛鼎新之

江會樓在州治

豐秀山在武寧縣北即縣治之主山也

清淨堂在州設廳之右

絕塵龕在西山石壁之間父老相傳云昔人卓庵修道於此蛻迹而去有巨人鎖子骨在焉幽人勝上之所遊觀有唐人題記

勒封院魯直題曰西山有大湖亭榭環之有僧舍五區共都者名曰一一一樓觀重複出沒煙霏之間而光影在水此邦之人歲修禊事於此

聖業院去州四十五里圓澤師託生處也地名周溪亦名蘇溪有前後院

天生橋在苧溪上乃一巨石自然爲橋其長與溪等而平濶亦履平地溪流出其下

人存山在州西四十里亦名萬戶山

大

雲寺在州江之南武龍山之北太守馮時行以其有甘澤謠所載唐僧圓澤事跡欲祠澤於此

都歷山在郡北一峯突出衆山之上崱屴爲平阜氣象融結蓋郡之主山

高梁山在南浦縣北四十里尋江源記云ㅣㅣ尾東跨江西首劍閣東西數千里山嶺長峻其峯崔嵬於蜀市望之若長雲垂天俯視衆山泯若平原劍閣銘所謂巖巖梁山積石峩峩即述此山也

巴陽硤在雲安接界江漲怒濤震撼山谷

岷江水即州前大江也

石佛山在州北五里山形自成佛像非人巧所能也

觀音泉在報恩寺東山側

龍女洞在漁陽西十五里其中曲折幽險分爲九水自洞流出清寒逼人

史君灘在州東二里古刺史姚亮泛舟於此因名

老翁山在大江之東與紙坊相對有石如男子負物狀俗號名曰老男兒

眞女山在州西三峻峭如城壁山南隅有石離立若人形俗號女兒

新婦灘在州南二十里北岸崖壁間隱出如婦人面

石城山在州西五里四面垂崖峭壁惟東南隅可徑而登

石筍山在武甯東北山形如笋

石寶寺在武甯縣西三十里平地突出一峯如屏有石巋然其間故號石筍後因寺焉一日雷雨寶失所在　金積山在武甯縣西南十五里圖經云舊貢金疑此山所産　羊飛山在州西南五十里舊經云昔有人於此山學道常養二羊忽一日誠童子云勿放羊童子放之一羊沖天而去因名　羊渠驛在州治本路提點刑獄司治所　魚存山在州西十五上銳下廣崖面有石形如雙魚　武龍山在武甯縣南十五里龍所潛之地也中有潭水四時不竭山下有大雲寺　黑龍泉在西山山龍祠側其水寒洌旱禱輒應　白鶴寺在武甯縣西許旌陽舊宅　白鶴觀在武甯縣唐乾符元年有白鶴降而賜額三蘇皆有題詠及記　獅子山在州北都歷山之右形如狻猊四面險絕惟鼻尖可登　燕子洞在水南岑洞側洞崖顯敞如闔扇洞兩廠有泉流出洞前　木櫪山在武甯西十餘里圖經云昔大禹治水過此見衆山漂沒惟此山木櫪不動因以爲名　斯羅洞在州東四十里周溪南岸　古練巖在州西一里有治平寺　黃金島在州南三

里迒南岸屹立江心高數丈土人淘金於此　**瑪瑙石**在南山下大江濱水落石出有絲文五色石光彩可愛間亦有|||　**乳礦洞**距州五十里有石乳如幢蓋　**娥眉磧**在南山下江濱水落石出以形似名　**若城山**在武甯縣北四面峻峭頂平如城　**解堆灘**在武甯縣江心有石亦名牟堆灘　**迎鶴臺**在武甯縣西山有臺亭春月遊人飲其上　**雙渠灘**在武甯縣東十里秋冬水半落則流分爲二瀆漩不測可畏　**二詠亭**舊以張范得名山中張白雲范蜀公倡酬趙侯希混迺正亭名以屬二公遂爲此山重　**七賢堂**太守魯有開白雲先生張俞蜀公范鎮老泉蘇洵東坡蘇軾潁濱蘇轍山谷黃廷堅先後經行取其詩章翰墨刻置堂上仍繪七賢像右司陳損之記　**千金島**在南浦縣南二里揭立江心上高數丈廣百步　**萬戶山**在州西十里　**萬輔山**在南浦縣

古迹

那州城在州南三百五十里濶二里高百餘丈四面峭峻上寬平如城郭**甘甯洞**在武甯縣甘甯村有洞曰||| **岑公泉**在岑巖之左白巖穴涓涓而下如環佩聲泓渟甘冽歲旱禱則應**岑公巖**在大江之南廣六十餘丈深四十餘丈一石巖溜盤結狀若華蓋左爲方池有泉湧出巖簷遇盛夏注水如簾松篁藤蘿蓊鬱葱翠直神仙窟唐刺史馬冉云南溪有仙洞咫尺非人間范蜀公詩云洞居獨嵌空壁溜珠玉濺推此則洞之清幽可想矣黃太史詩云肩輿欲到岑公洞正怯衝泥傍險行應是岑公閟清境春光一夜雨連明**楊卓池**楊卓魏文帝時人居木櫪山修道山有一池色白如乳卓飲此水上昇世號||| **許旌陽舊宅**卽今之白鶴寺在武甯縣西一里宋大章末嘗讀神仙傳疑其不信新都宰張澤語予曰許遜本澤人曾任嘉之津陽令雅顧此山因有別業亦何疑乎**壽甯觀唐明皇像**在西南三里開寶六年移開元觀唐太宗明皇御容銅像奉安于此**舞陽侯廟**夷堅丙志馮時行守萬州有樊噲廟馮以爲噲從高祖入蜀而萬州落南

非噲所至是必夷鬼假託以取血食即日撤其祠未幾出視事見偉丈夫被甲持戟坐於公庭憑叱之掀髯而怒曰吾乃漢舞陽侯廟食千歲君見毀撤吾冉無所歸憑歷詆其平生所爲不少懾神奄奄而滅

仁才墓在武甯縣東十三里俗謂之駙馬窖有龍朔二年所立表

擺鋪｜｜遞紹熙三年制置邱公宗所置也自成都至行在凡四千二百餘里公謂邊防軍政事體甚重軍期擺遞事多稽遲恐緩急之際有悞機會於是奏｜｜三自成都至萬州以四日二時五刻從鋪兵遞傳自萬州至應城縣九日應城至行在十四日則以制司承局承傳回程如之惟應城回至萬州又加四日每月初三十八日兩次排發若有急切軍期即不拘此行在都進奏院排發亦如之自萬州下水於峽州出陸至荆門計一千一百里程以六日半回程加四日荆門至湖口一千八十里往回各九日湖口至行在九百里往回各七日半其程限賞罰如舊而鋪增其一以寬走卒之往來蜀去天日雖遠然置郵之速如此西天一角不啻纖旬中矣

圖經云

官吏

冉仁才 碑本作冉仁才。按唐武德二年置南浦州，其年以丨丨丨爲浦州刺史。時蕭銑據江陵，四年夔州總管趙郡王孝恭討銑平之，舊碑載仁才與有功。

苗拯 上黨人，有學術，峭直，以諫議大夫漏泄省中語貶萬州。見柳文先友記。

嚴挺之 唐書本傳爲萬州司戶參軍。

齊革 大中祥符二年職方員外郎丨丨重修州治，凡百閒，宏壯顯敞，自書之石。

董之邵 皇祐年間屯田員外丨丨丨始置郡。渝與涪有豪民與猾吏爲姦，奪民田踰百頃，民訟寃不已，臺命公詰治，一閱辨曲直，取猾胥强宗械繫之，悉以侵田歸所刼民，咸稱神明。

魯有開 皇祐年虞部員外郎丨丨丨爲守，青州壽光人，從父宗道，仁廟時以骨鯁論諫，有魚頭之稱。公知萬州，爲政有古循吏之風，西山池亭自公發之，至今號爲魯池。

東莊 治平間駕部員外郎丨丨爲守，郡民舊多火災，公患之，乃籍羨緡市材，具屋通衢而瓦之，築水防，表火道之，其害始息。

吳縝 元祐元年朝散郎丨丨爲守，成都人，嘗作唐書辨證，蓋博學之

君子 曲端建炎初坐不策應吳玠軍馬萬州安置焉也尋閬州後又自閬州則移於恭州也

時行紹興年間爲守號縉雲先生郡學有祠

人物

甘甯字興霸臨江人也按漢臨江縣卽今武甯縣地今武甯縣北三十里有洞有嶼皆以｜｜名詳見忠州人物門武甯南賓皆漢臨江縣地故甘甯亦附見二郡甯佐吳爲折衝將軍開爽有計略頗讀諸子輕財敬士事見吳志

李源唐河南尹李澄祿山之亂死於忠義其子源不仕遊蜀與僧圓澤俱行召不起

王珪字公佩萬之隱士也築室溪西號志堂居士左右松竹逍遙其下趙公逵叔莊張公震璽父李公石知幾紹興辛未自廷對歸聞其名俱造焉三公一時名流登其堂喜其高尚玩琴飲酒榜其居曰竹隱知幾名莊叔書且各賦詩贈之

仙釋

岑公圖經云岑公名道願又唐嚴挺之碑云本江陵人隋末避地隱此巖下百餘歲肌膚若冰雪積二十年忽於巖中尸解至今號岑公巖陸游詩云大業征遼發閭左軍興書檄煎膏火此時也復有閒人自引巖泉拾山果

楊雲外唐大中末遇異人能碎穀衕攫虎狠居石城山修道山在州北五里與獅子山並三面皆懸崖峭壁惟鼻端一武逕可上地多虎雲外燕坐其間虎不敢近

牟上仙霄道士也唐龍朔初入羊飛山牟上仙之甥也修道踰百二十而其顏如童

杜歸眞亦修道於羊飛山百餘歲尸解

僧圓澤唐乾元中再生爲南浦人歌曰身前身後事茫茫欲話因緣恐斷腸吳越山川尋已遍卻回煙棹上瞿唐其事見於東坡先生所作澤公傳今郡東瀕江四十里日周溪乃澤化處

悟通禪師觀音化身也九歲出家具戒說法通妙賜號義空禪師住世七十九年說偈而逝事見十道記

碑記

報恩寺漢碑圖經云硤中漢刻少今萬州報恩寺有碑高五尺乃漢桓帝延熹間所刻石凡百餘字土人謂之宜子碑

絕塵龕石刻｜｜｜三字在西山石壁字體清勁類晉宋間人書

寶像記練巖有裝修隋朝｜｜｜

岑先生銘嚴挺之撰開元二年書立文有跋文昌銘正元三年四月十五日鐫

岑公洞碑有｜｜｜｜元和八年段文昌記

魯直留題在岑公洞下巖寺

聖業院碑碑在蘇溪大江之濱三生不旁蘚封可見者咸通三年壬子歲十一月建如是者十餘字爾

大雲寺碑寺有唐僧圓滿傳及宣和間萬州守李裁書

冉仁才碑見沿革門南浦州下

萬州廟碑乾德乙丑自廷誨為刺史重修之距今二百三十餘年碑雖存而漫滅不可讀

白刺史題名記開寶二年九月自廷誨題名記上云刺史白廷誨今本州萬利廟有碑仆草莽中比因考閱得之字皆漫滅獨白刺史名銜在

靈顯王碑皇朝果加封昭毅武惠｜｜｜遺愛碑碣列于廟

南浦志趙善贛編

新志王子申序

詩

衆水會涪萬杜甫詩朝廷偏注意接近與名藩唐鮮于仲通子炅嘗爲萬州守杜甫與詩云云

白馬爲遷客青山遶萬州醉欹梅障曉歌壓竹枝秋望闕懷鄉淚荊江水共流鄭谷寄南浦謫官

東都綠李萬州栽君子封題我手開把得欲嘗先悵望與渠同別故鄉來白樂天和萬州楊六使君嘉慶李詩

我懷巴東守本是關西賢白樂天初到忠州寄楊八使君詩

江上新樓名四望東西南北水茫茫無由得與君攜手同凭欄干一望鄉白樂天寄題楊萬州四望樓詩

忠萬樓中南北望南州煙水北州雲兩州何事偏相憶各是籠禽作使君白樂天答楊使君登樓見憶

南浦淒淒別西風嫋嫋秋一看腸欲斷好去莫回頭白樂天南浦詩回頭望南浦亦在煙波裏白樂天寄楊萬州問道萬州方欲種使君得喫是何年白樂天問萬州使君種荔枝詩南溪有仙洞咫尺非人間龍向葛陂去鶴從遼海還泠泠松風下日暮空倉山刺史馬冉岑公洞詩既曰馬冉仁才故又謂去馬仁才按思州圖經有招慰使冉安昌別周時有唐亦有人姓冉不可謂姓馬也南浦逢除日天涯有去舟蠻城和雨閉峽水帶春流張少愚除日萬州臨江亭詩昔乃荊棘荒今爲蘭蕙龔張賢良俞題西山池光復涵澈萬象皆鏡人亭觀出浮雲形彤映邦域左右浮屠宮巋然爭業岌孰云南浦陋今始逢藻飾張俞岑公巖洞居獨嵌空

壁灑珠玉濺范蜀公鎮武龍山洞肩輿欲到岑公洞正怯衝泥傍險行應是岑公閟清境春江一夜雨連明黃魯直岑公洞詩銀珠絡髻繡衣裳家住江南山後鄉聞道君侯重行樂相將腰鼓迓年光馮守縉雲詩再得甘泉作霖雨白雲來往自無心虞祺叢薈忽明眼山腰艷湖光西山郎太華揖此玉井芳隔江招岑仙共擘雙蓮芳范成大再題西山湖中多雙蓮郡將常沂以見遺隋邦危亂誰得免虛鑒眞人願獨行道骨仙風今可想幽棲巖洞及高明李巽巖岑公洞硤中天下最窮處萬州蕭條誰肯顧南浦尋梅雪滿舟西山載酒雲生屨陸游偶憶萬州短歌

輿地紀勝卷第一百七十七

輿地紀勝卷第一百七十八　文選樓影宋鈔本

東陽王象之編　　甘泉岑鎔淦長生校刊

夔州路

思州

務川城

州沿革

思州寧夷郡寰宇記云理務川縣元和郡縣志作務川不同楚地翼軫之分野圖經戰國以來土地與黔中同寰宇記楚爲黔中地秦拔之置郡此據元和郡縣志通鑑周赧王二十五年秦昭王使司馬錯發隴西兵因蜀攻楚黔中拔之又通鑑赧王三十八年秦武安君定巫黔中初置黔中郡自漢至吳並爲武陵郡酉陽縣地吳分置黔陽縣至梁陳不改此據元和郡縣

志又寰宇記云晉陷於蠻夷無復郡縣至周方得其地未爲郡邑隋屬淸江郡按元和郡縣志則是其地未嘗陷於蠻夷而屬黔陽如故而寰宇記所載不同姑兩存之隋初其地屬淸江郡隋於此置務川縣屬庸州庸州卽今之黔江縣是也隋志巴東郡下有務川縣註云隋開皇末置寰宇記在開皇十九年尋廢庸州以縣屬巴東郡唐初招慰使冉安昌以務川當牂柯要路須置郡以撫之復於務川縣理置務州寰宇記云在武德四年元和郡縣志武德四年於縣置務川郡與寰宇記不同按隋開皇初改郡爲州大業初改州爲郡武德初又改郡爲州不應於武德四年尙五郡也當從寰宇記曰置務州唐太宗時改務州爲思州以思卭爲名正觀四年又唐書地理志云思州寗夷郡下本務州武德四年以隋巴東之務川扶陽置正觀四年更名思州又云以思州之寗夷縣置夷州施州圖經又云正觀四年割施州之

思王上下二　元領三縣曰務川涪川扶陽寰宇記云鄕入思州　務州領務川涪川扶陽三縣至正觀元年以廢夷州之伏遠南夷思義高富明陽丹川六縣廢思州之丹陽城樂感化思王多田五縣來屬其年省思義明陽丹川三縣二年又省丹陽一縣四年改務州爲思州以界內思邛水爲名其年以涪川扶陽二縣割入費州八年又改多田城陽二縣割入費州又廢感化縣十年又以高富縣割入黔州十一年又省伏遠縣但領務川思王南夷三縣開元四年又於州東立思邛縣二十五年割南夷屬夷州隸黔州採訪使見輿地廣記　明皇時改爲南夷郡天寶元年復爲思州乾元元年　黔州之地胥而爲夷思州圖經序在大歷五年　皇朝平蜀建隆六年得州四十五而思州不預焉此據東坡指掌圖及歐陽忞輿地廣記　徽宗即位之八年大觀元年西南夷蕃部長田祐恭願爲王民大觀二年運使龐恭孫表始建思州國朝會要載在政和八年建思

州隸夔州路思州圖經序所載云政和八年詔運使龐恭孫同共措置建築賜名曰思州三縣曰務川邛水安夷象之謹按通典思州領縣四曰務川寗夷思邛思川至元和郡縣志則止領務川思邛思王三縣耳今此賜名之時務川如舊而夷水恐是寗夷邛水恐是思邛二舊縣耳而本朝化外州郡圖夔路凡十郡而思州實居其首指掌圖是思州隸夔州路也尋省思州爲務川城指掌圖於聖朝升改廢置圖載在宣和二年國朝會要在宣和四年高宗中興以來復以務川城爲思州就以知務川城田祐恭知思州失其復思州年月象之謹按黔州圖經建炎五年貴州防禦使夔州路兵馬鈐轄珍州南平軍務川城一帶都巡檢兼知務川城田祐恭乞於黔州建置僧寺狀中止帶知務川城至紹興十一年尚書省牒送到知思州田祐恭奏狀乞於黔州立小院以安僧衆敕賜集福院切詳祐恭在建炎間則止稱知務川城於紹興中則稱知思州是思州復於紹興初年明

矣國朝會要雜錄門紹興元年十月四日宣撫處置使張浚言恭依聖訓便宜行事將珍州管界境土已選差正侍大夫華州觀察使夔州路兵馬鈐轄知務川城田祐恭充知州依倣務川城例施行充夔路兵馬鈐轄兼思珍州南平郡都巡檢使繫年錄在紹興十一年後又得思州圖經載紹興二年將務川城復爲思州今領縣三治務川隸夔州路

縣沿革

務川縣

元和郡縣志云本漢酉陽縣地屬武陵郡自晉至隋並爲黔陽縣地至隋開皇十九年置因川以爲名寰宇記云隋朝招慰置丨丨丨唐武德元年招慰冉安昌請於務川縣置務州正觀八年改爲思州國朝會要云政和八年建宣和四年廢爲城隸黔州圖經云今隸思州

卭水縣

安夷縣

政和八年運使龐恭孫同共措置建築賜名曰思州三縣曰務川卭水安夷國朝會要云｜｜｜｜｜｜並政和八年建宣和四年廢爲堡隸黔州今思州圖經見管三縣曰務川卭水安夷務川爲思州治不知卭水安夷二縣復於何年當攷

風俗形勝

思州舊城去今思州州城一百八十里此據涪州夏判官說夏判官曾沿檄到思州自黔州先至舊州而後至思州務川當牂柯要路唐武德四年招慰使冉安昌以｜｜｜｜｜｜｜｜須置郡以撫之風俗同黔中地在荒徼之外蠻獠雜居言語各異寰宇記皇朝收復但據夷人所指

以置縣輿地廣記承州䆠夷縣下載云唐初屬思州武德四年立夷州正觀元年州廢屬務州開元二十五年來屬自都上以下四縣故基荒廢不可考驗丨丨丨丨丨丨丨丨丨然原其始析置移屬則都上當近黔州䆠夷當近思州也安撫百姓時人思慕元和志思王縣下載故老相傳漢陳立爲牂柯太守阻兵保據思邛水漢將夜郎王數萬破立於此丨丨丨丨丨丨丨丨遂名思王縣州治務川因山川控扼建一寨四堡以備守要害運使龐恭孫建築思州奏表思南之地漸被華風飲食語言素所服習圖經椎結之服勁悍之性靡然變易矣圖經

景物上

暗山在州西北二百八十里按夷州夷䆠縣其山嘗雨霧昏暝故曰丨丨

景物下

思唐山在州東四里南連河只水北枕內江水

思王山在州西南三百七十里與費州浮陽縣分界本名龍門山改爲丨丨丨

思邛山在思王縣東南連思邛水

思邛水本出錦州洛浦縣界經本縣四十步至思王縣下流入內江

都來山在思邛縣東二十五里接錦州常豐縣

都波山在思邛縣東至錦州洛浦縣北連溪州三亭縣

都來水在務川縣西北二百五里從甯夷縣界來

無黨山在思邛縣西四十里四面懸絕

守慈山在州南三百五十里接費州多田縣東臨內江水慈喉灘

巴江水出西南牂柯界經費州從本州西

羅多水在務川縣東八十里羅多者獠之姓名

河只水在務川縣東二十一里河只者獠之姓名

河渝水在州北十九里自奈山流來

白茶水在州東一百七十里北接黔州黔江縣

白柱神黔州圖經載孚惠廟元係思州白柱大王元豐間黔州乞封爵號奉敕看詳黔南思州白柱神州狀稱圖經所載係山川之神祈禱應驗合加封號宜封嘉澤侯宣和六年賜廟號孚惠廟

犀

角山圖經　安夷堡圖經　石南堡圖經　風門堡圖經　舊思堡圖經

古迹

知思州田祐恭奏祖父母墳塋在黔州黔州圖經紹興十一年都
省付下｜｜｜｜｜｜｜｜｜｜｜｜｜｜｜｜元
｜｜彭水縣管下鹽井鎮乞立寺安僧　思王縣和
郡縣志及唐志並思邛縣寰宇記云唐開元四年招
云唐武德三年置輯生夷所置按縣道四夷
述云此邑最僻遠東至溪州三亭縣四百五十里東
南至錦州常豐縣二百里唐地里志開元四年開生
獠置
□□□緡紳焉先生作夏總幹墓誌略示田氏大槩
恭南夏子明爲太學名諸生老不售自少時識思州
田祐恭政和某年田氏被召赴京師謂子明曰我邊

臣今北闕見天子懼禮文率略坐不恭公屈相吾行如何子明度田氏意不可解免謂曰吾老不任行有子大均習詩禮明識時務年方二十餘俾從公宜任輔公入覲事田氏大喜以子明之子大均行至國門有旨朝大慶殿拜伏進退不類遠人太上皇異之問其政祐恭對曰臣生邊遠不知禮節臣之客夏大均書生也實教臣朝覲之禮上大悅厚錫田氏賜大均保州文學大均字正卿拜命還久之參夔路選授奉節簿建炎初蜀人張上行帥夔門劇賊王闢郭守忠破歸州入巫山將拔瞿唐關徑入蜀帥命正卿調田

氏兵曰正卿厚田氏比至田氏宜卽就道事急矣可日夜兼行以濟吾事正卿發田氏兵不一月至巫山摧賊鋒賊還走保歸州再戰賊大敗收歸州乘勝逐北至房州竹山當是時峽外大賊以十數連百餘萬荆楚赤地數千里至是以人爲食莫不妄意蜀郡富饒人人垂涎誓突入瞿唐關快其所欲自田氏破王關郭守忠夔路軍聲大振自是羣賊始不敢有意於蜀矣

輿地紀勝卷第一百七十八

東陽王象之編　甘泉岑鎔銓建校刊

夔州路

梁山軍　高梁

軍沿革

梁山軍同下州高梁郡在禹貢梁州之域於天文屬鶉首之次圖經本漢朐䏰縣地元和郡縣志西魏平蜀分朐䏰縣地置安鄉郡又改安鄉郡爲萬川郡並寰宇記後周又分朐䏰縣地置梁山縣治西魏萬川郡故城舊唐書地理志因界內高梁山以爲名寰宇記隋屬巴東郡隋志巴東郡下

縣沿革

有梁山縣唐置浦州梁山以縣屬焉舊唐志云武德二年置浦州領南浦梁山武甯三縣尋改浦州爲萬州新唐書志云武德二年析信州置南浦州八年州廢以武甯隸臨州九年復置曰浦州貞觀八年更名萬州五代僞蜀在今軍治置屯田務圖經在廣政二十一年曰石氏屯田務此據九域志皇朝平蜀乾德三年土豪石處贇納莊田八所遂廢屯田務移縣於此因陞爲軍此據圖經又寰宇記云開寶三年置屯田務因建爲梁山軍管梁山一縣長編云開寶二年以萬州梁山縣爲梁山軍神宗時又廢忠州之桂溪縣爲清泉鄉以廣軍境熙甯五年今領縣一治梁山隸夔州路

梁山縣 中下

倚郭元和郡縣志云本漢州朐縣地周武帝於此分置丨丨丨屬萬川郡寰宇記以爲後周天和二年置丨丨丨杜佑通典亦以爲後周置丨丨丨而隋志以爲西魏置丨丨丨不同象之謹按舊唐書志乃是魏置萬安郡未嘗置丨丨丨也舊唐志又云後周置丨丨丨治後魏萬安郡故城非西魏置丨丨丨特因西魏所置故萬安郡之基而置丨丨丨耳輿地廣記云隋屬巴東郡唐武德二年屬南浦州八年州廢屬夔州是年復立浦州又來屬後改爲萬州皇朝開寶三年立軍以爲治焉國朝會要云熙寧五年又析忠州桂溪縣地益焉

風俗形勝

控扼巖險撫摩夔子之衿喉續題名記前涪後峽挾以涪萬皆崇複環委而西境之田獨平衍可耕建中靖國元年郡守

劉煥撰題名序介夔梓之間圖經創置始末門與萬州爲水陸表裏要地圖經創置始末門軍治據東山之址左右繞以五山錯立環抱五山蜿蜒趍之圖經云相山者謂其勢爲五龍玩寶高梁山如長雲垂天尋江源記云｜｜｜｜｜｜｜｜之語其民未嘗造難聽之訟以溷有司建中靖國中郡守題名記守居蕭然閲旬無訟牒至庭下邵守題名記天下瀑布第一在蟠龍山下去軍城二十里自翔龍山洞中流出過驛前百步下注垂崖約二百餘丈故山腹有飛練觀者以爲｜｜｜｜｜舊名蟠龍稻田蕃廡常多豐年劉煥郡守題名記

景物上

景穴元和郡縣志云有｜｜嘉魚甚美同於蜀漢又尋江源記云｜｜出柏枝山桂溪在桂

溪市寰宇記云舊忠州桂溪縣以｜｜爲名縣廢來
屬圖經云唐初爲｜｜以兩岸多桂木因以名之
紵溪輿地廣記筆山去軍西一百四十里即白雲溪
云有｜｜山也奇峯如筆故曰｜｜
亭郡圖舊有詩人劉望之五詠乃勝事堂月波亭
素綿堂泛香亭｜｜｜今皆不存獨｜｜｜在焉

景物下

端敏堂在郡圃瑞豐亭在郡圃端敏堂之右陸游｜
之東｜｜詩云峽中地褊常苦貧
政令愈簡民愈淳本來無事只畏擾擾者才吏非庸
人都梁之民獨無苦須晴得晴雨得雨父老羅拜豐
年賜縱產芝之瑞光亭在仰高巢蓮橋在東便門之下
房非上瑞堂之側以跨三龜水取
｜｜以延桂樓郎萬石樓仰高堂在設廳之東舊爲
爲名之上層也清淨堂後易今名
愛民堂在設廳翔雲樓在鼓角樓之左橫跨通垂雲
之右衢四山環合頗得其要
樓在子城之北左瞰萬石右倚蟠龍飛瀑去
東山景物奇麗峽中所未有飛練亭軍東二十里

水自洞中流出注于崖下約高二百餘丈范石湖以爲天下瀑布第一舊有亭在半山名曰飛練乃徐凝所謂千古長如白練飛之句東坡先生以爲惡詩者今改曰飛雪乃取歐公六月飛雪灑石矼之語

白雲山 去軍西一百里平地突出奇峯如筆亦號筆山丞相張無盡有詩云|||上揖世尊各以願力濟羣生識者已知有宰相器

落雲潭 一曰翔雲潭去軍西七十里俗傳舊常有雲覆其上有一漁人於潭中得一石老君像自此不復有雲氣

噴霧崖 去軍西五十里其崖高數十丈飛瀑傾注如霧在空崖右石鼓張丞相無盡游從于此手題云水味甘腴偏宜煮茗非陸羽莫能辨

月波池 在垂雲樓之下

寒泉洞 軍之西龍西鎮十里許有洞曰寒泉其勝槩不減蟠龍慶元戊午之夏有一老嫗見龍飛入洞中夏旱祈禱即雨

高梁山 距軍城四十里尋江源記云蜀中望之若長雲垂天劒閣銘所謂巖巖梁山積石峩峩是也

高梁水 輿地廣記云有|||

高都山 距軍北一十五里山中地黃壤而腴其民以種姜爲業衣食取給焉高都驛路乃天寶貢荔枝之路也

峰門山距軍東一十五里其山高大頂有寒泉瓦城
兩崖峻嶮羣峰對峙如門因以名之
山圖經云亦曰石瓦山距軍西一百二十里山下有
古欄楯蹤跡屈曲至于其山則山頂坦平耕者往
往得古　石瓦山寰宇記云在縣西一百一十三里山
銅片　嶺有古人礪刀劍亂石如瓦積焉圖
經又名　容溪水元和郡縣志在忠州之　逢溪山寰宇記云
瓦城山　故桂溪縣縣廢求屬
在縣南　塗溪水元和郡縣志云　雙桂坊在正街　三龜
八十步　在縣南八十步　之東
驛在軍南　七城山元和郡縣志云　多喜山距軍西南
門之外　在縣西二十里　五十里山
或有丹光夜現則是境之人必多有喜事故名陳希
夷常修道于此石枕存焉有雌雄二泉名浴丹井春
夏則右　萬石樓在軍治之後山凡　龍清洞去軍西一
盈左竭　兩層上曰延樓　百里巖洞
深邃有石盤及二　龍城山距軍西南五十里有大小
石龍盤旋其中　二山時人獲龍骨於其處
龍潭堰在軍北門外　鳳池堰在水　龜子山去軍西四
今名王公堰　東鄉　十里其形

如龜山下人多壽 **蟠龍山** 距軍東二十里孤峙秀傑突出衆山之上下有二洞淳化中知軍陳昭文聞此洞之異領百餘人秉燭而行約十五里乃刻石爲記而回其左洞高廣亦稱是洞溪中有二石龍狀首尾相蟠故名 **化龍淵** 去軍北七十里潭深不可測每歲迎湫於此風雨隨至舊名落狗洞郡守陳季習名曰丨丨丨 **金鳳山** 距軍西五十里楊市之北其山之南半崖有罅邃然內皆洞明其右上有若圖仙女狀面貌儼然時若動搖迫而視之則不見 **赤牛山** 距軍西二十里山赤而牛形故名 **鳳凰山** 距軍西五十里舊名梧桐會有鳳巢其上因以此名之 **柏枝山** 元和郡縣志在梁山縣南十里 **芭蕉崖** 距軍西五十里 **雌雄水** 距軍之西六十里桂溪市之北多喜山上有丨丨二水名浴丹井春夏則左盈右竭秋冬則右盈左竭山之南有陳希夷養石龕有石枕存焉 **福德水** 在軍西四十里 **銅印山** 距軍西南六十里其山如印形故名 **金華山** 距軍五十里有張丞相讀書堂故基 **金藏堰** 在赤牛堡 **巖石堂** 在設廳之後取劍閣銘巖

巖梁山積石峩
峩之句以爲名書院峽距軍東五十里在峽石市之
北每風雨冥冥如聞讀書聲
其中有坐臥石塔名夫子崖過此十
五里有子貢墹其間有山名拜相臺

古迹

舊萬川郡城□□□□清泉鄉舊屬忠州桂溪縣本
名龍泉宣和中改焉
熙寧五年以疆里狹而戶口寡路經大驛不足以贍
一軍之用故廢桂溪縣割是鄉而來屬桂溪在周隋
間爲清水唐初爲桂溪以夫子崖見書院
兩岸多桂木因以名之峽下子貢墹見書
院峽拜相臺見書院峽下又有相公栗其大如小兒
下拳出胡城張丞相無盡酷愛之故名相
公御史灘距軍西百里張無盡丞相游學之地及爲
栗御史還鄉與親朋酬飲于此故一邦人以
丨丨名唐垂拱二年鐘桂溪市北集虛觀有唐武后
丨丨云垂拱二年之鐘其鐘形大而
聲宏震十五里許又有巨鐵紫色歲旱禱雨以鐵王
火燒之若汗漬漬然必有雨乾焦則旱如故

墓　軍之西三里許路傍舊有古冢相傳謂之｜｜｜或謂其形勢左右有八卦之象見於地理書

官吏

鄭修　蓬州咸安志載｜｜字智彥蓬州人能日誦萬言號鄭書櫃登第後累遷知梁山軍公之爲政大率簡靜不細苛所至則民愛去則見思知梁山軍日所得廩祿自奉養之外悉爲小民代輸

人物

闕

仙釋

陳希夷　有養石龕在軍西六十里多喜山上有浴丹井及陳餘石枕存焉世傳希夷之去是也留一長生藥嘗有樵夫薙龕前草而變爲金色細尋則莫得也山之北有枯梨希夷以藥點之再生可七八尺圍其實如櫨苦澁不可食希夷祝日若食是梨而甘美又獲長生藥者得吾道者老相傳若此今梨亦不復存焉

石老君像　軍之西三十里永安市冉氏園中有石老君像三身相傳以爲水漂至此

背有字曰天**石大悲**軍西二十里赤牛山覺林院之漢二年刻　東有一石龕琢石爲大悲像四十二手皆有所執龕前柏圍一丈七尺石壁間有字曰興國八年重修

碑記

涼山呂保藏漢篆　涼山保有呂保藏在絶巖半腹有一穴人跡所不到漢末赤眉之亂有呂保藏家貲巨萬賫金寶緣木而上鑿崖以居盡伐崖下木寇不能近後舉家終焉紹興中有樵夫得一劵於崖側非銅非鐵其聲鏘然上有古篆云西漢之末赤眉邂逅黃金千兩坑埋而走羔豚十祭其財自阜今藏

浮蘭碑　通川志記梁山軍忠州兩界舊有漢刻石著白虎夷王姓名今其上所猶存刻漢時官屬及白虎夷王及夷民等姓名尚有可攷但字多磨滅

梁山驛唐碑　題云令長新誡之記乃明皇御製梁山令尹茂元得此誡於萬州守河東裴公而刻之乃大中十年也嘉定丁卯郡守李錫移其碑於軍治其詞云我求令長保乂下民民之不安必有所因侵漁寖廣賦役不均使夫離散

莫闕其身徵諸善理寄爾良臣與之革故政在維新調風變俗背僞歸眞敎化爲先惠鄭於貧無小無大以躬以親靑旌勸農孰不攸遵曷云被之我澤如春

舊梁山驛碑　驛在軍之東四十里耆舊相傳李唐時有白虎蛟龍爲民害民至遷居以避之韓昌黎嘗按部經行二害乃去作碑識之今名其地爲碑均碑猶存于溪側其字漫滅不可復識矣

飛練亭碑　多唐人碑刻

圖經　敎授黃震仲編

詩

梁山鎭地險積石阻雲端深谷下寥廓層巖上鬱盤飛梁架絕嶺棧道接危巒　張文琮蜀道難篇

梁山韭黃妙天下玉筯金釵盈大把　梁山韭黃所產特異其色鮮黃其味脆美故何少卿子應詩云

輿地紀勝第一百七十九

輿地紀勝卷第一百八十　文選樓影宋鈔本

東陽王象之編　甘泉岑鎔淦壆校刊

夔州路

南平軍　南川　牂柯

軍沿革

南平軍同下州禹貢梁州之域元和郡縣志渝州涪州並曰梁州之域而南平軍乃割渝之南平涪之隆化二縣爲軍則當同渝涪二郡屬梁州天文東井輿鬼之分野此據漢志又晉天文志牂柯入參五度春秋戰國爲巴地此據皇朝郡縣志及元和郡縣志渝涪二州秦屬巴郡輿地廣記西漢屬巴郡之江州及枳縣地元和郡縣志南州云本漢江州縣地正觀元年分巴縣置南平縣而涪州賓化

（縣云本漢枳縣地正觀十一年分巴縣置隆化縣）漢武開西南夷置牂柯郡（元鼎六年）而軍之境土南則牂柯郡之境北則巴郡之故疆也（圖經）東漢晉宋齊因之（東漢志晉宋齊志巴郡下並有江州縣及枳縣）後爲蠻夷所據（輿地廣記）後周亦省枳縣（隋志後周省枳縣入巴縣）唐初置南州（新唐書志南州武德二年開南蠻置領南川等六縣）更名僰州（武德二年）復爲南州（武德四年）治南川縣（注云本隆陽武德二年置先天元年更隆陽曰南川）此南州建置之始末也南平獠遣使內款以其地隸渝州（唐書南平獠傳南平獠東距智州南屬渝州西接南州北涪州戶四千餘其王姓朱氏號劒荔王正觀三年遣使內欵以其地隸渝州）太宗分渝州巴縣南界置南平州（舊唐書志在正觀四年領南平等七縣）改爲霸州（正觀八年）又廢霸州以南

平縣屬渝州正觀十三年國朝雍熙中廢南平縣隸江津縣此南平州建置之始末也二郡俱在渝南境唐衰棄之輿地廣記本朝平蜀而南州卽先歸化圖經在乾德三年陞爲懷化軍以軍使兼知南川縣事隸渝州圖經在皇祐五年其後收復土疆建南平軍圖經云熊本經制相度到銅佛壩市元係渝州南川縣管屬今相度將南川縣廢爲鎮却於銅佛市舊基左右修築城壁建立一軍因唐之舊名而軍治之所則非也又熊本傳熙甯八年夏渝州南川縣僚八木斗叛詔木安撫夔路破賊木斗以溱州地歸得五百里爲四砦九堡建南平軍國朝會要云熙甯七年以恭州南川縣銅佛壩地置南平軍年月不同廢南川縣爲鎮又割涪州之隆化縣隸焉圖經云熙甯九年勘會涪州隆化縣至本州計二百三十五里至本軍只有一百四十里相度將隆化縣割屬南平軍尋復南川縣爲倚郭縣

國朝會要在元豐元年　今領縣二治南川隸夔路

縣沿革

南川縣　中下

倚郭唐武德初開南蠻置南州領｜｜｜地唐哀棄之及本朝乾德三年南州歸化升爲懷化軍以軍使兼知｜｜｜黄居厚記云南川自廢懷化軍爲縣隸渝州熙寧間建南平軍隸南平又唐書正觀三年南平獠降以其地隸渝州次年分巴縣南界置南平州并置南平瀛山等七縣後廢瀛山等五縣以南平縣屬渝州通典南州東至南平縣界十里則二州亦同壤耳切詳南平軍之建置大抵渝州之南多南平獠之故地也故寰宇記於｜｜｜尚有瀛山而圖經亦引瀛山爲唐之故縣是此邑之建乃合唐南州及南平二州之境爲南川縣

隆化縣　下

東北至本軍一百四十里本秦漢巴郡枳縣地唐正觀十一年分置隆化縣以縣西永隆山爲名隸涪州先天初以明皇諱改爲賓化本朝熙寧三年改爲隆化寨四年改爲縣仍隸涪州九年割隸南平軍國朝會要云熙寧七年自涪州來隸年月不同當攷

播川城在軍正南三百八十里故播州也大觀二年以播州夷楊光榮納土置播州三縣倚郭曰播川宣和三年廢播州爲播川縣來屬

風俗形勝

風俗大率與恭涪類尚鬼信巫巴蜀之舊（圖經）自唐賓服開拓爲郡今衣冠宮室一皆中國（同上）四民迭居冠婚相襲耕桑被野化爲中華（何麒軍學記）南平邊夜郎而州外控諸酋（陳復亨判官廳壁記）山高谷深風俗朴野服食儉

陋王元甲簿尉廳記土地曠遠跨接溪洞居人千室晏殊撰劉孝標墓銘四砦九堡建爲南平熊本平夷獠木斗得地五百里云云見鄱陽志夷獠薦居建中靖國元年隆化縣令題名西連僰道南極牂牁此據舊志唐正觀四年分巴縣置南平州十二年廢隸渝州南平跨漢二郡唐五州之境封疆濶遠控扼蠻夷之要地也圖經因革本末今之南川在唐南川縣北四百六十里非唐之南川特其名耳舊唐書及元和郡縣志云南州南川縣在長安南三千六百里此唐之地里也寰宇記云南州南川縣去長安二千一百六十里此本朝之地里也以唐地里及本朝之地里攷之則是唐南州南川縣尚在今南川縣南四百餘里意者夷人納土只以唐南州之境上而冒居南州之名故黄居厚記云今之南川特名同耳非故地也夜郎夷界犬牙交錯藉爲保障南平縣令題名夷人郎占

巴郡板盾七蠻南獠之故地熊本建軍奏

景物上

三溪寰宇記云唐正觀置縣以此名蓋地有棘溪東溪葛溪三溪水合流故也秋泉在軍東李氏園側李紹隆嘗倅此已而居焉自爲泉記南山在瀛山之對崗勢甚遠其上平廣有石笋峯嶄然秀拔其下名石笋峽東溪在軍之西北上有小市舊有橋曰孝感橋詳見景物下門北閣在軍治規摹雄壯映帶麗譙蓬窗在倅廳又廳左有堂下植芙蓉曰伴醉右有堂揖西山曰朝爽瀛山在軍西北七十里周回九十里崖壁峭峻林翳蓊鬱有類三峽山中土人言其山中有四十八面而各不同唐正觀中置｜｜縣屬南平州獠崖在軍之西舊有獠居之遂以名櫃崖在軍東南百里峭崖壁立崖有洞不可攀援洞門有一櫃往歲時有煙霧蒙罩聞斧斤聲有飛屑隨水下疑洞中有神物也溫泉在湯窠市有溫泉二舊屬南川白水去隆化一十里自東界龍泉鄉出流

入縣界合黔江重慶圖經云源出大衆山水色如白練**丹溪**寰宇記云唐初南州有丨丨縣重慶圖經載丨丨源出湼婆山下**僰溪**夜郎溪從夜郎境來至軍城過舊三溪縣入湼津縣以至北合大江皆謂之丨丨也丨丨之名見於寰宇記南州及渝州江津縣**松山**輿地廣記屬南川縣

景物下

來遠堂在軍治**綏靜堂**在軍治**見溪堂**在軍治**朝爽堂**在倅廳又有亭曰晚靜曰橫壁曰枕流曰溪堂俯臨江皐觀覽之勝地前後增葺遂爲峽路倅廳之冠**江山堂**在軍治今改爲鎮邊堂周覽下瞰溪山爲亭觀今爲僉廳又有來遠堂自公齋左掖有綏靜堂**雲山堂**劉夷叔有和李倅丨丨丨詩**飛雲樓**在隆化普澤祠有四樓曰丨丨曰萬卷曰行慶曰凝香又有亭臺花圃前有一橋曰登瀛**塞樂園**在軍西郊去城一里餘初封太守名囿以邊方[甯]靜營治爲遊宴之地名曰丨丨丨細石屈曲鱗砌甃紋作小徑嘉木美卉最致可人二亭曰風月曰嘗

心軒曰綠猗士夫留詠甚多紹興末溪水漲浸稍壞今爲蔬圃獨荔子一株在耳

半溪水在隆化縣城南門外水自九遞山出流合涪江

三潮泉在隆化縣北五里早晚兩潮晷刻不差每潮則泉下有聲如雷泉湧高四五尺春秋之分必一大潮高可數丈聲聞十餘里故老傳謂泉通海

四教堂軍學之講堂也

五弟墦在隆化縣西北五十里熙寧創邑初有任民昆弟五人自蜀中來相其地可以耕種同力墾闢因家焉故名

九遞山在隆化縣東六十五里高廣不知其幾里過晴霽則祥雲覆其上絕壁如銀色人覩其色之昏明以候晴雨上有水豬爲洞高廣百尺有異魚人不敢取左右石臺有兩泉溫冷靡常池各蟠石龍一初非鐫刻鱗鬣宛然洞以龍名

萬鋆堂在軍學教授廳

萬山亭有軍治前西西南其峯最高過溪而上約五里乃至其頂舊有亭曰萬翠後易今名

眞春埡在軍西南八十里元係循檢駐劄處舊曰吼灘寨以吼灘之名似無甯息之意而近有地名曰｜｜｜曰雁門埡遂用眞春名之

曲崖隘在軍西南九十里距白錦夷界五里榮懿寨巡

檢駐劄之地

悟眞洞在歸正寨宣和間羽士勾成之申請洞有聖泉晴雨無增減請禱累應遂起觀賜崇眞爲額又名白鹿洞

報恩寺在軍城東北據最高一峯俯瞰軍城得崗嶺之勝有古銅像三法堂之左有軒日月林

官祿山在軍之西北倅廳所枕也

扶歡山唐以之名縣今謂之寨山

得勝山在軍東南二十里形勢艱險林木鬱茂亦名黃沙坎大兵嘗破賊於此

最高山在軍東南九十里高十五里林箐深密䙡衆山猶培塿

永隆山寰宇記云唐正觀十一年置隆化縣以縣西二十里永隆山爲名

奉恩溪在軍西十五里溪之上流有色如水銀形如白蛇者二泝灘上下人或以爲寶劒之精也

德威溪自寶山寨出徑開邊堡下合鹽井江

孝感橋紹興甲戌歲里婦有王姓者從其始過溪適夏潦暴漲其姑墮水郎隨入拯之漂至灘下忽若有人扶之而出兩人俱活故名其橋

白錦堡去播川三百里係納土官楊光榮子孫承襲守之

青蓮院古北禪院治平元年賜今額

黑崖山在軍北七十里石崖峭拔夷賊李光吉敗

入此山官兵勁弩逐之遂平

鳳凰山 在隆化縣北七十二里有峯屹然二小山翼之如鳳故名

獅子峯 與鳳凰山相距不數里兩山爲一邑之勝景每歲春孟邑人游者冠蓋相望不絕

鹿箇堡 去溱溪三十里其先夷大姓宋櫃大觀中納土賜姓趙名亨補授左班殿直給印記知丨丨丨今子孫承襲又溱溪夷亦納土賜姓趙

龍拳山 自扶歡山發崗至三溪四十餘里中多叢箐每一歲一方樵採取給於此山中

龍磴山 在軍西北一百五十里上有禪居寺在唐爲靈巖寺

龍牀灘 在隆化縣北五十五里縣有朱婆渡灘面廣百步渡與龍牀相近古語云龍牀如拭濟舟必吉龍牀髣髴濟舟必沒是語頗信

吹角壩 去軍四十里有古磨崖詳見碑記門

琵琶山 有東溪之近舊有道者丐於市夜則宿於此山後不知所之自是遇月明夜靜則聞有琵琶聲響於山谷故名

石筍崖 在軍北百里往隆化路有石如筍高者三四丈低亦丈餘凡數十焉

鹽井江 出分崍山茅坡下岸側流出鹽泉

鑄錢監 在軍西南一里許渡溪而上於歸正壩松嶺壎等處取鐵

歲鑄錢四萬貫自元豐二年吳洪申請後增鑄至六萬貫名廣惠監紹熙末郡守張鼎以取鐵炭遠鼓鑄不充遂廢

流金水 在隆化縣南五里水色如黃金泥之沉下者與硫黃無異俗傳水之發源乃硫黃所出之處

夜郎溪 以其從夜郎之境來故名

孝婦泉 去軍南一里俗稱有孝婦感出此泉極甘而冷

仙女洞 有新王市外半里有泉可以祈雨

銅佛壩 在金城西門外地有金銅像二佛像後徙置報恩寺三道像置天慶觀相傳以爲唐明皇所鑄又南川鎮下石崖壁上刻一佛像唐開元中唐果所造盧舍那石像也

蘿縁山 元和郡縣志云南川縣十二里山多楠水堪爲大船

四十八渡水 在隆化縣東三十里兩山壁立一水彎環其中涉是溪者凡｜｜｜｜其門有穴如戶牖野花蔥菁行平徑數百步湧一石臺水出其中有石龍二每遇歲旱迎湫于此

四十八面山 見瀛山注云類三峽中山有四十八面而皆不同劉觀臺詩云山盤四十八面險是也

故懷化軍 卽南川鎭在唐爲南川本朝皇祐爲懷化軍故舊寺院最多見南平志

故瀛山縣 唐貞觀四年置瀛山縣屬南平州因山以名也其後州廢縣省以南平縣屬渝州

栢木州古城 故老相傳溱州舊城考之非也溱州舊治乃榮懿此城或夷獠據此土日所築亦不可知夷人呼爲｜｜｜

溱溪縣 國朝會要云熙甯七年置宣和三年廢寨屬南平軍

廢丹山縣 寰宇記在南川縣東南三十里武德二年於丹溪水西置因以爲名又有盈山在廢縣東七十六里元和郡縣志云西北至州二百四十里正觀

三溪縣 五年以縣有棘溪東溪葛溪三溪合流故爲名縣城甚高險

榮懿市 本唐溱州故｜｜｜夷賊李光吉據爲巢穴至紹興七年移土門鎭巡檢於此兼寨事後移巡檢司於曲崖險今空有寨名但爲一市

扶歡市 本唐溱川屬縣夷賊王袞據爲巢穴熙甯四年三賊平置爲寨後移寨官於歸正今止爲市

南川鎭 舊懷化軍南川縣熙甯九年置南平軍後廢爲鎭紹興二十六年准朝旨將本鎭移稅務在大碁市收稅

寡婦清臺

寰宇記云俗名正女山史記云||||先得丹穴而擅其利家富不貲清能守其業用財自衛秦皇帝以爲正婦而爲築女懷清臺今在隆化縣

白鵠寺鐘 鐘開元十載春二月癸巳清師守眞作所

監使墓 在軍城東南鹽井江上鹽泉之側故老云唐時與置鹽監使卒于此因葬焉

官吏

唐陳少遊 爲渝州南平縣令甚有政聲改爲桂州刺史見渝州志

本朝茹孝標 合肥志茹孝標墓誌載南州舊黔安土地曠遠跨接溪洞居人千室夷獠之性怒則相賊害或爲盜其州惟以牙校治之不能鎮遏比常爲患公假守南州日請置郡縣以統制之轉運使沮其議朝廷繼得其詳卒建軍壘遠人安之按圖經有劉孝標而合肥志曰||||而晏殊撰劉孝標墓銘二者似若一人而所載不同當攷

石恕 毛圭續記云靖康之難醜敵亂華中原紛擾開封石侯總潼關蘷路之兵馬而攝軍事聞翠華之北狩也奮不顧身率勤王之師且進且戰徑抵南京今天子嗣位因勸進有勞勅以軍

事付之庸旌其功是歲建炎之改元也恕凡三守茲土者誘溱潘二州納土大興版築安國極言其無益乞省罷二州始雖不從其後竟廢見眉州志　孫安國眉州丹稜人通判南平軍喜功　翟士彥崇甯初治兵戎恩意拊循甚力

人物

尹珍漢威帝時人遠從汝南許叔重受五經又師事應世叔學通還牂牁以教授於是南域始知學

傅寶尹貢並有名德歷顯官

綦毋贊崇甯中入太學當釋褐又登大觀三年第

張宿兩舉進士不利乃易業師邵公溥領西南兵宿排入旗鼓下危言撼之邵公爲開武士科試而得官

仙釋神

僧可遲徧福寺在隆化縣外之北隅可遲因舊觀音堂相其爽塏乞輸租於官自出衣鉢建一佛寺

僧福琇普順寺本播州寺廢福琇者避亂客居隆化作大殿宇遂爲勝剎

普澤廟

壁山神君行祠也在軍城南門外前臨溪岸靈跡始未見於本廟紹興初朝廷封侯累封英顯廣利公嘉定二年三月重慶府移文并錄白到加封英顯廣利協濟公告及封神之配爲順惠夫人神之子長曰翊順侯次曰靈助侯其詞曰有司言叛將擁兵倉皇之境賴神之力害不及民謂開禧三年春逆曦遣其將祿禧提兵往夔門時事也

碑記

西心坎崖上隸書 西心坎崖上有隸書云本初三年三月十六日其二十餘字多缺不可讀在溱溪寨路去軍七十餘里本初後漢質帝年號

吹角壩古磨崖 吹角壩有古磨崖風雨滕剝苔蘚侵蝕惟識其一二曰建安其他不可辨在溱川堡去軍四十里建安漢獻帝年號

姜維碑 碑在吹角壩其始有一穴開內有碑相傳以爲□□□今已磨滅

南州石像頌 南川鎮下三里崖上有石佛像近歲有碑出於下云南州城門前石岸石像頌并序司法參軍員外郎置同正

靳豫撰乃開元十八年十二月丙戌中大夫使持節南州諸軍事守南州刺史上柱國晉昌唐虞景所造盧舍那石像也

白鵠寺鐘碑鐘記字雖磨滅垂盡尚餘一二可識曰|||處士彭城劉欣撰

劉孝標墓銘晏殊撰

南平志郡守趙彥邁序

詩

蕞地曾無一掌平由來作郡亦強名峯連萬翠山橫障川合三溪水遶城趙彥邁歲熟詩

風俗連巴楚封疆接播溱趙彥邁溪堂詩

南畝桑麻無舊戶西園桃李變新栽王觀復題隆化行衙

崖深經夏不融雪江澗架筒難入城李曼孝婦泉詩

地連巴楚峯巒見節近清明柳色知劉夷叔塞樂園

山盤四十八面險雲暗三百六旬秋前人

剩破朱紅供短髮南荒

來校世間書（前人秋試寓直雜興）海山無瘴八蠻清（同上）莫道南州居井底請來此處望川原（同上）南縣燒畬早西溪落漲初（前人夜雨）聞說南州異寒來正月并（前人）山遶郡樓秋過雨月臨池樹晚生煙（前人雲山堂詩）便作稽山看犀湖五月涼（前人題李氏犀湖詩）史君唾手了雄邊半夜移春入北園（蒲公詠塞樂園）鶯花非漢舊棟宇尙唐餘（前人南川驛詩）郵筒昨夜僰州來祗報麥畦新得雨（李大異謝張守）僰州太守天下清筆端萬頃無纖塵

四六

輿地紀勝卷第一百八十

輿地紀勝卷第一百八十一　文選樓影宋鈔本

東陽王象之編　甘泉岑鎔淦長生校刊

夔州路

大寧監

監沿革

大寧監同下州本禹貢荆州之域分占翼軫在峽之北於夔爲近春秋時夔并於楚左傳莊公二十六年後秦伐楚取黔中巫郡昭王三十年以爲巫縣此據元和郡縣志漢書地理志南郡有巫縣注云四百五十里有鹽官則其地屬漢之南郡三國魏建安十三年魏武盡得荆州兼有南郡巫縣預焉吳蜀迭

有其地蜀分南郡立宜都郡吳孫休分宜都立建平郡晉置建昌縣又改爲泰昌縣屬建平郡此據晉志又元和郡縣志云晉武帝於此置建昌縣輿地廣記云晉太康初分秭歸置泰昌縣屬建平郡宋齊因之後周避文帝名改曰建昌而立永昌郡尋廢若據廣記則是晉立泰昌縣非建昌也若據元和志則是晉已立建昌非改於周也然寰宇記引顧野王輿地記云晉太康元年分秭歸巫二縣置建昌縣後改爲大昌屬建平郡通典亦書云晉建大昌縣有所不同象之謹按晉志宋志齊志於建平郡下俱有泰昌而無建昌三志之作俱在晉後不應晉時便有建昌至隋志巴東郡下卻有大昌而無泰昌則是改泰昌爲建昌改建昌爲大昌當在周隋之間隋志於大昌縣王書曰後周置永昌郡尋廢與輿地廣記之說相應而晏公類要於大昌縣下亦書曰本泰昌晉太康中置後周避文帝名改曰建昌又改曰大昌則建昌非置於晉也今以類要及晉志宋志齊志參攷書曰晉置泰昌縣宋齊而下因之後周改泰

昌縣曰建昌又改建昌曰大昌元和郡縣志曰隋開皇元年改曰大昌縣然隋志於大昌縣第書曰後周置永昌郡尋廢而不言改建昌爲大昌一節則大昌非改於隋也今從類要書曰又改建昌縣曰大昌縣隋屬巴東郡隋志巴東郡有大昌縣唐屬夔州唐志夔州有大昌縣縣有鹽官縣有鹽官其後劉晏爲鹽鐵使以嘉興及大昌等爲十監歲得錢百萬緡以當百餘州之賦此據唐志五代屬夔州皇朝太祖時始立監此據國朝會要云在開寶六年又寰宇記云監本夔州大昌縣前鎮煎鹽之所也在縣西六十九里溪南山嶺峭峻之中有鹹泉湧出土人以竹引泉置鑊煮鹽皇朝開寶六年置監以收課利圖經敘縣門以爲開寶六年有旨於縣境近鹽井泉十七里置大甯監太宗時以大昌縣來屬國朝會要在端拱元年然輿地廣記以爲端拱元年以大昌縣來屬爲監治焉議按大甯監與大昌縣自是兩處今日以大昌縣爲

監治似合爲一處者廣記之言與今圖經所載不合今削去爲監治焉一句　今隸夔州路

領縣一 圖經

縣沿革

大昌縣

在監北六十里晉宋已前廢置始末盡見晉置泰昌沿革之下圖經云後周於縣東置永昌縣又以北井縣置始甯郡後廢始甯入永昌尋廢永昌悉以歸縣圖經又云隋唐屬夔州國朝會要云開寶六年以夔州｜｜｜鹽泉所置監國朝會要又云端拱二年自夔州來隸大甯監又圖經敘縣門云縣舊在南十五里後徙於鳳山之側嘉定八年知監張彧請復還大昌於舊縣云

風俗形勝

土地所產不及他郡中下又僻在夔峽之左 廳壁記 監

隷古荊州之域地近巴夔有楚遺風（圖經風俗門）利走四方吳蜀之貨咸萃於此（圖經城市門）一泉之利足以奔走四方（大寧方志序）田賦不滿六百頃藉商賈以爲國（大寧方志序）鹹泉湧出（晏公類要云山嶺峭壁之中有一穴土人以竹引泉置鑊煑鹽）依鬻叢而啟宇包魚腹以爲墟（饒夢龍宸奎閣賦）大寧僻在東南軒冕者寡而封略之內皆樂善之編氓故業儒者日益於前登名仕版者方興而未艾（宣和二年登科題名記無作者姓名）大寧境土袤延數百里大率皆亂山縈紆一水經乎其中（知監元克鳳山泉記）大寧在巴峽最爲褊陋（知監黃中江山堂記）鳳山昌江拱揖環匯氣象偉然相稱峽中未之有也（知監

黃中江山堂記鳳山峽郡名山也張孝芳東山記一溪前陳可濯可沿眾峰巉絕如削如畫亦峽部之桃源也知監王子申大寧方志序鹽井今隷漕司監不復與井舊隷監淳熙甲辰部使者楊公輔吏法歸之漕司監不復與熙寧中歲額四百餘萬斤紹興中以二百四十萬斤爲額閏年加十萬斤爲二百五十萬斤熬波出素長寧志

景物上

門洞在監北一十里溪心有數十巨石參差排列如門限楚雨在郡治巫溪輿地廣記玉環在鳳山寶峰在鳳山寶山在監北一十七里丨丨半有穴如瀑泉卽鹹泉也山有牡丹芍藥蘭蕙氣象盤蔚大寧諸山惟此獨雄燈山歲正月十三至十五四山之民咸集太守庭下唱竹枝等歌三日乃以名曰看丨丨鹹泉輿地廣記圖經舊志載漢永平七年嘗引此泉於巫

山以鐵牢盆盛之水化爲血卒罷其役今巫山縣齋有鐵盆又黃太史記云盆上有永平十年字鹽井九域志踏蹟歲在人日郡守宴于溪濱人從守出游簪花歌舞團聚而飲迫暮乃歸謂之丨丨泛舟中春清明出監西五里地名馬連溪守領客于江皐丨丨遊人亦買舟鼓吹隨之幕天席地會飲于綠陰之下不減蠶市之樂絞篊篊在鹽井引泉踏溪每一筧用一篊其筧與篊經一年十月旦日以新易陳郡守作樂以臨之井民歌舞相慶謂之丨丨辣茶監地接朐䏰多瘴土人以茱萸煎茶飲之可以辟嵐氣以其味辛名曰丨丨白元禮有即事詩云臘甘節作酒最苦藙烹茶鳳山直監治之東亦名東山山際溪千仞木石蒼翠藤蘿虯結景物最老東山即鳳山西閣杜工部有丨丨三度期大昌嚴明府同宿不到詩月窟雲巖並在鳳山釣雪在鳳山朝爽在江山堂之陰浮玉在鳳山小山在郡治白塔在鳳山之頂白鹿故老相傳云寶山鹹泉其地初屬袁氏一日出獵見丨丨往來於上下獵者逐之鹿入洞不復見因酌泉

知味意白鹿者山靈發祥以示人也

景物下

絕雲樓在郡治　藏春塢在縣治　江山堂在郡治　芳菲館在郡治　泳飛亭在郡治　清閟閣在郡治見廳壁記　環勝亭在郡治　茱萸隘在黃砭寨之北　芙蓉隘在分水寨之西南　栢林津在監城北門路　馬連洞魏知監頁良忠有｜｜｜｜詩　龍華院在監西南一百五十步　龍安山山之絕頂地名水滲相距幾二十里引泉溉田亦頗宜稻　鳳凰山在監治之溪東　崇眞觀在監東十五里唐長興四年置　登賢堂進士題名云舊有｜｜｜以紀名氏自堂廢題名漫滅不復存　孝感泉見後人物門王文義下景德四年知監崔希範詩云爲母培墳高嶺上曉昏無水動元天　北極觀在郡西北二百步乾德五年置　青霞觀在監東南五十里隋開皇五年置　石柱山在監東四

里一峯削如巫峽所望剪刀**石鍾山**在監東北十五里與二仙山相峯與道士峯相連皆奇觀也望山有巨石如鍾下有三足煙火**二仙洞**在監東北十七里鹽之跡宛然父老謂爾朱仙丹爐云泉之側峭壁上有石紋若人相對起伏狀旁有洞深廣莫測洞中有雙松中有石塌前有一池泉流如注不見其溢又有仙骨長丈餘**三杈津**在監城西門路通西川**五溪渡**在監北一十一里**七曲廟**在城西三里**千頃池**寰宇記云在大昌縣西三百六十里波瀾浩渺莫知涯際分爲三道東流當縣爲井源一道西流爲雲安縣陽溪一道南流爲奉節縣西瀼水**尹公堂**在舊大昌縣**道士峰**在監東四里與石柱山相連**觀音巖**在監治之東鳳凰山郡守張孝芳愛其類湘中山水暇日窮討得月窟雲巖釣雪玉環淨玉寶華之勝**大悲口**在郡西十六里溪心兩巨石對峙上廣下狹故名行人乞靈之祠也諺云船過丨丨丨丨鹽方是你有又宇文紹節詩日過口此舟方屬汝行人何用較錐刀**鳳山書院**圖經遊觀門**峽北道院**在郡

古迹

故北井縣輿地廣記云晉屬建平郡宋齊梁因之後周省入**始寧郡**九域志云後周天和二年廢入永昌郡**永昌郡城**九域志云按隋書地理志後周置尋廢**古永安郡城**九域志云在監郭之側

官吏　**人物**

孔長官本朝淳化中知監雷說見人戶汲泉强弱相陵多抵於訟乃於穴傍甁爲石池以瀦之外設橫板三十竅承以修竹謂之筧筒所謂鹽有九色嘉定中歲久弊滋事聞諸朝乃遣榮州貪官令孔嗣宗措置有不便於民者悉除去止存壠戶租鹽三色除去四色民以爲便至多爲立祠號丨丨丨祠令凡鹽出津四分官取其一謂之抽分尚丨丨丨三七分之除意也**姚邦基**以政和二年舉進士爲開封尉氏令劉豫僭竊遂匿迹山林聚徒以養及劉豫廢後朝廷遣方廷寶宣諭尋訪隱逸乞特加甄奬得

旨津遣赴行在所實紹興九年也高廟嘉之華以京秩其後張公孝芳知監事爲文以祭之謂公當板蕩之時厲勁草之節恥仕僞朝隱約不出凜然淸風一洗汙濁云

王文義 景德中文義母疾篤剔股進藥愈疾後母卒文義廬墓晝運土植松柏夜誦佛書地主憫其貧日給之食墳去水遠無以資洗滌祭奠之用感夢得泉夢曰孝感泉郡將聞之朝宣賜衣襖崔守有文以記之

碑記

丁晉公謂夔州移城記 景德三年記太祖皇帝出師平蜀由劒巫峽分兵以入而灩澦激射峻惡樓船戰艦難進易退步騎自襄州西山畏糧兼行林麓無際澗壑相接不知道路之所從得蜀民詣王師獻畫由大甯路直趣夔州平蜀之師實取道於此也

詩

負井爲鹽速燒畬度地偏 杜工部詩又注云巫土磽确煖氣晚達故民燒地而

耕謂之火耕　銀釧金釵來負水長刀短笠去燒畬劉賓客竹枝歌

匣琴虛夜夜手板自朝朝杜工部西閣期大昌嚴明府同宿不到詩　郡閣訟稀秋正爽苧攜書劍一相過知監薛純招蔣世度　知命灰心況寵名故求窮僻守孤城舉頭但對青山色近聽唯聞綠水聲知監彭景行寄蔣世範　深愛城西向氏園平川秀野好風煙同上　一泉流白玉萬里走黃金人事有因革寶源無古今春明宋丞孚題鹽泉　分符眞吏隱燕寢傍巖棲白巽題江山堂　寶源天富國鹹脉海分潮知監曹坤敍箕　險絕昌溪水如何亦問津命分毫髮地利役古今人杜如篪

輿地紀勝卷第一百八十一

輿地紀勝卷第一百八十二　文選樓影宋鈔本

東陽王象之編　甘泉岑鎔淦長生校刊

夔州路

雲安軍

朐䏰　橘官

軍沿革

雲安軍　雲安縣禹貢梁州之域秦巴郡之地漢朐䏰縣地此據夔州圖經地下濕多朐忍蟲故以爲名寰宇記載十三州志周武帝改爲雲安縣屬巴東郡元和郡縣志隋因之隋志巴東郡雲安縣注曰舊日朐忍後周改焉唐隸夔州屬山南道唐志孟氏以贍軍通鑑後唐長興元年割雲安等十三鹽監隸西川以鹽直贍甯江屯兵後唐明帝長興二年陷雲安

監
皇朝陞爲雲安軍國朝長編云開寶六年以夔州雲安縣建軍卽縣爲治所治
雲安縣隸夔州路按夔州舊圖經云治雲安安義二縣熙寜八年廢安義縣爲雲安鹽
監則建軍之初似若有兩縣矣然雲安軍舊圖經乃
李宗諤祥符中所編而史樂寰宇記亦太宗朝所編
於雲安軍止載雲安一縣而無安義縣與夔州所載
似若不同象之謹考國朝會要云熙寜四年以雲安
監戶口析置安義縣八年戶口還隸雲安縣復爲監
似爲得之至如輿地廣記則併雲安軍雲安縣皆不
會載刊落甚矣夔州新圖經亦以爲開寶六年置軍
卽領雲安安義兩縣與國朝會要及寰宇記李宗諤
所載不同今不取乎以雲安監戶口析置安義縣國朝會要在熙寜四年
以雲安監戶口還隸雲安縣復爲監國朝會要在熙寜八年國
朝中興分道置帥以雲安爲夔州屬邑差京朝官爲
軍使仍借服色蓋以縣往隸而軍額仍舊云夔州圖經今

領縣一

縣沿革

雲安縣 本末具見本軍下

風俗形勝

郡有橘官鹽官元和郡縣志東有瞿唐灩澦之壯西有縉雲塗山之美弊邑介乎其間固陵集載張灝雲安鍾秀亭記雲安風俗淳厚陶染眞風如瞿法言楊雲外之徒相繼而出故琳宮祕館獨盛於他處唐商眞君飛昇記猶存使名官儀仍備太守之略而時節得以需章自達于朝他邑莫得而比也李墉雲安橘官堂記云建炎中宣撫使承制乃復改軍爲縣隸於夔猶存使名云云

景物上

龍溪在縣西六十四里 **龍池**在縣西南七里 **湯溪**在縣東一里 **曲水**李㬎嵓丨丨留題云雲安之西三十里有自然丨丨泊舟橫石灘步往訪之水極峻急不可流觴嵓顏有永和三年及六年刻十五六行剝落不可讀矣 **鹽井**雲安監四團九井歲產鹽二十九萬二千二百一十斤雲安縣二井歲產五萬三千七百九十斤 **下巖**舊號雲嵓屬萬州今在縣西四十里出荔子曾直詩云僧緣蠶麥去官散荔枝來 **上巖**在下嵓西二里嵓下鐫刻大佛像列千佛建閣粧嚴水濱

景物下

德輝堂晁公遡有丨丨丨記見固陵集 **鍾秀亭**固陵集載張灝有丨丨丨記 **集靈觀**在縣西四十二里有碑云象山福地玉華仙館唐商眞君飛昇之所 **葆眞閣**宣和壬寅刑曹陳似建 **拂雲館**刑曹廨舍之西宣和甲辰陳似有記 **棲霞觀**舊名昇雲宮在縣北一十

里宮據山絕頂下瞰羣峯培塿可數唐翟法言於此修煉白日仙去巨柏參天皆二仙手植殿左有五龍池能興雲致雨琵琶橋去軍五里三十步玉石橋去軍六百五十步玉虛觀舊名雲仙觀在縣西三百六十步白玉池在縣北三十里舊經云池內產太一元精石石城山在岷江北岸去水一里漢志云朐䏰山有大小石城石塔山在縣北二百六十里石橋山在縣西北一百里下巖寺在縣西四十里蜀江北岸之下巖舊屬萬州下瞿灘在縣東五里以瞿村爲名高梁山在縣西七十四里平頭山在縣南一百二十二里黏腰溪在縣西六十四里三牛山在縣北二十里近雲安監五龍池在縣十二里棲霞宮內五龍堂下湧出五峯山在縣西二十里萬戶城方輿記云縣西三十一里漢立縣於此今謂之｜｜｜龍脊灘在縣南岷江中有石約長百餘丈若龍脊之狀馬嶺山在縣北二十九里扶嘉所謂三牛對｜｜是也熊耳山在縣西一百四十里飛鳳

山在縣治之對停猴山在縣北一百五十里伏虎巖在天師觀唐瞿天師名法言曾伏虎於此巖車騎山在縣北一百一十七里傘子鹽楊溪水源出縣北六百里翼帶鹽井巴川賴以自給粒大者方一寸中央崇起形如張傘因名之曰｜｜｜橘官堂李亶有｜｜｜記見固陵集杜鵑亭馮時行有雲安縣｜｜｜記云雲煙草木皆能薦子美肺腸矣象山福地玉華仙館集靈觀記

古迹

萬戶城舊唐書志夔州雲安縣注云漢朐䏰縣屬巴郡故城曰｜｜｜縣西三十里有鹽官朐䏰城本漢縣在萬戶城西三十里固陵集載李燾朐䏰記云余泊舟雲安之西三十里萬戶驛下橫石灘上士人云今驛之左右則｜｜故｜也博望灘在縣西三里荊州記云張騫奉使西域於此覆舟亦曰使君灘使君灘見博望灘下聖女池在縣北六十三里天師泉

在縣西二里洞靈觀側每五月江水漲濁一水自巖竇間溢出甘潔清洌足一邑之用盡九月而止號丨丨丨

天師觀在縣西二里唐天寶中翟天師得道於此**漢城山**在縣北一十五里漢扶嘉隱居其上唐瞿法言楊雲外相繼飛昇于此

人物

漢廷尉扶嘉按雜記丨丨丨丨丨本朐䏰人也初嘉母於湯溪水側遇龍後生嘉長占吉凶巧發奇中常游豐沛高祖見而奇之高祖爲漢王與相遇嘉復勸定三秦高祖以嘉志在扶翼賜姓扶氏爲廷尉食邑朐䏰縣嘉臨終有言曰三牛對馬嶺不出貴人出鹽井嘉既沒之後鹽井溢焉

仙釋

劉道者黃太史詩序云萬州之下巖唐末有丨丨丨定州人聞道於雲居禪師爲開巖第一祖自鑿石龕曰死便藏龕中門人奉其命二百年矣來游者題詩不可勝讀蘇東坡潁濱黃太史經行皆有題

字刻諸巖石云

翟天師宮　天師名法言唐天寶十四載於雲昇宮授三將軍祕錄代宗召見於京師至太和七年天師一百二十歲一日沐浴而至黃昏半天鐘磬之聲五色雲繚繞天師適在其上冉冉而去有得道記在觀內既葬棺中止遺一履其墳今在雲安洞靈觀東北

碑記

周靈王符碑　在棲霞宮其文之末有周靈王三字

漢處士金廣延母子碑　初無文字但有人物

唐雲外尊師碑　在雲昇宮唐杜光庭文見九域志今名棲霞宮

人物碑　所勒皆車馬人物或云古者修車馬備器械之圖也

詩

日長巴峽雨濛濛又說歸州路未通游人不及西江水先得東流到渚宮　唐戎昱雲安阻雨

天外巴子國山頭白

帝城波濤蜀梯盡雲散荒臺傾劉禹錫始至雲安詩東城抱春岑江閣鄰石面崔嵬晨雲白朝日射芳甸杜甫水閣朝霽奉簡嚴雲安避暑雲安縣秋風早下來杜甫奉寄李十五祕書詩今朝臘月春意動雲安縣前江可憐杜詩空巖靜落鐘磬響古木倒掛松蘿昏莫道蒼崖鎖靈骨時應持鉢到諸村黃魯直下巖詩古寺松櫺老靈巖塔廟開僧緣蠶麥去官數荔枝來石室無心骨金鋪稱意苔若爲劉道者拽得鼻頭迴黃魯直下巖詩雲安酒濃麴米賤家家扶得醉人歸范成大竹枝歌楠陰暗處尋高寺荔子紅時宿下巖高寺在瀘州下巖在雲安軍陸游憶昔詩

四六闕

輿地紀勝卷第一百八十二

輿地紀勝卷第一百八十三　文選樓影宋鈔本

東陽王象之編　甘泉岑鎔 淦 壆校刊

利州路

唐開元中分天下爲十五道而山南西道統梁洋利興成文扶集壁巳蓬通開閬果渠十七州皇朝平蜀合爲西州路咸平初梁顥爲西川及峽路安撫使猶未分也分益梓利夔四路轉運利路總利洋興劒文集壁巴蓬龍閬興元劒門三泉西縣時猶未建帥也建炎四年宣撫司承制以知利州張深兼利州路安撫使利路置帥自深始其後徙治興元紹興中以京西之金州秦鳳之階成西和鳳州來屬中興小歷云紹興十四年鄭剛中欲分利路爲東西兩路西路以吳璘東路以楊政並充安撫使至今東路帥理興元西路帥理興州蓋剛中啓之也皇朝郡縣志云興元劒利閬金洋巴蓬大安爲東路階成西和鳳文龍興爲西路乾道四年復合興元帥兼領之淳熙二年復分三年又合五

年復合紹熙四年再合朝野雜記云慶元二年復分東西兩路開禧北伐吳曦兼四川宣撫四蜀一切稟承惟提刑轉運則統一路無所更改

興元府

漢中　南鄭　天漢　廉津　褒中

府沿革

興元府次府（輿地廣記）梁州（唐志）漢中郡（唐志）山南西道節度（唐制）利州路安撫使利州東西兩路十七郡皆屬焉（今制）

禹貢梁州之域（禹貢華陽黑水惟梁州）舜十二牧梁其一也（元和郡縣志）秦楚之交（杜佑通典云漢之漢中今之漢中洋川安康房陵等郡並宜屬楚得楚之交故梁州圖經亦引通典以爲得楚之交）東井輿鬼翼軫之分野（班固以漢中當翼軫之分野魏陳卓定益州入參七度漢中入參九度晉書云漢中入參九度華陽國志其分野輿鬼東

井

周合梁於雍又屬雍州圖經序春秋戰國屬秦楚史記周正王十六年秦厲公城南鄭通鑑周顯王三年書楚自漢中以南有巴黔中蜀取秦南鄭在秦惠公十三年隆慶圖經引史記語按惠公十三年卽安王十五年秦伐蜀取南鄭通鑑安王十五年秦敗楚師于丹陽取漢中郡通鑑在赧王三年元和郡縣志云秦惠文王取漢中地六百里以爲漢中郡通鑑目錄於楚懷王之十七年書曰秦取我漢中郡則郡已置於楚非始置於秦也又華陽國志云秦惠文王置郡因水名也不同項羽封漢高帝爲漢王都於此漢紀在高帝元年漢改梁曰益而地又屬益州部漢紀在元封五年王莽改曰新成郡漢志後漢張魯據漢中因改曰漢甯元和郡縣志與通典同魏武帝復置漢中郡通鑑在建安二十年蜀先主破魏將夏侯淵有漢中地先主立

爲漢中王通鑑建安二十四年劉備殺夏侯淵有漢中地自立爲漢中王遂爲蜀重鎮魏延蔣琬姜維相繼屯守元和郡縣志及通典同初諸葛亮築漢城於沔陽築樂城於城固通鑑魏明帝太和三年三國地理指南云沔陽今西縣城固今洋州興道縣興勢山後鍾會尅蜀又置梁州王隱晉書云魏咸熙元年尅蜀分廣漢巴涪陵以北七郡爲梁州通鑑魏景元四年分益州置梁州圖經云初治沔陽太康中移治南鎮西晉末陷于李蜀通鑑晉愍帝建興二年梁州人張咸起兵逐楊難敵以其地歸成於是漢中之地皆爲成有又陷于氐楊氏通鑑晉愍帝建興元年楊難敵攻梁州刺史胡子序棄城走難敵自稱刺史建興二年梁州人逐難敵地歸于成桓温平蜀復置梁州通鑑平蜀在晉穆帝永和三年未幾陷于符秦通鑑晉孝武帝寧康元年秦將朱肜拔漢中符堅敗于淝水晉復取漢通鑑晉孝武太元九年秦

梁州刺史潘猛棄漢中奔長安譙縱叛又失漢中縱滅復歸于理通鑑義熙十年以朱齡石監梁益諸軍事自宋以還多理南鄭此據元和郡縣志又通鑑日錄載元嘉十一年蕭思話克復漢中故地遷治南鄭通典云宋以後更置秦州亦理於此詳見官吏門蕭思話下齊梁因之此據輿地廣記後魏亦立梁州及漢中郡梁苑漢中尋入西魏按梁書云天監三年刺史夏侯道遷以州叛入魏正始四年立爲梁州梁大同元年魏梁州刺史元羅以地入梁復治南鄭承聖元年尉遲迥下蜀地入西魏後周建總管府改漢中郡爲漢川縣後周改漢中爲漢川郡見上隋初郡廢梁州如故開皇初年煬帝時州廢爲漢川郡大業三年唐爲梁州唐志在武德元年置梁州總管府武德元年尋改都督武德七年太宗時分天下爲十五道此爲山南西道通典以梁涼聲相近

更名褒州唐志在開元十三年尋復故名開元二十年此據元和郡縣志又據寰宇記唐武德元年置梁州二年割西縣置褒州八年廢開皇十三年改梁州爲褒州二十年又爲梁州改漢中郡天寶元年復爲梁州乾元元年置山南西道節度使尋降爲觀察使新唐書表在廣德元年德宗復陞爲山南西道節度使新唐書志在建元元年朱泚之亂幸梁洋升爲興元府通鑑在正元元年唐末地歸于岐通鑑景福元年李茂正拔興元以其子繼權知興元府事二蜀王氏通鑑天復二年王建將王宗滌克興元孟氏繼有其地通鑑清泰元年山南西通節度使張虔釗降于蜀蜀將張業入興元輿地廣記云周顯德中節度張虔釗以地歸附年月不類今不取國朝平蜀地歸版圖通畧乾德五年十二月王全斌至興元蜀將韓保正棄興元保西縣王師遂克興元鑄興元尹印長編云乾隆三年令興元尹別鑄新

即此舊制增大革分益梓利夔四路興元府爲利州
五代弊陋故也
路國朝會要在利路帥治興元建炎四年張浚承制
咸平四年以新知荆南張上行
知興元府仍兼利路安撫使後分利州東西路而興
利路帥移治興元自此始
元爲利東路按金州圖經自紹興十四年分利州爲東西路乾道四年復合爲一淳熙二年復分三年復合五年復分紹熙五年復合慶元二年復分嘉定三年復合嘉定戊寅以聶子述帥東路丁焴帥西路而復分今復合矣初紹興十四年以秦鳳路階成西和鳳屬利西路與文龍共七州後又益以天水軍爲八以沔州爲帥府以興元利閬隆慶巴蓬金洋大安九州軍爲利東路以興元爲帥府此其大畧也

縣沿革

今領縣五治南鄭

南鄭縣

倚郭元和郡縣志云故褒之附庸周時鄭桓公死於犬戎其民南奔居此因曰南鄭按史記周正王之十六年秦厲公城南鄭則蜀道之通也久矣事見華陽國志漢高帝王漢中遂都南鄭魏末平蜀兼立梁州寰宇記云後魏廢帝三年改爲光義縣移理州東光義府隋開皇復爲丨丨丨大業八年移理南鄭

廉水縣　次畿

在府南五十里紹熙四年安撫宇文价奏於南鄭縣南路石幢修置丨丨丨以便民户輸納省南鄭縣丞改縣令就南尉兼主簿之職析治諸事焉圖經南鄭縣有古廉水縣城在南鄭西南七里漢中記云魏正始中自漢川移此則古已有丨丨丨矣

城固縣　次畿

在府東六十五里元和郡縣志云本漢舊縣屬漢中郡續通典云有南地二城四夷縣道記城固縣今東六里故北城是也以有南城故謂此爲北城固通鑑魏明帝太和三年諸葛亮築漢城於沔陽樂築城於

城固四年曹眞伐蜀諸葛亮軍於此固赤坂以待之輿地廣記云蜀改爲樂城晉復故宋齊梁西魏後周皆屬漢中隋開皇三年改爲梁州唐志云武德二年改曰唐固九年省白雲縣入焉正觀三年復爲城固縣隸興元府杜佑通典云洋川郡之西鄉興道洋源三縣皆爲漢城固舊地今非故境周地圖記云後魏宣武帝正始中城固縣移居壻鄉川卽今理

褒城縣 次畿

在府北四十五里輿地廣記云故褒國周幽王后褒姒生於此張良歸韓漢王送至褒中漢元鳳六年置褒中縣以居褒谷之中也西漢志都尉君此東漢晉皆屬漢中郡元和郡縣志云當斜谷人路晉義熙末朱齡石平蜀梁州刺史理此仍改褒中縣續通典云魏正始中於此立褒中郡漢書注云隋室諱忠改曰褒內隋志云仁壽元年因失印更給改曰褒城唐志云義寧二年改曰褒中正觀三年復曰褒城

西縣 次畿

在府西百里元和郡縣志云本沔陽縣地寰宇記云本名馬城續通典云宋於此僑立華陽郡周地圖云後魏宣武正始中分沔陽縣地置嶓冢縣大業二年改爲｜｜以縣有諸葛亮所立西樂城故名同谷志云諸葛亮拔｜｜千餘家歸沔陽因以名之故西樂城在縣西南諸葛亮所立甚險固關城俗名張魯城在縣西四十里隋置關在縣西南今名百牢關諸葛亮廟在縣東南舊唐志云武德二年於此置褒州八年廢國朝會要云乾德三年以縣直隸京師九域志云國朝至道二年以｜｜隸大安軍三年軍廢復隸府

監司沿革

宣撫司

圖經云四川有宣撫使自張魏公浚始建炎三年魏公以宣撫處置駐軍秦州後屯閬中吳玠加宣撫副使遂置司河池紹興十三年和議既成乃移宣撫司於利州以鄭剛中爲使已而遂罷紹興三十一年女

眞敗盟即興州拜吳璘爲宣撫使乾道二年仍以使事判興元其後仍治利州王炎謂帷幄制勝漢中爲便乃自利州復移興元即府治爲司時乾道九年也王炎去虞允文繼之興元遂爲宣撫使治所圖經又云王炎爲宣撫使治興元遂居府治吳拱就私第治事虞允文爲使始別建公宇與府治相直有堂曰閱禮宣撫置使則知府事者居之號北府衙

按刑司

圖經云舊治在利州九朝通畧云淳化五年令諸路置轉運提點刑獄此提刑之始也通畧皇祐三年提轉不許同在一州故憲居興元而漕居利州憲臺在譙門之內有堂曰澄清齋曰忠恕又有迎薰堂淸風閣思誠齋嘉蔭堂遠香閣漢皐亭極目亭

都統司

中興小歷紹興九年宣撫使胡世將置司于鳳州之河池縣命秦鳳帥楊政總三萬人充宣撫司都統制

朝野雜記云王庶劉子羽繼在興元招集流散粗成軍伍子羽罷吳玠并將之玠死胡世將爲宣撫分吳玠之兵命吳璘以二萬人守興州楊政以三萬人守興元郭浩以八千人守金州此漢中二軍帥之始也圖經云紹興九年和議既成分屯諸軍楊政以都統制爲利州路經畧使知興元府兼兵民之權者十有八年故都統制皆即興元府治爲司乾道三年吳璘既薨朝廷乃合東西二路命晁公武爲安撫使專治民以吳侯勝爲諸軍都統制專治兵都統制始别置司又中興小歷紹興十四年鄭剛中分利路爲東西路而興元府爲東路又紹興十八年書曰先是自鄭剛中罷利東路帥楊政元帶宣撫司都統制改爲御前諸軍都統制有統制官樊彦者先因南淨居院基營第至是都統制居焉

茶馬司

圖經云成都利州路買茶秦鳳熙何路博馬始於熙甯之七年是時李杞置司秦州蒲宗閔置司成都而川司秦司之分則始於此紹興七年四川都大茶馬李迨奏請合爲一司總治成都從之其後或分或合

合則總治成都分則川司治成都秦司治興元俱稱都大茶馬寶慶中分爲兩司而秦司不復專官惟以興元帥兼領焉朝野雜記云淳熙中秦司每歲五千九百匹其後增爲六千一百二十圖經云秦司買司興元屬官一員掌之職在收宕昌峯貼峽文州所買馬類聚發綱及受本府南鄭城固洋州之西鄉茶引錢及利路州軍博馬物帛發馬

歲凡一百三十綱六千五百匹

風俗形勝

天漢之邦 劉禹錫山南西道節度廳堂記云天漢之邦實居右部按梁州爲都督治所領十有五州縣道帶蠻夷山川扼隴蜀故二千石有採訪防禦之名兵輿多故其任益重澄清節鉞二柄兼委

澄清節鉞二柄兼委 劉禹錫壁記

等威班制與岐益同 劉禹錫壁記

語曰天漢其稱甚美 蕭何諫高祖云

剛方之氣彊梁故名梁州 東漢志

漢沔彪炳靈光上照在天鑒爲雲漢於

地畫爲梁州華陽國志梁州贊東接南郡南接廣漢西接隴西陰平北接秦川厥壤沃美貢賦所出略侔三蜀華陽國志其民質直好義土風朴厚有先民之流華陽國志朴質無文隋書志云漢中之人————不甚趍利性嗜口腹多事畋漁雖蓬室柴門食必兼肉華陽之壤梁岷之域是其一囿華陽國志秦資其富用兼天下漢祖階之奄有四海常璩華陽國志序漢中地形實爲險固四嶽三塗皆不及也曹洪漢以帝業所興不封藩王華陽國志漢之宰相當出坤鄉州牧郡守冠蓋相繼華陽國志南鄭於國實爲馬腹通鑑齊明帝建武二年魏李沖諫魏主表南鄭梁之邑也上有賢帥無憂掣肘白樂天集韋同憲授南鄭令制云地沃

而川險輿地廣記氐敵接畛又爲威禦之鎮寰宇記興元風土與東西川相類文同奏華陽黑水近者嘗焉王所百態不變人風邑屋與山川俱一都之會目爲善部矣劉禹錫新修驛記漢中前瞰三秦後蔽四川黃權以爲蜀之股肱楊洪以爲蜀之咽喉故諸葛亮蔣琬費禕之徒皆駐兵于此紹興中孫道夫奏見眉州志漢中形勢之地前控六路之師後據兩蜀之粟左通荆襄之財右出秦隴之馬言行錄云建炎二年張魏公浚奏秦之坤蜀之艮連高夾深九州之險也陰谿窮谷萬仞直下犇崖峭壁千里無土歐陽詹形束壤制邇于京師權載之集嚴震拜梁州刺史制云皇帝狩于是拜公以漢

中形束壤制邇于京師陳耆主斷咫尺三地既尊大接淸蹕既駐皇心乃夷乃申恢復之略用人隨異劉禹錫壁記梁漢開刀耕火耨民耒耜爲食雖領十五郡賦入纔比東方數大縣唐書嚴武傳以勳庸佩相印者三以耆明歷眞相者九由合席授鉞未幾復入相者再劉禹錫云地既尊大用人隨異故自興元至太和五十年間云云磊落震耀冠于天下又云躡二三大君子之躅道周氣協無所改更如鼓和琴布指成韻簫勺之音洽于巴漢劉夢得山南西道壁記去天一握興元府之南有路通巴州三日而達于山項其高處謂之孤雲兩角去天一握碎事云文山武鄉廉泉讓水梁州記云范柏年漢中人嘗謁宋明帝因言曰臣漢中唯有文山武鄉廉泉讓水帝善其對漢中爲巴蜀捍蔽元和郡縣志云漢中爲巴蜀捍蔽故劉先主得漢中曰曹公雖來無能爲也是以巴蜀有難漢中輒

輿地廣記云自公孫述劉備李雄譙縱據蜀漢中皆爲所陷

蜀之股臂三國志黃權傳權曰若失漢中則三巴不振此爲割蜀之股臂也

南鄭要險成都之喉嗌隋書

玉節獸符鎮于嬀墟劉禹錫山南西路新修驛路記云云拜手稽首曰臣歸融敢揚王休于天漢之域

揚王休于天漢之域同上

當秦蜀出入之衝誠山西浩穰之奧區熙甯太守文同奏

重蜀以興元爲本鄱陽志許尹紹興中嘗知興元召對言今日莫若重蜀重蜀以興元爲本高宗嘉納

斜谷道爲五百里石穴孫資曰昔武帝征南鄭取張魯陽平之役危而後濟又自往拔出夏侯淵軍數言南鄭直爲天獄中斜谷道爲五百里石穴言其深嶮喜出淵軍之辭也

南鄭走集之地長編守忠晉陽人王師克興元上召安守忠謂曰遠俗苛虐南鄭走集之地爲撫和之郎遣守忠權知興元

沔水在褒城縣南四里源出古金牛縣界又一派出西縣界嶓冢下與沮水合又南流與褒水合又東流入南鄭縣界入漢水此今所謂沔水也按水經云沔水出東狼谷經沮水縣入漢中然東西漢地理志謂沔漢二禹貢云嶓冢導漾東流爲漢是說有一水二名

漢水二華陽國志云漢水有二源東源出武都氏道漾山因名爲漾禹貢流漾爲漢是也西源出隴西嶓冢山會白水經葭萌入漢始源曰沔故曰漢沔皇朝郡縣志云今之言漢水者以西縣之嶓冢山爲源

漢山在南鄭縣西南二十里四峯八面南接巴山山有池水昔大旱居人張士伯禱此山間空中語曰大雨由天小雨由山士伯遂送女山中自焚有頃大雨

胡城九域志云蜀記云漢張騫使匈奴與胡妻堂邑父俱還至漢中築城居之卽此城也

巴嶺元和郡縣志云在南鄭縣南一百九里與三峽山相接山南卽古巴國今屬廉水縣管

褒城胡曾丨丨詩云恃寵嬌多得自由驪山舉火戲諸侯祇知一笑輕人國不覺胡人滿玉樓

褒谷在褒城縣北郡國志謂北口曰斜南口曰褒長四百七十里同爲一谷兩谷高峻中間谷道褒水所

流十三州志云昔蜀王從卒數千餘出獵於褒谷西溪秦惠王亦畋于山中怪而問之以金一笥遺蜀王及報斯之土秦王大怒其臣曰此秦得地之端也張良送高祖至褒中說燒棧道曹操出斜谷軍遮要以臨漢中諸葛亮由斜谷取郿皆此道也

褒水 皇朝郡縣志云出太白山由鳳州梁泉南流入斜谷下褒中即山河堰也

丙水 源出褒城縣西北牛頭山輿地志云河陽及巴陵昆陽並有丙穴出嘉魚即此類也

智水 在城固縣即壻水也詳見壻水下水經云左谷水出漢北即丨丨也川曰智鄉水曰丨丨

度水 華陽國志云丨丨在沔陽縣水有二源一曰清檢二曰濁檢有魚穴清水出鱮濁水出鮒常以二月八月取

瀘水 在西縣輿地廣記云丨丨北發武都氐中南逕城東又南逕張魯城東南流入沔謂之瀘口

壻水 在城固縣唐公房升仙之日壻知行未還不獲同偕雲路約以此川爲名因號爲壻鄉即名丨丨

文水 水經云漢水又會文水又云杜陽有仙人宮石穴宮之前門故號其川爲門川圖經云丨丨在城固縣北

武鄉 昔諸葛亮爲武鄉侯十道志云丨丨谷即孔明受封之地

廉水出大巴山北密谷中下至廉川

嫣墟東漢志云城固｜｜在西北西漢志應劭注引世本云｜｜在西城縣北舜之居劉禹錫驛路記云鎮于｜｜也

遜水起於廉水溉田之餘東南流至古廉水城之側故宋范柏年對明帝云臣鄉有文山武鄉廉泉｜｜卽此

聽山在南鄭縣西北二十八里西抵壻水小溪圖經云仙人唐公房盡室飛昇其壻歸惟聞空中歌樂之聲

赤崖元和郡縣志云在南鄭縣昔諸葛亮與兄瑾書云前趙子龍還師燒壞｜｜以北門道卽此也

黑水元和郡縣志云在城固縣西北太白山南流入漢志諸葛亮箋云朝發南鄭暮宿｜｜

玉泉在｜｜嶺之下

王井在城固縣文川口二井相並

寶山在南鄭縣北十餘里嘗於北中得二珠其一隨失其一今藏其寺中

鐵山在西縣北五里多鉄鑛隆興間金人叛姚仲置寨于此

石鏡在山河第一堰之上石門之下可燭鬚眉

石鼓在城固縣北四十里褒水中擊之有聲

石門在褒城縣顧野王輿地志云｜｜在褒中之北漢中之西是爲全蜀之險固也唐韋蘇州有懷谷口詩云念昔白衣士結

廬在石門蓋石門即谷口鄭子眞所居也詳見前褒谷下街亭三國志魏張郃與蜀將馬謖戰于此旱山在廉水縣西南十五里周地圖云山上有雲即雨傍有石牛十二頭一云其五頭即秦惠王所造以詒蜀者漢書地理志有南鄭旱山湯泉在西縣東南三十五里鳳凰山之南酈道元云溫泉水發平地泉源沸湧冬夏揚湯望之白氣浩然洗浴者皆有硫黃氣斗山在城固縣道家開山經云｜｜五穴一通崑崙山一通隴山一通武當山一通青城山一通長安穴穴山有千載蝦蟇名曰肉芝得而食之壽千歲山側有白鹿時見箕山在褒城縣北十五里上有池四時不涸俗號秦王獵池山有一穴在南號丙穴有谷號道人谷郡國志云鄭子眞隱于此山通鑑魏明帝太和二年諸葛亮遣趙雲鄧芝之等據箕谷柏杏在梵天寺柏去地五六尺枝幹分聳杏樹生其中發花甚繁蓬山在西縣黃沙谷口中有洞穴柘谷在南鄭縣東南三十里龍蹊九域志云按道家雜記張魯女浣於山有霧蒙身遂孕恥之投漢水死殯於龍崗山頂有龍子數來墓前遂成蹊徑龍山在南鄭縣

南十里梁天監初有龍鬭于此**鳩谷**在南鄭縣南二十里**雞肋**輿地廣記云漢中地險而川狹曹公既克張魯方之ㄧㄧ楊脩知之謂食之無所得而棄之爲可惜也**駱谷**崔覲有詩云高峯偃蹇雲崔嵬層崖巨壑長峽開龍蛇縱橫虎豹亂古棧朽裂埋深苔**絕棧**在南鄭縣即張良說高祖燒ㄧㄧ道處**雙楠**在郡西慈流院今爲吳忠烈廟楠已枯槁猶槎牙奇怪文與可陳叔易皆有詩**七松**在元都山寺七松六楠云按南北斗**義士**繫年錄紹興二十八年興元府洋州奏各有義士已摘揀到三千人團練隊伍欲於大安軍巴蓬州差撥保丁以備船運軍糧從之自朝廷與敵和議者奏罷利路諸州義士至是仲聞敵有意敗盟欲爲戰守備乃奏復之始王庶立義士合五郡郡所籍爲二萬一千七百餘人惟興洋大安至是不廢罷ㄧㄧ奏在二十一年五月始末見洋州下

景物下

天漢樓在府治子城上周覽江山爲一郡之勝**江漢堂**在府治**廉泉亭**在府

治

陵霄閣在中梁山寺下瞰漢川爲一郡勝景嘉定己卯爲敵所焚盤雲塢在府闔文與可有詩云幾曲上層城盤盤次文石凝雲榭在府圃文與可詩云朝雲南山吐暮雲北山翁來往高榭中留者頗堆積高興亭在府治子城西北隅嘉蔭堂在憲司綺川亭在牛山每春中百花爛開錦繡橫陳誠爲勝景嘉定己卯爲敵所焚美豐臺梁州記云後漢安帝時太守宣桓每至農月親載耒耜以登此臺勸民故後人號曰｜｜｜仰傑臺在天漢樓下帥守張堅刻温公判公東坡山谷米禮部帖置樓下張公悉繪酇侯留侯像于屏各爲之贊榜曰｜｜｜

南沮渡北顧亭在府治子城上西北隅大歷寺在南鄭縣唐大歷中建今名嘉祐寺大巴山在南鄭縣一百九里秋冬積雪至丈餘大丙水原出黃崖嶺下合沔水酈道元云丙穴穴出嘉魚泉高注魚自穴下透入水穴口向丙故曰丙穴左思稱嘉魚出於丙穴中梁山寰宇記在南鄭縣北一十三里爾雅云南方之美者有梁山之犀象焉州因山名漢中郡記云

鎮梁州之中故以爲號

孤雲山在廉水縣東南百七十里

兩角山孤雲山相連山絕頂高而兩峯古語云孤雲兩角去天一握

三嵎山在城固縣西北四十里三峯鼎立高聳萬仞中多靈藥

四照亭在府園文與可有詩云巒嶺附梁山汀洲隨漢水秋容上屏障左右三百里此景誰能論殘霞獨憑几

七盤坡在褒城縣北二十里唐元稹詩云迤邐七盤路坡陁數丈城

七眼泉在郡北義門村一池而泉脈有七

八陣圖在西縣定軍山下郡國志云每陰曀有鼓鼙之聲

九眞山在城固縣北五十里道家謂太白山南六百里與三嵎相接有大峯上有九眞玉井

百牢關在西縣三十里元和郡縣志云隋置白馬關後以黎陽有白馬關故名｜｜｜寰宇記云隋開皇中置以路險號｜｜｜一云置在百牢谷故名李義山送叔梓州詩云莫歎萬重山君還我未還武關猶悵望何況｜｜｜武元衡經百牢關云昔佩兵符去今持相節還何慙班定遠辛苦玉門關

萬石城水經云城居高原原高十餘丈四面臨平川形若覆甕

天池山寰宇記有

南鄭縣上有池方二十里冬夏不涸

天臺山在南鄭縣北四十餘里山頂平坦如臺與元坐其崗脈故云山谷石皆堅潤有金星可作硯閒有硯材俗號石碑谷谷中泉流可溉田

米倉山一名仙臺山詳見仙臺山下

石頂原在西縣東南三十餘里東接興州白運山今置關最爲險要

石劍水在王女洞

石籌山在城固縣西四十里

石臼嶺歐陽詹詩云烏企蛇盤地半天下窺千仞到浮煙因高回望沾恩處認得梁州落日邊

金華山在南鄭縣西南七十里與巴山相接其上峭峯特起左右環繞旁有數泉合爲一池

寶頂山在南鄭縣西南七十里與青銼山相接上生芝之草

仙臺山晏公類要一名玉女山在南廉水縣道家生經云此山仙人玉女所居之地一名米倉山與大巴山相連有韓信廟及截賢嶺云蕭何追韓信至此

陽平關輿地廣記云在褒城縣西漢立｜｜｜

幞頭山在南鄭縣東南百里以形似名

籠蓋山在南鄭縣西南八十里與巴山相接

藏劍巖在褒城縣東南二十里俗傳漢王｜｜於此下有漢王祠

通

關山在城固縣北壻水之南昔蕭何守漢中欲修此道以通關中故名｜｜｜明珠曲蜀檮杌前蜀永平元年王宗播敗岐軍於｜｜｜明珠井在子城內西南舊傳嘗有珠現檢玉觀在西縣一里本盡口化按舊注云昔有褒氏女倂陳安民于此上昇山上有洞門前有飡霞堂唐會昌中嘗遣使於此設醮鐫石題記國朝藏太宗御書于此卓筆山在西縣二十里泥潭谷中一峯削立白玉盆在褒水中大石光白其中窾然可實五斗文與可刻詩其上白崖山在西縣西北山出靈藥隱者多居焉白雲嶺在南鄭縣北十里者舊云嶺上有｜｜屯聚故名青霞觀在南鄭縣東七十里青銼山在南鄭縣西南五十里山多杉檜比諸峯尤翠茂而山頂一石如銼山有西谷寺張魏公爲士曹時留詩在壁青城山城固縣東北五十里漢中記云刺史鄧亮嘗夢至一小城中有壇宇及覺尋訪至此山怳然如夢青雲驛元微之有詩云岧嶤青雲嶺下有千仞谿謂言｜｜｜繡戶芙蓉閣赤沙水出｜｜七盤山屈曲流二十里俗謂之曲水

綠景亭在府圜文與可有詩嶓冢山元和郡縣志云在故金牛縣東二十八里漢水所出

山河水卽褒水也源出太白山或謂此堰蕭何所創其初必相傳爲蕭何堰後世語訛乃轉爲山河堰歐陽文忠公作許景山行狀云山河堰世傳漢蕭何所爲是也褒水源元和郡縣志云出南鄭縣西衙嶺斜水與||同||而派分褒水東流入于漢中郡褒城縣斜水北流入渭經武功縣及鳳翔扶風三縣者也漢孝武時人欲通褒斜道及漕事下御史大夫張湯湯問其事因言抵蜀從故道多坂迴遠今開||||至斜閒百餘里以車轉從斜下渭如此漢中之穀可致山東從沔無限便於砥柱之漕且褒斜林木竹箭之饒擬於巴蜀天子然之拜湯子卬爲漢中守發數萬人作褒斜道五百里道果便近而水多湍石不可漕遂止褒城驛孫可之集云||||號天下第一孫樵有書||||壁元微之詩云七過||||回回各爲情八年身世夢一種水風聲斜谷路在府西北入于||至鳳州界一白五十里有棧閣二千九百八十九閒板閣二千八百九十三閒土人云其閒有一溪可以行舟賦稅極輕

人家多臺也華陽水在褒城縣西北十五里梁州山在南鄭縣東南百八十里與孤雲兩角相接大山四圍其中三十里許甚平或云古｜｜治也子午谷生荔枝自涪陵入達州由｜｜｜路至長安凡三日杜甫詩百馬死山谷至今耆舊悲唐安寺德宗幸梁｜｜公主薨爲建此寺有塔十三級定軍山在西縣南十餘里北臨沔水三國志建安二十二年劉備屯陽平關夏侯淵與備相拒踰年自陽平南渡沔水緣山稍前營於｜｜｜淵引兵爭之即此山也有武侯墓及八陣圖乾明院在中梁山劍外叢林惟牛頭與此爲勝精嚴院在青銼山開山乃海東和尚第二代乃如觀師有法語載傳燈錄唐正元十四年趺坐而化其童子同時立化今肉身俱存崇慶院在牛頭山唐僧洪哲道場松林鬱茂靈液泉從院中分流而出爲叢林之勝靈壽院在城固縣之西北二十里漢時仙人唐公昉之居也延祥觀在城固縣西北四十里耆舊相傳云杜陽眞人得道之所棲眞洞地名鳩谷政和初有捕鼠因轉石得穴而入事如桃源竟夕風雨再

往已榛塞矣**立石山**在南鄭縣西南三十里東連青銼西接金華**神惠泉**在褒城縣十餘里褒德將軍廟前十步元豐八年里人營廟乏水此泉忽湧出**靈液泉**在牛頭山宗慶院之後**旋文栢**在唐公觀相傳唐公房乘風雲而去此柏爲風所轉**桃溪洞**在城固縣西北四十餘里水自洞中一日數潮每潮其聲隱隱如雷**蒿蠕洞**在郡東南小黃村高崖壁立前臨深潤洞當半崖飛橋入洞中極寬洞巉巖萬狀石乳參差**葛蔓水**在西縣水經注云漢水自武遂川南入葛蔓谷**桂石堂**在府圃文與可有詩云嘗聞陽朔山萬尺從地起孤峯立庭下此石無乃似爰爾常獨來一日須三四**鳳凰山**在西縣西南三十五里**鶏鳩嶺**在西縣東北黃沙谷口**金龍井**在郡城或謂嘗有黃龍現**金牛水**出青羊峽在西縣**金牛縣**元和郡縣志云本漢葭萌縣地武德二年置丨丨丨**石牛道**輿地廣記云褒城縣有石牛山山有小石門穿山通道六丈有餘昔秦伐蜀而不知道則作五石牛以金置尾下言能糞金欲以遺蜀王負力

而貪乃令五丁閈道引之秦因使張儀司馬錯引兵
尋路滅蜀謂之石牛道東漢永平中司隸楊厥又鑿
而廣 黃鹿谷 一名鹿堂谷在 俗呼牛頭嶺在
之 南鄭縣三十里 黃牛山 南鄭縣西南五
十里十道記云黃 白鹿池 在南鄭縣北三十里 白馬
牛有再熟之稻 舊有白鹿現於此
山 在西縣五里圖經云張衡於盡口升仙時乘白馬
後人望見之於山之縣又有白馬水或謂白馬氏
之 青羊峽 在西縣黃 鹿堂谷 在南鄭縣北三
地 沙水所出 十里其中多鹿 龍崗山
在南鄭縣西十里梁 鶴騰山 在南鄭縣西南四十五
天監中龍鬭昇此崗 里傳有仙人於此乘丨
丨 雞冠山 在南鄭縣 玉谷水 在城固縣西北二十里
空 以形似名 漢水記云漢水自魏興
泝流一百八十 玉笛、臺 在郡 玉井洞 在郡北十五里
里至玉谷口 東 平崗深穴如井
乾道中天大雷雨一石出泥 玉泉嶺 古稱薤谷崗在
土中乃老君像因立祠其上 南鄭縣西南二
十 玉京山 在南鄭縣西南四十餘里玉 玉女潭 一在
里 銀村早山之陽一峯突出 郡西

南二十八里一在城固縣北二十五里

雪公潭在西縣東百餘里山崖斬絕溪水蹟注號丨丨

石觀音在城固縣北四十里桃林山白衣之相隱然於崖壁間林影不能蔽

女郎山在城固縣俗呼姑子山上有冢酈道元謂之王女冢或謂張魯葬女于此

楞伽谷在天臺山上

佛子潭在天臺山飛泉流注數百尺下為深淵號丨丨丨

老子水在廉水縣出米倉山下又合石劒等水號老溪酈道元謂之獠子水

王子山距天臺二里許峯巒拔削如畫屏與天臺同為一山

將軍石在褒水中入谷十五里有石如兜鍪號丨丨丨

古迹

漢王城在褒城縣南十里

張魯城在西縣水經注云劉焉以魯為督義司馬往漢中斷絕谷道建城治郎峭嶺為城周五里

古北城在城固縣東南十八里漢中記云北城即城固縣也城北及東皆臨巴水舊經劉豐所築與南城相對因名北城俗謂之漢城

沔陽故城在西縣東

南十六里漢志云漢中郡沔陽縣此方人謂漢水爲沔水江城南臨漢水故曰沔陽方輿記云曹魏末梁州理此蜀先主於此設壇卽位隋開皇三年廢

西樂故城在西縣西南城甚險固諸葛亮所築

白雲故城晏公類要在南鄭縣東

古漢中郡城在南鄭縣東二里輿地志云周正王六年秦厲公所築漢高祖嘗都之

古曹操城在南鄭縣北十七里魏志建安二十四年王自長安斜谷軍遮要以臨漢中後留夏侯淵等守漢中卽此

諸葛城在西縣方輿記云孔明拔隴西千餘家還漢中築此城居之

諸葛巖在定軍山

漢廟堆在南鄭縣西十八里卽漢高帝遊憩此阜後人爲之立廟甚靈

樊噲臺在城固縣北五里上容百餘人舊經云丨丨所築也

韓信壇在城固縣東六里按漢書高祖爲漢王都南鄭韓信亡歸蕭何追之高祖乃築壇拜信爲大將軍張少愚詩漢用亡臣策登壇授鉞時須知數仞上曾立太平基

漢陽關皇朝郡縣志云在褒城縣西北昔蜀先主破魏軍殺夏侯淵於此

蕭何堰按新安志許司封遜傳云遜知興元

李益西城聽梁州詞　萬轉江山通蜀國兩行珠翠見褒人海棠花謝東風老應念京都共苦辛　羅隱送人赴職任褒中　花時同醉破春愁醉折花枝作酒籌忽憶故人天際去計程今日到梁州　白樂天寄元稹　斧鉞來天上詩書理漢中　唐姚合送鄭尚書理漢中　旌旗入境犬無聲戮盡鯨鯢漢水清從此世人開耳目始知名將出書生　劉夢得送溫尚書鎮興元　雲樹褒中路風煙漢上城前旌轉谷去後騎踏橋聲　劉禹錫送令狐相伯公鎮梁　緣樹滿褒斜西南蜀道賒驛門臨白草縣道過黃花　劉禹錫送趙中丞參山南幕府　山中花帶煙嵐晚棧底江含雪水寒　劉禹錫送令狐楚　縣道帶蠻夷山川扼隴蜀　劉禹錫

詩下

斷煙橫沔水孤鷲入洋州崔觀漢中城樓晚靄昏斜谷晴陽靈斗山同上江水不流廉節去清名長解勝貪泉崔觀廉水度

豈知王子山前月曾照曹劉夜戰來崔觀教場直望漢江三百里一條如線下洋州崔觀地形連楚闊山勢入秦豪平外斜通駱深中遠認褒圖經何壯觀故事有蕭曹崔觀寥寥官舍靜於僧雖有園亭亦倦登桃李花陰流似水圖書滋味冷如冰崔觀雲陰下斜谷雨勢落褒城文同凝雲樹晚晴

褒城之山劃天鑄中有深谷春水生

漢家興王啟鴻業蕭相治國留英聲閻蒼舒渝舞氣豪

傳漢俗丙魚味美敵吳鄉皇朝類苑云章南鄭所作漢中沃野如關中四五百里煙濛濛黃雲連天夏麥熟水稻漠漠吹秋風七月八月穲稏紅一家往往收千鍾黃裳漢中行往往言和棨之病民其後罷棨又作罷棨行康樂有情遙寄想青谿句在十三峯張俞金華山九譯使車通君王悅戰鋒爭殘四夷國祇在一枝節張俞博望侯墓緜緜褒斜路窈窈鄭眞谷斯人已千載高誼猶在目張俞題隱眞谷雲棧屏山閱月遊馬蹄初喜踏梁州地連秦雍川原壯水下荆揚日夜流陸游漢中境上將軍壇上冷雲低丞相祠前春日暮陸游山南行

乘險仗忠道數經於叱馭分符得地居遂宅於廉泉李元應興元府謝表禹別梁州舊著厥田之上詩歌漢廣今推美化之行同上湯湯漢水聊煩召伯之來宣奕奕梁山終見韓侯之入覲任子淵宴王師樂語漢上雄藩寰中重鎮統臨至廣控壓非輕李義山爲彭陽公興元請尋醫表青天上蜀道久嚴分閫之權黑水惟梁州允賴安邊之傑容齋三筆李師顏制眷予是邦復我興運宜其崇大以示將來陸宣公文集有改梁州爲興元府詔云云宜改梁州爲興元府其置署官名資望一切並與京兆河南府同南鄭縣昇爲小縣諸縣並昇爲畿縣

輿地紀勝卷第一百八十三

輿地紀勝卷第一百八十四　文選樓影宋鈔本

東陽王象之編　甘泉岑鎔淦長生校刊

利州路

利州　昭武節度　益川郡　劍外
[甯]武節度　益昌郡　小益

州沿革

利州都督府益川郡[甯]武軍節度九域志禹貢梁州之域圖經井柳之分鶉首之次唐書志及圖經春秋戰國爲蜀地輿地廣記蜀王封其弟葭萌於漢中號苴侯因命其邑曰葭萌華陽國志苴蜀相攻秦命司馬錯伐蜀滅之史記張儀傳又巴志云周愼靚王五年蜀王伐苴侯苴侯奔巴巴爲求救於秦秦惠王遣張儀司馬錯救苴巴遂伐蜀滅

之因取巴置巴蜀及漢中郡置巴蜀及漢中郡見上而葭萌隸蜀郡寰武志漢分巴蜀置廣漢郡今州即廣漢郡之葭萌縣地此據元和郡縣志而西漢地理志高帝六年置廣漢郡領縣十三葭萌以縣屬焉蜀先主改葭萌為漢壽縣屬梓潼郡晉志云劉備據蜀改葭萌曰漢壽縣通鑑云後漢建安十七年先生自葭萌南還襲劉璋留霍峻守葭萌城張魯攻峻城一年不能下先主嘉峻功二十二年分廣漢郡置梓潼郡以峻為梓潼太守始改葭萌曰漢壽後王延熙中費禕胡濟張翼董厥並屯漢壽晉武改漢壽縣為晉壽縣元和郡縣志云漢改漢壽為晉壽縣寰武志云晉武帝泰始三年改漢壽縣為晉壽縣李氏據蜀以李雄之子期為梁州刺史鎮葭萌凡葭萌之陷于蜀者四十六年寰武志元温平蜀晉孝武永和三年孝武分梓潼北界立晉壽郡統

晉壽白水邵歡興安四縣此據晉志宋文帝時晉壽陷于楊難當尋復故通鑑元嘉十年楊難當攻葭萌獲晉壽太守范延朗盡有漢中之地十一年蕭思話破難當盡收侵地置戍葭萌水十八年難當攻拔葭萌獲晉壽太守申坦十九年裴方明與劉道眞斬難當當將符[宏]齊分晉壽郡之興安縣置東晉自是葭萌復爲宋地壽郡於烏奴城郡對有烏奴山卽其故地也齊志晉壽郡領晉壽與安邵歡白水四縣而東晉壽郡下云右一郡縣邑事亡圖經云永泰元年分晉壽郡之典安縣置東晉壽郡於烏奴城北一里梁武以竺嗣爲晉壽太守嗣叛入後魏魏以晉壽爲西益州元和郡縣志以爲魏改晉壽爲西益州而通鑑大同元年益州刺史鄱陽王範南梁刺史樊文熾合兵圍晉壽魏東益州刺史傅敬和來降詳通鑑之文似以晉壽爲西益州而隋志云後魏曰益州世號小益州不分東西益州也三者俱不同梁復克之始

通劒路元和郡縣志在大通六年改西益州爲黎州元和郡縣志云梁大通元年又尅之改西益州爲黎州寰宇記云大同二年改西益州爲黎州不同象之謹按大通六年晉壽尚屬後魏至大同元年始尅晉壽不應梁預於大通六年改魏之州名也武陵王紀僭位于蜀地入西魏通鑑承聖二年楊法琛求爲黎州以爲潼州刺史法琛遂降魏甯武志云又以黎州與席蕟蕟亦降魏魏復以爲西益州此據元和郡縣志而隋志云梁曰黎州西魏復曰益州又改曰利州而無西益之文又改西益州爲利州甯武志云梁元帝承聖三年始爲利州亦不知其孰名之也舊經以爲梁改此名切攷承聖二年黎州已降于魏則承聖三年改黎州爲利州不應尚以爲梁改也但隋志及元和志第言魏改曰利州不記年月故作甯武志者不能名其所始也象之謹按後周書紀魏廢帝元年改西益州爲利州此利州命名之始也當從後周書云魏改黎州爲利州周隋因之煬帝改爲義成郡隋志有義成郡唐又爲

利州舊唐書志云武德元年改爲利州置總管府舊唐書志云在武德二年改總管爲都督府舊唐書志在武德七年罷都督府正觀六年改益昌郡天寶元年復曰利州乾元元年初隸感義軍新唐書方鎮表光啟元年升興鳳州爲感義軍二年兼領利州更感義軍曰昭武軍治利州通鑑乾甯二年王建將王宗侃拔利州乾甯四年更感義曰昭武軍治利州方鎮表亦云乾甯四年更感義軍曰昭武軍五代前蜀仍爲昭武軍甯武志輿地廣記並云王蜀時改爲昭武軍按唐天復二年王建將西川兵至利州而昭武軍節度使李繼忠棄鎮奔鳳翔王建以王宗偉爲利州制置使則王建未據利州之前已有昭武軍節度使矣不當言王建始改爲昭武軍也後唐平蜀寰宇記云丨丨丨丨因而不改改郡曰益川後蜀因之甯武志皇朝平蜀改昭武軍爲甯武軍國朝會要在景祐四年中興以來張浚以宣撫

使退保利州鄭剛中虞允文以宣撫使置司利州王炎始移司興元（乾道七年）及安丙仍置司利州（嘉定十二年）今領縣四治綿谷

縣沿革

綿谷縣　中

倚郭元和郡縣志云本漢葭萌縣地晉志云劉備改葭萌曰漢壽甯武志云晉武帝泰始三年改漢壽縣爲晉壽縣元和郡縣志云晉武東晉孝武分晉壽縣置興安縣甯武志云齊明帝永泰元年分興安置東晉壽郡於烏奴城北今縣是也元和郡縣志云開皇十八年改爲綿谷縣因綿谷爲名今利州治所

葭萌縣　中

在州南一百一十里元和郡縣志云本漢丨丨丨地東晉分晉壽於今縣南置晉安縣隋志云後魏曰晉

安置新巴郡開皇初郡廢十八年縣改爲｜｜｜取漢舊縣名也圖經云葭萌故城在益昌東五十里今葭萌縣乃隋開皇閒改晉安縣始取漢舊縣以名之初非古葭萌也

昭化縣 下

在州南三十五里續通典云本漢葭萌之地秦司馬錯自劒閣道伐蜀卽此路也亦名石牛道晏公類要及輿地廣記並云本漢葭萌縣地宋置益昌縣屬白水郡隋唐屬利州元和郡縣志云周改爲益昌縣寰宇記及續通典並云天寶中改爲益昌縣與此不同象之謹按隋志義成郡下已有益昌縣則益昌非置於唐之天寶也宋志及南齊志巴西郡下並有益昌縣則益昌又非置於後周也當從輿地廣記又晏公類要曰宋置益昌縣國朝會要云昭化縣舊曰益昌開寶五年改曰｜｜｜

嘉川縣 中

在州西二百二十里本漢葭萌縣地宋武帝於此置宋熙郡及興樂縣後入於魏至恭帝元帝改興樂爲

嘉川縣取嘉陵江爲名隋開皇二年罷郡以縣屬利州貞觀二年改屬靜州十七年復屬利州永泰元年割屬集州國朝會要云｜｜

｜咸平四年自集州來隸

監司軍帥沿革

宣撫制置兩司

中興小歷紹興九年宣撫使胡世將置司於鳳州之河池縣紹興十二年鄭剛中爲宣撫副使先是宣撫司嘗居蜀中自移居河池饋餉不繼剛中奏移司利州務以省費紹興十七年鄭剛中獲罪并宣撫司罷之以知成都府李璆爲四川制置使而制置始移司成都紹興三十一年吳璘以宣撫使判興州而王剛中尙爲制置開禧用兵程松爲宣撫使其後安丙相繼爲之至董居誼自成都移制置司於利州紅巾之亂安丙復爲宣撫使司利州其後崔與之以制置使代安丙亦置司利州

總領所

蜀武志云國朝眞宗咸平四年分西蜀爲益梓利夔四路又以知益州宋大初兼川陝西路都轉運使此則總領四川財賦之本原也中興建炎三年張魏公浚爲川陝宣撫使以趙開爲隨軍轉運總領四川財賦此總領四川財賦之得名也中興小歷紹興十五年侍御史汪勃請置四川總領以總領四川宣撫司錢糧爲名時尚隸宣撫司也後當汪召嗣爲總領時始削去宣撫司字直名爲四川總領因得報發御前軍馬文字此則四川總領財賦之定名也自是以後定名不改今置司利州

轉運司

國朝沿唐置轉運司初平劍南爲西川一路而已太平興國三年分西川川東道各置轉運副使後又增置判官又分益梓利夔四路利路所統興元利洋閬劍巴文與蓬龍及三泉縣而已中興以來以金成鳳岷階隸焉其後劍州陞爲隆慶府三泉縣陞爲大安軍岷州改爲西和州興元改爲沔州成州分爲天水軍凡軍府各二州十有三焉今置司利州又利路轉運題名記云梁益古西南鎮之重國初并而爲一至咸

平四年始詔與夔梓合議而析爲四道自劍利而北凡十四郡縣皇祐辛卯閻灝記紹興元年七月丙申張深爲四川轉運副使高士瑰爲判官自成都移司利州繫年錄

副都統司

中興以來利路有三大屯興州興元金州郡統三司鼎力而興興州之事權特重淳熙中移興州左右軍於利州其隸於興州自若也自開禧丁卯之後宣撫使安丙乞移沔州副司於利自是以後沔有正而不除副利有副而不除正其實各爲一司而利之御前軍始分爲四矣

風俗形勝

郡爲蜀之北境寰宇記劍外一大都會[illegible]志序武州城西臨嘉陵江元和郡縣志乃咽喉之要路蜀志云先主使陳戒絕馬鳴閣魏武聞之喜曰此閣過漢中之平陰｜｜｜｜｜又國朝太宗淳化四年蜀李順及宋琪上書曰利州最是咽喉

之地西過桔柏江去劍門百里東南去閬州水陸二百里西北通西川濇川是龍州人州大路鄧艾於此破蜀今廟貌存焉

前界關表後處劍北實爲重地甯武志

郡據川陸之會前接關表後通巴蜀甯武志

自城以南純帶巴音由城以北雜以秦語宣武志

益昌之南陸走劍門過劍而外東西川在焉水走閬果由閬果而去適夔峽焉西則趣文龍二州東則會集壁諸郡故益昌於蜀最爲都會嘉祐八年陳愜通判廳題名記

葭萌四戰之地唐光啓二年周庠說王建曰丨丨丨丨丨丨丨丨難以久安

利於秦蜀爲舟車咽喉土瘠民貧城郭庳而居室陋紹聖元年利路文轉運寶峯亭記

郡壤故錯羌氐與上庸百濮微髳彭盧俱司馬溫公祠堂記

郡之西山秀

出雲表同上踞秦蜀之衝同上利控蜀之吭四集之國也皇祐三年綿谷驛記益昌爲蜀北門重修學記四會五達蜀檮杌周博雅說蜀王建曰利州惟北曰秦惟南曰蜀歐陽詹棧道銘斜根玉壘旁綴青泥總庸蜀之道塗統岐雍之康莊歐陽詹棧道銘序秦之坤蜀之艮連高夾深九州之險也同上山峽地瘠民貧役重東坡跋鮮于子駿益昌八詠時人又呼爲小益對成都之爲大益也圖經

景物上

雲莊在寶峯之上回瀾在郡治下瞰嘉陵江南渡唐溫庭均詩云澹然空水帶斜暉曲島蒼茫接翠微波上鳥鳴看棹去柳邊人歇待船歸南池劍南詩藁云杜詩所謂安知有蒼池萬頃

浸坤軸者今已盡廢　西岑總所花園在烏奴山慶壽院之下　藍溪在葭萌縣出龍孔鼻山流入閬州界　柘溪在綿谷縣東三十里　藥臺在昭化縣西寳子明丹竈存焉其臺與爐皆鐫石甃成工極精巧非今人所能也　潛水元和郡縣志云出綿谷縣東北龍門山書滝潛既道是也　綿谷類要云在葭萌縣西接｜｜界　穿山元和郡縣志在綿谷縣一名胡頭山出鐵舊置鐵官又有山龗伏於空處皮可爲田刀箭所不能入　劍閣在綿谷葭萌縣

景物下

裕民堂在漕司北廳　會節堂在漕司北廳　光華堂漕司北廳舊極壯麗其極有八而｜｜｜不與焉詳見後八詩注　儒富堂在總領所　節愛堂在州治　南風堂在總領所　春風堂在州治　仰遷堂在漕司北廳司馬溫公祠堂在焉　思賢堂在州治　賦政堂在漕司北廳　告成寺在州城西北渡二里有唐高宗則天眞容

倚岩爲樓俗傳爲阿武婆婆梳洗樓**進思堂**在州治**誠意堂**在州治**清心堂**
在總領所**明月峽**晏公類要云巫峽巴峽明月三峽惟｜｜｜在此界中**自然觀**在嘉
川縣又名登眞觀觀前有碑云天寶二年西川監軍使王將軍重修其碑詞云半崖有洞昔張天師煉丹
於此丹成而去**玉清觀**在嘉川縣今改爲會眞觀**寶慈觀**在葭萌縣舊名浮雲觀有唐明
皇御容在焉**朝天嶺**在州北五十里路經紀險其後即朝天程舊路在朝天峽棧閣遂開此道
人甚便之文與可有｜｜｜詩云山若畫屏隨峽勢水如衣帶轉岩陰李巽岩亦有詩皇朝郡縣志云｜
｜｜即漫天寨也**漫天嶺**長編云乾德二年王師伐蜀蜀王燒絕棧道退保葭萌遂擊金山寨
又破小漫天寨蜀人退保大漫天寨拔其寨追奔至利州北蜀將王昭遠等退保劍門王全成等入利州
羅隱漫天嶺詩云西去休言蜀道難此中危峻已多端到頭未會蒼蒼色爭得禁他兩度漫**西漢**
水元和郡縣志云一名嘉陵水水經綿谷縣西一里**西谷水**在昭化縣自龍州江油縣界合白水

江**東遊水**在嘉川縣自興元府廉水縣界入縣境出巴州清化縣界**小劍城**水經注云｜｜｜去大劍城三十里連山險絕飛閣通衢故謂之劍閣也元和郡縣志云去大劍四十里今在益昌西南五十里**大劍口**元和郡縣志云卽秦張儀司馬錯伐蜀所由路也亦謂之石牛道**雙明樓**在漕司北廳**三政堂**在總所參政王之望建取足食足兵民信之意**五盤嶺**杜甫詩云五盤雖云險山色佳有餘**五峰山**鮮于侁題靈溪寺詩云龍去難尋百潭水地靈長對五峰山**八詠詩**鮮于子駿爲利漕有公居｜｜｜曰桐軒竹軒柏軒巽堂山齋燕閒亭會景堂寶峰亭凡五言八首司馬溫公范蜀公蘇子由文與可皆有和詩見甯武志**九隴山**在州西北二里**百牢關**元微之詩云嘉陵江上萬重山何事臨江一破顏自笑只緣任敬仲等閑身度百牢關**百社潭**范百祿題靈溪寺詩云門外淸冷｜｜｜**葭萌關**甯武志云在葭萌縣舊置監官今廢**枯柏津**在昭化縣杜甫詩云青冥寒江渡駕竹爲長橋今昭化驛有古柏土人以枯柏

名之**黃金塡**圖經云益昌縣東南沿江有平田號|||故老相傳謂州城基在此卽古晉壽城**白水江**在昭化縣**白衞嶺**在昭化縣之南境劍門相接有鋪曰白衞鋪又唐詩紀事唐明皇幸蜀登|||覽眺良久歌李嶠眞詩云山川滿目淚沾衣富貴榮華能幾時不見只今汾上水惟有年年秋鴈飛復曰李嶠眞才子也**清水江**在昭化縣**烏奴山**在綿谷縣以李烏奴得名**黃求山**在昭化縣西北一百里舊傳山頂有有黃求眞人觀因名**透明山**在昭化縣西北二百里有巖透明望之如懸鏡**陽模洞**又作羊模洞在綿谷縣北六七里有山萬仞峭壁如削中闕洞門高不可上五代時王眞人舉家飛昇之所**望鄉臺**九域志**望喜驛**唐李義山|||詩云嘉陵江水此東流望喜樓中憶閬州若到閬州還赴海閬州應更有高樓宋祁亦有詩**籌筆驛**在綿谷縣去州北九十九里舊傳諸葛武侯出師嘗駐此唐人詩最多石曼卿詩云意中流水遠愁外舊山青陸放翁詩云一等人間笘城子不堪譙叟作降牋**遺履井**在嘉川縣登眞觀父

老云仙人丨丨於井中舊時隱隱有形像今不見矣

靈溪寺黃魯直有題壁云由嘉川宿丨丨丨元豐三年七月十八日

潭毒關在州北九十里江西仙觀山有御前軍屯駐丨丨丨下瞰大江路皆滑石登陟頗艱巽時撤離合破興元興元帥劉子羽嘗屯兵於此以捍蜀口亦蜀口之險要又云潭下淵岸有一鐵索見則兵動紹興間常見開禧元年又見果有用兵之應

嶓冢山寰宇記云丨丨丨丨泉爲漾水

雪峰寺王東琡有雪峰寺勸耕詩

雪溪洞在朝天谷深不可測洞門有雪溪居士宋耕畫題即太常宋德之之祖也

馬鳴閣寰宇記在昭化縣詳見風俗形勝門

龍門洞在綿谷縣北有三洞自朝天程入谷十五里有石洞及第二第三洞有水自第三洞發源貫通二洞流水出下合嘉陵江

龍門山梁州記云葱嶺石穴高數十丈狀如門俗號爲丨丨丨元和郡縣志在綿谷縣圖經云山北有鷰子谷谷中有石磬又有龍門洞

龍洞閣在綿谷縣詳見石欄橋下杜詩云清江下龍門絕壁無尺土馮鈐幹臣云其他閣道雖險然在山腰亦微有徑可以增治閣道獨惟

此閣石壁斗立虛鑿石竅而架木其上比之他處極險老杜詩絕壁無尺土謂此也

石門關 元和郡縣志云在景谷縣南十八里昔諸葛鑿石爲門因名之

石欄橋 在綿谷縣北一里自城北至大安軍界管橋欄閣共一萬五千三百一十六間其著名者爲石櫃閣龍洞閣

石鷰山 元和郡縣志在集州嘉川縣西北六十里山甚高險梯格乃得登之獠人常恃此以爲阻圖經今在嘉川縣

石牛道 元和郡縣志在益昌縣類要又謂之石劍閣道

木馬山 元和郡縣志在景谷縣西南一十五里諸葛亮出祈山作木牛流馬於此因以名之

白馬山 寰宇記在綿谷縣後漢張平子少學業於此圖經又名寶峰山有白馬觀在焉

朱雀山 在昭化縣與牛頭山相連

回龍寺 在城西十五里唐僖宗避黃巢巡幸至此因以回龍名之今僖宗御容在焉

羅漢洞 在綿谷縣九十五里

觀音影 在昭化縣雲羅山俗傳山頂石壁上有觀音影每晴明卽見

玉女房 寰宇記在綿谷縣按梁川記云肥城東南有玉女山山上有十石穴穴中若房宇有玉女八人不出穴前有脩

竹下有石壇風來動竹掃壇如箒

玉女泉 圖經在昭化縣過桔柏江一里許山下有□□□六旱不竭自泉而上二里許有玉女房

古迹

沙川城 在昭化縣白水鎮周回五里許俗傳爲沙州按元和志云楊難當尅葭萌分白水置平興縣屬沙州

景谷縣 元和郡縣志云本漢泉縣地輿地廣記屬昭化縣宋置平周縣又改曰平興隋改曰景谷唐武德置沙州正觀元年州廢來屬五代改爲白水鎮元和志又云城乃楊難當所築削山爲城三角中有一井乃傳豎眼所穿

晉壽故城 元和郡縣志在益昌縣東南五十里本漢葭萌縣地

嗣山縣城 元和郡縣志云嗣山縣置城元白山上武德四年築義清縣天寶元年改爲峒山縣唯三面有城皆臨絕險南面因險更不築城國朝開寶三年改爲平蜀熙寧三年省平蜀入嘉川縣

故平蜀縣 續通典云本漢葭萌之地後魏恭帝二年分晉壽置義成縣義寧二年改爲義清縣

天寶元年八月改爲齋山縣國朝乾德三年改爲平蜀縣國朝會要云熙寧三年省入嘉川

天后梳洗樓 在州城西北渡江二里告成寺外有唐高宗則天眞容倚巖爲樓俗傳阿婆梳洗樓

天后故宅 舊經云報恩寺在州城北一里即唐｜｜｜｜蜀明德二年立爲院

則天順聖皇后廟 在州西告成門外舊碑云其母感溉龍而生后廟舊號則天金輪皇帝廟嘉定乙亥運使曹彦約謂理有未安乃改曰則天順聖皇后廟唐李義山有感孕金輪所詩意卽此地也

狄梁公祠 在則天廟內

浮雲觀唐明皇銅像 在葭萌縣一百六十步有唐明皇御容在焉又天慶觀亦有明皇御容銅像

司馬温公世德堂 在寶峯山温公年十三隨侍天章公作漕來此今烏奴山有天章公手澤尚存

蜀費禕墓 華陽國志云晉壽縣本葭萌城蜀大將費禕葬此

官吏

唐武士彠九域志云｜｜｜爲利州都督生皇后於此今皇澤寺有武后眞容殿沈長源歐陽詹集云正元中吳興｜公｜｜牧利州其爲政五年予旅遊由乎利觀人安俗阜欽所以美作益昌行詩有曰驅馬至益昌倍驚風俗和耕夫蕁上行負者途中歌何易于唐循吏傳｜｜｜爲益昌令刺史崔朴常汎舟出益昌索民挽繂易于即腰笏身引舟朴驚問狀易于曰方春百姓耕且蠶惟令不事可任其勞朴愧疾驅去又榷茶詔下易于曰益昌人不征茶不可活取詔自焚之觀察使素賢之不劾也孫樵爲作傳久紀其事顏眞卿咸安志廣德元年｜｜｜自蓬州長史遷爲刺史本朝王素國朝郡守題名云以國子博士爲守在任一年李昉天禧三年爲轉運使司馬池天聖九年爲轉運使其後以公配祀於世德堂司馬光溫公年十三隨侍天章公作漕來此又烏奴山祠堂記云公侍其先君駐節此邦春秋纔十有四已和鮮于子駿賦寶峰之詩鮮于侁熙甯五年爲轉運副使再任有益昌八詠詩蘇文忠公爲之跋備言子駿世家南陸奉行新法上不害法

下不害民中不廢親之意**呂開**熈寧中鮮于侁爲利州轉運使奉行新法辟開幕府盡以免役事付之開躬行一路雖深山窮谷諮謀究度靡不備至書成俾稟命于朝丞相王安石問曰子所定以何爲準開以熈寧詔書對曰無使今日出錢之民重於昔日之差役丞相喜以爲深得法意即日除利路轉運判官而陛鮮于爲副使而王純臣書蘇公八詠詩後亦載呂開事甚詳**趙開**總領丨丨兼都漕號善理財不加賦於民而軍用足**李蘩**字清叔淳熈中爲總領舊制軍糧六十萬以等第均科名曰和糴其實強取已五十餘年民甚苦之淳熈四年公欲官自爲糴增糴本錢百餘萬緡公通融排幹不傷經費而用度足黃公裳作罷糴行以誌其事又洋州志淳熈四年總領丨丨奏罷乞官自置場不驅催不敢贏民自緊量即支錢引民大歡悅**朱勇**水洛城人爲利州統制官紹興三十一年敵叛盟勇道戰于瓦亭寨破之會有旨班師敵兵邀截于路勇力戰潰圍爲共御執以赴敵臨死猶叱罵不絕賜廟忠節在寶峰寺之東勾昌泰爲之記**虞允文**言行錄云蜀帥吳璘卒以公爲四川宣撫公開幕府於利州時

軍政久壞公首劾大將等十一人之病民者　周嗣武
薦可爲帥將者三人諸軍歡呼四蜀皆賀
言行錄云孝宗時爲夔路漕建言蜀號天險捨劍門
無他道近歲文州輒開青唐嶺利州輒開馬道院皆
不由劍閣別架棧道以引商販冀收其　楊巨源字子
算宜杜邊境萌隙悉奏撤之俱從請　淵開
禧中逆曦叛巨源爲魚關倉官密結數十人入興州
與李好義合謀討賊曦既授首補朝奉郎宣撫司參
議與論邊事不合爲彭輅所械送大安軍殞於非命
朝廷知其冤詔建廟新沔即所居旌表門閭官其二
子京
秩

仙釋

葛仙翁　昭化縣桔柏渡舊傳其津有二魚負舟往往
沉溺有道士求渡操舟者難之道人云吾乃
丨丨丨命取石書符令舟人渡之至中流二魚果出
擲符於水中少頃淚息次日有二魚死於龍爪灘下
王眞人　五代時眞人盡室歛穫於陽模洞遣其婦求
水遇癘僧婦惡之弛檐而走僧就器飲之殆

半婦置水田上家人盡飲婦獨不害口少頃舉家飛入洞中婦不得上後每天色開霽洞口隱隱有人往來纔長尺許蕘牧慣見文與可與陸丕詣洞下亦嘗見之與可作文以記其事

演公

俗姓白巴州恩陽人本土族與趙清獻公為禪友

持揭諦呪斬蛟聖僧

圓通總錄云唐則天聖歷中集州嘉川縣百姓潭有蛟時出為害因祠以處女白馬里人或之習以為常有張從善者當以女祭翁媼垂泣有人曾至門教女誦般若經中揭諦神呪女如其言及送至蛟祠中忽見巨人被甲伏劍其蛟奔出即以劍戮之女子安然敕改祠為揭諦院度女為尼以主之

登眞觀道人

觀在嘉川縣西五里舊傳每歲一黃冠齋沐百日易服於壇上以俟即有音樂相迎飄然輕舉至是一道人自言當仙乃持弓挾矢以待夜靜所見如前道人引滿射之有聲如雷見大蟒中矢死焉俄失道人所在箭有張天師符押在焉

碑記

唐南池新亭碑劍南詩藁云唐長慶中南池新亭碑存漢高帝廟側亭已失所在矣唐李義山碑在籌筆驛舊有碑近經兵火不存棧道銘歐陽詹文有云蘇頲利州北佛龕前重題在佛龕山谷紀行碑在嘉川縣靈溪寺元豐三年題

圖經甯武志鄧卿序楊炎正編

詩上

朝登劒閣雲隨馬晚渡巴江雨洗兵岑參嘉州和相公發益昌前日登七盤曠然見三巴岑參利州道中行漢水出嶓冢梁山控褒斜棧道籠迅湍行人貫層崖岑參平旦驅駟馬曠然出五盤岑參早上五盤此行爲知己不覺蜀道難岑參嘉州上五盤處處川復原重重山與河人煙遍餘田時稼無閑

坡歐陽詹爲益昌守沈長源作益昌行蜀道多草花江闊一作干饒奇石

石櫃曾波上臨虛蕩高壁杜甫石櫃閣五盤雖云險山色

嘉有餘仰凌棧道細俯映江木疎杜甫五盤葭萌氏種迴

左擔犬戎屯杜甫愁坐作悠悠風旆遠山川山驛空濛雨

作煙路半嘉陵頭已白蜀門西上更青天唐武元衡嘉陵驛

望鄉臺下秦人去學射山中杜魄哀武元衡送柳郎中一永安

宮受詔籌筆驛沉思慷慨康時略從容問罪師褒中

秋鼓角渭曲晚旌旗杜牧題籌筆驛天地三分魏蜀吳武侯

倔起贊訏謨身依豪傑傾心術目對雲山演陣圖赤

伏運衰功莫就皇綱力振命先祖出師表上兩遺恨

猶自千年激壯夫唐薛逢題籌筆驛　抛擲南陽爲主憂北征東討盡良籌時來天地雖同力運去英雄不自由千里山河輕孺子兩朝冠劒恨譙周惟餘岩下多情水猶解年年傍驛流羅隱題籌筆驛　眇眇葭萌道蒼蒼褒斜谷唐張說之使蜀道　魚鳥猶疑畏簡書風雲長爲護儲胥徒令上將揮神筆終見降王走傳車管樂有才眞不忝關張無命欲何如他年錦里經初廟梁父吟成恨有餘李義山籌筆驛

詩下

蜀道萬里險黎城千古荒利路運判寶峯亭詩失其姓名　嘉陵横其

陰劒門屹其陽綠野宋江細絕磴九隴長黑水環禹跡青原帶秦疆利路運判寶峯亭詩失其姓名黎城酒貴如金汁解盡寒衣才一吸獄曹參軍到骨窮簿書吻燥何由濕夜來細雨對簷花對客惟有嘗春茶唐子西黎城酒井邑今昭化流傳古益昌藥臺聞寶子茶語憶何郎古詩贈昭化胡同年姓名闕金城環雉堞雲屋瞰闤闠雙林聳江右九隴覩天外鮮于子駿會景堂舟航日上下車馬不少閑近邑湊商賈遠峯自雲煙鮮于子駿寶峯亭髻鬟烏奴翠衣帶嘉陵碧霞生白水尾日沒九隴脊司馬溫公寶峯亭衆山四面合二水南北流范蜀公山齋誰言幽堂居近此使者宅俯聽

辨江聲卻立晚石壁蘇子由巽堂寺簡書日填委杖屨每幽獨蘇子由山齋詩嘉陵抱江回平行出橫溢中間築雄壘獨據兩川會行臺敞嚴府磊落北城外潭潭走翠楹直上巒嶺背文與可寶峯亭亂山落日葭萌驛古渡悲風桔柏津陸游鼓樓坡前木瓜鋪歲晚悲辛利州路當車礌礌石如屋百里夷塗無十步陸游木瓜鋪詩壯哉利閬間崖谷何谽谺陸游鼓角鋪詩馬經斷棧危無路風掠柘茅颯有聲陸游文益昌詩暮雪烏奴停醉帽秋風白帝放歸船陸游

四六

眷言綿谷夙號鉅藩既不遠於鄉枌亦預榮於晝繡

寧武軍

趙雄詔

輿地紀勝卷第一百八十四

輿地紀勝卷第一百八十五　文選樓影宋鈔本

東陽王象之編　　甘泉岑鎔淦長生校刊

利東路

閬州　閬中郡　南梁州　隆州　錦屏　盤龍郡　南龍　隆苑　閬苑

州沿革

閬州　上　閬中郡安德軍節度九域志　禹貢梁州之域元和郡縣志　東井輿鬼之分野碑記序云分應輿鬼　晉志梁益分野臨參宿唐一行定鶉首之次井柳之度圖經云一行之說近之　周梁合於雍又爲雍州地元和郡縣志　春秋爲巴地此據寰宇記又左傳桓公九年杜預注云巴國在巴郡江州縣　華陽國志云巴子後理閬中巴子雖都江

州或治墊江或治平都後治閬中秦惠王滅巴置巴郡此據華陽國志而圖經謂始皇即其地置巴郡不同在秦爲巴郡閬中縣也元和郡縣志兩漢因之二漢志閬中縣並屬巴郡劉璋改巴郡爲巴西郡宋志在建安六年自安漢移理於此寰宇記蜀先主入益州以張飛爲巴西太守三國志張飛傳晉分益州置梁州巴西改隸梁州圖經在太始三年晉志梁州下有巴西郡治閬中李雄之亂郡縣荒蕪太守理無定所寰宇記宋文帝復於此城立北巴西郡寰宇記在元嘉八年尋除北字宋志齊志巴西郡並治閬中縣齊不改寰宇記載地形志云今郡城即古之閬中梁又即巴西立南梁州隋志巴西郡下注云梁立南梁州西魏置隆州寰宇記在天監中西魏定蜀改置州郡改南梁州爲隆州以此州有

隆城因以爲名後周書帝紀云西魏廢帝二年尉遲迥伐蜀尅成都三年改置州郡改南梁州爲隆州元和郡縣志及寰宇記輿地廣記晏公類要皆云魏廢帝時置隆州而圖經以爲後州改南梁州爲隆州不同象之謹按隆州之置雖在西魏廢帝之世而其建置始末實載於宇文氏後周帝紀故後人作閬州圖經之時第見其載於周紀遂誤以爲周立隆州耳治古閬中城元和郡縣志又改巴西郡爲盤龍郡以郡中有盤龍岡因以爲名元和郡縣志云又改巴西爲盤龍隋志云魏平蜀置盤龍郡隋初郡廢而州存隋志在開皇初年煬帝時州廢併其地入巴西郡唐改爲隆州武德元年通典作崇州隸山南道圖經在正觀中改爲閬州取閬水以爲名元和郡縣志云在先天元年因避元宗諱故也唐志云先天二年避元宗諱更州名圖經云唐以苑囿顯故曰隆苑後人猶以苑囿配稱閬苑元宗以後所隸不一或西川或東川曰閬中郡天寶

元年復爲閬州乾元元年蜀王氏有其地通鑑唐昭宗乾寧二年閬州防禦使李繼雍降於王建後唐保寧軍節度通鑑天成四年割果閬二州置保寧軍五代會要云後唐天成四年十月陞閬州爲保寧軍節度孟氏復以閬州爲保寧軍益以果蓬渠開四州通鑑後唐明宗長興三年以趙廷隱爲保寧軍留後皇朝平蜀改安德軍節度國朝會安在乾德四年初隸西川路開寶五年分蜀爲川峽兩路閬隸西川後隸利州路咸平四年分益利梓夔四路而閬隸利州路中興以來隸利東路紹興十四年鄭剛中乞分利路爲東西路閬隸東路今領縣七治閬中唐以南充西充隸果州以儀隴大寅隸蓬州乾元中猶領縣九晉安岐坪在焉皇朝熙寧五年併晉安併岐坪於奉國蒼溪今見領縣七

縣沿革

閬中縣 望

倚郭本秦故縣也華陽國志周順王五年張儀伐蜀因取巴王以歸分其地爲三十一縣此城爲｜｜｜二漢志｜｜｜並屬巴郡元和郡縣志云閬水行曲經縣三面縣居其中以此爲名漢范目張魯皆封閬中侯晉志宋志齊志巴西郡治｜｜｜隋志云梁置北巴郡後魏置蟠龍郡開皇中郡廢又改爲閬內避文帝父諱也唐復爲閬中圖經云正觀十二年徙于州東咸亨二年徙于蟠龍山之側載初元年徙于張儀故城今縣治是也

南部縣 緊

在州南七十里元和郡縣志云本漢南充縣地梁置南部郡周閔帝天和初改爲｜｜｜屬盤龍郡隋志云舊曰南充國梁曰南充郡西魏置巴西郡後周郡廢通典云後周置縣小有不同元和郡縣志又云隋大業三年改屬巴西郡先天二年改屬閬州寰宇記云以居閬州之南故曰南部

新井縣 緊

在州七十五里寰宇記云本漢充國縣地圖經云武德元年巡察使段倫以其地居隆梓遂三州之間鄉村闊遠遂分南部晉安置縣縣多鹽井以新井名之唐志亦云武德元年析晉安南部縣地置

蒼溪縣 緊

在州北四十里東漢志云後漢永元中置漢昌縣巴志云分宕渠之北而置之元和郡縣志云宋元嘉八年分置漢昌縣隋開皇三年屬隆州十八年改爲｜｜｜｜以蒼溪谷爲名輿地廣記圖經並云晉置｜｜｜｜寰宇記及晏公類要則云後漢永元中置｜｜｜蒼溪之置而有漢晉宋隋之不同象之謹按東漢志巴西郡有漢昌而無｜｜晉置巴西郡領縣九郎蒼溪漢昌二邑並置然沈約宋志及齊志並有漢昌而無蒼溪隋志有蒼溪而無漢昌意者東漢置漢昌晉志蒼溪宋併蒼溪入漢昌隋又改漢昌爲蒼溪耳故隋志云舊曰漢昌開皇末改曰蒼溪圖經云隋開皇四年刺史鄭鐸以治所狹隘徙于四肘川

奉國縣 中

在州東北七十里元和郡縣志云本秦閬中縣地後魏恭帝二年於此置｜｜｜寰宇記云梁武帝始於此立白馬義陽二郡後魏恭帝二年廢義陽郡改爲｜｜｜屬白馬郡始以此地來附於魏故以奉國爲名隋開皇三年屬隆州唐志云武德七年隸西坪州正觀元年州廢來屬寰宇記又云皇朝熙甯八年徙治重錦國朝會要云熙甯五年廢岐坪縣爲鎮來屬

新政縣 中

在州東南一百三十五里元和郡縣志云本漢充國縣地唐武德四年割相如南部二縣立新城縣以隱太子建成諱改名｜｜｜圖經云武德中巡察使韓仲良乞割二縣地置皇朝元豐五年徙治晉安

西水縣 中

在州西一百二十里寰宇記云本秦閬中縣地梁大同中於今縣西三十五里置掌夫戍周閔帝元年改

爲｜｜｜因西水以爲名輿地廣記云隋屬龍州圖經云大業中水泛漲徙治彭定故宅國朝會要云熙甯五年盛晉安縣爲鎮來屬

風俗形勝

其民質直好義土風淳厚有先民之流風續記引巴志之語剛悍生其方風謠尚其武奮之則賓振亂之則渝舞左太冲蜀都賦閬中在劒南巴峽羣山磽确之中紹聖二年董丕思政堂記地險民豪蜀檮杌周博雅說蜀王建曰閬中｜｜｜｜閬之爲郡在梁洋梓益之衝馮忠恕正廳記云｜｜｜｜｜｜｜｜｜｜｜｜其土地平衍而沃其山川秀麗而長其民俗恭儉而文在西南爲佳郡閬苑盛事三學士謂雍元直蒲傳正鮮于端夫也錦屏名山三人狀元謂陳堯叟陳堯咨馬涓也元祐中里人歌云地暖

而氣清民淳而事簡嘉祐五年太守季獻卿南樓詩序山上氣色葱

葱見蟠龍山下東接巴郡南接梓潼北接梁西城巴志先漢

以來瑰偉俶儻冠冕三巴巴志巴有將蜀有相巴志閬國

於東西州之閒圖經居蜀漢之半當東道要衝杜佑通典閬中

云云仙聖遊集寰宇記云閬山四合於郡故曰閬中名山志云閬中山多｜｜｜焉閬

州地僻人富唐光啟二年周庠說王建曰葭萌四戰之地難以久安｜｜｜｜｜｜此

山磨滅英靈乃絕蓬州咸安志云閬州錦屏唐火山令表天綱題云｜｜｜｜｜｜｜

｜古隆州之巴西郡巴州清化志曰閬中｜｜｜｜｜｜閬山四合

於郡故曰閬中晏公類要南隆孕秀毓靈發越新閬苑志跋在

唐以苑囿顯號隆苑治平闕記云云先天閒更賜州名載祀五百人猶配苑以稱焉

閬苑仙境有五城十二樓或謂丨丨丨丨丨丨丨丨丨今有五城而樓尚闕宋公德之爲守乃建碧玉樓於衙城之西南隅亦名十二樓以成閬苑之勝槩

巴西之地荷花十里經圖

錦屏主才俊北山主福德元祐四年提刑李公深按部至本州與雍君立周覽錦屏君立曰吾鄉所賴惟錦屏耳公深曰不然丨丨丨丨丨丨氣象已發不十載出狀元已而馬涓果以六年魁天下

水運以給西軍張浚移軍閬州宰執奏浚令居閬爲水運以給餉軍言行錄

景物上

隆苑即閬苑也

閬苑唐時魯王靈夔滕王元嬰以衙宇卑陋遂修飾宏大之擬於宮苑由是謂之隆苑其後以明皇諱隆基改謂之丨丨

閬水晏公類要云亦曰閬江亦曰渝水圖經云丨丨巴水渝水西漢水皆其名也出鳳州梁泉縣嘉陵谷

閬山唐先天元年避元宗諱改隆州爲閬州取郡西

安隱居之所太平興國中陳堯叟堯咨堯佐堯封兄弟讀書于此**慶雲堂**在郡治**停雲巖**在南部蕭景珣家也岩前爲居室至者不知其有岩**清涼院**在南部曲端詩云日腳燒空意欲燃山行六月道聞蟬自憐不及高枝上飽吸清風不費錢也**秉鈞里**並謂陳堯叟兄弟賜里名**將相堂**在錦屏書岩山**雲臺山**一名鳳凰山元和郡縣志云在蒼溪縣東南三十五里述巴志云一名天柱山上有魚池宜五穀無惡毒可度災難張道陵昇仙之地也**紫微亭**郎三陳布衣時所子交友之地後諸陳既晉鮮于康肅寄詩云當時未識紫微星獨□漁陽燕此亭今日園林爲勝地好將前事載圖經鮮于郎子駿之父嘗期三陳以公輔**蟠龍山**在閬中縣東北二里其勢如龍故名唐太宗朝望氣者言西南千里外有王氣太宗令人入蜀求閬中果見山上氣色葱葱遂奏聞鑿破山脉水流如血**石虎院**在南部之下流有一石虎人見其時往來因呼其院爲｜｜｜**龍犇山**在新政縣東六十二里**龍爪灘**雍熙中閬中光聖院山下嘉陵江有｜｜｜生焉未

幾陳氏二元繼出元豐以來大像山東北嘉陵江又有灘生里人亦以龍爪名之元祐六年馬淯果擢第一

巴渝舞 寰宇記云閬水亦曰閬江又曰渝水譙周三巴記云閬州有渝水賨民銳氣喜舞漢高祖樂其猛銳數觀其舞使樂人習之故樂府中有｜｜｜

閬中山 晏公類要云其山四合於郡故曰｜｜；多仙聖所遊集焉一名錦屏山在州南三里名寶鞍袁天綱云此山磨滅英靈乃絕

閬峰亭 在錦屏山

和溪水 寰宇記在奉國縣一名護溪北自利州經縣界入閬中

鑿江水 在岐坪縣東北四十五里今屬西水縣自葭萌縣南流入蒼溪縣界

奉國水 在奉國縣

離堆 在新政縣東有山曰｜｜鑿腹為｜唐鮮于仲通與弟叔明潛修于此有顏魯公磨崖記

嘉陵巖 寰宇記云｜｜｜一名西漢水又名閬中水周地圖經云水源出秦州嘉陵因名｜｜｜經閬水郎名閬中水

岳陽山 在舊岐坪縣東十五里今屬西水縣

蘭登山 在新井縣東二十里漢嚴君平隱居于此有君平洞君平像崇福觀

栢臺鄉 何滇家于西水上亭鄉開元時為殿中侍御史

以稱職知名明皇嘉之賜其鄉曰｜｜｜

海棠溪 在州城對江地多｜｜

橘柚壩 在蒼溪境老杜蒼溪詩黃知橘柚來藍謂此地

天柱山 遞巴志曰雲臺山一名｜｜｜

天目山 輿地廣記云在奉國縣東十五里寰宇記云又名天溪洞葛仙翁修道之山有祥雲觀杜光庭詩云林紅林碧高低景煙淡煙濃遠近村

仙穴山 寰宇記在閬中縣北十里郎靈山也天寶中賜名｜｜｜

捧硯亭 司馬溫公侍親游三陳讀書岩題名末云司馬光｜｜勾龍贍可乞以｜｜｜名亭因賦詩

流盃觀 在閬中縣之織子山唐刺史高元裕作｜｜｜池後杜光庭奏置元元觀國朝總稱｜｜｜

奪錦亭 在西岩陸游有詩

漱玉巖 在新井縣南

晝錦院 在錦屏山即廣壽院

馬騰寺 在錦屏山即福勝院

福昌院 唐僧空政來卓錫號曰雲庵後有何叟望崖半有巨佛狀即其處鑿石爲彌勒大像傍有小佛六千

二龍里 在新北縣唐任晼任疇居此

三聖院 唐開成中刺史高元裕見崖上有天王像遂命工修飾又鐫藥師救苦地藏三佛今名景德院

五

龍廟　在蓋頭山西江故老相傳昔有漁者入淵捕魚見五龍蟠於石穴

九子山　元和郡縣志云在南部縣東九十里有九峯因名又名九隴山

九曲池　在離堆山事見顏魯公離堆記

泉樂園　在城東

會經樓　雍子儀元祐中家於將相坊築丨丨丨經史子集京本蜀本浙本各一本總三萬餘卷蘇公軾爲題閣額范百祿已下皆有詩蒲宗孟爲記

斂萬樓　在都城張益德雄威廟門之上

萬卷堂　積書之多諸邑皆然新井清風書頌富北谷先生之丨丨丨南浦信道之勝瀛閣青山王氏之素風閣城中雍氏之會經樓皆足以敵矦封也城北陳氏亦曰丨丨丨

總角山　在西水縣南六十里

思依山　在晉安北二十里漢朝羅冲霄張道陵隱居所其山東西二水東觀今之元封也有峻仙洞擣藥臺浴丹井煉丹爐存焉西觀今之延禧也有平仙洞擣藥臼卓劍穴石碁局存焉

織子山　在閬中縣北六里中高而四下故名

小錦屏　在蒼溪縣治之對髣髴類錦屏故名

皇后山　在西水縣東二十餘里蜀李特妻羅氏西水縣人家於是山生子曰雄曰蕩雄

僭位追尊爲皇后

烈士鄉 蜀檮杌云王蜀以唐道襲爲閬州刺史改其鄉曰|||

錦屏山 在閬中之南三里對郡治山上有四院馬腦寺羅漢院晝錦院西橋院至和初太守榮諲亦築閬峯亭以眺望焉

寶鞍山 即錦屏山也

銅鐸觀 新井縣延昌觀有一||乃譙縱舊物也

金臺觀 報恩觀在唐爲|||有鐵鑄老君像也

金遷戍 四夷縣道記云梁於晉安縣置|||周閔帝改爲|||縣也

玉臺觀 在州北十里唐滕王嘗遊之有滕王亭基

玉女池 九域志云在天目山上有自生稻王建命本州刺史收刈而進有祥雲覯

玉女房 晏公類要云按李膺益州記云閬中盤龍山南有一石長四十丈高五尺當中有戶及扇若人之掩閉古老以爲|||

神室洞 在閬中十餘里大龍山下宋明初天水魏靜築道堂以居之歲久靜去南齊太守譙靈超覽其遺跡題曰喧迯易遺眞境難尋惜惜魏生迥然絕塵刊于石壁

古迹

張儀城九域志云閬中古城本｜｜｜也圖經云秦司馬錯執巴王以歸閬中遂築此城今儀廟存焉謂之張丞相廟　充國故城元和郡縣志云在新井縣東北二十八里　譙王城在新井縣北二十、里譙縱所築　故大牟縣即古之大牟鄉今有縣基在奉國境　故晉安縣國朝會要熙寧五年廢爲鎮隸西水縣元和郡縣志云梁於此置金遷戍後周置晉安縣隋併入晉城縣武德復爲晉安縣　故岐坪縣國朝會要云熙寧五年廢爲鎮隸奉國縣元和郡縣志云宋於此立宋安縣後魏改歧坪隋開皇末割屬閬州　禹跡山在南部東南三十餘里　君平洞在新井縣蘭登山山上有道觀蔆謂之巖仙觀　滕王亭杜甫有｜｜｜詩詳見詩門注在玉臺觀內王調露中任閬州刺史　范目宅在高祖廟側目墓亦在焉　袁天罡宅蜀郡袁天罡客於本州郎蟠龍山前築宅李淳風聞其名攜百金訪之而師事之　唐道襲故宅郎今之報恩寺也地勢在閬中最高有王蜀張格所作道襲墓碑在寺中　彭道將池郡國志云彭道將魚

池在州西南

鼈令廟　靈山一名仙穴在閬中之東十餘里宋江上有古叢帝開明氏｜｜｜存焉

漢高祖廟　在州城南十數里西偃山下初高祖還定三秦閬中范目率七姓爲前鋒泰地既定對曰閬中侯七姓不輸租稅當時以富爲賨故謂之賨人其後目等因立｜｜｜

靈顯眞人廟　夷堅丙志云建炎四年張魏公在蜀陰禱于閬州靈顯廟夢神言曰吾昔膺受王爵故吉凶成敗職皆主掌自大觀後嘗改眞人之封國家大計何庸可知張公爲請于朝復舊封爵俗謂二郎者是也

三聖廟　在子城中神本出涇原並邊所謂白馬三郎或曰弟兄或曰父子莫詳所始象之謹按普慈志三景皆普慈人也景思忠戰死於淯井思立戰死于熙河思誼死於永樂後建廟于行在郎旌忠觀之｜｜｜也臨安志云紹興元年宣撫張浚劄子據吳玠陳請陝西出兵自來祈禱三聖屢獲顯應乞於鳳翔府和向原立廟賜旌忠廟額封忠烈靈應王忠顯昭應王忠惠順應王

唐明皇像　在本州者二一在太霄觀一在開元寺也

譙元墓　在奉國之北二十里土人相傳云｜｜｜壩馮田爲縣

令嘗爲表出且於縣治之後圃建懷賢樓圖元之像於其中也**張飛冢**在州城中大廳東樓十步先主伐吳飛自閬中爲其帳下所殺持其首奔孫權因葬於此有雄威廟魯公鞏爲之記**金主簿墓**金拯爲蒼溪尉治道伐石得一古塚遺骸尚存有石刻云歲月不須論車塵擁石門若逢｜｜｜移我向高原乃改葬之今墓猶存今謨呼爲｜｜｜｜**鮮于氏墓**在新政縣十里對江報本院鮮于仲通叔明兄弟皆葬其傍有韓雲卿所撰墓碑猶存其字儼然无剝落處**房太尉墓**太尉名琯上元元年爲漢州刺史寶應二年拜刑部尚書在路遇疾卒於閬州僧舍杜甫有別｜｜｜｜詩云他鄉復行役駐馬別孤墳近淚无乾土低空有斷雲

官吏

蜀張飛爲巴西太守有廟在今州衙東主今爲郡土主詔封忠顯英烈王耳**唐魯王靈夔滕王元嬰**元徽六年皇叔：：｜｜｜調露中皇叔｜｜｜｜爲刺史以衙宇卑陋修飾宏

大擬於宮苑由是謂之隆苑苑後日閬苑 **權璩**宰相德輿子爲中書舍人連章劾訓注不宜出入禁中坐貶閬州刺史 **李兼**大[歷]中下車新孔子廟 **後唐姚洪**嘗事梁將董璋後事唐戍閬州璋反破閬執洪洪至死大罵明宗聞之泣下錄其二子 **本朝趙逢**乾德三年知州巴賊于重霸剽畧逢出戰賊敗死南部任承俊承德來寇又擊之梟任承德首擒賊何君志磔之果州宋德威何巽領二萬人奪我靈山寨逢與戰巽等就擒皆誅戮 **文彥博**公舞雩之年侍先令公監征閬州紫極宮道士何守眞謂公實南極之靈降而爲國申甫公遂自號南岳極眞子 **司馬宣**涑水人知新井縣抑强扶弱吏不敢欺弟溫公誌其墓 **范純禮**熙[寧]五年知閬州 **唐庚**眉州人字子西元符間爲閬中令以清嚴著聞庭下風生有惜梅賦 **朱耕**字耕道雙流人號雪溪居士紹興中知閬中縣一日遯迹仙去詳見仙釋門 **朱壽昌**嘉祐八年虞部郎中知 **張浚**繫年錄云紹興元年宣撫處置使丨丨從治閬州爲水運以給西軍 **喻汝礪**政和間爲閬中令時青苗

尙行提舉司欲還錢取粟會支軍糧乃開禧以其錢糴易鈔而申竟不以煩民　楊震仲中爲新井宰後攝大安軍適値逆曦僭竊公飲藥而死朝廷嘉其節謚曰忠節贈寶謨閣待制　郭奕興中遺史紹興元年三月張浚自陝西回過漫天坡||爲詩曰大漫天是小漫天小漫天是大漫天只因大小漫天後遂■生靈入四川又有詩曰秦山來盡蜀山來日照關門兩扇開刺史莫嫌迎候遠相公新送陝西回後奕罷宣司幹官與通判不赴往普州賣蒸餅爲生晏如也

人物

漢范目　王伯英序云佐高祖起漢中定三秦創成帝業　譙隆　字伯同閬中人漢景帝時爲上林令武帝欲廣苑圃隆固諫遷成皐令　洛下閎　字長公閬中人隱於洛亭武帝徵待詔太史改造太初歷　任文公　閬中人善天官風星祕要王莽纂文公乃攜妻子犇于公山公孫述時武擔石折文公曰西州智士死我當之後三年果卒益部語曰|||智無雙　譙元　字君黃閬中人以對

策高第成帝時上書言趙飛燕及王莽居攝易姓名而歸公孫述僭號連聘不往述賜以毒藥其子英出家財千萬以贖父死遂獲免

趙祥字明仲閬中人漢末爲公車令王莽居攝弃官而歸

唐鮮于仲通與鮮于叔明相繼爲京兆尹見唐書

本朝鮮于侁仲通之後登景祐第爲本路轉運判官方行新法諸路騷動公獨平心處之奉使九年東坡蘇公以爲上不害法中不傷民下不廢親爲三難云司馬溫公當國除爲京東轉運使曰子駿福星也鮮于綽侁之子終於太學博士在元祐黨

唐峰道襲之父相者嘗占其父墓云子孫當貴顯後道襲兄弟皆在王蜀顯職事見北窗瑣言

陳堯叟陳堯佐陳堯咨堯叟文忠公堯佐文惠公堯咨康肅公皆新井人堯叟堯咨皆狀元及第而堯佐登宰輔人謂陳氏三公三陳未第時訪華山陳摶摶謂之曰三子皆將相才仲子伯季所不逮也父陳省華致政閒居賓至則三子衣金紫侍立

陳漸漸堯封子也太宗廷試漸與父堯封同試及唱第堯封以雜犯黜落漸上言願以科名回授堯封詔可朝野美之

蒲宗孟新井人爲

尚書左丞家多書徹閣曰清風以藏之嘗作訓戒子弟曰寒可無衣飢可無食至於書不可一日失

傅鄰閬中人家貧獨居環堵之室一女子潛奔之鄰儺正衣冠而戒女子感悟投袂而去

馬涓南部人父從政未有子買妾見髮間繫白而紅其上問之乃曰父母死不克葬自鬻以葬從政嗟嘆即歸妾不理所負後夢一老翁來謝曰我妾父也聞之上蒼矣願君家富貴涓涓不絕及得子名涓元祐六年涓廷對居第一元祐黨

雍孝聞新井人公先於元符末上書力詆紹聖用事者未幾廷試時相誣以詆毀先烈丞加流竄元祐黨籍

馬孝友南部人與秦檜在賢關交契最後屢書招之議和事不肯屈意歸不復仕

張唐英字次功爲御史嘗爲閬州監稅嘗撰蜀檮杌及昭陵名臣傳

何求閬中人熙甯中以博聞彊記嘗謂宋涉隆苑記疏畧乃裒次書三十卷號閬苑記今行焉

曹無忌閬中人嘗續何求閬苑記自元符三年至紹興二十五年爲書二十六卷

蒲端南部人躬耕力學養道著書依岩結屋曰養浩亭鮮于子駿爲作養浩亭記且誌其墓曰先生高不近名介不絕俗

三正

女巴郡有馬姒祈妻義王元妻姬趙蔓君妻華岑夫守志號曰｜｜｜遭亂兵懼遭拘辱三人者同時自沒于西漢水而死

李好義居閬中開禧丙寅吳曦陰懷不軌乃割四州之地賂金敵盜據蜀土安丙諭公以誅逆之舉遣其部下李貴入郎內斬取逆曦首級四州之險在蜀爲門戶西和尤爲重地好義戰退敵衆收復故疆

仙釋

張道陵按周地圖云漢末｜｜｜在蒼溪靈臺山學道使弟子王長趙昇投身絕崖以取仙桃長等取仙桃七試已訖九丹遂成隨陵白日昇天

羅冲霄漢[illegible]隱居晉安縣之思依山手植松檜三萬三千株築臺於其上以修養其址尚存

葛仙翁晉人以雲臺乃張道陵得道之所遂修養於此

今山之東南有洪之書巖在焉

木先生即閬中雍孝聞也政和中以道士入說法徽宗謂其得林靈素之半故以木爲姓

陳仙女閬中南池人始總角雅有方外之志安撫丁謂以狀奏聞眞宗

賜度牒及冠裳慶歷五年坐而羽化後人謂之｜｜｜

羅赤腳　張魏公有詩贈之云學道由來不記年嘯歌風月在前緣身心已到無塵處疑是人間自在仙

宋耕　郎官吏門｜｜紹興中以宣教郎知閬中縣一日徒行出縣舍小吏隨之之命還取物及反命止見兩舄水濱後乃隱於四明之爛平山有丹亭存焉或云是時武帥重斂諸縣皆遭其毒公不忍虐其民以媚太守遂爲三閭大夫之舉未必眞以水化也其家子弟幼弱太守諱其事故因遺履以神其說然以死寛百姓賢於自日登仙也遠矣此事得於蜀之士夫姑爾存其說

宣什　俗姓張開元寺僧也博通釋典刺史會王見之曰眞高僧也武后記爲福先寺固辭不就遂入洛遊嵩山而歸欲居織子山門人言山上無水以杖扣岩浩然泉湧今此岩是也

正素　俗姓王秦國人也出家而父母沒結廬墓側負土成墳甘露降于松上而歸自刺血寫經一秩環其墳而誦之刺史奏聞文帝嘉嘆旌表之

義遠　開元寺僧也好篆籀之學自鳥跡至于大小篆玉筋隸草鍾王之書莫不通之

維總　眉楊人也究心儒釋能吟詩會賦春陰詩云好花分日少

閑草占春多有詩行於世內翰李淑題其詩曰閬苑集又爲之序

冲古 壽聖院僧也尤工於詩有詩挽光獻太后云昔補一天成大業晚扶雙日耀重離有詩五百餘篇題曰錦屏集

碑記

唐正觀碑 **王蜀咸康碑** 並在太霄觀其石光瑩顏前後可鑒人號透明碑

曾公磨滅記 在新政縣離堆岩下歐陽公集古錄唐顏眞卿撰并書碑以寶應元年立在閬州

元稹留題 唐元稹以諫官責通州司馬今達州也曾遊雲臺山書行記於山之鐘樓枋上

新政縣大歷碑 在新政縣江崖之次顏曾公書碑記有佛老孔子像像旁又有二小記皆大歷中所建

王徽留題 唐僖宗左丞相王徽未第時曾經閬中次南部合符寺登高念遠因賦詩

李後主書 南唐李主煜尤善書元祐二年太守李孝直乃煜族孫也家藏得親書李白古風模勒於石立之普東院

崔善德政碑 王蜀武成中崔善爲刺史有惠政里人爲德政碑今

在嶲門之東**鮮于氏神道碑**一在二教院崖上一在墓田其文與書皆出顏魯公又有獎諭仲通碑亦在墓田非魯公之文亦魯公之筆也**裴晉公銘**南部裴廸唐丞相晉公之後國初爲新政令因家南部至今尚收得晉公之像及纍任告身自撰眞贊墓銘並存焉**唐道襲墓碑**在報恩寺**汝南令神道闕**在閬中縣郡守張嗨辨云於東面得隸字十有二缺不可識有七**寇萊公詩**公嘗過本州新井慈光院留海棠詩云喧風花雜滿欄香盡日幽吟嘆異常穠笑牡丹虛得地玉階開落對君王令龕於縣廳柱上**司馬公留題**本路運使司馬池丞相光父也天聖九年遊台星巖君實侍題於崖上末云司馬光捧硯**閬苑記**朱涉文**前記**何求文**續記**曹無忌文**新記**王震序

詩

閬州城東靈山白閬州城北玉臺碧松浮欲盡不盡

雲江動將崩未崩石那知根無鬼神會已覺氣與嵩華敵杜甫閬山歌嘉陵江色何所似石黛碧玉相因依正憐日破浪花出更復春從沙際歸巴童蕩槳欹側過水雞銜魚來去飛閬州勝事可腸斷閬州城南天下稀杜甫閬水歌雖有車馬客而無塵世喧杜甫閬州東樓送客蒼溪縣山寒雨不開眞愁騎馬滑故作泛舟回青惜峰巒過黃知橘柚來江流大自在坐穩興悠哉杜甫放船呀然閬城南枕帶巴江腹杜甫中天積翠玉臺遙杜甫君王臺榭枕巴山萬丈丹梯尙可攀春日鶯啼修竹裏仙家犬吠白雲間杜甫滕王亭江光隱見黿鼉窟石勢參差

烏鵲橋杜甫玉臺觀　憶君無計寫君詩盡寫千行說向誰

題在閬州東寺壁幾時知是見君時元稹開元寺壁題樂天詩　蒼

溪縣下嘉陵水入峽穿江到海流元稹蒼溪縣寄揚州兄弟　嘉陵

江水此東流望喜樓中憶閬州若到閬州還赴海閬

州應更有高樓唐李義山望喜驛別嘉陵江　雲橫新寨遮秦甸花

落空山入閬川鄭谷遊蜀

詩下

閬州蒼翠與雲齊閬水連城碧瀰瀰道士陳士泰　塵外分

明一錦屏南棲相對競崢嶸却緣造化生來別不信

丹青畫得成任約　江心淨帶三秋月巖腹斜收萬里雲

劉莊愍公之季子劉季孫蒼溪尉司會勝亭三面江光抱城郭四圍山勢鎖煙霞馬鞍嶺上渾如錦織蓋門前半是花李獻卿南樓舊鄉山水遶禪扃日日山光與水聲歸去定貪山水樂不教魂夢到神京范鎮贈僧中海淵還閬閬州富名山冠者雲臺化幽深壓岷峨孤峭抵嵩華劉季孫雲臺山自爲名都會況兼山水州蒲瀛補杜子美南屏山詩江山有英氣草木多秀拔仙聖之所廬著眼盡現傑喻汝礪雲臺望鶴亭榆錢莫買城南春柳絲莫繫城中人任伋何修別墅少年嘗誦少陵詩窟寐城南天下稀錦屏山色行看遠閬苑風光願與違回首玉臺山下路黃粱初熟夢成非李處訥仙魚驛西掖詞

臣舊處游南隆隱客敞廬幽張唐英鮮于氏紫雲亭暝色輕煙罩郡城漁舟燈火倒觀星寒山遠水江村暮自在粧成水墨屏喻汝礪宿錦屏山暮景我懷元祐初珪璋滿清班繼時南隆老奉使獨未還鮮于先寄東坡八月新霜岸草枯數聲哀怨雁來初憑君試向沙汀看恐帶□□二帝書朱乘雁詩高宗皇帝聞之嘆曰此人頗有愛君之心甜於糖蜜軟於酥閬苑山頭擁萬株葉底深藏紅玳瑁枝邊低綴碧珊瑚陳公文忠果實閬州勝絕是雲臺十里松蘿殿閣開蒲宗孟雲臺碧江寒浸錦屏山寺古山靈樹石間水色照人清見膽嵐光着霧翠成斑自從舊句曾關念縱有新詩總厚顏

今日斷絃應再續，一時傳誦在人間。蒲宗孟錦屏山

景歷蒼溪東漢遺，名冠蜀西蘇渙雲臺觀

閬中勝事知無限，且向城南爛熳行。文同

三疊淒涼渭城曲，數枝閒澹閬中花。陸游閬中

遨樂無時冠巴蜀，語音漸正近咸秦。同上

城中飛閣連危亭，處處軒窗對錦屏。涉江親到錦屏上，卻對城郭如丹青。陸游登錦屏山

奪錦軒中醉倚欄，錦屏紫翠插雲端。平生不喜言爭奪，付與遊人自在看。陸游奪錦軒

四六

山圍海上之閬風，夙推閬苑；水寫人間之巴字，益壯

巴封南隆好　郡號閬苑望隆錦屏余鎬閬苑賦

輿地紀勝卷第一百八十五

輿地紀勝卷第一百八十六 文選樓影宋鈔本

東陽王象之編　甘泉岑鎔 淦 臺校刊

利州路

隆慶府

普陽　劍陽　始州　陰平　輔劍

劍州　普安郡　大劍　劍閣

府沿革

隆慶府 上 劍州普安郡普安軍節度 隆興 禹貢梁州之域 晏公類要 秦地東井輿鬼之分野 此據前漢志又隋地理志云梁州於天官上應參之宿周時梁州已併雍州及漢又析置益州在禹貢漢川以下皆其封域蜀之普安爲越巂牂柯得蜀之舊域 春秋戰國爲蜀地 輿地廣記 秦屬蜀郡漢屬廣漢郡之梓潼縣 寰宇記 武帝置十二州屬益州 元和郡縣志

後漢因之不改東漢志廣漢郡下有梓潼縣劉先主分廣漢郡立梓潼郡宋志引太康地志云劉氏分廣漢郡立梓潼郡諸葛武侯相蜀於此立劍門以大劍山至此有隘束之路故曰劍門寰宇記以閣道三十里至險乃有閣尉華陽國志蜀將姜維拒鍾會於此寰宇記又通鑑魏元帝景元四年蜀姜維退守劍閣以拒鍾會晉以其地入梓潼郡續通典惠帝時巴氏李特與略陽六郡流民入蜀遣御史李苾監察之不令入劍閣通鑑在晉惠帝元康八年又云李特至劍閣太息曰劉禪有如此之地面縛於人豈非庸才耶聞者異之桓溫平蜀於晉壽置劍閣縣屬梁州後孝武分梓潼北界立晉壽郡而梓潼徙居梓潼罷劍閣縣並晉志梁州後序宋齊亦然通典

元和郡縣志云宋於此置南安郡而諸書不載載象之謹按隋志普安縣下註云舊曰南安則是普安舊南安縣耳非南安郡也兼宋志亦無南安郡惟齊志有南安郡註云永元三年永元乃齊東昏年號而不領普安縣則南安郡乃置於齊非置於宋於梓潼郡及普安殊不相關今不取

梁置南梁州寰宇記云梁天監中置南梁州隋志亦云梁置南梁州

武陵王紀又分立安州晏公類要云梁改南梁州曰安州象之謹按後周書紀書曰魏廢帝二年平蜀改置州郡改南梁州曰隆州改安州曰始州則南梁州與安州自是兩處方西魏改置州郡之時同是年月而同改南梁州及始州使南梁州在武陵王紀之時既改爲安州不應至西魏復有南梁州可改爲隆州也蓋南梁州置於梁武之天監而武陵王紀在蜀又分南梁州爲安州故西南梁自爲隆州而安州自爲始州庶不相牴牾耳

魏廢帝以先下安州始定巴蜀故改安州爲始州此據元和郡縣志而後周帝紀載魏廢帝改置州郡改安州曰始州

兼置普安郡通典

周益

州總管王謙不附楊堅起兵攻始州通鑑在陳宣帝太建十二年隋初郡廢而州存寰宇記煬帝廢州復置普安郡通典唐初爲始州舊唐書志在武德元年置劒門縣舊唐書志在聖曆二年改爲劒州舊唐書志在先天二年又爲普安郡天寶元年復爲劒州乾元元年前蜀後蜀更有其地國朝伐蜀破劒門遂平蜀通畧乾德二年王全斌破小漫天寨及大漫天寨蜀將王昭遠退守劒州三年王師由來蘇路出劒關之南蜀兵遂遁王昭遠爲追騎戶所獲蜀主孟昶遂降中興以來以孝宗潛邸陞普安軍節度乾道元年尚書省劄子今上皇帝曾領普安郡王乞改軍額或賜府欲以普安軍爲名陞隆慶府紹熙二年尚書省送到照對本州係壽皇聖帝龍潛舊邸乞用典故陞改府名三省同奉聖旨普安軍陞作隆慶府又容齋四筆云州郡之名莫重於府固亦有稱府而不爲節度者比年升

劍恭嘉秀英皆爲府而蜀劍旣有崇慶普安軍之額崇職官仍云某府軍事判官大與府不相稱皆有司之失也今領縣六治普安

縣沿革

普安縣 中下

倚郭本漢梓潼縣地宋元嘉始置南安縣西魏改曰普安元和郡縣志曰後周改爲普安與此不同象之謹按隋志云舊曰南安西魏改曰普安置普安郡當從隋志又舊唐志云始州治普安縣

陰平縣 中

在府北一百六十里類要引顧野王輿地志晉人流寓於蜀者仍於益州立北陰平郡西魏廢帝二年定蜀改陰平爲龍安隋省龍安縣并爲｜｜｜屬劍州舊唐志云晉流人入蜀於縣置北陰平郡隋志云宋置北陰平郡唐郭茵大中六年縣記引李膺益州記云宋太始初以舊陰平流移之戶置此縣一北陰平

縣之建置而有晉宋之異當攷隋志註謂北陰平郎今縣地魏置龍州西魏改郡爲陰平又名縣焉後周改江油郡曰靜龍縣曰陰平開皇中郡廢縣屬始州

梓潼縣 上

在府北一百六十里漢地理志漢高祖置廣漢郡治梓潼華陽國志武帝元鼎中置不同東漢志云建安二十三年劉先主於此置郡華陽國志又云晉移治涪故晉志梓潼郡治梓潼宋齊志梓潼治涪寰宇記云西魏於此置潼川郡移縣於郡南三十里改爲安壽縣隋開皇三年廢郡移縣復舊治猶以安壽爲安大業三年還名梓潼初屬梓州後屬劒州

武連縣 中

在府西八十五里本漢梓潼縣地晉末武都爲符堅所敗百姓入蜀宋元嘉中置武都郡以領之後改武都爲扶風西魏改爲安都元和郡縣志云周明帝改武功爲武連沈約宋志云本秦州流寓立隋志云舊

周武功置輔劍郡西魏改郡曰安都縣曰武連開皇初郡廢

普成縣 中下

在府南一百四十里輿地廣記云本漢梓潼縣地宋立華陽郡元和郡縣志云宋於此置華陽縣屬安南郡後魏禪帝改爲南安縣周武帝改爲黃安縣隋志云西魏改作黃安縣不同

劍門縣 中下

在府南一百四十二里本漢葭萌縣地寰宇記云諸葛亮於此立劍門以大劍山至此有隘束之路故曰｜｜｜卽姜維拒鍾會於此輿地廣記云晉桓溫平蜀分晉壽爲｜｜｜孝武時省唐聖曆二年分陰平等三縣置｜｜｜隸劍州國朝會要云乾德五年廢永歸縣隸劍門縣景德二年以縣隸劍門關兵馬都監主之熙寧五年復來隸又云景德三年以劍門關直隸京師熙寧五年復隸劍門縣

風俗形勝

棧道千里通於蜀漢史記蔡澤謂范睢曰今君緣以廣秦丨丨丨丨丨丨丨丨

劍閣左太沖蜀都賦西接岷峨東至荊衡山海經云高梁之山丨丨丨丨丨

丨奇峯森列躍入青漢高下眩轉陵閡雲雨　邊山而立是州一逕陂陁中貫大溪皇宣和間秦坦春風樓記太守之居已在半山內外居民悉居山上下原野濃淡若相次第林壑升降若有等級望之若圖畫卷舒歷歷可以坐見秦坦春風樓記劍之爲郡前瞰巨澗後倚層巒多崎嶇高下之勢鮮平夷亢爽之地元祐七年郭忱靜照堂記東接巴西南接廣漢西接陰平北接漢中世有儁彥人侔於巴蜀華陽國志梓潼郡下地湧香泉池名百頃山河橫壯人性

謙和唐大中六年郭茵陰平縣記蜀之所恃惟在劍閣魏邪繇上表於魏王曰———————今既克南安已奪其險請乘勝取蜀司馬相如讀書之窟類要云在梓潼縣長卿山而兩川咽喉守土之寄重焉劍門集郡守題名序入蜀之邦此爲第一通守題名記陰平道乃今文州非此

陰平縣皇朝郡縣志寰宇記謂鄧艾所出———在今文州漢———也地實與江油爲隣此陰平自晉宋始置北陰平郡當艾入蜀時固未有云寰宇記恐誤

景物上

劍閣李特晉元康中隨流人入蜀至——顧盼險阻曰劉禪有此地而面縛於人豈非庸才耶劍泉在梓潼縣北一十二里昔蜀五丁至此見大蛇入穴兄弟忿而拔之山摧五丁斃焉餘劍隱於路隅化爲一泉每庚申甲子日其劍一現靈泉劍南詩藁云過武連縣安國院有二泉傳云唐僖宗幸蜀

至此飲泉賜名｜｜陸游詩曰滴瀝珠璣翠壁間遭時曾得奉龍顏又云行殿淒涼跡已陳至今父老記南巡

葛山 售名亮山在梓潼縣北二十五里舊經云昔諸會北征嘗營此山因名內有景福院石碑粱大同年置寺又有石龕云正觀年造

芝堂 在郡圃富公弼范公鎮俱有賦詠刻石在堂上具見於聞溪集

秀巖 在普安縣之後有泄貯泉清潔可愛

梁山 元和郡縣志云在普安縣西北四十九里大劍山亦曰｜｜姜維拒鍾會卽此也

龍巖 在劍門縣西一里洞穴可坐百許人雪齋小說云王建爲盜朝廷捕之急匿于劍門巨石穴中

聞溪 卽東園也治平中太守王綱有｜｜十二詠又唐正元中蘇洪之刻｜｜賦本朝康定中通判劉湜重刻

潼水 應邵註漢書五婦山｜｜所出南入墊江

白水 西北出於臨洮縣

冶山 類要載周地圖云普安縣人張逸背梁附後魏與梁將楊乾運於此山大戰乾運大破之死者千人

清燕堂在郡圃 高義堂在郡圃 雙檜堂在武連縣圃 桔柏渡杜甫一一一詩青冥寒江渡駕竹爲長橋高通荊門路濶會滄海潮註桔柏乃文州嘉陵二江合流處也東下入渝合通荊門矣 木皮嶺杜甫自隴右赴劒南紀行一一一詩季冬攜童稚辛苦赴蜀門南登一一一一艱險不易論高有廢閣道摧折如短轅下有冬青林石上走長根 春風樓在郡後圃

溪閣在城外 重陽亭在東山之陽上倚岩竇下瞰江流蒼松古藤圍遶四合唐李商隱序

忠孝樓在武侯橋西 忠武堂在武侯橋東 相業樓在倅廳 劒門峽

劒門關輿地廣記云在劒門縣 劒閣道諸葛亮相蜀鑿石駕空爲飛梁閣道以通行路 兜鍪山在梓潼縣東十九里 天柱山在普安縣南八十里 天井山在陰平縣北五十里絕頂有一深穴若天然井因名 水會渡一名水回渡杜甫自隴右赴劒南紀行一一一詩微月沒已久崖傾路何難大江動我前洶若溟渤寬篙師暗理楫哥笑輕波瀾 雲起山在普

安縣南六十里上有延真觀

明月山在梓潼縣東二十里

祥雲臺在梓潼縣西三百步舊經云此臺上常有祥雲現

惠雲寺在普成縣寺有一石麒麟凡遇天旱人民諷經取水洗之無不應焉

凌雲山在武連縣北三里一壠直下如龍橫有西峯如屏下瞰小潼水

棲霞山在武連縣西南二里高二百丈高岩積翠孤岫｜｜｜溪靄氛氳山峯凌碧

掌天山寰宇記云在臨津縣西六十里益州記云｜｜｜在臨津縣山多柘堪為良弓

小潼水源出武連縣北七十里經縣城西經普成界入閬州合嘉陵江

停船山在劍門縣八十里地志有觀號冲寂唐時李真人於此煉丹得道仙去真人手植柏十八株或云以識唐十八帝有石刻乃皇朝乾德僧懷義撰云大禹治水船泊峯纜故名

揚帆水在陰平縣西四十里與潼水合流泛漲奔騰注瀉望如揚帆

浮滄山在陰平東十五里世傳堯遭洪水湮沒殆盡而此山獨存因名

滴翠山在普成縣郭外一里混一真人棲真之地也

浴丹池在普安縣雲起山延真觀天師｜｜｜有赤鬣魚色如金飛躍

庭中人或採取必觸震雷烈風

飛仙閣 杜甫自隴右赴劍南紀行｜｜｜詩云出門山下窄微徑緣秋毫棧雲闌干峻梯石結構牢

故壘山 在普安縣北二十里

來蘇路 去劍門縣二十餘里卽國朝王師入蜀之路也

冲虛觀 在普成縣西北五里景城山有石壁百尋岩龕數重南有刻石龍泉水滴從龍口出焉

清虛山 在故臨津縣北三十里有寺號華藏岩巒奇秀有洞穴故老相傳云張範棲眞之所西河朝隱子亨爲之記今隸劍門

香水泉 在陰平縣二十五里平地湧出周迴八十步其水碧色香聞百步因以爲名

潼江水 在梓潼縣西四里其源出陰平馬閣山經縣界名潼水蜀志云夏禹於尼陳山伐梓樹神化爲童子水故曰潼水

嘉陵江 寰宇記云自鳳州大散關發源從利州下流入劍門縣界

兜率山 在梓潼縣東近十里

白莒水 在陰平縣按龍門郡志以水傍有櫸樹因名後人誤以櫸爲莒耳

白沙渡 杜甫自隴右赴劍南紀行｜｜｜詩

青渠水 在陰平縣西南三十餘里源出縣西白萄山

赤水山 一名龍像山亦

名龍穴山在縣東北五十里世傳昔有龍戰於此血變爲石宋齊間於此置龍血戍李膺益州記云龍血東有龍像岩絕壁千餘丈有四石龍隱然石壁間迄今猶存

紫霄觀舊名普成在普成縣南一里倚駕空山晉張陵駕鶴往來是山今有憩鶴亭晉宋間李隱君諱普成煉形其間一日會二弟普需露普濟白日飛昇以故觀亦名普成

金孔山在普安縣南一里其山峻峭古老相傳頂上常有金火夜出故號名

金鼻山在普安縣東五十里自｜｜｜溪下突起因號｜｜｜

石櫃閣杜甫自隴右赴劍南紀行｜｜｜詩蜀道多草花江間饒奇石石櫃層波上臨虛蕩高壁

白鶴寺唐乾封有｜｜之瑞因置道寺

紫禽山在梓潼縣界九里山北有蜀公主避暑臺俗呼仙女臺

木馬山在普城縣距停舟山五里有寺號妙勝昔董璋嘗將川兵屯此

石牛道常璩國志云周顯王時秦惠王謀伐蜀乃作石牛五云牛便金蜀人悅之使請石牛惠王許之乃遣五丁迎石牛入蜀至周靜王五年秦大夫張儀司馬錯等從｜｜｜伐蜀滅之即此道也

臥龍山在普安縣東二里盤

閬府城因名｜｜｜寰宇記云其鶴鳴山在普安縣
山盤閬州號爲｜｜｜｜高一百丈南二里
鴈門山在梓潼縣南三十餘里連至兜崗山
東西起兩嶺鴈從中過故曰｜｜｜鳳凰山
去梓潼縣十里龍穴山在陰平縣東北五十里亦名
一寺極雄壯｜龍像岩有四石龍在壁間今
猶可驗見龍龕觀在劍門縣東三十里有龍門閣前杜
寰宇記古石龕龍俗呼爲龍穴
自隴右赴劍南馬駒山在梓潼縣西五十里舊經云
紀行｜｜｜｜詩昔蔡庚於此山養龍馬嘗飲
馬池上有｜馬跑泉在梓潼縣東十八里舊經云昔
｜蹄跡見存馬經領兵到此｜｜地｜出
馬閣山在陰平縣北六十里峻峭崚嶒極爲艱險鄧
艾伐蜀軍行至此路不得通艾乃懸車束馬
造作棧閣始通江油後人因雙石魚在普城縣東二
以馬閣爲名又有｜｜｜十里之石筒溪
隱雙石魚常爲沙土所三聖院在普安縣之佛岩去
隱歲旱淘去沙土即雨縣十里下有石岩每
至秋時雲霧靄中往往見毫光相四果山在梓潼縣西
呼爲佛岩今之｜｜｜是也三十里中峯

有｜｜寺故名

五子山 在武連縣北七十餘里自龍州界迤邐岩嶂重疊特起五峯望之几案間筆架也

五婦山 在梓潼縣東北二里蜀記云梓潼縣有｜｜｜秦王遣蜀王美女五人蜀王遣五丁迎女至梓潼五丁蹋地大呼五女並化爲石因名爲五婦山

五盤山 杜甫行五盤山詩｜｜雖云險山色佳有餘仰夌棧道細俯映江木踈

七盤山 在武連縣治之西左有九龍山右有｜｜｜何令君段據圖記郭璞云縣路翠武功貴縣路青武功榮遂刻石於縣門又植松於縣路之雙傍

七曲山 詳見靈應廟下

九龍山 在武連縣有洞在山腹洞前石壁如屋過石壁有石峽石如龍鱗洞背有一穴一經歲旱有一人齋戒從穴入左手執炬右手執瓶見一洞有九井其人每井各取水而出大雨隨至

十八壠 在陰平縣西南五十里高千餘丈十二壠在綿州昌明縣六壠在陰平縣界

百頃壩 七曲山之上可以望見地極平衍而膏腴

百神廟 寰宇記在梓潼縣南唐咸通中盧耽除節度置百神之廟

千人巖 元和郡縣志云在普安有石舍可容千人故名

千年

木在武連縣延福觀有一古木甚巨常有二白羊往來其下近之則不見邑宰楊若安震嘗勸農於此寺僧言其事楊曰三千年之樹則有青羊千年則有白羊此其物也

比目魚南去普成縣五里舊有小溪有｜｜｜邦人觀之必雨

風流魚生陰平縣溪中其魚僅大如指無刺惟婦人取之則可得

仙女臺在梓潼縣東九里舊經云昔後蜀李特公主每夏泛龍舟登｜｜｜遊戲

玉女臺在大劍山絕頂上峭壁石仞下瞰古道行人如蟻許世傳玉女於此煉丹輕舉臺上圓圍數丈草不滋生又有小石刻云玉女煉丹之所

石新婦在普安東北一里千人岩之南絕壁高數千丈即劍山之危峯見數百里外崖下即張孟陽勒銘之所

氏陌山在普成縣西三十五里舊經云晉太康中關西離亂武都氏人流移入蜀耕鑿此山因名曰｜｜｜

古迹

廢華陽縣類要及寰宇記云城在普安縣南四十里益州記云宋大明年置隸南安郡後魏元

帝 **廢茂陵縣城** 類要及寰宇記云在普安縣西三十
廢 里益州記云宋大明年置隸扶風郡
圖經云後魏元年改屬黃 **廢下辯縣城** 寰宇記云在
原郡至隋開皇三年廢 武連縣南五
里臨小潼水李膺益州記云宋文帝元嘉二十九年
以武都流人於下辯縣置大明二年改爲武連縣隋
大業九年移 今 **廢永歸縣** 在府東南五十三里宋元
理其城見廢 嘉中置爲白水縣屬南安
郡後魏尉遲迥平蜀改爲永歸縣 **廢臨津縣** 在府東
皇朝乾德五年縣廢併入劒州 一百三
里本漢梓潼縣地南齊置胡原郡隋改臨津縣本朝
熙[甯]五年廢爲漿池鎮而其地分隸普安普成劒門
諸 **御菓園** 在梓潼縣境相傳乃李蜀時 **上亭驛** 在梓
縣 菓園其桃絕大蜀中所無 潼武
連二縣之界唐明皇幸蜀聞鈴聲 **甘羅池** 在陰平縣
之地又名琅璫驛前輩詩什極多 南二里秦
相丨丨學 **長卿山** 在梓潼縣南五里舊經名神山唐
書池也 天寶十五里明皇幸蜀見山上有
司馬相如讀書之 **誌公院** 劒南詩藁云在劒門東石
窟剃改爲丨丨丨 壁間有若僧負杖者杖端

髣髴有尺刀拂子之狀

武侯橋

在普安縣

鍾會壘

在普安縣之北五十三里三江合流其上有一峯乃鍾會屯兵之地會至此既度劍關居死地遂倒糧掘冢為死戰焉唐人詩云｜｜｜邊山月白武侯橋畔水風濤

姜維壘

在普安縣東四十八里大劍鎮益州記云姜維拒鍾會有姜維山其峭壁下臨絕澗

鄧將軍廟

在普安縣北十五里相傳魏征西將軍鄧艾為鍾會所秀沒于綿竹後葬于此立廟焉

靈應廟

即梓潼廟在梓潼縣北十八里七曲山按圖志神姓張諱亞子其先越嶲人也因報母讎遂陷縣邑徙居是山僖宗幸蜀神於利州桔柏津見護駕甚有禮敬暨回封濟順王親幸其廟王鐸因從駕題詩曰為報山東諸將相柱天功業賴陰兵圖經云順濟王本張亞子昔姚萇見亞子於長安曰後九年君當人蜀幸於七曲山相尋後隨楊安入蜀至七曲山今蜀有三大神曰七曲曰廣利曰白崖而七曲又謂之梓潼神象之謹按通鑑晉孝武甯康二年符秦陷蜀是時有蜀人張育者起義合兵五萬圍成都與符秦戰不勝死于梓潼益州復入于秦是時姚萇亦為符秦統兵來戰所謂

相見于七曲卽此士也惜後人不爲發明其舉義之節而槩以神目之爲未盡耳今封爲英顯武烈仁文忠聖王又按元豐甲子高丞所編事祖廣記載英顯王廟在劒州梓潼神也舊記曰神本張惡子仕晉戰死而廟存唐明皇幸蜀神迎于萬里橋追封順濟王國朝咸平中封英顯王觀仕晉戰死之語則與張育之事合矣唐李義山詩云下馬捧椒漿幽深白玉堂如何鐵如意獨自如姚萇又唐王岳靈天寶十年爲監察御史撰廟碑則天寶時已有此廟

李杜祠堂 按劒門題詩以太白子美爲重且世未有並祠之者會從李參預壁得所賜阜陵書蜀道難從李左史燾得趙忠定汝愚大書劒門詩因爲建祠刻二詩于前榜其堂曰文焰取韓退之文焰光彩語也

梁永壽侯鄧永墓 在梓潼縣西北八里舊經云有梁永壽侯開府驃騎將軍陵合二州刺史鄧永墓

魏御史墓 在武連縣之魏宮山今爲明禧院相傳以爲魏證相公宅然去縣一里有｜｜｜｜似非指魏證也墓之前後魏家最多

鄧芝墓 在梓潼縣西南五里有二石闕蜀記云芝南陽新野人仕蜀爲車騎將軍陽武亭侯益州

記云梓潼五婦山

有鄧芝二石闕

官吏

王連 蜀志云劉先主自葭萌起兵義旗南指梓潼縣令｜｜固守不降先主義而捨之

唐李頻 乾符中爲劍州刺史事見唐紀事詩

李義山 有赴職梓潼詩及望長卿山詩

張部署 劍門縣有｜｜墓相傳部署捍賊有功故居是職會賜錦袍銀帶有牒命藏之家且謂是時欲命之以官不受乞蠲減一鄉租稅今之上鄉輕徭薄賦實始於此

張知白 景德中爲守

董樞 乾德三年余師雄之黨攻劍州刺史張仁謙欲棄城遁通判｜｜不可乃引兵擊敗之招降數百人擢樞比部郎中長編

人物

後漢李業 字巨遊梓潼人也漢元以明經除議郎遭王莽求名士業去官隱居及公孫述僭號

慶徵不起遂飲藥而死蜀平光武詔旌表門閭

景鸞 後漢儒林傳李業梓潼人能理齊詩施易河洛圖緯又數上書陳災異州郡辟不就

邊孝先 在梓潼縣南五里長卿山舊經云昔｜｜｜開掘神學趙伯玉金毛鼠故山有趙伯玉臺

李逢 字仲章武連人岩居讀書自號其岩爲養正文行俱高尤邃於易人稱爲養正先生

劉悅 字聖與天彭人始姪安國寓武連悅來訪之因留焉後遊太學以上舍釋褐奏對大廷第三人及第授河南府推官以歸彭劍二州爭以爲鄉人迎之再任太學博士指闕門奏言蔡京必亂天下任滿赴審察遂降授宿州教授

王省 字仲明仁宗時郡守以文學薦于朝被召奏對稱旨辭爵不受賜號清虛山人

王讚諭 梓潼人少喪父母遂於墓所培土成墳不脫縗麻二十年守墳建中九年黜陟使韋稹奏劍南孝子十六人｜｜｜爲首

仙釋

羣仙洞 在武連縣洞中無他物惟石窟數間堂宇右水自西向東不知所來云有老者云曾有數

人耘苗見洞中聲聲嘹亮數人至洞中見列坐者如天人狀奏樂者無數欲進前觀之卽不見自後人如是者數見焉因名其洞爲|||

碑記

李業闕在梓潼縣西五里舊經云前漢侍御史李業葬此遭赤眉毀破二闕臨官路其碑亦漢隸

後漢趙相國雍墓石闕在梓潼縣北二里前有石闕石麟其文曰漢|||雍府君之

漢沛國范伯友墓石闕在梓潼縣東六里有石闕上有文曰|||||墓||||||

晉張載劍閣銘王隱晉書云昔張載隨父入蜀作劍閣銘益州刺史張敏見其文乃表天子刻石于劍閣焉

魏太尉鄧公神廟記唐長慶四年劍州刺史邢冊題

鄧艾衛聖侯碑在普安縣北十五里唐中和五年八月劍州刺史郭淮立石

唐李商隱重陽亭銘在郡東山之陽唐大中八年太守蔣公侑創亭李商隱序而銘之石

刻今存

悟本寺碑寺有唐盧照隣所撰碑歲月既久其文缺焉

清義何氏古碑在劍門縣有登高臺存一古碑唐光宅中建其間所載有名暮者於此生四子孝弟義遜家八十口不異居儀鳳二年敕賜清義門

陰平縣記唐大中六年郭茵撰

開元寺重修中和極樂院銘大順三年劉崇望記

唐韋表微劍閣銘

劉國均石刻在普安縣報國寺靈泉昔唐僖宗巡幸至此有微恙飲其泉頓覺清愈因名爲報國靈泉今有石刻存焉

宣詔亭內碑以天成四年四月一日記在本府

郭朴縣路讖石刻在武連縣據郭朴云縣路翠武功貴縣路青武功榮其後青城何君玫宰是邑遂刻石於縣治之門內以詔邦人

景福院石碑在梓潼縣二十五里葛山之景福院

始州碑在劍門縣二十里許有一古州基自縣至彼攀木緣磴至此稍平有一豐碑字名磨滅開皇三年李德林文土人謂之｜｜｜蓋隋時以此爲始州也

詩

劍閣橫空峻鑾輿出狩回翠屏千仞合丹嶂五丁開唐明皇巡守言歸詩西當太白有鳥道可以橫絕峨眉巔地崩山摧壯士死然後天梯石棧相勾連唐李白蜀道難千尋雙劍截不斷一片閑雲飛過來劉象功詩借問梁山道嶔崟幾萬重遙州刀作字絕壁劍爲峯朱之闕詩鍾會壘邊山月白武侯橋畔水風淸唐人東周詩捫參歷井抑脅息以手撫膺坐長嘆李白城隍盡枕溪巖畔井邑全居水石間姜遵詩劍聳秋峯積靄昏關城遙向望中分觸新百堵連靑嶂依舊千家住白雲松檜影隨巖寺出管絃

聲雜澗聲聞燕肅詩云山連襟帶連秦嶺地控咽喉限蜀城范百祿路險客須到山高人盡耕雷周輔詩翠壁蒼崖萬仞危勢如天險限坤維山帶岷峩千里秀棧連秦漢兩川馳郭令孫詩劍嶺排峯鳥過遲蜀貪秦詐事堪悲若爲社稷思長計肯把干將自倒持慕容伯才詩坤地厚鼇背艮山比犬牙雲根生夜雨石刄湊朝霞蜀國關防壯巴山道路斜楊春詩截開野色教天闊斫斷浮雲放日高李伯誼詩豈惟藏兩蜀亦自限三巴呂昌明詩千峯如劍列虛空曾隔車書混不同安得乾坤作爐冶鑄爲農器散寰中何兗詩古柏江聲猶在耳木瓜園路已侵山

陳鵬詩　五丁盡力路通泉百貨東來蜀道貧木以糞牛欺遶俗安知指虎有强臣前人　斵石爲梁鐵作樞武侯於此濟師徒鞭山怒氣金鼇伏架壑宏模玉煉擄郭思詩　郡爲三蜀蔽地與兩京通董剛詩

琅璫驛詩

諱語銷忠骨鯁亡此中空奏忒郎當王仲敏上亭驛詩　山雨霏微宿上亭雨中因想雨淋鈴貴爲天子猶魂斷窮着荷衣好涕零羅隱上亭驛詩　水遶山遥疑劒斷風愁雨恨只鈴知黄均上亭驛詩　方難蜀道郎當日正似輪臺晚悔時楊汝爲上亭驛詩　時平總忽忠臣語世亂仍遭弄臣侮至今

說到武郎當行路猶能痛千古楊子方上亭驛詩弄臣甯復解輸忠偶契琅璫一語中富貴難親貧易感西來方憶曲江公姚清叔

四六

輿地紀勝卷第一百八十六

輿地紀勝卷第一百八十七 文選樓影宋鈔本

東陽王象之編　甘泉岑鎔恮長生校刊

利東路

巴州

三巴　巴國　奇章
清化　化城　巴郡

州沿革

巴州上清化郡軍事九域志禹貢梁州之域元和郡縣志鶉首分野西漢地理志古巴國地寰宇記秦二漢屬巴郡宕渠縣輿地廣記後漢分宕渠縣北界置漢昌縣此據元和郡縣志及寰宇記東漢志載在後漢永元中立又引巴記云分宕渠之北而置之二今州理是也寰宇記劉先主分屬巴西郡晉因之晉志巴西郡有漢昌縣李特擅蜀

永甯元年至孫李壽時有羣獠十餘萬從南越入蜀散居山谷此地遂爲獠所有通鑑晉紀永和元年載李勢時獠從山出自巴西至犍爲布滿山谷十餘萬落大爲民患四境之內遂至蕭條四夷道記及元和志云在李壽時而通鑑及清化志在李勢時不同當攷不置郡縣通典宋武帝平梁益有茲土羣獠尚難制末年置歸化水北二郡歸化卽今州理是也元和志以爲宋置歸化水北二縣寰宇記以爲宋置水北歸化二郡不同謹按寰宇記書云宋於巴嶺南置歸化水北二郡以領獠戶通典亦云宋末於巴嶺之南置歸化郡二者不同然元和志又於曾口縣下書云宋於此置歸化郡以撫獠戶無屬縣觀無屬縣三字乃非置縣也則是元和志自相牴牾今從寰宇記及通典作宋立歸化郡齊因之寰宇記又齊志有歸化郡而下無屬縣與元和志同而漢昌縣仍屬巴西梁武帝時梁州刺史夏侯道遷降魏劎北悉爲

難江縣 上 故集州也

在州北一百六十里輿地廣記云葭萌縣地元和郡縣志云本屬漢宕渠縣地晉自李特竊據至李壽時夷獠散居其地梁武帝大同中於此立東巴州西魏恭帝二年改東巴州爲集州續通典云後周天和五年於此立｜｜｜隋志云梁置難江縣西魏改爲盤道縣皇朝郡縣志云大業初州廢屬漢川郡唐志武德元年析梁州之難江巴州之符陽長池白石縣立集州置難江大牟嘉川三縣天寶元年曰符陽郡國朝會要云熙甯五年集州廢諸縣併入難江來屬而嘉川復隸利州

恩陽縣 中下

在州西南三十里輿地廣記云本東漢漢昌縣地元和郡縣志云本漢閬中縣地梁普通六年分閬中置義陽郡及義陽縣屬巴州縣城置在義陽山上四面懸絕隋開皇十八年改曰恩陽縣隋志云梁置曰義陽開皇末改曰恩陽唐志云正觀十七年省萬歲通天元年復置

會口縣 下

在州東南三十里輿地廣記云本東漢漢昌縣地元和郡縣志本漢宕渠縣地宋末於此置歸化郡以撫獠戶無屬縣梁普通六年於郡置會口縣寰宇記云隋初郡廢以縣屬巴州隋志云梁置會口縣國朝會要乾德四年省歸仁縣熙甯四年廢始甯縣隸奇章縣五年省奇章縣入焉

通江縣 下 故壁州也

在州東一百六十里輿地廣記云本東漢宣漢縣地元和郡縣志云本漢宕渠縣地元和志又云李雄亂後爲夷獠所據梁末其地內屬及後魏置諸水縣後省唐志云通江縣本諸水隸萬州武德中省八年復置及立壁州天寶元年改爲通江國朝會要云熙甯五年州廢來屬又省廣汭鎮白石縣符陽縣入焉

風俗形勝

風俗安於簡儉以歌舞遊遨爲樂清化志匠流杯於西

龕植紅蕖於南沼裴禕廳壁記述唐太守所治三巴州控扼南鄭要路紹興初張忠獻奏疏乃命知州兼管內安撫三巴吾蜀要地李石與太守郭郊書巴之爲州其地僻其民醇張忞州學記南山兩峰對峙如植若峨冠縉佩望之儼然特爲州家傑觀洪邁丹梯書院記水屈曲成巴字輿地廣記云巴峽｜｜｜｜｜因古巴國以爲名寰宇記巴控扼梁洋吾蜀孔道形勢絕劍閣之險飛蹬踰棧道之危犄角利閬連衡綿劍遮蔽東西川最爲襟喉要害地王旦高士瑰畫像記孤雲兩角去天一握兩角山雞距集所載興元南有路通巴州路極高險謂之｜｜｜｜｜｜卽此山也惟茲巴土葢嘗併璧集二州之地地大俗阜州學振文堂記今之巴非昔之

巴也然包錯萬山一水環縈實曰字江因川形而州洪邁丹梯書院記　域望雄溥非旁左可並上同西城房陵淸化

通川宕渠地皆接連風俗頗同隋書地理志　倚東樓而望

欄楯之外若與山相接太守宜朝夕得遊處於其上郡守楊槩王望山二亭記　米膏茶餅廣雅云荆巴間採茶作餅成以米膏出之欲煑飲先炙令色赤擣末甆器中以湯澆覆之用葱姜芼之　竹根酒注段氏蜀記云巴州以竹根爲酒注子爲時珍貴　巴濮遐壤祥符勅令

景物上

中巴華陽國志載漢末劉璋爲益州牧以墊江以上爲巴郡江州至臨江爲永寧郡朐䏰至魚復爲固陵巴道分矣此居其中爲中巴又杜甫詩注云閬白二水東西分流曲折如巴字謂之三巴　巴江

水屈曲如巴字因名即字江也**几水**舊奇章縣水屈曲如几字因名**崑山**在化城縣東四十里

按圖經巴州出玉此山出璞石然駁雜不純**璧山**在通江縣西下枕諸水與縣治相對**玉山**

在化城縣南六十里其山多玉石然山深險不可取**玉溪**去恩陽縣四十里相傳溪出玉石因名

石鼓在哥籟山擊之聲聞數里連敲擊即雨其鼓周回三丈高一丈**墨林**在西龕流觴亭上皇

祐文與可作此畫於臨邛四蜀無別本鐫本于此**清水**源水難江與字江合寰宇記云北自清化

縣界來東流入化城縣**文川**類要**字江**即北江分三流中有小流橫貫成巴字故名皇朝郡

縣志云宣和間郡守李億奏計嘗陛對云此地存字江實稱上意**鼓山**在恩陽縣四十里上有石

圓如鼓因名**聖泉**即甘泉在城南山**公山**在難江縣南二里不與諸山相連四面狀如公

字因名**孤山**在化城南百里**三巴**見杜甫詩注**七盤**　**九臺**郡治一崇清廟

二迎眞宮三尼寺四鴻禧寺五報恩寺六梓潼廟七州主廟八宋興院九故名丨丨**方山**在通江縣

十五里突出衆山之上其狀類斗俗以丨丨名之**明水**在難江縣北五十餘里水間出硯屏石林木山川之形隱石間**滄溪**在舊始甯縣**廉津**類要在化成縣**雪峯**圖經云在曾口縣十里衆山間特出一峯**龍山**在通江縣東北十餘里**龍洞**在王蒙山之巖腹間有洞不可測古謂太守景篪以旱禱雨應祈爲作靈甘洞記見存又難江縣亦有丨丨其山連亘米倉大巴小巴孤雲雨角巖谷洞穴最多又楊義仲遊丨丨記謂左曰東洞門如鑱鑿高幾三百尺耀若太儀之庭兜率之宮又百餘步側空穴開明有琉璃洞及釋迦像石犬石烏凡石之佹形怪狀莫不畢獻又六七里適後山之根右曰西洞其奇怪亦亞于東洞**龍灘**在通江縣東二十里江流之側溪出龍山之西北五里匯而爲淵深不可涯相傳龍馬躍出其中**虎井**在州學前凡有聲如雷其年必有士人登科**東園**郎隱士羅綜之園邑令王煒之詩曰窗下有書消白日門前無路接紅塵**東壩**在宇水西江之中平若掌指周圍約三十里居民百家**東龕**在宇江東岸巾子山下郎唐兜率寺寺廢而碑存焉**西**

龕在城西二里蓋郡治之主山也南龕在州南二里鑿石爲佛北龕大丨丨在郡北五里俯瞰巴江小丨丨在郡北五里風帽山之下巖如屋北江源出難江縣小巴山至州城東南分爲三流而中間復有小流橫貫勢若巴字江以此名北水寰宇記云在化城縣今曾口縣亦有北水寰宇記云一名巴嶺水一名渝川水一名宕渠水西北自集州難江界流入南注水經云北水東與難江水相合

景物下

簡靖堂在郡治設廳後折柳亭在西門外自昔如京師之路巴州柳風懿絕殊太守鄭淵愛之因名亭曰丨丨丨取折以贈行之意擊甌樓在郡治滌淨亭東張署有丨丨丨賦并序署諸父緯從僖宗入蜀故署避難於此流觴亭在西龕寺上唐嚴鄭公謫守時建流盃園在通江縣郎唐璧州北園號丨丨丨白雲亭在蒙山清風閣在郡治飛霞亭

在南龕路窮絕處有仙人搗練石在其傍**駕鶴亭**在王望山世言騎鶴上揚州蓋揚爲天下第一此山亦巴第一山也**雲間閣**在南龕山絕頂取杜少陵九日寄嚴大夫詩遙知簇鞍馬回首｜｜｜之句**雲峰寺**在難江縣亦名木龍寺左有石乳巖有透明巖前後洞達狀如闕門清泉怪石羅列松蘿隱映**桂華堂**在郡治前太守丁誧兩子夢臣夢錫讀書于此連舉皆登上第**老君山**在郡東四十里山之趾三溪匯爲一潭祠龍神於其上**觀音井**在南龕路半分爲兩穴一穴清洌可飲一穴渾濁止供濯浣**僧伽院**在玉溪唐故基也寺前古木唐會昌中刻古迹字於上**古佛龕**在通江縣西十里唐龍朔中壁州參軍蔡洪雅瓶唐人題詩甚多風雨剝蝕惟一碑粗可識云阿彌陀龕**老相溪**去州二十里石數十枚如老人相因名**賢牧堂**在郡圃後繪太守嚴公以下凡一十一人像**君子泉**在難江縣虎蹄山下難江水西流此泉獨東流黃夷則銘曰有冽者泉達于南東浩然天中其流不窮於暑而冰於寒而溫豈其矯邪不變者存**玉女**

山在難江縣東南三十里哥籟山寰宇記云在通江縣東上有城甚險峻思公山寰宇記云在故壁州符陽縣北二百里有丨丨丨城兩角山在難江縣北九十里王子韶詩云孤
雲兩角去天一握丨丨丨下有石刻云漢相國蕭何
邀淮陰公韓信至此山大唐集州刺史楊師謀之記
象之謹按大安軍圖經亦云軍境有韓溪以蕭何追
韓信得名謂有文潞公留題記其事及孫仲遠詩爲
據而前此如元和郡縣志及寰宇記諸書皆不載眞
所援引者不過國朝名公之詩云小橋上有韓溪字
人道蕭何得信時英物只從東向去區區西走欲何
爲觀孫仲遠詩亦有疑辭存乎其間然其得名亦必
有因又按寰宇記三泉縣有大寒溪而大安軍圖經
有温水有東谷疑因有寒溪遂訛而爲韓溪然唐刺
史楊師謀之石刻所以不顯於世者蓋丨丨丨至高
峻據海錄碎事載興元府之南有路通巴川三日而
達于山頂其高處謂之孤雲兩角去天一握意者韓
信逃于深僻之處刺史楊師謀就其所逃之處而刻
石焉丨丨丨既非通衢故碑亦不顯今碑在難江縣
學而丨丨丨米倉山之間有淮陰公廟又有截賢嶺

則其迹可考矣近者開禧逆曦之變士大夫之逃難者亦多由米倉以東歸此正趍荆楚之路與大安之西走不同矣惟此山追信之事不顯而大安之人遂至附會名溪橋名立廟以自相誇詫而非其實也今皆從唐碑所紀以巴州者爲是

三門山 由金洋而來窮大山深澤稍涉入境有石門山絕高石路瑩确五里入土門此途皆商旅避龍斷所經之地也

三教院 去化城縣百里三教謂儒釋老也懿宗咸通二載改爲|||有詔云卓哉斯文設而宏彰道高德邁言教洋洋謂宣尼也大哉世尊與自中古跡隱南天敎傳東土謂釋氏也伊爲元元生天地先道德微旨言行五千謂老子也又會川縣亦有|||佛子居中老子居左孔子居右

七星栢 在郡城西街之報恩寺王望眞人之舊廬庭柏七株大皆三十圍眞人手所植也號|||淳熙丁酉居民遺火寺與栢皆焚

七盤山 唐久視元年於|||東南置縣

八卦林 在通江縣壁山之絕頂古木森立皮紋作篆隸八卦之畫故名

十二峯 難江縣四十里馬盤灣巉巖聳秀大小|||最爲奇觀有客題詩云揷立翠峯屏十二爲君

喚作小巫山**萬城鄉**在通江縣即古萬州也唐正觀元年改萬州今故基猶存故曰丨丨**靈**

壽溪寰宇記云在化城縣**英靈山**在化城縣北山巔王眞人修煉之所也**澎湃泉**

去州二十里村民呼爲烹瓜泉**拜將壇**晏公類要云高祖拜韓信爲將於此築壇**登科山**

在恩陽縣東北一里鄉人謝周卿謝耕王紹謝震讀書此山中**截賢嶺**在難江縣百餘里相傳蕭

何追韓信至此因名唐集州刺史楊師謀有題記今刻石移在縣學**美農臺**晏公類要云在化城

縣梁太守桓宣於此臺勸農**遊仙山**在難江縣南二里孤聳特立唐道士賈法澄結菴其上

遊仙寺本漢昌縣故基唐爲歸仁縣今屬會口縣有古槐二株幾三四丈圍中悉枯矣而枝幹蟉

然略不少衰蓋漢物也**寶仙觀**去化城縣四十里有元豐間記云觀已久廢自皇祐以迄于今

虎食前後居民幾五十人乃再興修爲祈禱之地其害遂息**光福寺**唐詩紀事嚴武作巴州有

題巴州光福寺詩云臨溪插石盤老根苔色青蒼山水痕**廣福寺**在會口縣南六十里故屬歸仁

縣懸崖臨江創寺屋故老相傳云開山寺僧始得一石盂於漁人之繒以歸儲飱食翌日食滿怪之復以錢置其中亦然遂試以金又如之僧日以富遂大興堂殿及將死乃舉手臨江擲之其徒駭怪百計俾漁人求之不獲

甯國院去化城縣三十里居石城山之上自山址昇石梯五百級乃至院門人跡罕至其上

東巴山輿地記云在通江縣

東遊水在難江縣水經云其水出自南鄭縣界東遊山至縣界入嘉川縣入嘉陵江

西遊水在難江縣

西遊洞去難江縣五十里嶔巖奇怪大非塵境

大巴嶺晏公類要云在化城縣北嶺之南古巴州也

大牟山元和郡縣志在清化縣東二里

小巴嶺周地圖云此山之南卽古之巴國其嶺上多雲霧盛夏有積雪

難江水在難江縣

宕渠水在難江縣

奇章山輿地記云在會口縣

仙臺山晏公類要云在化城縣一名玉女山

化城山在化城縣南三里

黑池山在通江縣東百六十里上有地遇旱祈禱感應

紫極宮在城東唐故基也大中元年軍事判官蕭珦記

白索平

在難江上唐末有道人縛庵于上日往山間采藥暮歸則所儲之米麵自然烹飪可食伺其所自來則見一婦人躍入潭中不知爲何祥

黃湓渡 在難江去縣三十里路傍有石洞天將雨水或從洞中出皆濁流少頃必大雨若久雨欲晴水仍自洞中出皆清流頃久必晴

玉雞埡 去州二十里相傳古有拾得玉雞于此

玉鞭池 在通江縣璧山西一里許昔居民得丨丨於池中因名

秋錦山 在通江縣南隔江望之如錦故名樊漢炳有秋錦堂賦

櫻桃珠 州北三十里鼓樓山之旁名玲瓏山山頂有泉時出小石如櫻桃民呼櫻桃珠自然有竅可以穿縷村民兒女以爲纓絡之具

石鼓峽 去難江縣三十里兩山皆石壁

石城山 在化城縣三十里突立於清水江心字小與清水環遶其下

石筍山 山在通江縣北百里上有石筍高五尺許因名化城縣亦有石筍巍立可數十丈峭拔不可登

石門洞 去難江縣三十里在山腹每日出相射光明秀偉疑其爲神仙廬宅也

石門院 去化城縣二十里路傍石壁中裂一穴嶄削如門自門而入平川沃衍萬木森

翠寺隱其中過者弗見也**米倉山**繫年錄紹興三年云巴之北境即米倉山下視興元出兵之孔道**芝杯山**在盤道鎮俗傳有仙人居之有臺號玉女臺**木蘭山**寰宇記云在曾口縣**棲眞洞**在通判廳後圃洞旁有堂曰博雅好事者集古今墨蹟於堂中**讀書臺**在曾口縣西南臨江山形如龜突起石臺十丈餘相傳李雄嘗｜｜于此**龍城山**在曾口縣東相傳李雄嘗駐兵其上故曰｜｜**龍驚山**在南龕後十里昔有龍蟄其中一旦天大雷雨石裂成渠蜿骨阜積**鳳背山**在西龕上五里舊名鷹背紹興辛亥有道人過其下語民曰循山脊而西謂之鳳谷宜更名｜｜｜**虎牙山**見九域志類要云臨江高萬仞**虎頭寨**在恩陽縣西三十里有虎頭寨蓋言山勢如虎頭也相傳云先主在蜀時張飛拒張郃屯兵于此虎頭寨**馬騣山**在難江縣南十餘里接靈岳山柏竹掩映連綿不斷**要羊觀**在化城縣西四十五里鳳谷山之上熙甯中通守楊黃中記云唐明皇與方士葉法靜神遊於羊棠山嘗徘徊留駕于此則思豢羊而山靈遽以羊進他日詔

於其地立觀今名廣福觀

臥牛山 在化城縣西偏江有二蹲石相去丈許如臥牛

鳴鹿祠 在通江縣西壁山之間按五代史前蜀世家王建爲壁州刺史後僭位永平三年麟見于壁山二鹿隨之此立祠之始也皇祐太守胡僎記其事云朝廷有大詔令官屬有遷罷鄉井有寇火獄之類鹿必鳴于山陽爲福鳴于山陰爲禍其靈驗如符

聖鹿堂 在通江縣未廢壁州日有自鹿遊于市夜歸于縣前之峯頂州廢鹿遂隱而不見今號其地曰丨丨丨

白鶴觀 在恩陽西山之頂宣和間有李氏子遇至人於此遂絕粮食

古迹

故集州 西魏改東巴州爲集州熙寧五年州廢以難江縣併入巴州元和志有難江縣寰宇記同今屬巴州有大牟縣寰宇記云乾德五年併入難江有通平縣寰宇記云乾德五年併入嘉川有嘉川縣今屬利州

故壁州 武德年中立壁州元和志有通江縣寰宇記同輿地廣記云熙寧五年州廢有

白石縣寰宇記同輿地廣記云熙寧五年併入通江有廣納縣寰宇記云乾德四年併入通江有符陽縣寰宇記及輿地廣記熙寧五年併入通江唐朱餘縣送壁州劉使君詩云王府登朝後巴鄉典郡新江分入峽路山見採鞭人

故靜州城在恩陽縣東五里化城縣清水渡亦有靜州城

東巴州城皇朝郡縣志云在難江縣北

故大牟縣寰宇記本漢葭萌縣隋爲清化縣唐分置大牟縣永泰屬集州乾德五年併入難江

故白石縣元和郡縣志云本漢之宣漢縣魏立白石縣隋屬集州大業屬巴州唐屬壁州熙寧四年併入通江

故廣納縣寰宇記在故壁州通江縣南五十里唐武德二年置乾德四年併入通江

故東巴縣在難江縣北元和郡縣志開元置太平縣天寶改爲東巴乾德併入通江

故符陽縣元和郡縣志云魏於此立符陽縣唐屬集州今併入通江

故歸仁縣元和郡縣志云本漢宕渠縣地後爲獠所據宋置平州縣隋改歸仁皇朝乾德四年併入曾口縣

故始寧縣元和郡縣志梁置遂寧郡及始寧縣隋罷郡以縣屬巴州寰宇

記云乾德四年併入會口國朝會要云乾德四年廢入奇章不同**故盤道縣**寰宇記云在清化縣宋置北水郡梁置難江縣西魏恭帝改難江爲盤道縣後屬巴州乾德四年併入清化**故奇章縣**在會口縣東北三十里元和郡縣志云梁於此置奇章縣開皇以縣屬巴州圖經云國朝熙甯五年省入會口縣**故清化縣**元和郡縣志云本漢葭萌縣地梁置伏強縣周改伏強爲清化縣正觀蜀巴州**故通平縣**元和郡縣志云本漢葭萌縣地梁於此置通池縣開皇省入伏強縣七年改爲清化縣又改爲通平縣**故七盤縣**元和郡縣志云口口元年於山側近置七盤縣輿地廣記云熙甯二年省爲七盤鎭入恩陽縣**王望山**在江之北岸自郡城絕江而登山高二里許巖徑極險占一郡之勝相傳云王眞人得道此山眞人名棠故稱王棠山舊記云唐元宗控白騾至此山望見京闕語曰此去京師不遠因改名曰｜｜｜**婁景洞**在難江去縣百里父老相傳漢景昇仙之地**開元廣福觀古木**在恩陽縣觀有老檜題曰元古木唐大順中所書也

元皇帝鑄像四 一在雞江天慶觀一在本州迎眞觀一在通江華嚴寺一在通江天慶觀

迎眞觀銅鐘 天寶四載鑄

告成觀銅鐘 開元間鑄

廣福觀鐘 在恩陽縣治之右有銅鐘上有景龍庚戌字

唐章懷太子墓 在城南一里太子諱賢高宗之子招集諸儒注范曄後漢書爲武后所忌徙巴州沒於巴州瘞焉

廣福寺契書 在州南龕南二里有丨丨丨唐時所建也有唐乾元年間契書

官吏

魏嚴顏 劉璋時爲巴州太守然忠州以丨丨之忠而名州與此不同

晉王濬 爲巴郡太守兵士苦役生男多不養濬乃嚴其科條寬其傜課其產育者皆與休復所全活者數千人及後伐吳所活者皆堪爲兵其父母戒之曰王府君生汝汝必死之事見東坡與朱鄂州書

後魏邢巒 圖經云領大谷郡撫定夷獠

唐李桐客 正觀中遷巴州刺史淸平流譽百姓呼慈父

蘇味

道與張錫俱坐獄味道降集州刺史**嚴武**至德初坐房琯事貶巴州刺史**李謙**爲巴州刺史民爲立遺愛碑**薛逢**爲巴州刺史人詠之曰日出而耕日入而歸吏不到門夜不掩扉有孩有童願以名垂何以字之薛孫薛兒**于邵**爲巴州刺史人飢獠亂薄城下邵勵兵拒戰且遣使曉諭巴獠使降邵儒服出賊見皆拜即引去孔氏六帖**楊士謌**有流盃十四詠士謌能詩有直聲出李吉甫之門元和中爲侍御史以事失吉甫貶巴州刺史巴州有賢牧堂繪士謌等于賢牧堂中

本朝

張淵嘉祐二年知州事在任題詠不一**馮忠恕**繫年錄云汝州人紹興中知巴州提舉茶馬韓球議加茶賦忠恕奏巴自趙開已一年再增今不可復增

人物

漢洛下閎巴郡人武帝太初元年詔公卿壺遂司馬遷等議造漢曆方士唐都洛下閎與焉都分部天運而閎運轉曆算**蜀甘甯**字興霸巴郡人生於璧州即今之通江縣縣有甘谷以將軍之

姓而名也仕吳爲大將孫權曰孟德有張遼吾有興霸足以相當今有廟在興國之富池口

梁嚴 巴州大豪也魏初置巴州以始興爲刺史巴故

始興 梁士自夏侯道遷降魏遂陷于戎始興恥之以州歸梁魏師來討攻陷此州始興不屈而死

本朝羅承芝 清化縣人國朝平蜀而餘黨重霸文協率衆攻巴閬數郡承芝竭家貲募壯士入巴城擒文協協太祖任見賜感義軍即權本郡三十餘年事見阮逸所撰墓記

羅稱 化城人知岢嵐軍敵人入寇抗禦不屈城陷全家陷沒贈果州團練使

羅士堯 承芝之曾孫也事母以孝聞產盡以遺姪之孤者士夫高之阮逸表其墓云

楊百藥 圖經云前伏虞令｜｜｜同州人父閬上乾祐簿紅巾再破縣自令而下就僇當及簿百藥救父大呼曰乞以身代父死郎解衣就刑賊皆曰孝子孝子亟以還之後寓於巴州

李森 曾口人登第爲中執法時王黼秉政有侍郎鄧之綱侍婢乞假省親入王黼第遂不復坐登聞于朝送臺考實黼使人謂曰事得釋當以少宰相處森以實聞且劾其罪黼逆知之急自歸于山翌日中丞雷班奏事讀奏畢除知

復州惠演居思成溪惠早與范蜀公同往太學范貴惠方釋褐文正欲薦之朝力辭之文正敬歎贈以詩云相逢三十年前話記得途中並馬銜顧我倦遊成白首喜君新命得青衫

仙釋

賈眞人 唐人居難江縣之紫極宮白晝登仙書詩壁間云此後不知誰有分壁間書得上天梯

李虎仙 不知何方人逢人輒言災福無不驗往來通江難江二縣縣人修五馬橋工數十人食虎仙於皮袋出小釜可容二升以米麪食物納其中炊之以飼工匠無不充足以爲怪後不知所在

王望 圖經云王望字子蒙開元初嘗與唐元宗遇俗傳晉時人修煉此山白日昇仙且跨一白驢入長安市暮復回

定僧 圖經云定僧在南龕之上以漆漆其眞身龕置石壁不知其爲何時人也惟嚴武奏乞寺額表云願度有道行漆僧永以住持俾其修習意亦唐以前人

僧光演 惟鐸昌國寺在恩陽縣熙甯時有||||二禪師出焉演初得法於三峩眞禪師趙淸獻公見而奇之贈之以頌曰

師子窟中無異獸偰時奮迅大哮吼如編語錄示於人以偰斯言冠于首

白長老 本習儒性昏鍾入昌國寺晝夜禮佛祈聰悟一夕祥光靄空下覆其身見一老僧納鏡於其懷自是性識頓開晚從部使者丁則游一日語其徒曰坐化乎立化乎且學彌陀坐化休遂側身而逝有語錄行于世

碑記

唐守巴州裴禕修廨宇記 會昌四年甲子歲立今在郡廳

唐古佛龕石刻 在城南二里有大書石刻載唐乾元三年山南西道嚴武奏臣頃牧巴州其州南一里有古佛龕舊石鐫五百餘伏望特賜洪名勑以光福爲額

北山老君影跡詩 王望山舊名北山山半石壁隱出老君像唐人爲賦北山老君影迹詩

唐張禕題擊甌樓 唐中和四年向書右丞相戶部張禕記賦在樓下

唐巴州紫極宮記 大中元年軍事判官進士蕭珦記在迎眞宮

唐嚴將軍廟記 廟在城西門內碑在本廟唐正元元年韋曾爲廟記

南龕題詩石刻在州南二里之廣福寺自唐迄今名公題詠皆刻之于石唐兗李寺碑在東龕寺廢而碑存碑字不可辯在難江縣集州兩角山記唐集州刺史楊師謀書今在難江縣集州紫極宮記唐開元二十九年兵部尚書牛仙客作今在難江縣唐李繼顏誥詞刻于郡廳唐光化三年中書舍人錢珝行放生潭三字州東五里有一潭潭中一石上刻||||||每水落石出方見意亦唐刻也薛史君布政碑唐乾符年間璧州刺史裴寘辭作石作乾符間立唐人題西龕櫻桃詩在西龕其名磨滅成王李雄讀書臺石碣今在梓潼縣七曲山顯德祠中璧州神廟石刻在今通江縣北四十步有元光三年制書刻于石龍興寺碑在通江縣南一里龍興寺唐璧州刺史鄭凝績之父鄭畋作乾符中鄭凝績侍養其父畋于璧時所作也璧州山寺記大唐中和歲次癸卯丞相鄭畋撰菖蒲澗記唐開成四年或云集州刺史蘇味道遺跡也

石鼓峽記趙寅爲集州刺史有｜｜｜｜在難江縣唐正元石刻恩陽縣南渡江登石梯數百級上義陽舊縣治石梯之側懸崖上有刻字云唐正元十四年十一月二十日再修此路餘皆磨滅不可辨南隆州牟縣界碑在恩陽縣西北百里有斷碑碑刻云南隆州牟縣界十里北集州難江縣界五里縣令李昱立唐韋蘇州詩｜｜｜｜送令狐岫宰恩陽詩刻石于縣之驛亭唐難江公山威惠廟記唐天寶改元田彥識撰廟在難江縣神乃漢張魯之神也唐嚴武乞賜山南寺表乾元三年南山記唐中和四年尚書右丞判戶部張禕題巴南新置屋宇什物石記會昌四年巴州刺史裴禕記孫氏園石刻在通江縣二十里龍灘之側唐末監察御史盧重阜率璧州刺史辛巢父等六人分韻賦詩有石刻在焉瘞麟銘淳化中牛生奇獸于古集州山民魏皐家鹿首魚尾魚鬣而龍鱗四趾如玉身有五色民以爲妖而斃之乃瘞于縣北十五步楊羲仲爲之銘修路記鄭子

信撰城牙樓記圖經云李椬爲記有舊碑二其一僞蜀廣政己未之記其一天聖乙丑之記七佛龕圖經云乃唐張禕扈從僖宗入蜀時經此所鐫龕名公鉅卿題詠甚多皆刻之于石沙壩渡碑在難江縣唐集有刺史蘇味道題字巖侍御暮春五言在西龕寺史俊寄巖侍御楠木詩在南龕郗昂陪嚴使君暮春五言二首在南龕詩甚典麗蕭珦建天王堂記在天王堂楊士謣十四詠在東龕折柳詩十絶嘉祐五年太守鄭淵賦柳詩十絶刻石其自序見折柳亭下流盃十四詠流觴亭在西龕寺上唐乾元戊戌嚴鄭公武所創大歷間盜起地遂廢開成丙辰刺史唐元封復修葺取楊士謣流盃十四詠以自序爲證云巴南十七景蘇欽以閬中望江南十首記郡景別駕史彭汞仍賦丨丨丨丨丨淸化前志敎授劉甲編續志敎授李鈞編

詩

東巴集壁西梁洋問誰腰鎌胡與羌杜甫扁舟繫纜沙邊久南國浮雲水上多杜甫寄馬巴州不眠持漢節何路出巴山杜甫寄嚴大夫遙知簇鞍馬回首白雲間杜甫九日寄嚴大夫地僻昏災瘴山稠隘石泉杜甫寄巴州嚴史君陰散陳倉北晴熏太白巔上同巴水急如箭巴船去若飛十月三千里郎行幾歲歸李白巴女詞臥向巴山落月時兩鄉千里勢相思嚴武答杜甫又云江頭赤葉楓愁客籬外黃花菊對誰最悵巴山裏清猿惱夢思嚴武酬別杜甫此木嘗聞生豫章今朝獨秀在巴鄉嚴武楠木斗城憐舊路鍋水惜歸期峯樹還相伴江雲更對

誰嚴武酬杜甫獨遊千里外高臥七盤西山月臨窗近天河入戶低沈佺期七盤嶺逶邐歲已窮當造巴子城韋應物送令孤岫宰恩陽見說巴南一小州孤城寂寞字江頭姚彥遊水清驛當門巴字分流水去路難歌轉曲巖范文正公贈范惠方郡介山水閒幽棲愧尸祿眠食行坐處山光水聲足俞城萬山巑地窄四氣得春偏分野侵秦壤星河共楚天劉宗孟氣潤梅蒸雨陰濃柳鬱煙夏深盧酒熟花盡海棠妍同上平生不識巴南路夢到孤雲兩角西仲昂送李巴川便令巴水醲如酒巴邑巴村醉花柳李石送鄭巴川白雲處士來觀樂翠黛佳人笑擊甌馮介擊甌樓在碧江隈樓下江

聲寂寞迴楊粹少陵雲間詩重巖班菊藥二章刻巖腹
千載今可覷趙伯純登南山巴人最重上元時老穉相攜看
點詩行樂歸來天向曉道傍聞得喚蠶絲彭永詩巴人元宵三
夜兒童皆唱巴音徽曉名喚蠶絲也灰界勾絲地雲垂插蠒天有僧問於演和
尚向云如何謂之巴州答云云蓋勾絲插蠒皆巴人之俗也坐上擊甌清似玉檻前
流水碧如藍馮介擊甌樓駐旌元帥遺風在擊缶高人逸
興酣水轉巴文清滔急山連嶂岫翠光涵邵叶擊甌樓明
朝送我扁舟去字水秋風有幾篇史祖道古人隨水去
不返此字與山留無窮鄭子信題金斂坡聞說巴南無一事
助人清思有江山姚彥遊題水清驛巴峽少田平每苦天宇

窄 溫公詩

壁州詩

壁山老守似僧家，無酒無歌度歲華。皮公弼 今日壁山山下路，依前馬上看梨花。唐人過壁山 壁山僻陋戶口少，兩衙之外惟高眠。俞瑊北園雜吟 王府登朝後，巴鄉典郡新。江分入峽路，山見採鞭人。唐朱餘慶送壁州劉史君

四六

伊三巴之舊域，控全蜀之左隅。鄭淵字江亭賦 後連延於秦隴，前迤邐於荆吳。同上 控扼梁洋，犄角利閬。事迹

輿地紀勝卷第一百八十七

輿地紀勝卷第一百八十八 文選樓影宋鈔本

東陽王象之編　甘泉岑鋐淦長生校刊

利州路

蓬州

咸安　蓬山
火井　蓬池

州沿革

蓬州 下 咸安郡九域志 禹貢梁州之域元和郡縣志 秦地天官東井輿鬼之分野西漢地理志又唐書地理志云巴蓬爲鶉首分則蓬州居秦鶉首東井輿鬼之次矣 古巴國之地寰宇記 秦屬巴郡漢卽巴郡之宕渠縣地元和郡縣志 東漢末劉璋分巴郡置巴西郡宕渠以縣屬焉晉志宋志並云獻帝建安六年劉璋分巴郡置巴西郡而元和志通典寰宇記

及圖經諸書皆云晉屬巴西郡而輿地廣記亦云蜀立巴西郡不同象之謹按晉志及宋志巴西郡乃漢末劉璋所立廣記以爲蜀立已無所據而諸書以爲晉始屬巴西郡尤爲不經劉備據蜀割巴郡之宕渠縣置宕渠郡尋省而宕渠仍以縣屬巴西郡晉志梁州序文晉因之後李特據蜀其地又屬焉至李特孫壽時夷獠散居不置郡縣此據元和郡縣志而他書不載惟通鑑晉紀永和元年載獠從山出自巴西至犍爲布滿山谷十餘萬落大爲民患四境之內遂至蕭條宋屬歸化郡寰宇記云|||||而元和郡縣志於巴州曾口縣下書曰宋於此置歸化郡以撫獠戶無屬縣圖經亦云宋末屬歸化郡又云歸化郡今巴州也齊因之南齊志有歸化郡而無屬縣注云右一郡縣邑事六梁立伏虞郡元和郡縣志在大同元年後周武帝立蓬州因蓬山以爲名元和郡縣志又周地圖云後周天和四年割巴州之伏虞郡降

州之隆城郡置蓬州因蓬山以爲名圖經云大象元年又割渠州之景陽來屬隋初郡廢而州存圖經云隋初郡廢爲州仍以廢伏虞郡之安固廢隆城郡之大寅儀隴廢義安郡之宣漢廢景陽郡之宕渠綏安六縣來屬十八年改宣漢爲伏虞改綏安爲安固煬帝廢蓬州以其地入清化宕渠巴西三郡此據通典又圖經云大業初廢蓬州以安固伏虞二縣屬清化郡以儀隴大寅二縣屬巴西郡以宕渠咸安二縣屬宕渠郡唐初復置蓬州寰宇記云唐武德七年割巴州之安固伏虞隆州之儀隴大寅渠州之宕渠咸安等六縣置蓬州因周舊名分天下爲十道而蓬州隸山南道開元二十一年分天下爲十五道所隸同改爲咸安郡天寶元年又改爲蓬山郡至德二載又改咸安縣曰蓬山復爲蓬州乾元元年廣德元年改大寅爲蓬池寶應元年割營山縣來屬蜀王氏通鑑唐昭宗乾甯二年蓬州刺史費存降于王建孟氏皆因之輿地廣記國朝分

川陝爲四路國朝會要在乾德三年蓬州隸利州路中興以來隸利東路今領縣五治蓬池九域志云乾德三年省宕渠縣入良山大中祥符五年改朗池縣爲營山熙寧三年省蓬山縣爲鎮入營山五年省良山縣爲鎮入伏虞故領縣四圖經云建炎六年復立良山今領縣五

縣沿革

蓬池縣　中

元和郡縣志云本漢閬中縣地梁天監元年分置大寅縣因大寅縣池以爲名輿地廣記云梁屬隆城郡隋開皇三年改屬蓬州寰宇記云隋大業三年廢蓬州縣屬巴西郡唐武德元年復屬蓬州輿地廣記云開元二十九年爲州治舊唐書志云舊治斗子山後移鹽壇口今爲蓬州所治廣德元年改曰蓬池

儀隴縣　中

在州西九十里元和郡縣志云本漢閬中縣地梁天監元年於此置儀隴縣以山名儀隴故也初屬閬州隋改屬蓬州隋志儀隴縣下注云梁置并置隆城郡開皇初郡廢新唐志云武德三年以縣置方州八年州廢還隸蓬州通典云今縣城在崇城山上焉嶮爲理即梁崇城郡城也續通典云城元在金城山頂四面懸絶石壁高八十丈周迴五里唯西南稍通人馬開元二十六年移於山下今理是也

營山縣　中

在州南六十里本漢朗池續通典云本漢宕渠縣地元和郡縣志云本漢安漢縣地周武帝於此置相如縣屬果州唐志云武德四年割果州之相如縣地置浪池縣寶應元年來屬圖經云大歷五年賊焚燒權立行縣正元中移於營山國朝祥符五年避聖祖諱改曰營山國朝會要云熙甯三年省蓬山縣來屬

良山縣　中

在州東八十二里元和郡縣志云本漢宕渠縣地梁大同元年分置安固縣輿地廣記云後周因置蓬州元和志云隋開皇三年罷郡以縣屬蓬州開元二十九年州自此移理蓬池唐志云本安固縣天寶元年改名|||續通典云正元元年移於營山歇馬館爲理郎今縣是也實曆省入蓬池大中年復置國朝會要云乾德三年省宕渠縣來屬圖經云熙甯五年張商英奏乞廢爲鎮建炎三年復爲|||

伏虞縣 中下

在州東北八十五里元和郡縣志云本漢宕渠縣地梁大同中置宣漢縣隋開皇十八年改宣漢爲伏虞隋志云梁置宣漢縣十八年改縣名伏虞焉寰宇記云人業三年州廢屬清化郡武德元年復屬蓬州移理於山頂上開元末致於消水側置縣今縣是也國朝會要云熙甯五年省良山縣來屬

風俗形勝

民皆純朴好義弗事華靡務農力作田里墾闢少商

實多爲儒家詩戶書閭閻秋秋文物甚盛_{咸安志}溪山奇秀兩蓬高峙屹然雲霄多神仙隱士_{咸安志}巴國之墟梁州之分大山峻谷側耕危穫之地居多_{咸安志}蓬之爲郡以大蓬得名故自昔傳與神山相接其地靈人傑前後相望以發舒千古江山之勝_{貢舉題名記}後枕北峰前揖小錦屏_{州學記}西城房陵淸化通川宕渠地皆連接漢中風俗頗同不甚趍利好祀鬼神_{隋書地理志}婚禮雖賤必親迎尤爲近古_{咸安志}山多崇蘭蕙花每春秋開時淸芬滿山谷間劒外他州無有也_{咸安志土産門}云州之伏虞良山及大小蓬山云云_{圖經神仙下}環蓬皆山而北山爲之主

景物上

東巖在龍章山俯瞰大溪前眺歌陽安固諸山歷歷可數爲一郡登眺之勝 西巖在報恩寺西南隅巖巒奇秀前有閣榜曰松風爲一郡勝處自古號爲瑞龍臺 北山在蓬池縣之東北實郡之主山 夾山在州城正西十五里隸營山縣山有鳳凰院 綏山在安固縣東三十里今大蓬始號也 頂山在伏虞縣東六十里上有頂山院 龍宮嘉陵江昔有鮮于氏於雲霧中引入至丨丨 鼇山在儀隴縣西北三十里水傍突起一山嶙峋若鼇狀因名 鼇水寰宇記云在儀隴縣西北三十里出鼇池 道水在艮山縣東二里源出伏虞縣流入蓬山縣及渠州流江縣界 蓬山寰宇記云州因蓬山以爲名 蓬池蓬池縣取蓬水以爲名 梅莊距城東十里有養極堂有釣臺有梨夢有杏壇池中有堂曰浮玉又疊石爲山者三築上爲嶼者四黎夢有刻石乃趙清獻酬其高祖何化基透明巖詩 營山寰宇記云在營山縣南一里圖經云丨丨産冬青蠟冬青葉上生白粉綴

其粉聚甑上吹蒸之少選粉落蠟浮水上爲塊取塊再鎔即成蠟矣**耀池**距郡城東南七里**風洞**在衮山鳳凰院內一穴下視如井有風冷然自下而上**火井**寰宇記在蓬池縣西南三十里水涸以藁投之輒於井中出煙焰移時方滅**聖水**按寰宇記出蓬池縣東北二十里龍鯨山土人浴蠶即有佶獲**聖燈**蓬州｜｜之現處凡五一在北山一在鳳凰山一在連翹山一在大蓬山初不過三五點漸至數十高下相映離合不常其在大蓬山者尤爲靈異**神光**慶元中旱郡守禱之伏覩山頂龍湫大雨三日於是建廟于山之陽是後｜｜夜現如燈燭之光飇往忽來**天橋**在郡城之東龍章山有天生石橋長二丈橫駕絕崖曰｜｜

景物下

跂賢堂在郡**觀政堂**在郡治**蓬萊堂**在郡治堂有兩翼室左爲魯公祠像居中而兩廡列唷唐以降刺史八人**墨妙堂**在郡治**招仙堂**在郡治**得月閣**

在郡治

曾公堂 在郡治，卽政賢堂也。

眞人祠 在郡治，與曾公堂相對，爲應｜｜｜繪眞人像于中，列十二仙于廡下。

呂公井 在州南溪流中，大小二方井，狀如呂字，乃神仙[甯]極李先生所造，石甃甚小，水源甚壯，城居之民取給焉。

三角山 寰宇記在故蓬山縣東三十里，今屬營山縣。

七佛院 在營山縣之梁甫里七翁山，與雲山拔衣寺相對，雲蒸霧滃，時有白毫相現於巖谷。

九熟蠶 州五邑育九熟蠶，自三月始從事於蠶，至九月乃已。

靈星山 寰宇記在伏虞縣南七里，高千餘尺，消水源出此山，南流入良山縣界。

靈飛寺 在州城一里，據南山之巔，有集勝閣，北臨平野，下瞰大溪，人月及重陽，郡守與僚屬登臨，蓬人號爲小錦屏。

景陽山 寰宇記在故蓬山縣東六十里。

歌陽院 在郡之南二十里歌陽山，大觀中漕使李公題詩云：崔嵬千百丈，斗折上高陽，雞犬聲不聞，僧家白日長。

香積寺 在營山縣南二十里，蒼崖峻壁，與天相摩，至其側，初不知有蘭若也。

興平觀 在良山縣，仙傳載趙元甫七歲受數丹藥及一瓢於柏株之老，卽此也。

崇

眞觀在艮山縣南十五里小蓬山中有紫薇一株與殿相直叢然繁茂教授張元崇詩云千年丹竈名空在七月紫薇花正繁**景福寺**在艮山之大蓬山後蜀李特㥁此山方志以爲類海中之蓬萊故名元祐中何彥國詩云山留灌木冬長茂巖抱陰雲凍不開滄海未乾徐福死更於何處覓蓬萊**開元寺**在城南有留題二詩云雙松偃亞老龍起喚得清風到別樓尚憶曩年詩酒伴幾回天際識歸舟臺閣相連駕遠空亂山煙靄夕陽中眼前風物初非舊惟有清涼一味同寺有五如來殿爲一郡最元宵燈火最盛山谷之民畢出太守爲華嚴會以領客游人者五日號爲蠶叢之勝**報恩寺**在州城三里僧文贊栽萬松周匝此山有五百羅漢何格非爲之記云**興教院**在城南門外**菩薩山**寰宇記在故蓬山縣東三十里**觀音院**居郡城南山之趾院有鼈觀音記今刻石存焉**經藏院**在城南閣道延袤窗牖層出樂語有詩云夜深只見燈高下春盡不知人往還**大蓬山**距州城東南七十里相傳狀若海中蓬萊因以爲名按列仙傳葛由乘木羊上綏山隨者皆得仙綏

山在蓬州今大蓬**小蓬山**距州城七十五里一名秀
始號也山上有寺立山與大蓬對峙上有道
觀寰宇記云在蓬　池寰宇記云在營
去大蓬二里**大寅山**縣西　**披衣山**山縣西六十里
天將雨山上雲氣溶洩如披衣山上有雲山寺寺中
有池去果州嘉陵江三十里江水或淺其池亦淺江
水或漲其　**浴丹堂**在資聖院有｜｜｜下瞰金錢**繩**
池亦漲　井蓋異人王鴻浴丹之所云
金寺在伏虞縣據龍星山之顛有僉判黎良知詩云
懸崖結屋層層閣眺遠開窗面面峯雲起半天
齊碧瓦風生萬壑響長松此可以知其景矣又云見
說老僧吟更苦中宵得句喜擿鐘蓋有僧吟秋月詩
隔年方得句不勝其喜　**透明巖**山亦名棲眞巖在大蓬
半夜撞鐘以警衆云　山前覗空噴俯瞰縣
郭天氣清明渠達諸山隱隱可數縣令李九齡詩云
乍脫塵埃夢寐安｜｜｜上一開顏晚霞雙處似聞
雁遠目盡時猶有山仙跡不隨巖桂老禪心長共嶺
雲閑巖西日禪窟巖壁上有安祿山題記云大唐先
天二年歲在辛丑七月朔安祿山敬造彌勒佛一龕
有清遠居士題詩其後曰妖胡作逆罪滔天翠輦倉

皇幸蜀川千載業緣磨不盡卻來邀福向金仙按先天二年即開元二年是時祿山尚未顯詳見碑記門

金城山在儀隴縣之北隋開皇三年廢隆山郡以儀隴縣隸蓬州縣之故城在丨丨丨頂

金

錢井在郡西資聖院每月明輒有金錢影浮水上因名

寶峯寺在營山縣有紹興記云僧文應欲造寶塔而力不逮元豐中赴大會於杲山衆中斷一指化米由是施者雲集其寺皆發軔於應師云

玉掌山在蓬池縣天公潭之西有安國院危峯矗立遠望若仙掌寺據絕頂

銅鼓山寰宇記云在營山縣西南連閬州新政縣界

斗子山在蓬池縣東北三十里山勢方平如覆斗何彥國題詩云暗量無限人間事難槩不平天下心上有龍教院有天生池千歲再生柏李特讀書臺

神謀池在艮山縣東七十里神謀山下

龍章山寰宇記云在蓬池縣東南三里四時常有花發圖經云山有玉石夜有聖燈有天生石梁曰天橋

鳳凰臺在營山縣之鳳凰院亥山之頂有丨丨丨傳者以鳳曾棲其上有

仙馬洞在大蓬山僧法顯有龍馬槽石壁隱隱如龍鱗之狀

詩曰汗血何時別大宛一斷洞府已千年區區漢武求艮藥卻是閑中駿骨仙

樂龍山 元和郡縣志在蓬池縣南三里

孔雀洞 在艮山縣東十五里上有石壁峭絕如削青玉奇花流水宛然仙境

伏虞山 元和郡縣志在伏虞縣東南六十五里甚險夷獠被征討卽入此山中也

儀隴山 寰宇記云在儀隴縣西三十里山絕頂有石銘儀隴二字

嘉陵江 距郡城正西六十里屬營山縣有石門津

紫極宮 在城南泮宮之側東巖中峯巍然峙其後殿上有金鑄明皇像宮中之庭老君一小殿題字乃蜀王建永平間年號也

赤葛山 卽儀隴山圖經云亦謂之｜｜｜

青溪水 在營山縣西南五十里源出披衣山

海棠圃 在州城西北隅每歲花開時花光照映若錦郡太守往往載酒領客游焉

芝蘭莊 州城西一里所舊有王先生者年幾百歲孟蜀主召至欲縻以爵先生不可遂告歸詔賜所居田數頃爲游息地號曰｜｜｜今子縣皆居焉

平溪水 在儀隴縣東北十里水出平原故名平溪

博江水 在營山縣

流江水 寰宇記在艮山縣東南二十一

里經蓬山流入渠州流江縣界**宣漢水**寰宇記云源出伏虞縣東四十里項山東流經舊縣南七里又東流入良山縣界**東林院**在營山縣之東郭何子應題詩曰此地非廬岳東林邂逅過我羞陶靖節僧異遠頭陀**北山院**在州城北其僧寮架屋懸崖高下爲山房軒檻甚多而藏蔽不露游者罕徧東有展書軒爲寺登覽之勝有仙人王鶴墓**東龕院**在營山縣北二里據金城山之陽庭中巨石刻爲觀音及千佛像嚴庾題云晚西寒雨濕黃昏愛埵山僧已閉門獨自倚欄還獨笑男兒心事與誰論

古迹

故蓬山縣寰宇記云梁大同中置綏安開皇三年改爲咸安至德二年改名蓬山熙甯三年省縣爲鎮入營山**故宕渠縣**寰宇記在州東一百里梁於此置宕渠縣隸蓬州九域志乾德三年省宕渠入良山**芳溪館**元微之感夢詩云十月初二日我行蓬州西三十里有館有館名芳溪

李特讀書臺在斗子山李特微時嘗隱是山婦人侯氏歸之晝侍几硯夜直燈燭後特以婦爲妃故鎮初名賢妃賢妃鎮見上讀書臺下顏魯公祠在州治胡立將軍廟在郡城之南一里圖經云艮山又有胡立山蓬山十二仙像有何格非爲之傳今繪像于郡治之應眞八祠下開元寺鐘鐘本晉觀舊物隸營山縣有一鐘重千五百斤上鑄開元九年字因羅寇難道衆沈棲潭每隱隱見于重淵之下元豐中潭中忽如雷震聲鐘躍出沙磧上遂歸于開元寺馮將軍墓在州南五里石刻具存墓傍有祠堂嚴顏墓顏三國時爲劉璋守巴州爲張飛所獲曰斫頭便斫頭何必怒耶飛引爲賓客今墓在州北三十里絕崖上刻石爲識今斗子山下周環十里皆嚴氏聚居即其子孫

官吏

顏眞卿上元元年李輔國遷明皇於西內眞卿率百僚上表請問起居輔國惡之奏貶蓬州長史

裴德容唐宰相燿卿九世孫天聖中來守按歐公作墓誌云知蓬州有能政平居議法必以仁恕爲本

邵曄長編云桂人太宗時蓬州民張道豐等被誣爲劫盜司法鄭偘按致死罪獄具錄參丨丨察其枉不署牘授光祿丞賜錢五萬

王旦端拱四年爲守

程賁景祐中爲郡守嘗作五詩以聖時爲郡樂冠其首今石刻在平和堂之東廡

吳幾復嘉祐五年爲太守游衮山有二父老譙寶黃仁贊拜于庭下曰鄉民被使君之政久矣今聞還朝故來相別且歌曰使君來兮父母鞠我禮化行兮民無寒餓使君去兮不可復留人意張張兮淚雙墮

雍鈞治平登第爲御史臺主簿時章子厚新貴用事朝士滿門鈞獨不往章謂其薄己大怒逐之蓬州

杜頴靖國中來守唐庚有詩贈之曰去天一尺古蓬州年來除守得勝流

呂錫山王大辯紹興二年丨丨丨丨丨丨相繼爲守人歌之曰我有父母前呂後王撫愛我民千里安康

李及景德四年知郡

馮時行紹興二十七年知蓬州時行以不附和議爲秦檜所惡坐廢十八年至是復起時行至官五日復以言者論罷見繫年錄

朱昂長沙志云昂嘗知蓬州

人物

後漢馮緄九域志云有後漢車騎將軍馮緄冢緄字鴻卿巴郡宕渠人今州界有古宕渠縣城

賈嵩自少力學大觀中母死哀毀盡禮卜兆于鳳凰山之陽既葬廬于墓負土累冢何格非贈之以詩云血淚和霜沾宿草悲風吹月到松門廬墓三年巴閬士民有裹糧而觀者後舉八行

何造自成都徙蓬其後子絳孫修輔曾孫格非三世俱第進士家有三桂堂

黃壽蓬池人居于城西大觀初詔以八行取士公以行高爲鄉里推重首膺其選其弟敦美居城東亦以進士登元豐第時人有城西水東黃花萼相輝光之句

鄭修年七歲日誦萬言游太學有能誦杜詩者求與公角公誦詩及注無一字差登元祐進士第後知梁山軍所得廩祿自奉養外餘悉爲小民代輸未及引年飄然而歸即所居結茅榜曰飯牛菴自梁山歸居于飯牛菴幾二十年蕭然終日人莫能窺其際年八十七而終于飯牛

仙釋

蓬山十二仙 白雲子何格非蓬邱子賈善翔嘗爲之傳近世郡守王鎬又張放心童胥竜嚴化仙事附于後 **周葛由眞人** 寰宇記按列仙傳云葛由者羌人周成王時刻木爲羊乘之入蜀蜀王侯賓之退上綏山隨之者皆得仙綏山卽今之大小蓬山也 **唐登封縣令應眞人** 諱靖唐僖宗時爲登封令後棄官學道得地仙紹興中何格非見之於大蓬飛仙巖之東自是數至格非第 **唐姚道眞** 合州石照人得道俗謂之姚仙自言咸通末從呂洞賓往來傾藥十二元授之 **唐爾朱眞人** 名洞字通微少遇異人唐僖懿間過大小蓬山後至平都山白日昇天 **本朝李俠客** 太平興國初遊咸安寓開元寺一日從眉間抽一劒而舞舞罷復納眉間後辭卜於路瘗之州南而人屢過之於他州發其瘗失尸所在何格非爲傳 **逢定辭** 艮山人部綱宿華陰邸寓陳摶出藥餌之曰當壽至百歲後九十三歲而化及就壙棺輕甚疑蟬蛻云 **王鶴** 景祐

中遊咸安與何格非大父贊善游乃爲營山老縣跜死市棺還郡棺輕甚發視惟皮冠葛履存焉郡北北山院有仙人王鶴之墓何格非爲傳

李士甯 蓬池人儀隴塗氏授之銅鏡磨試照見二十里外一道人曰此軒轅手中物也自是能詩及推休咎與蔡君謨爲方外友歐陽文忠公亦贈之以詩而見王荆公曰餘執政時相見見東坡曰異日當爲制科舉首元祐中端坐而化後州校何徵之遇之於秦州茶肆云何格非跋

賈善翔 儀隴人年十五超然有出塵之志東臯雜錄云蓬州道士｜｜｜字鴻舉能劇談善琴嗜酒東坡嘗過之獻書一間曰身如芭蕉心如蓮花百節疏通萬竅玲瓏來時一去時八萬四千圖經云至都下與陳太初爲方外友神宗時簽書教門公事游太清宮講度人經三徧盲者聞目明忽日太上命爲太淸宮主乃沐浴而逝張天覺撰遊眞記

趙元精 艮山人宣和中往龍興觀有道上立于木抄擲藥瓢與之中有赤藥數粒元精吞之自是不復食後一歲語人曰先生復來遂端坐而化殯百餘日父發視惟草屨存焉何格非爲傳

嚴化仙 蓬之艮山居家子也遇老翁賒肉相隨入

山取直至透明崖入見桃花盛開道人羣聚自是飄飄有凌雲之志作詩頗知人禍福已而館于滿氏終焉復有邂逅于遇仙院者

石門鮮氏于子 州南前壩有鮮于氏之子游學錦官偶老翁丐通一家信道求石門取書置石上忽有人引生前行見一人如王侯曰荷君寄音乃以藥數粒授生後生壽至百歲

僧道澄 嘗伏虞之奉恩寺工成結菴于寺傍孫謌贈之以詩曰聞說虞山有道澄白雲深處不開扃自言古佛何爲者只是無心一老僧詩文甚多並刻石于奉恩寺

聖羅漢 在州城一里靈飛寺頭村民嘗遇一僧市其物持入寺其人留寺門伺之久不出就索之則貨物乃在羅漢几上遠近聞之香火改敬

碑記

干祿字碑 唐顏魯公干祿字碑在郡治之蓬萊堂

顏魯公書碑刻 顏魯公爲遂州長史在蓬四年往來新政縣鮮于氏家爲書離堆記今在縣之西南崖石間又書鮮于仲通里門記

復以小字書之又大書磨崖碑廣數丈今皆在崖石間自書崖石故書體尤爲精妙

安祿山題在透明巖大唐先天二年安祿山造彌勒佛一龕所求云象之按唐史祿山傳祿山死於至德二載年五十餘而先天二年卽開元元年歲次癸丑下及至德二載歲在丁酉已四十五年以年月考之祿山是時未及十歲不應入蜀祈福此可疑者一也又祿山傳載張守珪爲幽州節度日祿山以盜羊獲罪當死守珪壯而釋之通鑑開元二十年張守珪始爲幽州節度而開元二十四年張守珪始執祿山赴京師不應開元元年已曾入蜀此可疑者二也以相傳之久兼恐別有姓名偶同姑兩存之

福緣寺唐碑在蓬池縣西五十步敘碑云唐大中七年蓬州刺史吳延述

賈氏本支碑在蓬池縣之輯瑞院院有古碑字畫磨滅無餘不可攷其題云丨丨丨丨四大字極精明蓬之諸賈或祖於此云．

石佛院碑在營山院之西北四十里有古碑云開寶六年丙子朔蓬州朗池縣石佛院記

大蓬山天寶碑在良山縣之大蓬山秀立觀元祐中何彥國詩云誰向山陰謾刻鐫雨淋日炙

隸文全泐稱記得升平事天寶猶題十二年咸通中石刻在伏虞縣之延眞觀天尊祠中有小石崖有咸通中葺之五字可辨考景福寺碑在艮山縣南十里大蓬山上有唐昭宗天復八年修寺碑方等院碑在蓬山縣載蓬山本漢宕渠縣地至德二載徙其縣併入營山有古彌勒殿按碑云大隋創建僞蜀廣政二十一年更新羅漢閣記在樓溪觀音院戊子端拱元年刻石咸安志李瞱序

詩

蓬山蘭若入勝槩西寺巖壁饒幽奇郡守王鎬詩去天一尺古蓬州年來除守得勝流唐子西贈杜穎一江分兩界二寺對雙蓬何絳題營山縣石門津詩使旌巡稼欲觀農賞景留賓大袞東溪鎖豹眠閑霧露臺彫鳳集舊梧桐嘉祐壬寅郡守

吳幾復往鳳凰院觀稼詩 蒼石皺文龍跡在清泉涵詠海源通 同上

吳幾復 半軒開萬象一水斷雙峰 李若水詩 夕霽巴城月秋

光峽樹春 李及蛤異人李盞天詩

四六 闕

輿地紀勝卷第一百八十八

輿地紀勝卷第一百八十九 文選樓影宋鈔本

東陽王象之編 甘泉岑鎔淦星校刊

利州路

金州

安康郡天寶漢南郡至德洵陽昭化節度本朝淯陽金城漢陰

州沿革

金州安康郡昭化軍節度九域志禹貢梁州之域寰宇記秦楚之交通典云今漢中洋州安康房陵等郡並得楚之交並宜屬楚天官東井輿鬼之分野晉志又兼得翼軫之分野得秦之分屬梁州則爲東井兼楚之分野屬荊州則爲翼軫之分野類要引漢志云漢中郡得翼軫之分野虞舜居之謂之嬀墟通典云帝王世紀謂之姚墟亦曰嬀汭周爲庸國之地寰宇記春

秋戰國皆屬楚輿地廣記秦惠文王攻楚取漢中地置漢中郡今州卽漢中郡之西城縣也此據寰宇記又圖經統隸門載云秦滅楚置三十六郡隸漢中郡與寰宇記所載不同按通鑑赧王三年秦及楚師戰于丹陽楚師大敗遂取漢中郡則是秦惠文王之時已有漢中郡矣非是始皇分天下爲三十六郡之時始有漢中郡也當從通鑑寰宇記西漢屬漢中郡西漢志漢中郡治西城又有平利洵陽皆金州屬邑也東漢末魏武破張魯於西城縣置西城郡東漢志西城郡下註云漢末以爲西城郡元和郡縣志云東漢末魏武破張魯於西城置西城郡三國志云後漢建安二十年分漢中之安陽西城縣置西城郡城入于蜀蜀以申儀爲西城太守通鑑建安二十四年蜀命孟達攻上庸上庸太守申耽以地降蜀先主以耽弟儀爲西城太守蜀西城太守申儀降魏魏文帝復使守之因改西城爲魏興

郡華陽國志云黃初二年魏文帝轉儀爲魏興太守是改西城郡爲魏興郡也又晉志荆州序云魏文帝以漢中遺黎立魏興郡通典又云魏以漢中遺黎之在東垂者置魏興郡卽此地也是乃三國曹魏時事而寰宇記乃云元魏正始元年夏侯道遷舉漢中歸魏魏以遺民之在東垂居此由是改爲魏興郡且曹魏既以漢中遺民改爲魏興郡不應元魏又以漢中遺民復改爲魏興是一事而再書也今不取

魏新城太守孟達與魏興太守申儀有隙舉兵叛魏而吳漢各遣偏將向西城以救孟達通鑑在太和元年象之謹按申儀以建安二十四年爲西城太守而太和元年乃有魏興太守申儀是魏改西城爲魏興也吳漢二國遣兵救孟達兵向西城恐西城卽魏興所治耳三國地理指南云西城今州所治

漢蔣琬欲乘漢沔東下襲魏興不果通鑑邵陵厲公正始二年漢蔣琬欲襲魏興漢人以事有不捷還路甚難乃止

晉改安陽縣曰安康縣寰宇記云晉太康元年更安陽縣曰安康

縣元和郡縣志晉武帝更安陽縣曰安康縣又立安康郡象之謹按晉志無安康郡通典亦云晉改安陽曰安康縣則安康郡非置於晉也晉志魏興郡領縣六安康西城以縣屬焉晉興安康西城錫長利洵陽符秦遣梁州刺史韋鍾圍魏興太守吉挹於西城晉遣毛虎生救魏興虎生兵敗秦遂拔魏興通鑑在晉孝武太元四年宋末分魏興之安康縣置安康郡齊因之此據續通典南齊志安康郡領安康甯都二縣而隋志於安康縣下註云齊置安康郡則安康縣雖置於晉而安康郡則置於宋齊之交故齊志始有安康郡舊唐志云晉武改安康縣魏置安康郡隋改爲縣又不同梁爲東梁州通鑑承聖元年有東梁州刺史西魏將王雄取上津魏興東梁州刺史安康李遷哲降通鑑承聖元年正月魏安康人黃衆寶反攻魏興圍東梁州通鑑在承

聖元年八月隋志於安康縣下註云西魏置東梁州按通鑑魏興在梁已爲東梁州自李遷哲敗東梁州陷沒于魏仍爲東梁州非魏置東梁州也 以其地出金改爲金州 後周書西魏廢帝三年改置州郡以東梁州爲金州 置金城郡 輿地廣記 仍領魏興郡 續通典

隋初罷郡 續通典在開皇三年 罷州爲西城郡 續通典在大業三年 唐復爲金州 舊唐志在武德元年 改安康郡 舊唐志在天寶元年 又改漢南郡 舊唐志在至德二年 復爲金州 乾元元年 置昭信軍防禦使治金州 唐方鎮表在光啓元年 陞昭信軍防禦爲節度使 唐方鎮表在光化元年 改戎昭軍 唐方鎮表在天祐元年 五代前蜀王建改雄武軍 圖經 在梁開平二年 石晉置懷德軍 五代會要天福四年陞懷德軍天福十二年降防禦使

國朝平蜀改昭化軍節度 國朝會要在乾德五年 舊隸京西路

中興以來改隸利州路紹興十二年或帶金房開達四郡安撫或兼管內安撫拜罷不常今領縣六治西城

縣沿革

西城縣 下

倚郭九域志云本嬀墟之地元和郡縣志云本漢舊縣屬漢中郡魏武破張魯於西城縣置西城郡皇朝郡縣志云建安中置西城郡劉備以申儀爲太守據郡降魏文帝改爲魏興郡晉因之後周省入吉安隋志云梁初曰上廉後曰吉陽西魏改曰吉安後周以西城入焉舊有金城吉安二郡開皇初並廢改縣爲吉安大業三年改曰金川置西城郡尋廢舊唐志云義甯二年復置西城爲州所理

漢陰縣 中下

在州西一百六十里元和郡縣志云本漢安陽縣屬漢中郡東漢因之晉武帝太康元年更名安康縣屬

魏興郡通典亦云晉改安康縣不云置郡舊唐志云晉改安康縣隋志云舊曰甯都縣齊置安康郡故齊志安康郡領安康甯都兩縣隋志又云後魏置東梁州蕭詧改直州新唐志云武德元年以縣置西安州二年曰直州正觀元年廢直州來屬金州至德二載改爲漢陰縣以犯安祿山姓故也紹興二年王彥以縣去州二百里請移治新店以舊治爲鎮

洵陽縣 中

在州東一百二十里元和郡縣志云本漢舊縣屬漢中郡因洵水以爲名輿地廣記云後漢省之晉復置屬魏興郡隋志云晉置洵陽郡開皇初郡廢唐志云武德元年以縣置洵陽驢川二縣七年廢洵州二縣皆來屬金州正觀二年省驢川八年省洵城併入洵陽天寶元年更名淯陽國朝會要云乾德四年省淯陽入洵陽

石泉縣

在州西八十里輿地廣記云南齊曰永樂縣隋志云舊曰永樂置晉昌郡西魏改郡曰魏昌改縣曰石泉後周省魏昌郡隋屬西城郡後屬金州新唐志聖曆元年曰武安神龍元年復故名大歷六年省入漢陰元和郡縣志云正元元年刺史姜公輔奏置

平利縣 下

在州南七十里輿地廣記云本漢長利縣屬漢中郡東漢省晉置上廉縣皇朝郡縣志梁置上廉縣不同圖經云宋改吉陽舊唐志云後周於平利川置吉陽縣尋改爲吉安武德元年以吉安置丨丨丨大歷六年省長慶中復置國朝會要云熙寧六年廢爲鎮隸入西城元祐二年復置

上津縣 中下

在州東北二百四十里寰宇記云本漢長利縣地屬漢中郡宋於此置北上洛郡隋志云梁改爲南洛州西魏又改爲上州隋大業初州廢屬上洛郡唐志云隋義寧二年於此置上津郡唐武德元年曰上州正

觀元年省上州以上津縣隸商州紹興十六年和好
成割上津縣鶻嶺關外卓駄平爲界以上津縣來屬

軍帥沿革

金州都統司

朝野雜記云紹興九年胡世將爲宣撫命郭浩以八千人守金州此金州置帥之始也又小歷十四年鄭剛中分利路爲東西兩路以楊政帥東路吳璘帥西路並以安撫兼軍帥欲三帥事體均一故又陞金州爲金房開達四州爲金房開達爲一路而以郭浩爲金房開達安撫使遙制夔路及京西三郡至道初金州併屬東路而守臣但兼管內安撫而軍帥與守臣

亦爲二司不相關矣

風俗形勝

地臨漢水境枕秦川寰宇記爲秦楚之地同上其俗多獵山伐木深有楚風寰宇記云漢高祖發巴蜀伐三秦遷巴中渠帥七姓居商洛其俗至今猶云云東接襄沔南通巴達西連梁洋北控商虢安康郡志序金居襄沔上流圖經統隸門土地險隘其人半楚風俗略與荊沔中郡同圖經封疆門載魏平蜀治西城下五方之民會焉其風俗各隨其方圖經風俗門秦頭楚尾一大都會圖經云自渡江以後舟車輻湊商賈接踵遂爲云云詞訟絕少租賦甚微眞宗咸平四年郡守陳彭年荅詔五事曰本州諸縣率皆人戶荒疎路岐荒僻云云鳳凰爲頭鯉魚爲尾

州城二十里地名秦校渡月河約二里有山最高者俗呼爲鱧魚山古老相傳謂其漢陰鳳凰山遂山共一百二十里抵直河以斷次自漢中而東則謂金多山嶺而均房而西則謂金多平曠圖經山川序郡當秦蜀荊楚之衝周粹中漏澤園記北阻方山南臨漢水元和郡縣志自晉以來每漢中失守則梁州刺史輒鎮魏興華陽國志云永嘉五年西晉曹光復治漢中北史魏志曰自張光後漢中人爲氐楊難當所沒桓溫平蜀復舊土後爲譙縱平復每失漢中刺史輒鎮魏興金房荊襄境壤相望乃西南之交吳蜀之會劉子羽論吳蜀劄子金秦之郡也奏告專達得行異政白樂天集殷彪授金州刺史制以彪清平信惠臨事能守小大之職率著名績俗重寒食每歲是日傾城上冢相飲相饋其俗大類漢中遊人相逢先淺慢數拜後

急深六七拜如是者三次乃止焉則又類洋州是卽皇祐間洋守王沖詩所謂鳴珮相逢拜不休也

景物上

金泉 子城東之井也取金生水之義

嫣墟 應劭注漢書云丨丨爲西城舜居於此穎容釋例云舜居西城本口嫣汭卽此

眞山 在石泉縣有張天師古迹

魏山 元和郡縣志在西城縣西南九里其山東西南三面絕險不通者晉吉挹爲梁川督護符堅使韋鍾伐之挹於急口岐山爲壘固守鍾三年不能下

南山 在西城縣又名吉挹城詳見古迹門

漢水 元和郡縣志云去州城百步水出麩金其色稍白不任貢獻嶓冢導漾東流爲丨丨歷洋州縈紆千數百里而後至金之境

洵水 元和郡縣志云出洵陽縣北洵山去縣一百五十步

心山 寰宇記云漢宣帝時北平陽厥爲漢中守經此山有棲遁意遂不之郡學道于此感瑞見金羊因易姓羊今縣界有羊氏卽厥之族也山下有殊草有風

不偃無風獨搖**甲水**寰宇記在商州上津縣西二百步南流注漢水**杳水**寰宇記云在商州上津縣北七十里源出石城山西漢水側石白中水色白而味甘**龍山**在洵陽縣北一百二十里有靈泉旱禱即應**鳳亭**在漢陰縣東十五里**鶻嶺**在上津縣防遏商州來路地極險要**牛山**在城北五里爲金州羣山之冠上有泉大旱不涸久雨不盈歲旱祈禱必應有鐵佛院**歸耕**圖經云光宗皇帝嘗爲郭棣書一一二大字今揭之社壇齋廬之上

景物下

安康石舊圖經云歲飢則見歲豐則沒於沙磧之下**畱停山**寰宇記云在洵陽縣行人登之愛其峭拔多停畱縱覽因名之**忘歸亭**圖經云陳師道作一一一記云廢邱故宮頹城敗塚逹于四境狐鳴鳥聲日夜間作**勸忠堂**在郡設廳後**平心堂**在郡治**青鳳閣**在洵陽縣**綵衣堂**在郡治**紫荊山**在洵陽縣東南五十里有洞深可五六里號仙洞山

後有石池傍有石蓮花蕚相承高二丈許**衡河源**皇朝郡縣志云出乾祐縣合月河入漢江**金堂寺**在洛口係古迹**鐵嶺關**在西城縣**鐵佛寺**在牛山之上今丨丨存焉**方山關**元和郡縣志云在漢陰縣西三十二里正觀十二年置北阻方山南臨漢水當東西驛路**直水源**寰宇記出永興軍乾祐縣弱嶺姜子關經漢陰縣注于漢北流當終南子午谷路是也**長利水**寰宇記云在商州上津縣亦名仙水西北自豐陽縣界流入均州豐利**三渡市**在漢陰縣東四十五里**五鳳山**在上津縣之栢拒村山下有石洞洞內有澤**八水河**九域志**九矯關**在洵陽縣**千人穴**寰宇記在商州上津縣東七十里可容千人中有石暗凝滴若乳味甘治疾常有石燕羣飛出入其中**萬春寺**唐咸通中建有唐畫觀音地藏像山形環抱富有竹石之勝**梁門山**元和郡縣志在漢陰縣東八十里梁將五神令開拓承境梁門爲界之也**趙臺山**元和郡縣志在西城縣南二里梁代漢水泛溢人皆走此山上**焦陵山**隋志在西

城縣新羅寺唐懷讓禪師舊庵師金州人也伎陵城晏公類要在洵陽縣庾雍漢水記云即木蘭寨也蜀軍救孟達之所圍碁關在洵陽縣藥婦山寰宇記在平利縣東南八十五里周地圖云有夫婦攜子入山獵其父落崖妻子將藥救之並變爲三石人以此得名今頂上有古仙石藥臼尚存九域志有||||嘉魚穴寰宇記在商州上津縣東北一百五十里常水至上巳日即有羣魚出穴大者尺許魚曰鱒魚鳳凰山元和郡縣志在漢陰縣一百五十里山上有十二|層懸棟萬仞周地圖云||||爲龍子山疊嶂有十二層層接道書云||||十二層上有仙人藥園又太平廣記載||||神嘗以玉龍膏瘳民癭今若置錫於井甕間或採海藻服之亦可以愈癭疾上有棲雲庵眞宗時洛人章阿父嘗隱焉龍門關在上津縣龍回關在西城縣馬跡山註水經云洵陽縣北山上有馬跡五所因名曰||||驢谷水寰宇記在洵陽縣西二十七里一名閭谷水月川水元和郡縣志出漢陰縣東梁門山水出楚金天心水隋志在鄠

利縣

天柱山 寰宇記亦名牛山在商州上津縣北一百五十里又按殷武名山記云上津丨丨丨縣崖壁立秀出衆嶺有無名遊仙洞洞口有竹數莖寒風凛然人不敢入

當門山 在洵陽縣東百七十里有兩峰相對望之如門

西城山 皇朝郡縣志云在州北五里

饒風關 在洋州水路極險要撒離合紹興開破興元常從此路

饒風嶺 紹興二年撒離喝與四太子盡發簽軍聲言東歸太原及自於商出漢陰擣梁洋金州失守其玠率兵徑趍金洋與賊大戰丨丨丨上賊敗衂撒離喝潛軍間道踰蟬漢嶺出官軍後斷公歸路公按兵徑趍西縣扼其吭賊便旋中梁山浹月一夕潛遁

古迹

安陽故城 續通典云在今漢陰縣西二十四里卽敖口東十五里漢江口之古城是也

梁州城 晏公類要云舜嘗居謂之嬀墟帝王世紀謂之姚墟

古洵州城 九域志云唐置天寶元年更名大歷六年省入洵陽

古清陽縣城 唐志云本黃土天寶元年更名大歷六年省入

洵陽長慶初復置

西城故城　寰宇記按水經云漢水經月川曰又東經西城故城南其故城即漢之西城山之東魏興郡故城是也

吉挹城　寰宇記云在西城縣之南山晉吉挹爲梁州都督爲符堅所攻於縣南九里岐山築城攻圍三年吉堅守不下名｜｜｜

廢開元縣　寰宇記在商州上津縣東六十里西魏置周保定二年廢

廢漫川縣　寰宇記在商州上津縣北四十五里西魏置周保定二年廢

聖公館　寰宇記載漢水記云黃土縣雞鳴山北十五里有｜｜｜即後漢光武起義兵屯此今屬洵陽縣

漢陰驛　圖經云有連理山茶乃升半舊物見於題詠者多矣

女媧驛　孫提刑有詩

女媧山　皇朝郡縣志在平利縣東首祠曰女媧聖后左史云帝女媧氏繼包羲而有天下風姓是爲女皇元年辛未蛇身人首又云往古之時天不兼覆地不周載於是女媧煉五色石以補蒼天斷鼇足以立四極

虞舜祠　晏公類要在西城縣按水經云西城縣故城內有｜｜｜｜

高帝廟　梁州記云洵陽縣南山下有｜｜｜

靈佑公威顯廟　在牛山去

城北五十里爲安康羣山之冠紹興元年金房鎮撫使王彥因賊李忠犯境與官軍對壘山下彥默禱繼而雷聲發於中軍帳上若有陰助遂破賊

義節王開封府旌烈廟 王公諱忠植宣和末積功守代州十有餘年會永興帥郭公浩密召公以所統忠義牽制河東磁嵐石三州十一縣望風響應叛將趙維清詭奪兵符幽公他所比至慶陽使登樓車以招城守者公僞許之而反其言於是遇害紹興十一年賜旌烈廟額建祠金州

隋開皇鐘 皇道觀在洵陽縣西一里有古銅鐘隋開皇十九年使持節大將軍楊榮鑄

隋大業天尊 望仙觀在洵陽縣東一百二十里蜀口有鐘乃隋大業年間鑄天尊古迹

黃巢谷金桶水 圖經云舊見神怪山今失其處又王明清揮麈錄云唐中和三年太白山人謁金州刺史崔堯封云本州直北有牛山山傍有｜｜｜｜｜且大寇之帥黃巢淩刼州縣盜據上京近已六年又僞國大齊年號金桶必慮氣在北牛山伏請奏開蜀京掘破牛山則賊自敗堯封遂發義丁萬工掘之凡月餘其山崖崩有一石桶桶中有黃腰獸其上有一劍獸見劍

自撲而死堯封遂封翊及畫所掘地圖亦見石桶事奏僖宗黄巢至秋果衰是歲中原悉平

官吏

寓客附

東晉吉挹 通鑑晉孝武太元四年秦兵拔魏興太守吉挹不言不食而死秦王堅嘆曰周孟威不屈於前丁彥遠潔已於後吉祖沖閉口而死何晉氏之多忠臣也吉參軍史潁逃歸得挹臨終時手疏詔贈益

賀若弼 字輔伯後周時爲金州總管

唐姚合 爲金州刺史唐詩紀事項斯有贈金州姚合詩合唐末詩人也有極元集取王維等二十六人詩百篇曰此詩中射雕手也

姜公輔 唐順宗永正元年爲金州刺史奏置石泉縣

李翺 爲金州刺史

崔彥進 乾德五年爲昭化軍留後

陳彭年 咸平四年知金州

魯有開 治平元年知金州

范純粹 自永興軍移知金州

呂希純 紹聖初知亳州｜｜｜分司南京金州居住希純公著之子也

王彥 中興遺史建炎四年｜｜在金州時中原盜賊蠭起無所資給惟四川號爲全富金州當蜀之

門戶桑仲有窺四川之意擁衆號三十萬直犯金州白土關或請避賊鋒彥曰吾誓不與賊俱生時官軍纔二千人彥謂諸將曰敢有言避賊者斬賊張步騎六道並進彥執旗大呼麾士士悉殊死鬭賊大敗追襲二百餘里

晁公休 繫年錄王彥鎮金州斂民非常比屬縣莫敢抗漢陰令｜｜｜獨不用其令彥召至州囚欲殺之公休不肯屈彥亦弗敢害也宣撫張浚聞其能召爲糧料官

人物

漢錫光 哀平之世西城縣民錫光字長沖爲交趾太守王莽簒位據郡不附世祖嘉其忠節拜爲大將軍今郡廳兩挾繪｜｜｜晉吉挹二像

王遜 字邵伯魏興人也仕郡察孝廉累遷上洛太守私牛馬在郡生駒者秩滿悉以付官云是郡中所產也

李遷哲 爲東梁州刺史大統十七年周文遣達奚武王雄略地山南遷哲軍敗執送京師周文責以不早歸國答曰不能死節以此愧周文深重之

李襲志 安康人隋安康縣丞蕭銑林志弘慶攻之不下聞煬帝喪乃與士民縞素三日臨哭

說宜遂據嶺表取旨粵豈遽不若尉佗乎襄志欲斬說者固守凡二年力窮援寡爲銑所陷

唐李孝儒 永徽間安康人李孝儒封遂[甯]郡公而辭榮以養親

裴瑾 由比郡郎中出刺金州決高弛隟去人水禍潴芳原茅闕成稻粱柳文

李康 舊史度支員外郎張濬避黃巢亂於商州僖宗出幸塗無供頓漢陰令｜｜獻糗餌數百騾綱軍士始得食僖宗召問康卿爲縣令安操心及此對曰臣塵吏安得有此進獻張濬員外教臣也帝異之

胡易簡 字濟仲華州人僑寓金州以教授諸生爲業不事科舉荒耽詩酒得唐以來賈浪仙羅江東之風範秦奎時可爲之敘云

張仲方 爲金州刺史郡人有田產爲中人所奪仲方三疏奏聞竟理其寃入爲度支郎中孔氏六帖

仙釋

漢陰丈人 莊子云子貢過漢陰遇一丈人方爲圃畦鑿隧而入抱甕而出子貢曰有機於此日浸百畦挈水若抽名曰桔槔丈人曰有機心吾不爲也

唐仙人 字公昉城固人王莽居攝二年爲郡

吏啖瓜旁有眞人因進美瓜於眞人眞人與期於輩
谷口山與之藥曰服此當移志萬里後師以藥飲公
公曰可去矣妻子戀家不忍去乃以藥平
塗屋柱須臾大風元雲來迎倏然俱去　**純陽眞人**　利
縣北三數十里香溪柴屏洞眞人嘗至焉有詩云偎
巖拍手葫蘆舞過嶺穿雲柱杖飛來往八千消半日
金州南畔有柴屏　**章阿父**　洛陽人也眞廟時來隱漢
城南有昌公堂　陰之鳳凰山棲雲庵人傳
三百餘歲元祐壬申郡守李陶常延致其狀貌如五
六十許人叩之道要章吟曰通身一點法四海永絕
倫開得天關路閉得地戶門若要求長生到斷五行
因語竟復指其心曰萬法有心則生無心則滅儻能
心死活何患身之不　｜居東門裏自幼慕道
生也自是不復見云　**薩公**　咒符水以濟病者無不痊
愈乾道五年不告家人拂袖而去有人於　**懷遜禪師**
東泉州見之後一日無疾辭衆端坐而逝
正宗第一世｜｜｜｜者姓杜金州人先天二年往
衡嶽居般若寺天寶中圓寂謚曰大惠禪師得弟子
入人師出入乘虎坐禪
間有白蟾大蟒爲侍者

碑記

隋蒙州普光寺碑 歐陽集古錄云蒙州普光寺碑蒙州者漢南陽郡之育陽縣也碑以仁壽元年建碑無書撰人名氏而筆畫遒美翫之亡倦蓋開皇仁壽以來碑碣字畫多妙而往往不著名氏惟丁道護所書嘗著之然碑石在者尤少余每與蔡君謨惜之自大業已後率更與虞世南書妙盛既接於唐遂大顯

周萬歲通天碑 報恩光孝觀在石泉縣有｜｜｜｜｜前內供奉書手王惠元書其石擊之清亮全類玉音碑陰有段文昌畱題

西天佛足碑 在天聖廨院

唐僖宗碑 圖經云今碑子渡有唐僖宗一碑云云乾符四年漢陰縣助修道施主云云

安康志 郡守家子欽序

詩

樹勢連巴沒江聲入楚流 文苑英華方干送姚合員外赴金州詩受詔從華省

開旗發帝州又云云危棧窺猿頂公庭掃鶴毛同上李洞送李郎中赴金州詩

云雲明漆嶺高刺郡轂仙曹云云簿書嵐氣裏鼓角水聲中井邑神州接帆檣海路通姚合金州書事綺里祠前後山程踐白雲

賈島贈李金州詩棹尋椒岸縈迴去數里時逢一兩家知是從來貴金處江邊牧竪亦披沙方干路入金州江中絕句卷箔雲峰暮蕭條未掩關江流嶓冢雨帆入漢陰山方干金州客舍作

爲郎名更重領郡事蹉跎官壁題詩盡衙庭看鶴多城池連竹塹籬落帶椒坡唐項斯贈金州姚合郎中詩老懷清淨化乞去守洵陽廢井人應滿空林虎自藏迸泉疎石覷殘雨發椒香山缺通巴峽江流帶楚墻鳥鳴開

郡印僧去置禪牀唐馬戴寄金州姚使君員外釣舟浮淺瀨岡舍晚重林雲放千峰出花藏一徑深楊徽之翠光亭詩江流嶓冢雨路入漢家山金州客舍詩比年學校興禮義生於富使節按部來士子皆奔輳大觀四年郡丞郭廣和詩均房七百里山蓄嶺崎富安康似廣原入轍闠風輳王次翁和大觀會太博弼詩當日孤貞不可窮邦人千載仰其功而今漢上多游女誰繼巍巍烈女風眞妃小娘子廟在西城紹興初主簿王仙客有詩云云多逢臃腫民饒風以東居民多癭孔提刑詩云云

四六

地分南楚邑號西城記室新書岡連子午路接褒斜同上城

臨漢水境枕秦川同上

輿地紀勝卷第一百八十九

輿地紀勝卷第一百九十　文選樓影宋鈔本

東陽王象之編　甘泉岑鎔淦壘校刊

利州路

洋州

定遠　武康　儻城郡　洋川　源州　豐寧郡　洋源　洋水　眞符

州沿革

洋州　望　西漢地理志河水洋洋顏音羊又音翔邵博聞見後錄云洋州乃汪洋之洋音祥今皆呼爲詳略之詳上至朝省下至士大夫皆無能正之者洋川郡十道志武康軍節度九域志

益州分野參宿臨之西漢志以漢中楚地爲翼軫之分野晉志謂漢中入參九度唐志謂漢中爲東井輿鬼鶉首之次三史尤爲矛盾然巴蜀之地實益州部史謂爲益州分而參宿臨之當矣先儒謂晉天文志最不訛謬今從晉志

禹貢華陽黑水惟梁州洋川

廷洋州安撫使未幾罷洋川志今領縣三治興道

縣沿革

興道縣 望

倚郭通典云本漢城固縣洋川志云蜀後主時王平守興勢曹爽攻圍不能尅元和郡縣志云後魏宣武帝分置|||理興勢山上通典云今縣城即後魏儻城郡因自然隴勢形似盆緣外險内有大谷爲盤道上數里及門新唐志云正觀二十三年更名寰宇記云興勢山去今縣理二十里大業二年自山上移居故儻城郡唐武德元年置洋州以縣屬焉正觀二十三年改爲興道縣天寶十五載州自西鄉徙治此

西鄉縣 上

在州東南八十里漢中記曰漢以南鄭縣之西鄉封班超爲定遠侯即此元和郡縣志云本漢之城固縣地蜀先主置南鄉縣晉武帝太康二年改曰|||續通典云在今縣南十五里平陽故城是也輿地廣

記云晉宋齊梁並屬漢中郡寰宇記云後魏於此置洋州及豐甯郡豐甯縣隋大業三年罷洋州改豐甯縣爲西鄉縣屬漢川郡續通典云移於廢州理即今縣是也元和郡縣志云唐武德元年復置洋州天寶已前州理在西鄉天寶已後移理興道而西鄉遂爲洋州之外邑

眞符縣

在州東南四十里寰宇記云本漢安陽縣地元和郡縣志云開元十八年析興道縣置華陽縣以其地居華山之陽故也天寶三年廢八年王鉷奏開清水谷路復奏於黎園置華陽縣其年鑿山得玉冊因改名｜｜｜隸京兆府十一年以路遠改屬洋州續通典其年以縣去州偏遠移縣□桑平店即今縣理北至盩厔四百四十里九域志云皇朝乾德四年省黃金縣入眞符縣仍移縣就廢黃金縣即今理也

風俗形勝

山水艱阻黃金子午元和郡縣志境臨秦雍地接金商江

帶分而如縈山屏匝而若畫五代廣政二年節度使呂彥珂懷昌堰記楚
之北境治平二年知洋州蔡交修學記洋居華山之陽洋川志東北控
魏南蔽蜀寔爲重地洋川志蜀先主以成固縣｜｜｜｜｜｜｜｜｜乃分置
南鄉縣以壯藩籬南接漢川北枕古道險固之極輿地廣記云故黃金
縣漢安陽縣地屬漢中郡有黃金谷因置黃金戍黃金戍張魯所築｜｜｜｜｜｜｜｜｜昔楊
難當令薛健據黃金戍蕭思話使蕭坦攻拔之卽此金戍鐵城海錄碎事云昔楊難當令魏興
太守薛健據金戍姜實據鐵城以其險峻故以金鐵名在洋州興道縣子午駱谷爲蜀
門戶同谷志云洋有｜｜｜｜饒風關此皆古人之所嘗歷今爲蜀門戶洋川志云子午駱谷兩路
重崗絕澗危崖亂石自古爲形勢之地至於西城路黃金戍鐵城興勢皆設天險國家於駱谷口置石佛
堡子午谷口置陽嶺寨西城路置渭門寨分水寨皆備禦之要也郡圃亭榭以二蘇

文鮮于四先生詩文爲重洋州志園亭門序洋守所居園池在西南諸郡中最爲佳絕文同三十詠序佳絕之處過於所聞文同三十詠序東連襄漢西接秦鳳北直長安南蔽巴蜀洋州志序梁洋控禦要害之地有三曰褒谷曰駱谷曰子午谷而駱谷蜀甘露二年姜維出駱谷魏正始五年曹爽自駱谷入漢中王平拒之於興勢在今州之西北二十里魏景元四年鍾會由斜谷駱谷伐蜀晉永和五年司馬勲出駱谷並古之出入駱谷路者也州至谷四百二十里與子午皆在洋魏太和二年魏延請直從褒中出循秦嶺而東當子午而北不十日□□長安又蜀建興八年魏張郃由子午政漢中晉亘温命梁州刺史司馬勲出子午道今州東二十里曰龍亭此入子午谷之路至谷六百六十里上通荆楚旁出雍奇商賈貿易畢至之地衣被秦蜀有足仰者元豐元年

文同乞修洋州城狀洋與秦鳳壤錯比文同知洋州任滿神宗召見條對云簿書之暇有逍遙自適之樂文同

風俗每冬月以蒲藻蓋鵝公江上寒魚皆往依之臘日太守率寮屬泛舟張樂往揭取之游人縱觀謂之揭蒲孟春四日居人□□江上遇藤葛纏繳草木者解之謂取解殃繳咎□□因而有會謂之解繳至中澣日遊人集江上求石之穿者以絲繫歸謂之宜蠶太守帥寮屬以觀競渡謂之踏石中澣後一日州人將五穀攢於寺觀中因而祝佛以祛禳虛耗謂之送耗

踏石正月望日解繳正月四日如興元重冬至寒食如關陝小民信鬼不信醫如荊楚好氣勇鬬如燕趙俗健訟少文藝皇朝郡縣志

和糴蜀自宿兵總領所就逐州敷謂之丨丨州縣迫取於民民以爲苦淳熙四年總領李蘩奏罷乞官自置場不催驅不取贏民自貿量卽支錢引民大歡悅

義士洋川志云國朝王師伐蜀成都平放洋州義軍八百人歸農則洋有丨丨其來久矣紹興元年興元帥王

庶於興元府洋州太安軍立義士法未幾得戰兵一萬三千人軍聲甚振已而知洋州宋莘奏罷之紹興三十一年仍復團結未成又罷至乾道三年虞公允文復之其法視王庶爲詳密

八關 白椒關防東駱谷口五渡曰水碓關防黑水谷曰桐木關防子午谷風谷洋谷澇谷蒻嶺關防子午谷豹林谷澇谷三嶺關防子午谷豹林谷風谷重陽關防長安經由東義西義石鼈崁谷已上八關並總於青座寨

控蜀衛秦 皇朝郡縣志云唐柳宗元作館驛壁記論捍蔽長安之名關有八而華陽居其一蓋所丨丨而丨丨也

絕欄縈迴危棧緜亘 唐德宗詔

景物上

聖泉 在興道縣西一里病者取之卽愈

天池 在西鄉縣東南三十里聖水峽東山

龍泉 在興道縣之北一十里泉水之上有祠曰靈澤

驛水 元和郡縣志云在興勢縣西一里

寒泉 晏公類要在舊黃金縣北八十四里

溫泉 在西鄉縣西南四十五里四時溫煖

洋水 寰宇記云

出廢洋川縣東巴嶺又註水經云源出巴山經縣東八里入黃金縣界郡因此水稱名水經註云導源巴東北流注入漢水

漢水 元和郡縣志云在興勢縣南入金州界洋川志云在興道縣南一里禹貢云嶓冢導漾東流爲漢註云泉始出爲漾水東流爲沔水入漢中郡東流爲｜｜酈元註水經云漾水東流自漢中郡城固縣界壻水入州界又東流入眞符縣界

儻谷 元和郡縣志曰一名駱谷在興道縣北三十里後主延熙十一年諸葛誕反淮南關中兵東下姜維欲乘虛出駱谷按駱谷在長安西南南口曰｜｜北口曰駱谷輿地廣記曰駱谷通長安唐德宗僖宗幸興元皆出此

儻水 又名駱谷水在興道縣源出縣界西北大難山流入漢江酈道元水經註云漢水又至灙城南與駱谷水合水北出駱谷谷北通永興軍其水南流右則｜｜

古道 春秋繁露云三皇祇車出谷口即今斜谷是也

青山 在青符縣西北一百八十里

赤坂 蜀建興八年魏司馬懿伐蜀丞相亮待之於城固｜｜洋川志云｜｜在今州東一十里龍亭山色甚赬

壻水 在興道縣西三十二里源出扶風縣界秦嶺西二十

里出城固縣壻鄉東流二十里合漢水川鄷道元水經注云左谷出漢北即｜｜也**褒斜**｜｜谷北日斜南日褒同爲一谷故日｜｜**觀山**在興道縣東十里**益水**在興道縣西十里**下濤**在興道縣東十五里水經註云漢水有上濤｜｜上濤在城固瀼水又名駱谷水在縣西

景物下

郡圃三十詠湖橋　横湖　書軒　氷池　竹塢　荻浦　蓼嶼　望雲樓　天漢臺　待月臺　二樂榭　瀼泉亭　吏隱亭　霜筠亭　無言亭　露香亭　涵虛亭　溪光亭　過溪亭　披錦亭　禊亭　菡萏亭　荼蘼洞　篔簹谷　寒蘆港　野人廬　金橙逕　此君菴　南園　北園

擁翠亭在倅廳北望秦山叢峯疊嶂雲煙顯晦不可名狀誠一奇也**望雲樓**在郡圃唐德宗之幸梁洋嘗登是樓御筆題一字于梁間後車駕還京鑿取其字以歸**望京樓**在郡圃前守王中有詩今名書軒**襲美堂**韓忠憲公億與子縝嘗守此邦而郡人以其父參大政子居鼎席遂

築堂榜曰丨丨丨云超然堂在郡圃清節堂在倅廳湖陰堂在郡圃秦雲閣在興道縣治北望秦山雲物陰晴變態百出皆几案間物也玉札院在興道縣一十三里今名資福院和會公疑詩云玉札水清珠履貴與師相對兩依然金星洞洋州有丨丨丨見唐地理志云鐵佛院在興道縣北二十五里太白鳳凰二山之下舊有丨丨像今名圓覺院矣鐵城戍宋蕭思話攻漢中楊難當遣薛健據黃金山山在今眞符縣思話又遣蕭坦攻丨丨拔之亦在今眞符縣也金城戍見下黃金谷元和郡縣志云黃金水出縣西百畝山黃金谷南流經縣西去其谷水陸艱險魏遣曹爽由駱谷伐蜀蜀將王平拒之於興勢張旗幟至丨丨丨即此也黑龍潭在乞叉關劉家澗下白龍潭在西牛關之外白崖潭在眞符縣一百三十五里潭上石壁中有印出龍跡白崖山在興道縣北六十里漢中記云在蓋水沙溪中其山有白崖因以爲名華陽關唐柳宗元作館驛使壁記論扞蔽長安之名關有八而丨丨丨居其一蓋

華陽一帶實爲秦蜀扞蔽重地今之眞符縣卽華陽縣也**素靈宮**漢武帝爲素靈夫人降眞內殿於太白之前爲築宮宇卽其地也唐高祖受隋恭帝禪夢素衣神人云我太白山之主也居｜｜臺以荒毀爲告詔訪其地特刱臺殿命爲｜｜｜**清涼川**寰宇記在西鄉縣此唐德宗幸梁洋中書舍人齊映從駕至此見旌旗蔽野上心駭謂沘之追兵疾路至此見梁帥嚴震具軍容拜馬前上喜令震登馬與朕作主人映叱嚴震與至尊導馬頭之上夾洋州行宮召映責以儒生不達機權映奏曰山南士庶只知有嚴震不知有陛下今令蜀士民知天子之尊上歎久之**石硂山**在興道縣西高十里雜花翠林交映**廧昌山**在西鄉縣之平定鄉去縣一百五十里有石龍洞五百餘丈也**棠崖洞**在眞符縣北四十五里洞前有所鑿正觀年號**紵溪水**在興道縣西北七里源出縣界石子山東流入漢江水其溪多野紵**龍涓水**在興道縣東二十九里水出龍涓谷屈曲西流一十五里入漢江**龍華院**在興道縣內有神霄宮碑**駱谷水**在西鄉縣註水經云｜｜｜出此谷南流

入漢亦入蜀徑路

鵝公潭 去興道縣一十三里漢江之南有祠田石鵝前有石鵝一對

馬源水 在西鄉縣出巴山圖經云元是木馬水天寶間制改爲馬源水上有山如馬之狀因以名之

鳳凰山 在興道縣北十里形如鳳

駱駝嶺 在興道縣東北三十里形如丨丨與郡山相接

駱谷路 在眞符縣屈曲八十里凡八十四盤

小盤山 在興道縣北三十三里

大龍山 在興道縣三十八里與小龍山相接舊有道觀有大石上有赤書字曰展溪其山溪卽張魯女所生二龍溪也

大龍溪 見下

小龍溪 在興道縣之東北三十餘里張魯女因卧溪水石上女便孕後生二龍卽此是溪也

二樂樹 在郡圃北望秦嶺一目數百里郡圃亭樹此爲冠也

四賢詩 謂文同二蘇鮮于侁也後溪劉光祖詩曰同登二樂樹擬續丨丨丨

五龍潭 在興道縣西一里漢江東岸上有五祠慶元改元祠下岸頭有龍骨一副至千餘擔

七疊山 在眞符縣西北三十里疊峯七層

七女池 漢中記云興道有七女池昔人無男養七女父亡女負土各爲一冢其七

冢三在城固縣四在興道縣也**八里洞**去眞符縣一百里洞內有石鼓石盆石鐘**九仙觀**在興道縣東一十五里晉九仙人跨鶴盤旋于此由是建立道觀矣**百頭池**在興道縣西二十二里漢中記云明月池東北一十里有百頭池可澆田五百頃也**雲亭山**輿地廣記在西鄉縣圖經云連巴嶺五百里崖谷嶮峻因山興雲其狀如亭故名**明月池**寰宇記云在興道縣西北中有一臺是漢高祖所造**子午道**去州東一百六十里元和郡縣志云舊子午道在金州安康縣界梁將軍王神念以舊｜｜｜緣山避水橋梁百數多有毀壞乃別開乾路更名子午道即此路是也洋川志云楊妃嗜生荔枝詔驛自涪陵由達州取西鄉入子午谷至長安纔三日香色俱未變涪州志云七日到長安不同**寒泉山**漢中記云秦唐公昉師事先八李八百公昉中渴八百以杖指崖出湧泉即此**女冠山**在眞符縣北一百七十里山上有石壁卓然瑩淨石內有若女仙之狀也**壻水鎭**輿地廣記在興道縣因神仙唐公昉盡室昇天其壻會出不得偕昇今其地有鎭謂之｜｜｜**獼陁**

山在興道縣念佛巖念佛巖在興道縣每歲五月六日己午間潭面如碧鏡忽有數泡浮起須臾無慮數千光豔的爍如紫金色殆如金燈兩時乃已常日無此也香積山在眞符縣南一百三十里饒風關之南舊有高僧王大師等三人斷臂駕虎開無礙香積之廚廣設大供故名|||

太白山去眞符縣四百五十里山面隸鳳翔府山背屬眞符縣唐天寶中王鉷奏開淸水路復置華陽縣其年於太白山崖下山名壁得玉冊遂改爲眞符縣韓愈南山詩曰西南雄太白突得莫間莛註者引柳宗元之言曰雍州南界于梁其山太白則太白面居長安背居眞符耳神明山在眞符縣西北二百五十里天香院在興道縣東一十七里俗呼爲|||謝居中閑居識異曰唐咸通中忽天香滿寺疑非世間龍麝沉檀之品郁烈殊異移時乃已今名明寂院醴泉院在興道院南十里有泉曰醴泉有檜栢蒼然和魯公凝詩曰古栢八株堆翠色靈泉一派透寒聲惠澤廟在西鄉縣洋源口廟側有泉出大石下穴中泉方丈許至誠禱之則波濤洶湧凡高三尺中有小金鱗一

二隨波戲躍禱不以誠則水竟不湧**開化院**在興道縣西三十里有古栢文同題字**祐國院**在興道縣古老相傳云係晉桑維翰功德院有維翰祠**照應院**在眞符縣斧刃山唐大悟禪師法照被召時走避之使者隨逐至此不得已奉詔因賜今額**資福院**在興道縣一十三里又曰玉札院和曾公疑詩云玉札水清珠履貴與師相對兩依然**巴嶺山**寰宇記在舊洋源縣南十里今屬西鄉縣

古迹

廢洋源縣在州東南一百二十里輿地廣記云唐武德七年置大歷元年爲狂寇燒刼遂北移於西鄉縣南二十里白湍村置縣即今縣理是也寶歷元年廢洋源縣爲鄉**故黃金縣**輿地廣記云舊有黃金谷因置黃金戍黃金戍張魯所築南接漢川北枕古道險固之極昔氏楊難當令魏興太守薛健據黃金宋秦州刺史蕭思話使陰平太守蕭坦攻拔之即此西魏置縣皇朝乾德四年省入眞

符縣**安固城**在興道縣東南七里臨漢江**白公城**漢中記云秦白起嘗爲漢中太守築此城以控制夷獠**故定遠城**輿地廣記云在西鄉縣南漢班超封定遠侯即此**故鐵城**在黃金縣西北八十里城在山上言其險峻故以鐵爲名**黃金戍鐵城**梁州記云黃金戍水陸艱險即張魯所築按宋元嘉中氐王楊難當遣薛健據黃金戍爲蕭承之所拔蕭坦又拔鐵城戍拔之則是黃金鐵城自是兩戍今並在貞符縣記以黃金戍兼爲鐵城誤矣**子午谷**三國魏延乞諸葛亮由子午而北即此谷也元和郡縣志云在金州安康縣界**興勢山**元和郡縣志云興道縣北二十里蜀先主遣諸葛亮出駱谷戍興勢山起烽火樓即此山蜀後主延熙七年將軍王平守之魏將曹爽攻不尅即今之興道也指掌圖以興勢爲興元府此以爲興道縣不同寰宇記云在縣北四十三里今郡城所枕自然隴勢形如一盆緣外險而內有大谷爲盤道上數里方及四門因爲興勢之名**秦王洞**在西鄉縣東四十里地名秦里巖洞後山多出牡丹花**郝氏林亭**方干旅次洋州

寓居詩舉目縱然非我有思量似在故山
時鶴盤遠勢投孤嶼蟬曳殘聲過別枝　**天漢王廟**
鍾會之伐蜀也道出駱谷有｜｜｜｜敬謁焉晚夢
王者召會至殿上如晨所謁者設盛禮宴之徐曰君
此行何之曰伐蜀曰禍莫大於滅人之國會曰臣子
奉君命討伐苟有可滅之隙何敢畏禍王者顧左右
沾泣曰奈何一老宮嬪附耳曰不難不難移書諸葛
公瘞之可矣王者首肯會過漢中至孔明墓大懼盛
設牲牢　**漢戚夫人**　輿地廣記云｜｜｜生於洋川
饗焉　高祖寵之名其川曰洋以表誕生
之休祥也今戚夫人有廟在西鄉縣東五里廟食久
矣前漢外戚傳謂漢王得定陶戚姬豈洋人哉當攷
又漢中記謂戚夫人乃洋川人　**戚夫人廟**　在西鄉縣東五里　**西鄉縣陽堅天**
子墓　竊詳前代人主性隋文帝楊姓而名亦與此同然墓何嘗在此竊謂晉宋間白馬氏楊氏如難
當者僭大號改元立后及寇漢中其祖右賢王堅頭
往往來寇葬于此邑人以其爲右賢王故謂之天子
於是稱楊堅頭天子墓久乃
失其一字而楊轉爲陽矣

官吏

後漢班超 後漢永光二年封班超爲定遠侯東觀漢記曰定遠故城在今漢中西鄉縣南

蔡倫 倫桂陽人也常造紙後漢元初元年鄧太后封爲龍亭侯註龍亭在今洋州興道縣東寰宇記亦載在興道縣按倫封龍亭侯後爲長樂太守至安帝親萬機乃飲藥死未嘗就國而龍亭之人至今造紙特盛又每歲三月十七日民飯僧以薦忌辰豈雖不就國而民習其業至今不能忘耶

蜀柳隱 隱爲黄金督魏鍾會伐蜀入漢川圍戍多下惟隱堅壁不動會别將攻之不能尅後主既降以手令勑隱乃降

唐齊映 德宗以朱泚難行梁洋嚴震具軍容至清涼川朝謁中書舍人齊映叱令震導馬詳見清涼川下

盧獻 則天時歷文昌左丞天授中爲來俊臣所陷左遷西鄉令

和凝 天成中以檢校工員來爲掌書記

于興宗 嘗爲洋川節度有政績詳見唐詩紀事

張中庸 丨丨丨不知何許人貞廟時來爲郡政事清明人謂之水晶燈龍

本朝韓億 東軒筆錄云祥符二年韓

忠憲公知洋州日有李申以財豪於鄉里誣其兄子爲他姓盡奪其財産嫂姪訴于州及監司申賂獄吏嫂姪受杖而去公察其冤一日盡召其黨立庭下出乳醫示之衆皆伏罪子母後復如初

韓琦　皇祐間拜武康軍節度使

韓縝　忠憲公億之子嘉祐五年知後相泰陵

文同　熙甯八年知興道之開化院有栢叢生凡挺然自拔者九株霜皮鱗皴根節礧砢無慮千有餘歲同爲守往觀焉題于壁上曰來觀古栢丹淵客丁巳五月二十三日題其十七字筆勢飛動後刻于郡圖云

人物

李固　漢史稱高祖拜韓信於南鄭而丨丨父子爲南鄭人今信壇固墓皆在南鄭今之詳郎古之城固然則漢史所載成固人物其爲洋人也明矣此據洋川志人物序

鄧先　成固人漢景帝時明晁錯之寃乃拜先爲城陽中尉

楊王孫　成固人贏葬

張騫　成固人漢武時通使西域

張猛　騫孫也元帝時與宏恭石顯相忤爲恭顯所譖自殺

雍退翁　本朝魏國張公浚試吏興元理掾往

別鄉先生楊用中曰公嘗往事梁洋其人士有可與之游者乎楊曰興元楊沖遠可以爲師洋州丨丨丨可以爲友公至興元遂與爲友雍諱沖退翁其字也方元祐入臣變更元祐政事沖居太學上書數其罪乞誅之有旨移興元府自訟齋

仙釋

李八百 居寒泉山唐公昉師事之又神仙傳云唐公昉昔事李八百昉患無酒八百因以杖指望酒泉湧出故後人敬之立祠在眞符谷中

唐公昉 酈道元水經註云白箕鄉有丨丨丨祠與碑圖經云公昉成固人王莽居攝二年公昉爲郡吏啖瓜旁有眞人左右莫察君獨進美瓜又從而敬禮之眞人與君神藥須臾拔宅仙去其箕偶出既歸則獨居山下故名其川與谷皆以箕名之

陳七子 號休復興元記謂唐正元中居襃城然非定居也嘗有人遇之於嶓臺山山高而秀不與衆峯雜勢如聳臺上有胭脂岩水簾洞石焙拂焙竹燒藥爐燒藥臺下有清河水碧潭七子嘗題詩于胭脂岩曰朝游秦

地暮皤臺暫向人間獨往來家在碧潭深處住從敎清淺化蓬萊

僧法照姓張氏興勢人嘗南遊得法而歸君北山灙水岩下日誦阿彌陁佛用心精專每誦一聲佛自口出久乃聲聞于朝唐代宗召問佛法大義帝悅賜大悟禪師號命居章敬寺久而入滅是日其家覩其歸已而入岩下巨石不復見自是人稱其念佛之所爲因建寺宇爲大道場

僧自順興道縣人姓雍氏受業本縣開化院年弱冠南游嘗師佛印禪師了元元住南康雲居師爲侍者一日元與東坡先生游某寺讀某碑師執拂在旁暨歸坡問左右能記憶所讀碑否餘侍者相顧錯愕師獨誦十七坡大奇之因問何名曰自順坡曰逆則煩惱順則菩提自是一經品題叢林盛稱爲順菩提晚歸鄉結菴寶光院李時雍以菩提書其榜云

碑記

漢永平間石門記在今興元褒石門有記云高祖受命興自漢中道由子午出散入秦

唐許敬宗撰桂州都督李襲志墓碑永徽五年碑而墓在眞符縣

唐衡州刺史李公孝儒之碑永徽三年碑而墓在眞符縣周洋州司馬李正亮墓碑唐聖歷中碑華陽寨磨崖刻駱谷路華陽寨下有大溪俟冬水落則見大字刻之道傍云建中三年造此得意閣廻河鎮同節度副使張大使記山南西道節度使南陽張公清德美化之碑梁國喬林撰上柱國陰冬曦書李公名獻恭與鄴侯李泌實推薦之蓋肅宗時人也唐德宗復洋州租賦詔

德宗之同鑾也降詔以復洋州之賦曰朕巡狩山南自春涉夏師旅殷會日費旣廣州閭杼軸歲計其空東作妨時西成罕望雖黽勉從事人不告勞而憫悼積中予實知愧昨者滅其租稅優以復除庶乎有瘳迄用小息洎駕言旋軫躬履畏途絶欄縈廻危棧綿亘時經霖雨道阻且修工徒造舟縣人葺路靡間耋老莫獲寧居而又齎負糗糧供備頓舍涉于千里餽我六師居人露處以同依宿麥過時而不獲覩茲妨奪彌增感傷前所復除未足酬郵式敷惠澤以紓大勞洋州除先減放秋稅外給復一年嗟乎古先哲王

東征西怨顧予不德重以勞人補費錄勤是有寬卹申命長吏明加優諭稱朕意焉此陸贄之詞也

唐德宗升洋州爲望州詔 正元元年德宗幸興元道出洋州後升洋州爲望州詔曰

自昔多虞順時而動古公避狄兆永祚於岐下高帝徙蜀建雄圖於漢中王蹟所興子孫是奉覩遷居之遐阻知致業之艱難矧天下爲家不常厥邑王者所至四方會同崇號設都於是乎在朕遭罹寇難播越梁岷烝庶煩於供億武徒勤於扞衞凡百執事各欽厥司人皆競勸物以豐給嘉乃成績予眷不忘今大憝已除京邑甫定將旋法駕展敬園陵眷于是邦復我興運宜其崇大以示將來洋州宜升爲望州此陸贄之詞也

重興營田務並懷昌堰記 蜀廣政二年節度使昌彥珂立判官王曉撰銜內帶源壁等州處置使則是時洋州改爲源州明矣

碑子渡碑 乾祐眞符兩界之間碑子渡有唐僖宗時一碑二首當中云乾符四年四月八日餘題漢陽長安兩縣施主名字耳

明妙菴記 文尚眞可文也丹淵集中闕此篇今見洋川志

洋川志 鄭郞序

詩上

駱駞山下斧刃堆望秦嶺下堆頭石五六百里眞符縣四十八盤青山驛唐元稹望雲驛詩　華夷圖上見洋川知在青山綠水邊唐和凝詩　官閒最好遊僧舍江近應須買釣船更待浹旬無事後遍題清景作詩仙和凝詩　萬山嵐靄覆洋城數處禪齋盡有名古柏八株堆翠色靈泉一派透寒聲和凝遊醴泉院詩　雖有黃金額其如赤子貧和凝題眞符縣詩　山名興勢鎭梁洋儼有眞容福此方和凝興勢觀詩　自陪台旆到洋川兩載優游漢水邊和凝　方見洋源牧心倅造化工方于涵碧亭　爲儒欣出守上路亦戎裝舊

製詩多諷分憂俗必康開懷江稻熟寄信露橙香郡閣淸吟夜寒星熟望郎鄭谷送曹郎守洋州金牛蜀路遠玉樹帝城春榮耀華館裏逢迎欠主人簾前疑小雪牆外麗行塵來去皆同首懷深是德隣劉禹錫和令狐相公題洋州崔侍郎

詩下

梁州鄰左右梁川氣勁融融別是天地僻過冬冬稀見鴈篔深初夏已聞蟬韓億詩駱谷轉山圍境內漢江奔浪遶城邊韓億詩南浦揭蒲當凜冽西溪踏石正暄妍韓億楊柳影中酤酒市芰荷香裏釣魚船韓億詩戚姬廟宇靑蕪沒漢中記夫人乃洋州人也和相詩牌綠蘚沿故相和凝曾掌書記

是邦三縣俗淳宜靜理兩衙公退稱閒眠（韓億）太白山南黑水東弄珠江北白雲中（知州王沖詩）武定新雄闕（唐爲武定軍）豐甯舊奧墟（後魏爲豐甯郡西魏改爲洋州）地兼秦蜀美川會漢洋舒（蔡交詩）乾酒香村落（不入水者謂之乾酒）生金富里閭（地產金末治者謂之生金）陸會尋穿石江遨揭聚魚繳將藤解拆耗用轂驅除鎮留仙堉恨巖邃佛人居（此山有僧云善誦經其傳甚怪然其地絕爲甚勝今謂之念佛巖蔡交詩）聞道池亭勝兩川應須爛醉荅雲煙（東坡十三詠）煙紅露綠曉風香燕舞鶯啼春日長誰道使君貧且老繡屏錦帳咽笙簧（東坡三十詠披錦亭詩）綠竹覆清渠塵心日日疎使君遺癖在依舊讀文書（子由三十詠書）

軒詩千峯起華陽一水連天漢鮮于侁三十詠朝陽動湖水春色入名園邑人千萬戶日日望朱轓鮮于侁三十詠鳴珮相逢拜不休洋州俗重寒食每歲是日傾城上冢游人相逢先後慢數拜後急深六七拜如是者三次乃止故皇祐間洋守王沖有詩云湖上雙禽泛泛橋邊細柳垂垂日下庭中無事使君來此吟詩文同詩不報門前賓客已收案上文書獨坐水邊林下宛如故里閒居文同詩重畫亭中默坐吟詩岸上微行自謂偷閒太守人呼竊祿先生文同詩巴山樓之東秦嶺樓之北樓上捲簾時滿樓雲一色文同望雲樓詩漾水東流舊見經銀河左界上通靈此臺試向天文覓閣道中間第幾星文同天漢臺詩

漢水巴山樂有餘一麾從此首歸途北園草水憑君問許我他年作主無（文同北園詩）誰言使君貧已用谷量竹盈谷萬萬竿何曾一竿曲（文同篔簹谷詩）家依楚水岸身寄洋州館望月獨相思塵襟淚痕滿（竇裕館亭吟）同登二樂榭擬續四賢詩（劉光祖詩）

四六

惟洋號曰小州在蜀最稱善地所樂有江山之勝其養得魚稻之饒疆界甚遠而民人樸淳牒訟不繁而獄犴稀少（文同洋州謝表）境臨秦雍地接金商江帶分而如縈山屏匝而若畫（圖經）況武康之為鎮據全蜀之上遊

封隣窋接於長安風物獨異於他郡北恃興山之形勝東趨漢水之深長盛時嘗以均逸於公卿前輩至有餘閒而吟賦不勞決遣尙想風流粤從南渡以還今號西陲之據弓刀萬騎藹壯士之雲屯鐘鼓三更帶江城之月素實南鄭襟喉之要貽中朝宵旰之憂

王叔簡
謝表

輿地紀勝卷第一百九十

輿地紀勝卷第一百九十一　文選樓影宋鈔本

東陽王象之編　甘泉岑鎔 湰 長生 校刊

利州路

大安軍　三泉　金牛

新圖經序云舊圖經版乃爲敵賊燒毀不存今將大安志編錄如后

軍沿革

大安軍 同下州 禹貢梁州之域 元和郡縣志 星土分野與興元府同 圖經不載星土分野按本軍舊屬興元則｜｜｜｜當｜｜｜｜ 春秋戰國爲蜀地秦屬蜀郡二漢屬廣漢郡 輿地廣記 爲葭萌縣地 元和郡縣志 三國時屬蜀先主改爲漢壽郡 元和郡縣志 屬梓

潼郡晉末屬晉壽郡宋齊梁後周皆因之輿地廣記唐初析綿谷置三泉縣於縣置南安州舊唐書志云武德四年分利州之綿谷縣置南安州領三泉嘉牟二縣如新唐書之文是三泉縣置於唐初也又寰宇記云後魏正始中分置三泉縣以界內三泉山爲名如寰宇記之文是三泉縣置於梁初西魏有漢中之時也年月不同象之按通鑑梁武帝天監四年夏侯道遷以梁州降魏魏遣邢巒將兵援之通鑑魏之正始元年即梁之天監三年以年月考之恐是邢巒定漢中時所置又考後魏元英邢巒源懷三傳皆平漢中時也既無所載而後魏地形志漢中褒中東西晉壽等郡皆無三泉縣又輿地廣記云隋屬利州而隋志義成郡即利州也領縣七而無三泉似無所據然寰宇記於三泉縣序云魏置三泉縣而於故三泉城下註云唐武德四年置自相抵牾今不取尋廢南安州三泉以縣屬利州舊唐書志云武德四年置南安州領三泉嘉牟二縣八年廢南安州及嘉牟縣以三泉屬利州改屬梁州輿地廣記

在天寶元年九域志又云唐屬興元府按興元志唐爲奉天之亂德宗幸梁洋始升爲興元府不應天寶元年卽有興元府也當從廣記又移縣於關城倉陌沙水西卽今縣理續通典唐天寶元年自今縣西南一百二十里故縣移於嘉陵江東一里關城倉陌沙水西置卽今縣理也唐末岐蜀交兵始戍三泉通鑑唐昭宗天復二年西川軍請假道於興元山南西道節度使李繼密遣兵戍三泉以拒之後唐伐蜀戰于三泉後唐莊宗同光二年李紹琛等與蜀三招討戰于三泉蜀兵大敗斬首五千級餘衆潰走又得糧十五萬斛於三泉由是軍食優足國朝平蜀先下三泉通略乾德二年王全贇至興元韓保正棄興元保西縣先鋒都指揮使史延德破其衆於三泉保正以麾下遁延德追擒之并擒李進獲軍糧三十餘萬石以此縣路當津要申奏公事直屬朝廷九域志在乾德五年又云縣本隸興元府皇朝平蜀割出直申奏朝廷仍屬利州路建爲大安軍仍割興

元府西縣隸焉九域志及長編並在至道二年圖經云本路轉運使李中庸奏建爲大安軍。廢軍爲縣以西縣還舊隸興元府國朝會要云三泉縣至道二年建爲大安軍以興元府西縣來屬三年軍廢復爲縣仍直隸京中興以來諸將屯三泉以護蜀口以縣令權輕奏復爲軍圖經紹興三年敵自饒風關入漢中吳玠遣劉子羽統諸將屯三泉以護蜀口以縣令權輕常爲諸將之所淩忽民受其害奏復爲軍八年准敕陞爲大安軍前此知軍猶帶知三泉縣事至紹興十年朱虎知軍事名始正焉

縣沿革

三泉縣

太祖立極之初蜀猶未下興元府三泉縣令間道遣騎賫表率先至闕下太祖大喜平蜀之後詔令三泉縣不隸州郡遇慶賀許發表章直達榻前

風俗形勝

自蜀至京行四千里天下山水之可喜者莫如三泉自利至興行五百里幾半蜀道而巖洞之可喜者莫如龍洞 宣和四年蘇元老龍洞記 東北通秦隴西南控川蜀 圖經陽關下 地輿關表相 圖經風俗門 劍東道院 圖經 岷嶓既藝 尚書禹貢 路當津要中奏直屬朝廷 寰宇記載以縣云云 嶓冢之山漢水出焉 山海經云｜｜｜｜｜｜ 李固解印綬處 寰宇記曰漾水一名沔水出嶓冢山按顏註漢書云漢上曰沔今縣南有故漾水關即漢｜｜｜｜｜｜｜｜｜今有冢存 有三泉龍門之境可以娛玩 圖經郡守門 介居二大國之間冠蓋往來之衝 圖經郡守門 棧道連空極天下之至

險圖經棧閣門
三泉山水之奇龍門爲最張伯威龍門月夜詩兩令
千幢煙蘿萬綫文潞公太守之居如在山林相業堂記

景物上

龍門在軍五里外官道之傍懸壁環合上透碧虛中敞大洞下漱清泉宛然天造水簾懸夏冰柱凝冬真異境也文潞公宋景文趙清獻王素韓絳田況呂公弼呂大防諸公皆有留題行三里又有後洞蘇元老龍洞記所謂重簷夏屋深不可窮者是也又有後龍門其境較之前｜｜極幽邃唐沈雲卿詩云長竇亙五里宛轉復嵌空伏湍煦潛石瀑水生輪風意即此也

龍洞洞之內有廳榜爲壺中郡守侯公賓所作隸字宋守璟乃易以天下奇

後洞自龍門溪行僅一里水石登山僅二里山半有洞即蘇元老所記謂若重簷夏屋者是也洞中百餘步傍有石室石牀又有石盤儲水清冷甘冽乳柱徹上下者甚多乳株長五六尺森列如筍狀各徑尺許叩之鏗然

金牛｜通典所謂漢中｜即今興元府西

縣大安軍之地也見同谷志九域志在縣東六十里秦惠王謀伐蜀患山險作石牛五每旦置金於牛尾蜀人曰牛糞金此尚信之遣五丁取牛至成都其道遂廣秦因遣張儀司馬錯從石牛道伐蜀取之今丨丨鎮市之西百餘步猶呼其地爲石牛頭

青烏九域志在縣西四十四里圖經云丨丨鎮置於元祐之前

三泉三泉記云丨丨在今軍東門外瀕江蒼石上窪然爲泉者三如小車輪如古盤盂品列鼎峙不越步武幽竇之澑涓涓而注汲而負者甫就擔肩而泉之水霎頃又滿

漾水輿地廣記云嶓冢山丨丨發源於此而東流爲漢寰宇記云今縣南有故漾水關

龜山去軍治五里有淨法院山形如龜首足皆備

魚山在龜山龍山之間宛然其形與龜山同在江北而龍山在江之南

韓溪丨丨水源出崑山里鏉洞山下以相國追淮陰至此得名郡西四十里有韓王廟市中有橋曰歸溪俗傳蕭何追韓信至此因名曰丨丨文潞公有留題亦紀其事若自南鄭入三泉正是西走非東歸爾

溫水在軍東嶓冢山南

凍谷丨丨水源出沔州界首石碑寨下

白崖有龍祠在軍東

北八十里半山有洞洞外有石如屏初至此即聞地中水聲淙淙然入二百餘步有小池方五尺許山趾有泉即洞中水伏行至此每歲仲春驚蟄之後魚自泉出無數居民候而取之或終日駢塞而出其鱗有如脫削焉

羅村 唐鄭谷有詩王建遣兵救唐道襲從此路

橋閣 興利州三泉縣||共一萬玖千叁百一十八間護險偏欄共四萬七千一百三十四間

景物下

南白崖 在龍洞去軍東八十里其洞寬敞可容千人旁又有石室曰仙人洞洞上有龕龕中有石仙人傍有風洞風出甚急

九子崖 在軍東九十里崖下有洞漢時有九人修道此洞故名

九井山 上有甘露院又有九井水利憲張縯奏云大安灘險爲多而九井尤甚

百牢關 九域志云漢於此置關今縣西古關是也

萬勝平 在軍東北平川五里舊經云俗傳諸葛因臘日閱兵於|||登龜山以望之

玉虛觀 在軍西六十里之巔其高可望東西百里之山

玉簪山

有威顯廟。廟前一亭榜爲要嶺，江山井邑盡在目前，爲一郡登覽之要。**石羊崖**在軍東三十里。明皇入蜀時，石羊見於其上，故名。**青烏鎮**在軍西四十里。**金牛鎮**在軍東六十里。昔張儀、司馬錯從石牛道伐蜀取之，今｜｜｜之西猶名曰石牛頭。輿地廣記云：本金牛縣，唐武德三年析綿谷縣置，屬褒州，八年屬梁州，寳歷元年省入西縣，後來屬。**金牛驛**楊雄蜀土本記云：蜀令五丁力士牽置道牛還成都，秦隨牛伐蜀焉。**龍角石**龍門之前有大石屹然，仰而視之，有角迹向上，深七尺，紋理纏繞，寃若模印云。**龍門山**晏公類要云：在故縣西七十里，巉岩奇峭，出於天巧。文彥博嘗賦詩云：壺中別有境，天下更無奇。**龍首山**舊爲軍學。**龍鼻山**在郡城城隍廟。**龍泉山**在軍東十餘里溫水溪半山，有泉水湧地中，漩沙而出，又沸珠聯絡，浮至水面而散。**羊乳灘**泝嘉陵八十里，有灘曰羊乳，張伯威有｜｜｜記。**雞冠山**玉簪山之後最高處曰｜｜｜，今呼爲山寨者是也。**惠民泉**即磨刀溪之水，自山之半引水並街東注於韓溪，名曰｜｜｜，景德中所

作也

磨刀溪在普澤院之下

試劍石嶓冢發源之西存淨覺院後有大石分而爲二若刀截之狀俗呼爲高祖丨丨丨

滴水巖在軍之西七十里兩山峭拔其中一峯時有飛泉千丈下至山根激石五花傍有觀音大士

大寒水寰宇記在故縣南十五里西流至龍門山入大石穴

甘露院在九井山

潭毒山在大安軍三泉縣繫年錄云紹興三年撒离曷入興元府劉子羽退屯三泉縣以丨丨丨山形斗拔其上寛平有水乃築壁壘於是軍勢復振

嘉陵江晏公類要云在縣西半里圖經云其源出大散至魚關始通舟楫

嶓冢山禹貢云岷嶓既藝是也事見九域志

嘉牟水源出朝天自分水嶺流至寶界院下又有水南溪水灌溉稻田之餘合流至西縣界入于漢江

歸漢橋軍市中有橋曰丨丨丨舊經曰俗傳蕭何追韓信至此因名曰韓溪

漢水源出嶓冢山書註云泉始出山爲漾水東南流爲沔水至漢中東行爲漢水

桃花源去龍洞三里路益險山水益秀復得洞焉若重簷夏屋深不可窮有石床甚古水出洞中既冽且清然以道惡故絕

無人遊 壺子臺自韓溪西四十餘里水出岩下成潭潭口即湍流成溪而去狀下五里平地突出一峯猶浮圖狀上干雲霄所謂｜｜｜者以此得名也 崇道觀在軍東三十里通谷之前依山為層級至老君座之後即所謂洞者石穴耳 普淨院在從善里去軍二百里有千佛殿 資福院在玉磐山下圖經云寺在蘇林修竹之間而有眺望江山之勝 崇勝院在金牛鎮有五百羅漢像 福勝院在大岸去軍二百里前有龍潭近院有石筍峯高可二里其上石壁中望之如白衣蒙頂觀音像長可丈許

古迹

三泉故城寰宇記云唐武德四年置以縣北二十里山下有三泉水為名圖經云三泉鎮廢於大中之後 天王山在軍西六十里峯頂峭壁有白衣人竚立之像 老君祠杜光庭集驗記云三泉縣黑水老君天寶年閒明皇幸蜀親見老君降見於崖石之上上下馬禮謂訖乃敕有司示所見

之狀塑於見所

仙女祠紹興初敵入漢中有婦人因其夫戰歿積薪自焚衆咸懸之騎寨之上有石穴曰仙女洞因葬其傍乃爲立小祠題曰｜｜｜｜今在軍治西五十餘步

忠烈廟在軍治之上居龍山之脊乃吳滸王廟也

扶風將軍廟郡之西有小祠相傳以爲馬超祠

三聖廟圖經云西陲有神曰三聖不知始於何時仲師道創廟於涇渭亦謂之三聖象之謹按普慈志云景思忠普慈人也夷人犯淯井思忠以先鋒陷陣死之思立戰于熙河及永樂之陷思諒死之後建廟于行在今旌忠之三聖廟是也又臨安志云紹興元年安撫處置使張浚劄子據吳玠陳請陝西出兵自來祈禱三聖屢獲顯應乞於鳳翔府和尚原立廟賜旌忠廟額封忠烈靈應王忠顯昭應王忠惠順應王

郡西龍門祠舊有神祠王建常過祠下夢與神語既入蜀乃爲立廟于成都合江亭之對封爲通波侯

玉簪山威顯廟洋州靈應集間中馬玹於淳熙甲辰赴興道簿宿嘉陵道中夢山址巍樓傑閣有朱衣人揖云上公請至賓次有五人坐掌上揖之令坐其首者曰公他日守此地吾姓張後

一紀吾得王封成於公之手至嘉定已巳馬公琰果守此邦徙廟於玉簪山之上

旌忠廟在軍學之旁開禧用兵之初楊震仲權軍事逆曦僭竊招之使來震仲自鴆而死被旨就大安軍立廟廟號旌忠

陳相墓在金牛鎮東有橋號陳相橋不百步有一冢俗呼爲｜｜｜

官吏人物

蕭何韓信　巴州難江縣兩角山有石刻云漢丞相蕭何邀淮陰公韓信至此山大唐集州刺史楊師謀記謹按大安軍圖經亦云軍境有韓溪以蕭何追韓信至此得名謂有文潞公畱題記其事及孫仲遠詩爲據而前此如元和郡縣志及寰宇記諸書皆不載其所援引者不過國朝名公之詩及記耳未有若此刻自唐已有所據也然孫仲遠之詩云小橋上有韓溪字人道蕭何得信時英物只從東向去區區西走欲何爲觀孫仲遠詩亦有疑辭存乎其間如人道蕭何得信時與區區西走欲何爲三句皆疑辭也緣寰宇記三泉縣有大寒溪而大安軍圖經有溫水有東谷疑因有寒溪遂訛而爲韓溪而大安之人

遂至附會名溪名橋立廟以自相誇詫而非其實也今當從唐碑所紀以巴州者爲是詳見巴州古迹門

楊震仲　開禧二年震仲來權軍事逆曦招之至于再三斷然不爲逆臣之辱一夕自鴆而死後爲立旌忠廟在軍學之旁

安丙　隨開禧元年八月到任二年五月元隨軍轉運三年二月誅逆曦除四川宣撫副使

史次仲　次仲爲大安教授逢逆曦之變爲逆曦所招欲以僞命汙之以桐油點兩目不能視物得歸醫療曦被誅始復入仕

張伯威　本軍人紹熙元年登武科注神泉簿尉以奉親不赴自此遂隱而不仕號無辯居士

龔言序　太祖皇帝立極之初西蜀未下三泉縣令間道馳騎賫賀表先至闕上大喜平蜀后詔三泉縣不隸州郡遇賀慶許發表章直達朝前元符末一一一爲縣尉婦江弟子之簿遊至邑令簿素與龔不叶遊山未回徽宗登寶位龔急宣詔稱賀就令子之奉表會文肅當軸將上取旨特補河南府助教後亦至正郎

九井灘記 九井灘有大石三其名魚梁龜堆芒鞋嵩危參差相望於波間操舟之人力不勝舟而輒爲石所觸故抵於敗誠令鑿江爲長堤度其南別爲河道以分水勢則北流水益減而石出矣以火煅醯沃金鎚隨擊之宜可云如其言治之明年三大石不復見而九井遂平元祐五年轉運陳鵬記

龍洞記 自三泉西二里見有若觀闕者當其前迫而視之則洞也其深七十三步廣半之其兩旁石壁之嵌空突怒者若目鼻口鱗甲跟肘甚具其下皆平石爲底水文其上若鋪筦簟石隨其間若設俎豆其兩顏皆瘦木翠蔓附石蘿生萎蕤下覆若綴纓絡木蔓之間布水十道後先交映若垂冕旒水落石底其勢跳蕩與石相鬬若濺玉雪其聲鏘鳴與洞相應若響琴筑寒清幽邃殆非人境

詩

嘉陵江上萬重山何事臨江一破顏自笑只緣任敬仲等閒身度百牢關 元微之百牢關詩

天下無窮路生期七

十聞那堪九年內五度百牢關元微之嶓冢去年尋漾水元微之詩微之嘗奉使東川經嶓冢山下深嘶走馬金牛路驟和陳王白玉篇唐李義山至金牛驛寄興元渤海尚書詩三月松作花春行日漸賒竹郭山鳥路藤蔓野人家透石飛梁下尋雲絕磴斜蘇頲經三泉路作晴發三泉山窮秋聽騷屑北林夜鳴雨南望曉成雪秖詠北風涼詎知南土熱蘇頲詩[甯]辭舊路駕朱轓重使疲民感漢恩今日鳴騶到嶓峽還勝博望至河源羊士諤赴資陽經嶓冢山山嶺千重擁蜀門成都別是一乾坤五丁不鑿金牛路秦惠何由得併吞胡曾金牛驛詩壺中別景絕塵埃不是山靈閟不開午夜月華冬

夜雪爲無人向此時來[無辯居士張伯威詩]路轉五盤知地遠

鋪名太薄見人情[縣令宋中行經從太薄鋪詩後改名從厚鋪]小橋上有

韓溪字八道蕭何得信時英物只從東向去區區西

走欲何爲[孫仲遠先生詩圖經載文潞公亦有留題記其事惜不載其詩文耳]壺中別

有境天下更無奇[文潞公題龍門詩]柳花漠漠嘉陵岸別是

天涯一段愁[陸游大安病酒詩]誰知此日金牛道非復當時

鐵馬聲[陸游金牛道中遇寒食詩紹興初敵大入金牛而遯]沮水春流綠嶓山

曉色蒼阿瞞狼狽地千古有遺傷[陸游曉發金牛詩自金牛以西皆明]

皇幸蜀路

輿地紀勝卷第一百九十一

輿地紀勝卷第一百九十二 文選樓影宋鈔本

東陽王象之編 甘泉岑鎔淦長生校刊

利東路

劍門關

關沿革

劍門關 梁州秦地東井輿鬼之分野上應參宿前漢志云秦地東井輿鬼之分野又隋志云梁州於天官上應參宿故李白蜀道難云捫參歷井正指劍閣之登陟而言 春秋戰國爲蜀地秦屬蜀郡漢屬廣漢郡輿地廣記也爲葭萌縣地圖經劍門縣下 蜀先主以霍峻爲梓潼太守是時有劍縣縣有閣道至險乃有閣尉華陽國志 諸葛亮於

此立劍門寰宇記云——————以大劍山至此有隘束之路故曰劍門即姜維拒鍾會於此　秦符堅遣徐成寇蜀攻二劍克之始有二劍之號通鑑晉孝武甯康二年遣將徐成寇蜀攻劍門克之　隋置閣之地皆有關官而於二劍尚未置關隋書地理志　唐置劍門縣圖經在聖曆二年　劍門置關始於唐李杜諸詩有當關臨關等語則置關當在於唐　唐又有大劍戍小劍鎮元和郡縣志　五代時董璋遣兵扼劍門關爲七砦又於關北置永定關通鑑在長興元年　皇朝伐蜀克劍門擒蜀將王昭遠劍門集云王昭遠軍於青强漢源以敵大軍王全斌軍臨劍下急擊之克其關昭遠遁至劍州皆活擒之　蜀平遂以劍門縣隸劍門關兵馬都監主之國朝會要在景德二年　又以劍門關直隸京師國朝會要

云在景德三年圖經云劍門關承平時以東京兵出戍關有路分有駐泊皆得進表劍門知縣亦同管關事

中興以來劍門關亦列在利路十七郡之數焉

班朝錄又劍門集云皇朝景德中以縣不隸於州俾司關者兼治之熙甯中關縣析而爲二皆隸於州元符初又敕縣令通管關事

縣沿革

劍門縣

圖經云景德中敕委劍門監押使臣兼知縣事遂移縣治在劍門關寨南蒲拱辰廟記云開禧丁卯安公丙奏請廢劍關監押故居天水軍駐泊則移守米倉山併關而隸縣焉

風俗形勝

劍門蜀之金城崇墉兩崖其高切雲綿數千里包裹

全蜀中出棧道行者側足雖有百萬之衆安所用之黃裳修關論議劍門天險一夫荷戈萬夫莫當向韜議其地四塞山川重阻水陸所湊貨殖所萃蓋一都會也晉安志地中有山莫奇梁益山之駭觀莫駭大劍唐蘇洪閬溪賦左右絕壁仰見天罅秦坦蜀之襟帶劍嶺據其會至和二年張衍後漢閣記劍爲西南戶樞明善堂記惟蜀之門壁立千仞窮地之險極路之峻晉張載劍閣記一人守險萬人趑趄同上井絡坤垠時惟外區界山爲門環于蜀都柳宗元劍門銘天作梁岷坤維之壘發地千仞連岡萬里雙劍屹然羣峰聳崎唐韋表微韋劍銘極險之險莫如劍閣截野橫天犇峰倒

鋈狹楚包漢呀秦擁蜀慶歷中張俞劍閣銘小劍去大劍飛閣

欏酈道元水經注云：｜｜｜｜｜｜｜故謂之劍閣重設險之寄圖經云關官許令直受頒降詔赦亦許直行申發文字望節月旦亦有表疏異時訓敕關吏至親灑宸翰皆所以｜｜｜｜｜｜也

劍門據蜀樞爲天下壯何介連山亭記梁山之險蜀土所恃以爲外戶劉儀鳳撰劍門關記西南之險者山曰劍門控扼羌蜀襟帶京洛上干煙霄橫亘盤礴斷岸千里望者目極劍門集趙正亮紀事若併兵守劍門大軍雖來吾無內顧之憂矣通鑑長興元年趙季良語孟知祥乞劍門

景物上

劍門寰宇記云諸葛亮於此立｜｜縣以大劍山至此有隘束之路故曰｜｜劍泉在梓潼縣

北一十二里昔蜀五丁至此見大蛇入穴兄弟忿而拔之山摧五丁斃焉餘劍隱於路隅化爲一泉每庚申甲子日現其劍一現

梁山 曰丨丨

景物下

劍門關 輿地廣記云在劍門縣黃尚書裳有詩云障塞應懸隔祟墉謾太高謂此也

大劍山 在劍門縣亦曰梁山又有小劍山在其西北三十里又有小劍故城在益昌縣西南五十里自縣西南路小山入大劍口即秦使張儀司馬錯伐蜀之路亦謂之石牛道自縣東南經益昌戍又東南入劍州普安縣界即鍾會伐蜀之路其地連山絶險謂之劍閣道大劍雖號天險有阸塞可守崇墉之間徑路頗夷小劍則鑿石架閣有不容越太白所謂猿猱欲度愁攀援者其謂是也又按二劍古不以關名華陽國志載劉先主以霍峻爲梓潼郡太守是時有劍縣縣有閣道至險乃有關尉

大劍水

小劍水 見上

小劍城 見上

四賢堂 關有思賢樓居水門之上有張孟陽李太白杜子美

柳子厚畫像

木馬鎮 在劍門境上因以爲名

玉女臺 在大劍山絕頂上峭壁石仞下瞰古道行人如蟻許世傳玉女於此煉丹輕舉臺上圓圍數丈草不滋生又有小石刻云玉女煉丹之所

清虚山 在故臨津縣北三十里有寺號華藏巖巒奇秀有洞穴故老相傳云張範棲眞之所西河朝隱子亨爲之記今隸劍門

嘉祐院 本仙女觀在梁山之頂李宗諤圖經云在縣東五十里北大崖頂唐先天二年置道士焚修去觀僅一里渡仙女橋有燒丹臺巖畔有仙女影近代僧人住持俗呼爲梁山院

壽聖寺 又名誌公寺劉娭誌公殿記云劍閣之下有｜｜｜望之儼然與繪像髣髴季兌詩云異事標仙女靈蹤隱誌公

官吏

李士衡 咸平時知劍州益州賊王均破漢州來趨劍公乃焚倉庫守劍州與劍門之兵合以拒賊賊至大沮公逆擊破之因誘其本使降得降卒千九百人賊遂敗走

仙釋

玉女詳見丨丨臺下

誌公影在關門外北向石壁之西偏由益昌道中望之隱隱如行僧頂伽帽每秋時出巖間或見光怪往往有燈故號丨丨丨

碑記

修關石刻在天成五年四月又有五代敕牒甚多皆天成長興廣政閒牒也

唐碑在劍門山巔有一寺曰梁山寺產茶亦爲蜀中奇品東坡南行錄題本摽觀詩有云飛簷如劍寺之語其下注云出劍門東望有一寺山巔樓閣隱隱可見有一二碑皆磨滅止丨丨也

劍門銘李文饒集云丨丨丨注劍門當中有一岑峻嶺橫峙望若蕭屏北一峯最奇而說者未嘗及也故銘云羣山西來波積雲屯地險所會斯爲蜀門層岑峻壁森若戈戟萬壑奔東雙飛高闕翠嶺中橫黯然黛色樹若雄屏以衞王國

唐叔明題劍門正元二年張沇書碑在關之棄繻亭之南百步

唐劍門山

記有碑在關之內葉繻亭之南百步 唐盧照鄰悟本寺記在故臨津縣悟本寺 唐劒門制置之記記廣明元年立碑在關之內葉繻亭之南百步 唐劒閣碑李復撰 趙清獻公留題在誌公寺

詩上

劒門當石隘棧道入雲危陳宇逵許中庸詩見文苑英華 惟天有設險劒閣天下壯連山抱西南石角皆北向兩崖崇墉倚刻畫城郭狀一夫怒臨關百萬未可傍唐杜甫詩 珠玉走中原岷峨氣悽然杜甫 鹿頭何亭亭是日慰飢渴連山西南斷俯見千里豁遊子出京華劒門不可越及茲險阻盡始嘉原野闊杜甫自隴赴劒門紀行鹿頭山詩 劒閣崢嶸

而崔嵬一夫當關萬人莫開唐李白蜀道難劍峯雲棧未嘗
行圖畫曾看已可驚李白胡塵輕拂建章臺聖主西巡
蜀道來劍壁門高五千尺石爲樓閣九天開李白西巡南京
歌劍閣重關蜀北門李白歌誰運乾坤陶冶功鑄爲雙
劍倚蒼穹題詩曾駐三天駕礙日長含八海風杜光庭詩
雙峯倚天立萬仞從地劈磅礴跨岷峨巍蟠限蠻貊
星當觜參分地岌西南側唐岑參詩金碧禺山遠關梁蜀
道難地險綿川咽雲凝劍閣寒盧照鄰大劍送別劉右史峭壁橫
空限一隅劃開元氣建洪樞梯航百貨通邦計鍵閉
諸蠻屏帝都西蹙犬戎威北狄南吞荆郢制東吳千

年管鑰誰鎔範只自先天造化爐李商隱題劍門關寄上西蜀司徒杜公

奇峰百仞懸清眺出嵐煙迥若迴文日高疑倚劍天李裕題劍德門詩想是三刀夢森然在目前同上

詩下

鑿開千里地通得一隅天疊嶂連三峽重門扼兩川曹宗日詩

劒嶺排峰鳥過遲蜀貪秦詐事堪悲若爲社稷思長計肯把干將自倒持慕容百才詩

藉鬧野色教天闊斫斷浮雲放日高李謶伯詩

千尋雙劍截不斷一片開雲飛過來劉象功詩

一門橫大道雙劒插長空鼓鑄非人力磨礲任化工何甫詩

千峰如劒列虛空曾隔車書不混

同安得乾坤作鑪冶鑄爲農器散寰中何亮詩劍門古要害重門搤開闔關防兩川地喉吭此呀欲趙抃詩倚劍峰巒插太虛高門中闢限坤隅姦雄莫謂關防險一百年來自坦途趙抃詩錦府豈從機上織劍門甯自匣中開雅州志禪慧大師詩極目雙峰劍倚天重門因設據高山城隍盡枕溪巖畔井邑全居水石間姜遵詩雲間雙劍峰壁立望西東天地本無外江山還自通范鎮山從開闢以來有關是王公設險名直上劍門千萬仞中開門關數重城范百祿詩當道雙峰闢凌空萬仞會於秦置扃鐍與蜀作襟喉岑象求詩天地爐中鑄此山别成

輿地紀勝卷一百九十二

輿地紀勝

卷一百九十九 利西路

闕

懼盈齋